学术研究丛书

强制阐释论研究

主　　编：叶金宝
执行主编：罗　苹　王法敏

图书在版编目（CIP）数据

强制阐释论研究 / 叶金宝主编. — 北京：商务印书馆，2021
（学术研究丛书）
ISBN 978-7-100-19442-6

Ⅰ. ①强… Ⅱ. ①叶… Ⅲ. ①阐释学－文集 Ⅳ. ①B089.2-53

中国版本图书馆CIP数据核字（2021）第024304号

权利保留，侵权必究。

学术研究丛书
强制阐释论研究

主　编：叶金宝
执行主编：罗　苹　王法敏

商　务　印　书　馆　出　版
（北京王府井大街36号　邮政编码 100710）
商　务　印　书　馆　发　行
三河市尚艺印装有限公司印刷
ISBN 978-7-100-19442-6

2021年3月第1版　开本 710×1000 1/16
2021年3月第1次印刷　印张 21 1/2

定价：96.00元

目录

张　江　　强制阐释论（代序）/ 1

张玉勤　　强制阐释论的逻辑支点与批评策略 / 31
李　勇　　阐释的边界及其可变性 / 44
张清民　　强制阐释论的理论范式意义 / 58
范玉刚　　强制阐释论的意义阐释 / 66
泓　峻　　论胡适学术研究中的强制阐释问题 / 75
傅其林　　强制阐释论的范式定位 / 90
丁国旗　　当代西方文论作为一种知识还是一种理论 / 97
李艳丰　　主观预设与强制阐释 / 107
蓝国桥　　场外征用的有限合法性 / 125
张　均　　《红楼梦》"悲剧"说辨议 / 138
陈立群　　重建文本客观性
　　　　　　——强制阐释论的解释学谱系 / 153
李小贝　　当代西方文论神话的终结
　　　　　　——强制阐释论的意义、理论逻辑及引发的思考 / 163

毛宣国　强制阐释批判与中国文论重建 / 173
曹成竹　阐释的意义与价值
　　　　——强制阐释论中的文学经验问题 / 193
熊海洋　周计武　文学批评的阐释伦理 / 206
毕素珍　强制阐释与过度诠释 / 220
韩　伟　论强制阐释的预设维度与征用疆界 / 230
江　飞　强制阐释论的文学性诉求 / 242
曾　军　20世纪西方文论阐释中国问题的三种范式 / 254
杨　杰　强制阐释论与中国文艺理论建构 / 271
孙士聪　文学场与文学的在场 / 283
何光顺　解释即生成
　　　　——强制阐释论的生存论指向 / 297
段吉方　阐释的超越与回归
　　　　——强制阐释论与中国当代文本阐释批评的理论拓展 / 310
赵炎秋　强制阐释的多重层面及其含义 / 326

后　记 / 340

强制阐释论

（代序）

张 江

从 20 世纪初开始，当代西方文论以独特的理论力量和影响登上了历史舞台，在一百多年的时间里彻底颠覆了自古希腊以来的理论传统，以前所未有的巨大动能冲击、解构了历史和理论对文学的认识。一些重要思潮和流派、诸多思想家和理论家，以惊人的想象力和创造力，造就和推出无数优秀成果，为当代文论的发展注入了恒久的动力。但回顾百年历史，我们体会到，当代文论的缺陷和遗憾同样很多。一些基础性、本质性的问题，给当代文论的有效性带来了致命的伤害。割断与历史传统的联系、否定相邻学派的优长、从一个极端转向另一个极端，以及轻视和脱离文学实践、方法偏执与僵化、话语强权与教条等问题，随处可见。特别是在最近三十多年的传播和学习过程中，一些后来的学者，因为理解上的偏差、机械呆板的套用，乃至以讹传讹的恶性循环，极度放大了西方文论的本体性缺陷。对此，许多学者已有清醒的认识和反思。然而，当代西方文论的根本缺陷到底是什么，如何概括和提炼能够代表其核心缺陷的逻辑支点，对中国学者而言，仍是应该深入研究和讨论的大问题。本文提出"强制阐释"的概念，目的就是以此为线索，辨识历史，把握实证，寻求共识，为当代文论的建构与发展提供一个新的视角。

强制阐释是指，背离文本话语，消解文学指征，以前在立场和模式，对文本和文学做符合论者主观意图和结论的阐释。其基本特征有四：第一，场外征用。广泛征用文学领域之外的其他学科理论，将之强制移植文论场内，抹杀文学理论及批评的本体特征，导引文论偏离文学。第二，主观预设。论者主观意向在前，前置明确立场，无视文本原生含义，强制裁定文本意义和价值。第三，非逻辑证明。在具体批评过程中，一些论证和推理违背基本逻辑规则，有的甚至是逻辑谬误，所得结论失去依据。第四，混乱的认识路径。理论构建和批评不是从实践出发，从文本的具体分析出发，而是从既定理论出发，从主观结论出发，颠倒了认识和实践的关系。

一、场外征用

场外征用是当代西方文论诸多流派的通病。弗莱说过，在他看来，无论是马克思主义、托马斯主义、自由人文主义，还是弗洛伊德学派、荣格学派，或是存在主义，都是以文学之外的概念框架来谈论文学的。[①] 我们可以做一个大致的统计，从20世纪初开始，除了形式主义及新批评理论以外，其他重要流派和学说，基本上都是借助于其他学科的理论和方法构建自己的体系，许多概念、范畴，甚至基本认知模式，都是从场外"拿来"的。这些理论本无任何文学指涉，也无任何文学意义，却被用作文学理论与批评的基本范式和方法，直接侵袭了文学理论与批评的本体意义，改变了当代文论的基本走向。特别是近些年来，当代国际政治、经济、文化发生深刻变革，一些全球性问题日趋尖锐，当代文论对其他前沿学科理论的依赖愈深愈重，模仿、移植、挪用，成为当代文论生成发展的基本动力。

场外理论来源的大致方向是，第一，与文学理论直接相关的哲学、史学、语言学等传统人文科学理论。特别是哲学，成为当代西方文论膨胀扩张的主要资源。一些重要的思潮和流派都是由哲学转向文学，借助文学实现、

---

① Frye, Northrop, *Anatomy of Criticism: Four Essays*, Princeton: Princeton University Press, 1957, p.6.

彰显其理论主张。德里达就承认:"我常常是在'利用'文学文本或我对文学文本的分析来展开一种解构的思想。"① 罗蒂也指出:所谓"文学理论",就是"有意识地、系统地把这种功能政治化的企图"。② 第二,构造于现实政治、社会、文化活动之中,为现实运动服务的理论。因为这些理论的实践和先锋意义,它们被引进场内,为文学理论打开新的方向。女权运动生发了女性主义批评,反殖民主义浪潮催生后殖民理论,法国"五月革命"驱动罗兰·巴尔特由结构主义转向后结构主义,性别问题挑起同性恋批评,全球环境持续恶化反推生态批评不断高涨。第三,自然科学领域的诸多规范理论和方法,因其严整性和普适化,也被挪用于文论场内,淬炼成文学批评的有力武器。符号学移植数学矩阵方法,生态批评使用混沌理论概念,空间理论以天文和物理学时间与空间范畴为起点,等等,均属此类。

场外理论进入文论场内的方式大致为三种。一是挪用。这在一些与符号学有关的理论中表现得尤为突出。法国结构主义文论家格雷马斯曾用数学的方法,设立了叙事学上著名的"符号矩阵":任何一部叙事作品,其内部元素都可以被分解成四项因子,纳入这个矩阵。矩阵内的四项因子交叉组合,构成多项关系,全部的文学故事就在这种交叉和关系中展开。③ 二是转用。伽达默尔的解释学文论就是由其哲学解释学扩展而来。作为海德格尔的学生,为了建立与19世纪方法论解释学相区别的本体论解释学,伽达默尔把目光转向了文学和艺术。他说:"艺术的经验在我本人的哲学解释学起着决定性的、甚至是左右全局的重要作用。它使理解的本质问题获得了恰当的尺度,并使免于把理解误以为那种君临一切的决定性方式,那种权力欲的形

---

① 〔法〕雅克·德里达著,张宁译:《书写与差异》上册,"访谈代序",生活·读书·新知三联书店2001年版,第20页。
② 〔美〕理查德·罗蒂著,黄勇编译:《后哲学文化》,上海译文出版社1992年版,第98页。
③ 1985年,詹姆逊曾用这个方法阐释过中国古典小说《聊斋志异》中的《鸲鹆》故事。参见〔美〕弗雷德里克·杰姆逊著,唐小兵译:《后现代主义与文化理论》,北京大学出版社1997年版,第119—124页。

式。这样，我通过各种各样的探索把我的注意力转向了艺术经验。"①就此，有人评论，"伽达默尔对艺术的思考显然不是出于一般艺术学学科研究的需要，而是他整个解释学大厦的一部分"②。很明显，伽达默尔是为了构建他的哲学解释学而转向文学的，其目的是用文学丰富和扩大哲学，用艺术解释证明哲学解释。三是借用。空间理论借用的色彩极为浓厚。作为地理学家的迈克·克朗，用地理学的观念和方法讨论、认识文本的另外意义，主张"在文学文本内部探究特定地域和特定空间的分野，这些分野见诸作者对小说情节的构思以及作者的性格和自传……文本创造了纯地理性的家或故乡的感觉，构成了一个'基地'，由此我们可以深刻认识帝国时代和当代世界的地理"③。就是用这种方法，他重新阐释了古希腊史诗《奥德赛》，阐释了雨果的《悲惨世界》，指出文本当中的空间意义，以及对文本的地理学认识。他认为雨果的这部小说"通过地理景观揭示了一种知识地理学，即政府对潜在威胁（贫穷市民的暴动可能性）的了解和掌控，所以，它也是一种国家权力地理学"④。

场外理论与文学理论特别是文学批评有很大区别。把场外理论无缝隙、无痕迹地运用于文论场内，并实现其理论目的，需要许多技巧。这些技巧既能为理论包装出文学能指，也能利用文学为理论服务，其本身就是一种很高超的理论和艺术追索。概括起来，大约有这样几种方式。一是话语置换。这是指为贯彻场外理论的主旨诉求，将批评对象的原生话语转换为场外理论指定的话语，可以称作"再生话语"。这个话语既不是文本的主旨话语，也不体现作者创造的本来或主要意图。为适应场外理论的需要，征用者暗调背景，置换话语，将批评对象的主题锁定在场外理论需求的框架之内。二是硬

---

① 〔德〕伽达默尔著，郑涌译：《〈美的现实性〉中译本前言》，载《外国美学》第七辑，商务印书馆1989年版，第357页。
② 朱立元主编：《当代西方文艺理论》，华东师范大学出版社2005年版，第277页。
③ Crang, Mike, *Cultural Geography*, London: Routledge, 1998, p.47.
④ Crang, Mike, *Cultural Geography*, London: Routledge, 1998, p.50.

性镶嵌。这是指搬用场外理论的既定方法，将批评对象的原生结构和因子打碎分割，改变其性质，强硬镶嵌到场外理论所规定的模式和程序之中，以证明场外理论的前在判断和认识。所谓硬性，是指批评对象的原生结构和因子并不符合征用理论的本意和指征，使用者单方强行编码，将它们塞挤进既定范式之中。三是词语贴附。这是指将场外理论既有的概念、范畴、术语直接灌注于批评对象，无论其原本概念的内涵和外延如何，都要贴附上去，以创造一个场外语境，做出文本以外的专业评述。这里，"贴"是粘贴，意即将场外理论的术语粘到批评对象上，使之在表面上与场外理论相似；"附"是附加，意即将场外术语变换为批评对象的内生含义，使批评对象依附于场外理论，获取自立的意义。四是溯及既往。这是指以后生的场外理论为标准，对前生的历史文本做检视式批评。无论这个文本生成于何时，也无论文本自身的核心含义是什么，都要用后生的场外理论予以规整，以强制姿态溯及既往，给旧文本以先锋性阐释，攀及只有后人才可能实现的高度。

  生态理论的一个批评文本很能说明问题。《厄舍老屋的倒塌》是爱伦·坡的经典之作，描写了一个古老家族的一对孪生兄妹住在一座令人窒息的幽暗古屋里，妹妹疾病缠身，哥哥精神分裂。妹妹病笃，哥哥活埋了妹妹。雷雨之夜，妹妹破棺而出，冲到哥哥怀里，哥哥就此吓死，古屋在风雨中倒塌。这原本是一部恐怖小说。小说诞生以后，对这一文本的无数阐释尽管形形色色，众说纷纭，但对文本主旨的理解大致相同，应该说符合文本的原意，符合作者的意图。但在一百多年后，有人用生态批评理论对这部小说做了另外方向的阐释，得出了与生态和环境有关的结论。① 这里的手法和技巧，首先是话语置换。小说原本讲的是人和事，无关生态与环境，但批评者却把原来仅仅作为背景的环境描写置换成主题，将小说变成一个生态学文本。其次是词语贴附。把文本中散在的情境描写集中起来，连缀演绎为生态

---

① 〔英〕彼得·巴里著，杨建国译：《理论入门：文学与文化理论导论》，南京大学出版社2014年版，第250—251页。

符号。比如，古屋不是房子，而是能量和熵；古屋倒塌不是砖瓦的破碎，而是宇宙黑洞收缩；主人公的生活是一个星球的日渐冷却；主人公怕光的生理表现是人与自然的对立……再次是硬性镶嵌。按照批评者的需要，把精心挑选的意象镶嵌到整个生态理论的图谱中，最终完成对原有文本的重构和改造。最后，小说诞生时，还没有出现生态理论，生态批评者却用当下的认识对前生的文本进行强制规整。这就是溯及既往。

很明显，这种脱离文本和文学本身，裁截和征用场外现成理论，强制转换文本主旨的做法，不能恰当地阐释文本，也无法用文本佐证理论。如此阐释，文学的特性被消解，文本的阐释无关于文学。这样的阐释已经不是文学的阐释。这里提出两个问题。第一，各学科之间的碰撞和融合已成为历史趋势，跨学科、跨领域的交叉融合已成为科学发展的主要动力，文学征用场外理论难道不是正当的吗？我们承认，从积极的意义上说，这种姿态和做法扩大了当代文论的视野，开辟了新的理论空间和方向，对打破文学理论自我循环、自我证明的话语怪圈是有意义的。但同时也应承认，理论的成长更要依靠其内生动力。这个动力首先来源于文学的实践，来源于对实践的深刻总结。依靠场外理论膨胀自己，证明当代西方文论自身创造能力衰弱，理论生成能力不足，难以形成在文学和文论实践过程中凝聚、提升的场内理论。近百年来，新旧理论更迭淘汰，从理性到非理性、从人本主义到科学主义、从现代到后现代，无数场外理论侵入和张扬，当代文论的统合图景却总是活力与没落并行。场外理论的简单征用挽救不了西方文论不断面临的危机。当然，指出场外征用的弊端并不意味着文学理论的建设就要自我封闭、自我循环、在僵硬的学科壁垒中自言自语。我们从来都赞成，跨学科交叉渗透是充满活力的理论生长点。20世纪西方文论能够起伏跌宕，一路向前，正是学科间强力碰撞和融合的结果。但必须强调的是，文学不是哲学、历史和数学。文学是人类思想、情感、心理的曲折表达。文学更强调人的主观创造能力，而人的主观特性不可能用统一的方式预测和规定。用文学以外的理论和方法认识文学，不能背离文学的特质。文学理论在生成过程中接受其他学科的研究方法和思路，其前提和基础一定是对文学实践的深刻把握。离开这一点，一切理论都会失去生命力。其必然结果是，理论的存在受到质疑，学科的建设趋向消亡。盲目移植、生搬硬套不仅伤害了文学，也伤害被引进的理论。20世纪末出现的索卡尔事件应该给我们以警醒。有人把这个事件归结为文学理论史上的十件大事之一。[①]索卡尔是物理学家，他杜撰了一篇"诈文"，投给了一个著名的文化研究杂志。这个杂志没有发现索卡尔有意捏造出来的一些常识性科学错误，也没能识别出索卡尔在后现代主义与当代科学之间有意识捏造的"联系"，发表了这篇"诈文"，引起了知识界的轰动。索卡尔写这篇"诈文"的目的，是对文学理论界尤其是法国理论界滥用数学物理学成果表达不满。索卡尔事件证明，文学理论向场外理论借鉴的应该是科学的思维方式和研究方法，而不是对现成结论和具体方法的简单挪用。特别是一些数学物理方法的引用，更需要深入辨析。强制性的照搬照抄只会留下笑柄。

第二，新的理论一旦形成，能否运用这个理论重新认识和改写历史文本？这是一个关于解释学的老问题。几经轮回，终无定论。历史地看，文本永远是即时的，这个观点从尼采开始就有，海德格尔、伽达默尔把它推上了巅峰。"解释只是添加意义而并非寻找意义"[②]，由此，对文本的理解永远是漂移的，居无定所。新世纪初兴起的"当下论"，对抗有鲜明历史主义倾向的新历史主义及文化唯物主义，主张"更注重文本的当下意义，以区别于注重历史意义的历史主义方法"[③]。我们赞成对文本作当下理解，并通过使用文本更广泛地发挥文学的功能，但是，对文本的历史理解与当下理解是不同范畴的实现过程。对文本历史的理解，也就是对文本原生话语的理解，是一切

---

① 〔英〕彼得·巴里著，杨建国译：《理论入门：文学与文化理论导论》，南京大学出版社2014年版，第281页。
② 〔德〕汉斯-格奥尔格·伽达默尔著，洪汉鼎译：《真理与方法》，商务印书馆2010年版，第426页。
③ 〔英〕彼得·巴里著，杨建国译：《理论入门：文学与文化理论导论》，南京大学出版社2014年版，第288页。

理解的前提。只有在这个基础上，当下的理解才有所附着，才有对文本的当下理解。对文本的当下理解可以对文本原意有所发挥，但是不能歪曲文本的本来含义，用当下批评者的理解强制文本。用新的理论回溯旧的文本更应警惕，可以用新的眼光认识文本，但不能用今天的理论取代旧日的文本。或许文本中有批评者希望存在的理论一致，但偶然的认识巧合、碎片化的无意流露，不是自觉的理论，不能作为作者的主导意念而重新定义作品。生态主义对《厄舍老屋的倒塌》的批评就是很好的说明。爱伦·坡的写作时间是19世纪中叶，那个时代人类的生态环境意识基本空白。硬把百年后兴起的自觉理论强加到作者头上，不是科学的态度。中国魏晋时代的陶渊明隐逸山水之间，"采菊东篱下，悠然见南山"，我们可以说他是自觉的生态主义者吗？他比梭罗早了很多，我们可以说他是环境保护主义的伟大先行者吗？这显然是荒唐的。用新的理论认识旧的文本可以，这是批评者的权利，但是，改写不行。文本的存有与他人的理解不能等同。一旦改写，理解就不是文本的理解，而是理解者的理解。两者的关系应该是：存有在先，理解在后；存有生发理解，理解依附存有；失去存有就失去理解。

二、主观预设

主观预设是强制阐释的核心因素和方法。它是指批评者的主观意向在前，预定明确立场，强制裁定文本的意义和价值。主观预设的批评是从现成理论出发的批评，前定模式，前定结论，文本以至文学的实践沦为证明理论的材料，批评变成对文本和文学作符合理论目的的注脚。其要害有三。一是前置立场。这是指批评者的站位与姿态已预先设定，批评的目的不是阐释文学和文本，而是要表达和证明立场，且常常为非文学立场。征用场外理论展开批评，表现更加直白和明显。其思维路线是，在展开批评以前，批评者的立场已经准备完毕，批评者依据立场选定批评标准，从择取文本到做出论证，批评的全部过程都围绕和服从前置立场的需要展开。批评和阐释选取文学文本,只是因为文学广泛生动的本体特征,有益于提升前置立场的说服力和影响力。二是前置模式。这是指批评者用预先选取的确定模板和式样框定文本,做出符合目的的批评。批评者认为,这个模式是普适的,具有冲压一切文本的可能,并据此做出理论上的指认。当代西方文论的诸多流派中,符号学方法,特别是场外数学物理方法的征用,其模式的强制性更加突出。通过这种方式,理论和批评不再是人文表达,文学抽象为公式,文本固化为因子,文学生动飞扬的追求异化为呆板枯索的求解。三是前置结论。这是指批评者的批评结论产生于批评之前,批评的最终判断不是在对文本实际分析和逻辑推衍之后产生,而是在切入文本之前就已确定。批评不是为了分析文本,而是为了证明结论。其演练路径是从结论起始的逆向游走,批评只是按图索骥,为证实前置结论寻找根据。

在历史文本的解读上,女性主义批评家肖瓦尔特站在女性主义的前置立场上,带着女性解读的模式,对诸多作品强制使用她的前置结论,无遮蔽地展现了主观预设的批评功能。在《阐释奥菲利亚:女性、疯癫和女性主义批评的责任》中,肖瓦尔特对《哈姆雷特》的解读一反历史和作品本意,推翻以主人公哈姆雷特为中心的批评立场,提出要以奥菲利亚——莎士比亚剧中的一个配角为中心,重新布局。她认为,奥菲利亚历来被批评界所忽视不是偶然的,而是男权征霸的结果。"文学批评无论忽略还是突出奥菲利亚,都告诉我们这些阐述如何淹没了文本,如何反映了各个时代自身的意识形态特征。"① 但是,从女性主义的立场出发,这个角色就有着非同寻常的意义。她历数以往的批评历史中对奥菲利亚的多种解读,锋利地表达了不满:"女性主义批评应该怎样以它自己的话语描述奥菲利亚?面对她以及与这个

---

① Showalter, Elaine, "Representing Ophelia: Women, Madness, and the Responsibilities of Feminist Criticism", in Geoffrey H. Hartman & Patricia Parker eds., *Shakespeare and the Question of Theory*, New York and London: Methuen, 1985, p. 91.

角色一样的女人，我们的责任是什么？"①"要从文本中解放奥菲利亚，或者让她成为悲剧的中心，就要按我们的目的重塑她。"②肖瓦尔特的追索是鲜明的。第一，必须改变以往的批评标准，以女性主义的既定立场重新评价作品。在这个立场下，无论作者的意图是什么，作品的原生话语如何，都要编辑到女性主义的名下，作品是女性主义的作品，作者是女性主义的作者。不仅这部作品如此，以往的文学史都要如此，要按照女性主义的企图重新认识和书写，女性经验是衡量作品以至文学价值的根本标准。对女性主义批评家而言，这个立场是前置的，是开展全部批评的出发点。离开这个立场，女性主义的批评将不复存在。第二，要重新评价人物，"就要按我们的目的重塑她"，让以往被忽视、被曲解的角色，作为女性主义的代表，站到前台，站到聚光灯下，集中表达对男性父权制的反抗。第三，为此，必须重新设置剧目的主题，其中心不是哈姆雷特的故事，而是奥菲利亚的故事。这个故事是一段"被再现的历史"。这个历史是作者有意识的书写，是莎士比亚反抗男性中心主义的证明，也是文学史中女性主义早已存在的证明。对此，肖瓦尔特的态度是坚定的，她将此视为女性主义批评家对文学和妇女的责任。

在这个主观预设的指挥下，莎士比亚的经典剧目被彻底颠覆。尽管全剧20幕中只有5幕出现奥菲利亚，她和哈姆雷特的爱情也只有几个模糊的倒叙提起，但现在必须重新审视她，以往所有被忽略的细节都要被赋予特定的含义加以阐释。奥菲利亚头戴野花被赋予双重的象征：花是鲜花，意指处女纯洁的绽放；花是野花，象征妓女般的玷污。她死的时候身着紫色长裙，象征"阴茎崇拜"。她蓬乱的头发具有性的暗示。至于她溺水而逝，更有特殊的意义："溺水……在文学和生活的戏剧中成为真正的女性死亡，美丽的浸入和

---

① Showalter, Elaine, "Representing Ophelia: Women, Madness, and the Responsibilities of Feminist Criticism", in Geoffrey H. Hartman & Patricia Parker eds., *Shakespeare and the Question of Theory*, New York and London: Methuen, 1985, p. 78.

② Showalter, Elaine, "Representing Ophelia: Women, Madness, and the Responsibilities of Feminist Criticism", in Geoffrey H. Hartman & Patricia Parker eds., *Shakespeare and the Question of Theory*, New York and London: Methuen, 1985, p. 79.

淹没是一种女性元素。水是深奥而有机的液体符号，女人的眼睛是那么容易淹没在泪水中，就像她的身体是血液、羊水和牛奶的储藏室。"①肖瓦尔特还仿拟法国女性主义的批评，认为在法国父权理论话语和象征体系中，奥菲利亚"被剥夺了思想、性征、语言，奥菲利亚的故事变成了'O'的故事，这个空洞的圆圈或女性差异之谜，是女性主义要去解读的女性情欲密码"②。这些阐释要证明什么？就是要证明在莎士比亚的戏剧里，以至于在漫长文学的历史中，女性是被男权所蹂躏、所侮辱的集体，是被文学所忽视、所误读的对象，在女性主义的视阈中，女性形象必须重新解读，或揭露男权的暴力，或歌颂女性的反抗。一切文学行为和结果都要符合女性主义的阐释标准，都要用这个标准评价和改写。但问题是，这种预设的立场与结论是莎士比亚的本意吗？或者说他写哈姆雷特的目的中，含有蔑视女性的动机及意图吗？女性主义者把自己的立场强加给莎士比亚，是不是合理和正当的阐释？如果说以上分析只是对一个具体文本和个别作家的分析，那么女性主义的名著《阁楼上的疯女人》则对此做了更远大的推广。桑德拉·吉尔伯特和苏姗·格巴对19世纪前男性文学中的妇女形象做了分析，划分了两种女性塑造的模式，认为以往的文学中只有两种女性形象——天使和妖妇。这些天使和妖妇的形象实际上都是以不同方式对女性的歪曲和压抑，反映了父权制下男性中心主义根深蒂固的对女性的歧视和贬抑、男性对妇女的文学虐待或文本骚扰。作者举了一些具体例证。③应该承认，这种一般性概括具有强大的冲击力，因为它已经从个别上升为一般，为女性主义学说涂抹了普适性和指导性色彩。但我们也更加疑惑，预设立场以类归人物，证明立场的正确，到底有

---

① Showalter, Elaine, "Representing Ophelia: Women, Madness, and the Responsibilities of Feminist Criticism", in Geoffrey H. Hartman & Patricia Parker eds., *Shakespeare and the Question of Theory*, New York and London: Methuen, 1985, p.81.
② Showalter, Elaine, "Representing Ophelia: Women, Madness, and the Responsibilities of Feminist Criticism", in Geoffrey H. Hartman & Patricia Parker eds., *Shakespeare and the Question of Theory*, New York and London: Methuen, 1985, p.79.
③ 〔美〕桑德拉·吉尔伯特、苏姗·格巴著，董之林译：《镜与妖女：对女性主义批评的反思》，载张京媛主编：《当代女性主义文学批评》，北京大学出版社1992年版，第271—297页。

多少令人信服的理论力量？

我们不否认女性主义批评的理论价值和有益认识。它提出了一个认识和阐释文学的新视角，对文学批评理论的生成有重要的扩容意义。我们要质疑的是文学批评的客观性问题：文学的批评应该从哪里出发？批评的结论应该产生于文本的分析还是理论的规约？理论本身具有先导意义，但如果预设立场，并将立场强加于文本，衍生出文本本来没有的内容，理论将失去自身的科学性和正当性。更进一步，如果我们预设了立场，并站在这个立场上重新认识甚至改写历史，企图把全部文学都改写为这个立场的历史，那么历史事实的真实性和历史文本的真实性又在哪里？预设立场，一切文学行为和活动都要受到质询和检验，这种强制阐释超越了文学批评的正当界限。文学阐释可能是多元的，但不能预设立场。预设了立场，以立场的需要解读文本，其过程难免强制，结论一定远离文本。立场当然可以有，但只能产生于无立场的合理解读之后。对此，有几个疑问应该解决。

第一，经验背景与前置立场的区别。我们承认，置身批评实践，批评家的心灵经验不是洛克所说的"白板"。① 伽达默尔有"前见"说，姚斯有"期待视域"说，如何才能抛弃先见，"清白"地开始理论的批评？必须要明确，作为主观的经验背景，如读书必须识字，表达要符合逻辑等，此类知识准备，是人类认知的必要前提，不是我们指认的立场。强制阐释的立场是指主观指向明确的判断性选择，这个选择是具体的、结论前在的。其具体操作办法是，考察文本之前，确定主观姿态，拼凑立论证言，甚至不惜曲解文本实际，以文本证实立场。与伽达默尔的前见不同，强制阐释的立场目标是清晰的，不是前见的"隐而不显"；立场的外延是明确的，不是前见的"模糊"混沌。前见是无意识地发挥作用，立场是自觉主动地展开自身。至于期待视域，更多的是指读者的审美期望，而非批评家的理论判断。在意向选择上，期待是"作品应该如何"，立场是"作品必须如何"。很明显，预设立场的

---

① 参见〔英〕洛克著，关文运译：《人类理解论》（上），商务印书馆1983年版，第68页。

批评是从理论出发的批评，是强制文本意义和价值的批评，文本的全部意义是证明理论的材料，文本以至文学的实践成为前置立场的同谋。前置立场与经验背景的区别就在于此。

第二，理论指导与前置立场的不同。任何实际研究都应该以正确的理论为指导。那么，以理论为指导本身是不是前置立场？正确的理论指导与强制的前置立场之间的界线在哪里？可以确定，理论的正确指导与强制的前置立场是完全不同的。前者是世界观、方法论的指导，是研究和实践的指南。所谓指南，是方向性的预测和导引，不是先验的判断和结论。在具体研究过程中，理论服从事实，事实校准理论。后者则是主观的、既定的标准。这个标准内含了确定的公式和答案，研究的过程是执行标准，用公式和答案约束、剪裁事实，强制事实服从标准，前在的立场是刚性的。对此，恩格斯有明确论述。19世纪末期，德国社会主义运动中出现了一批青年著作家，这些著作家以唯物主义的立场，对德国历史及正在推进的社会主义运动做出许多错误的判断和结论。恩格斯深刻地指出："如果不把唯物主义方法当做研究历史的指南，而把它当作现成的公式，按照它来剪裁各种历史事实，那它就会转变为自己的对立物。"①恩格斯强调，不要把理论当作"套语"和"标签"贴到各种事物上去，而不再对事物做深入研究。用唯物主义解决历史问题，"必须重新研究全部历史，必须详细研究各种社会形态存在的条件，然后设法从这些条件中找出相应的政治、私法、美学、哲学、宗教等等的观点"②，这样才可能对历史形成正确的认识。恩格斯的话提示我们：首先，理论不能是公式和标签，用以套用事物；其次，以理论为指导研究事物，必须从头研究事物的全部存在条件和内容；最后，要从事物本身"找出"观点，而不是把理论强加给事物，更不能根据理论需要剪裁事物。否则，一切理论都将走向反面。界线十分清楚：把理论作为方法，按照事实的本来面目认识事物，

---

① 《马克思恩格斯选集》第4卷，人民出版社1995年版，第688页。
② 《马克思恩格斯选集》第4卷，人民出版社1995年版，第692页。

根据事实的变化和发展校准和修正理论，是理论指导；把理论当作公式，用公式剪裁事实，让事实服从理论，是前置立场。科学的理论指导与公式化的立场强制是完全不同的。

第三，统一模式的可能。西方文论的科学主义转向的一个很艰苦的探索是，努力寻找和建构理论和批评的统一模式，用超历史的、置诸一切时代和文本而有效的统一方法，阐释文本和文学。结构主义特别倾注于此，符号学、叙述学就是典型。这些理论竭力探寻文本世界乃至人文世界的支配性要素和统一性形式，企图运用一种大一统的普适模式组合结构纷繁变化的现象。对此，詹姆逊不无嘲讽地指出：结构主义追求独立超然的"统一性"，这只是一种幻觉，"它本质上就是康德的自在之物不可知论的翻版"[①]。我们并不否认结构主义等各类主义的探索态度和取得的有益成果，但问题的前提是，人文科学，特别是文学，本质上不同于自然科学，我曾经论述过它们在研究对象与路径上的根本性区别：自然科学的研究对象是客观物质世界，它的存在和运动规律不以人的意志为转移，科学工作者不能以个人的主观意志和情感改变对象本身及对它的研究。文学则完全不同。文学创作是作家独立的主观精神活动，作家的思想和情感支配着文本。作家的思想是活跃的，作家的情感在不断变化，在文本人物和事件的演进中，作家的意识引导起决定性作用，文学的创造价值也恰恰聚合于此。而作家的意识、情感不能被恒定地规范，由此，文本的结构、语言，叙事的方式和变幻同样不能用公式和模板去挤压和校正。此外，作家的思想情感基于生活，而生活的曲折与丰富、作家的理解与感受，甚至会有前一秒和后一秒的差别，抑或为惊天动地的逆转和突进，作家创造掌握的文本会因此而天翻地覆，这不是公式和模板能够容纳的。

第四，批评的公正性。这表现在对文本的确当认知上。从认识论的意义

---

① 〔美〕弗雷德里克·詹姆逊著，钱佼汝、李自修译：《语言的牢笼·马克思主义与形式》，百花洲文艺出版社1997年版，第89页。

上说，认识事物，首先是认识事物的本真性，认识其实际面目。对一个文本展开批评的首要一点，也必须是对文本存在的本体认知。这包含以下三个方面：其一，文本实际包含了什么，意即文本的客观存有。其二，作者意欲表达什么，其表达是否与文本的呈现一致。其三，文本的实际效应是什么，读者的理解和反映是否与作品表现及作者意图一致。这是正确认识、评价文本的最基本准则。我们赞成对文本的深度解析，承认作者意图与文本实际呈现存在的分离，欣赏批评家对作品的无限阐释和发挥，但是，所有这一切都应以上述三点为基准，在这个基准上开展超越文本的批评。批评的公正性集中在对文本的公正上。文本中实有的，我们承认和尊重它的存在。文本中没有的，我们也承认和尊重它的缺失。因为理论和批评的需要而强制阐释文本，就会影响甚至丢失了批评的公正。从道德论的意义上说，公正的文本阐释应该符合文本尤其是作者的本来意愿。文本中实有的，我们称之为有，文本中没有的我们称之为没有，这符合道德的要求。对作者更应如此，作者本人无意表达，文本中又没有确切的证据，却把批评家的意志强加于人，应该是违反道德的。当然，文本的复杂性决定了批评的复杂性，文本的自在含义并不是容易确定的。多义文本使得批评的准确性难以实现，作者的表达可能与文本的实际呈现差别甚大，深入的讨论和辨认是非常必要的。批评家可以比作者更深刻地理解文本，找到文本中存在而作者并不自觉认知的内容，这都是认识论和道德论本身可以承纳的。然而，强制阐释不在此列。强制阐释是事前决定的结论，对文本的阐释是目的推论，即以证实前在结论为目的开展推论，作品没有的，要强加给作品，作者没说的要强加给作者，以论者意志决定一切，在认识路线和程序上违反了规则，在道德理性和实践上违反了律令。正确的认识路线和基本的道德律令保证批评的公正性。

三、非逻辑证明

非逻辑证明是指，在具体批评过程中，理论论证和推理违背了基本的逻辑规律，有的甚至是明显的逻辑谬误；为达到想象的理论目标，批评无视常识，僭越规则，所得结论失去逻辑依据。更重要的是，一些逻辑上的明显错误，恰恰是因为强制阐释造成的。

一是自相矛盾，即一个学者自己的各种观点之间，或理论与方法之间相互矛盾，违反了矛盾律。这是用理论强制文本的常见现象。跟随德里达一路走来的希利斯·米勒就是典型，他坚持认为"解读的不可能性"是个真理。在《作为寄主的批评家》中，米勒强调任何阅读都会被文本自身的证据证明为误读，文本就像克里特迷宫一样，每个文本都"隐居着一条寄生性存在的长长的连锁——先前文本的摹仿、借喻、来客、幽灵"，文本自身因为吸食前文本而破坏了自身。① 因此，企图在文本中寻找确当的单一意义是不可能的，文本已经在连续运动的寄主与寄生物的关系中形成无限联想的结构，从而导致文本话语表现为语义的模糊和矛盾。虽然认为解读是不可能的，但是米勒并不放弃入侵解读的冲动，而是以全新的解构主义立场，深入解读了七部经典名著，提出了具有独创性意义的"重复"理论。米勒阐释这些小说，其目的是要"设计一整套方法，有效地观察文学语言的奇妙之处，并力图加以阐释说明"②。这就出现了矛盾，既然阐释是不可能的，为什么还要去阐释？设计"一整套方法"，从"重复"入手解析文本，这是一个大的方法论构想，绝不会以阐释七个文本为终结。如果是要建立一个以重复论为核心的批评体系，并用这个方法解释所有文本，这就偏离了解构主义无中心、无意义的根本取向。《小说与重复：七部英国小说》的实践证明，米勒不是不要解读，而是要用解构主义的立场来解读。他反复强调，哈代的文本包含多重因素，这些因素"构成了一个相互解释的主题系列，每个主题存在于它与其他主题的联系之中"。我们"永远无法找到一个最重要的、原初（或首创）

---

① 〔美〕J. 希利斯·米勒著，郭英剑等译：《重申解构主义》，中国社会科学出版社1998年版，第104页。
② 〔美〕J. 希利斯·米勒著，王宏图译：《小说与重复：七部英国小说》，天津人民出版社2008年版，第23—24页。

的段落,将它作为解释至高无上的本原"。但是,阐释的结果呢?尽管复杂缠绕,扑朔迷离,米勒的各种解释,最终还是要读者去"探索苔丝为何不得不重蹈自己和其他人的覆辙、在那些重复中备受折磨这一问题的答案"。①这不是在说哈代的小说是有主旨的吗?这个主旨就是苔丝难逃宿命,终究要蹈自己和他人的覆辙,无论怎样挣扎都无法改变。如果这是误解,那么再看米勒开篇的表白:"我们说苔丝的故事发人深省,为什么苔丝的一生'命中注定'要这样度过:其本身的存在既重复着以不同形式存在的相同的事件,同时又重复着历史上、传说中其他人曾有过的经历?是什么逼使她成为被后代其他人重复的楷模?"米勒还说:"我将苔丝遭遇的一切称作'侵害'(violation),将它称作'强奸'或'诱奸'将引出这部作品提出的根本性的问题,引出有关苔丝经历的意义和它的原因等问题。"②他引用了哈代的一首诗——《苔丝的悲哀》——继续揭示:"和序言、副标题一样,这首诗以另一种方式再次道出了这部小说的主旨。"而这首诗的第一句就是:"我难以忍受宿命的幽灵。"③这就把哈代文本的主题或主旨揭示得更清楚了。尽管这只是米勒的认识,但是哪里还有找不到主题或主旨的问题?米勒的立场和他阐释的结果构成了矛盾。这样的自相矛盾在其他大师那里也常常会见到。如此基本的逻辑错误,对当代西方文论的有效性构成了致命的伤害。④

二是无效判断。判断是理论与批评的主要逻辑形式,假言判断又是其中

---

① 〔美〕J. 希利斯·米勒著,王宏图译:《小说与重复:七部英国小说》,天津人民出版社 2008 年版,第 144、145 页。
② 〔美〕J. 希利斯·米勒著,王宏图译:《小说与重复:七部英国小说》,天津人民出版社 2008 年版,第 132 页。
③ 〔美〕J. 希利斯·米勒著,王宏图译:《小说与重复:七部英国小说》,天津人民出版社 2008 年版,第 135 页。
④ 海德格尔认为,文本意义完整的、总体性的理解永远不可能达到,因而文本意义不可能是确定不变的。但海德格尔在分析、解读、评价特拉克的诗歌时却认为:"特拉克所有优秀诗作中都回响着一个未曾明言但却贯穿始终的声音:离去。"(参见朱立元主编:《当代西方文艺理论》,第 148 页)既然在解释学的总体原则上已经确定,文本意义的完整性、总体性理解是永远不可能达到的,那么具体作品的分析又如何有了"贯穿始终"的声音呢?这个贯穿始终是不是一个总体性的理解?

最基本的推理方法。假言推理以前后两个要件构成，一般表达为 P → Q。其中，前件 P 为后件 Q 的必要条件。P 真，Q 未必真；P 假，则 Q 一定为假。违背这个规则，判断无效。不仅简单判断如此，复杂的判断过程亦如此。前提为假，结论一定为假。海德格尔为证明一对充满隐喻性的概念，即"世界"与"大地"及其关联，以凡·高的一幅关于"鞋"的油画作为例证。海德格尔首先假设了这双鞋是一个农妇的鞋，然后充满诗意地描述道："从鞋具磨损的内部那黑洞洞的敞口中，凝聚着劳动步履的艰辛。这硬邦邦、沉甸甸的破旧农鞋里，聚积着那寒风陡峭中迈动在一望无际的永远单调的田垄上的步履的坚韧和滞缓。鞋皮上粘着湿润而肥沃的泥土。暮色降临，这双鞋底在田野小径上踽踽而行。在这鞋具里，回响着大地无声的召唤，显示着大地对成熟谷物的宁静馈赠，表征着大地在冬闲的荒芜田野里朦胧的冬冥。"写这样长的一段文字，海德格尔的意图是，从这双农妇的鞋（这是 P），来证明大地与世界的关系，证明鞋子是世界与大地之间的存在（这是 Q）。他为什么假言这鞋子是农妇的鞋子？因为他的论证目的是"大地"。他为什么要言及那么多有关田野、泥土的文字？因为这才是大地的实在表征。接着他又说："这器具浸透着对面包的稳靠性无怨无艾的焦虑，以及那战胜了贫困的无言喜悦，隐含着分娩阵痛时的哆嗦，死亡逼近时的战栗。"① 这段几乎与鞋子无关的话意图又是什么？显然在"世界"，是农妇的世界。世界与大地就这样关联起来，论证者的目标由此而实现。可是这个假言推理不能成立，很彻底的打击就是，"据后来美国艺术史家梅叶·夏皮罗的考证，这双因为海德格尔的阐释而无人不知的鞋子并不是农妇的鞋，相反，它们是城里人的鞋，具体说是凡·高自己的鞋子。德里达则更进一步告诉我们，这两只鞋甚至不是'一双'"②。这就违反了假言推理的规则。P 已假，Q 一定为假。海德

---

① 〔德〕马丁·海德格尔：《艺术作品的本源》，载孙周兴编译：《依于本源而居：海德格尔艺术现象学文选》，中国美术学院出版社 2010 年版，第 24—25 页。
② 陆扬主编：《20 世纪西方美学经典文本》第 2 卷，复旦大学出版社 2000 年版，第 414 页。

格尔犯了一个低级的逻辑错误。农妇鞋子的阐释,不能为真。①

三是循环论证。这是指在批评过程中,论据的真实性依赖于论断的真实性。论断是一个尚未确知为真的判断,需要利用论据和论证确定其真实。但在论证过程中,论据的真实性却要由论断的真实性来证明,两个都未确定为真的判断相互论证,最终的结论在逻辑上无效。这是强制阐释的文学批评中常见的错误。众所周知,"恋母情结"是弗洛伊德精神分析学说及其文学理论的立论基础。为了论证俄狄浦斯情结,弗洛伊德从"亲人死亡的梦"说起。总的线索是,人们会经常梦到自己的亲人死亡,这种情况的发生证明儿童的性欲望很早就觉醒了,"女孩的最初感情针对着她的父亲,男孩最初的幼稚欲望则指向母亲"②。由此,弗洛伊德开始了他的论证:

> 这种发现可以由古代流传下来的一个传说加以证实:只有我所提出关于儿童心理的假说普遍有效,这个传说的深刻而普遍的感染力才能被人理解。我想到的就是伊谛普斯王的传说和索福克勒斯以此命名的剧本。③

这一论证的逻辑方法是,第一,作者的"发现",意即儿童性心理的"假说"在先。这个"假说"来源于作者其他方面的研究,按照作者自己的表述,主要是精神和神经病人的案例分析。第二,这个"假说"要由一个"古老的传说"来证实。这表明,在此处,作者是在借用传说特别是由传说而衍生的经典文本证明自己的假说。第三,这个被经典文本证明了的"假说",又使那个"古老传说"得到证明。其用意是,古代经典文本的有效性是不被充分承认的,只有运用他的"假说",人们对经典文本的理解才有可靠的证明。第

---

① 弗洛伊德对达·芬奇的名画《蒙娜丽莎》的解释也有同样的错误。参见张江:《当代西方文论若干问题辨识——兼及中国文论重建》,《中国社会科学》2014 年第 5 期。
② 〔奥地利〕弗洛伊德著,孙名之译:《释梦》,商务印书馆 1996 年版,第 257 页。
③ 〔奥地利〕弗洛伊德著,孙名之译:《释梦》,商务印书馆 1996 年版,第 260 页。

四,"我想到的就是"进一步证明了作者的论证程序:先有假说,再想到经典;用经典证明假说,再用假说反证经典。非常明显,弗洛伊德关于儿童性心理的假说与俄狄浦斯王的相互论证是循环论证,是典型的逻辑谬误。这可以表达为:假说是 P,传说是 Q。因为 Q,所以 P;因为 P,所以 Q。这种循环论证无法得出正确判断,逻辑上根本无效。

四是无边界推广。这是指在逻辑上的全称判断靠个别现象和个别事例,亦即单称判断来证明。普通逻辑的规则是,完全归纳可得出一般结论。完全归纳不可能实现,大概率统计亦可以有近似的全称判断。个别事例无论如何典型,只能是单称判断的根据,不能无约束地推广为普遍适用的全称结论。在一些文艺理论问题的讨论上,单个文本甚至词语分析,若无进一步的演绎推理,亦无相应的概率统计,任意推广开来,强加于其他文本,甚至上升为普遍规律,便是违反逻辑规则。在一些流派的理论和学说中,我们遇到这样的情况,即用个别现象和个别事例证明理论,用一个或几个例子推论一般规律。这是强制阐释的基本逻辑方法。普洛普的神话学研究是做得比较好的,他从阿法纳西耶夫故事集里的 100 个俄罗斯神话故事中排列出 31 个功能项,作为神话故事的基本要素,并推论这是所有神话及文学的共同规律。然而,逻辑上是不是应该持续提出疑问:从这 100 个故事中提炼的规律适用于所有的俄罗斯神话吗?其他民族、其他时代的神话故事也一定如此吗?将之推广为对全部文学构成的判断,是否有可靠的可以证实的根据?个别事例的典型性是大范围推广的基础。但要做出全称意义的可靠判断,必须依靠恰当规则的命题演绎或大概率统计归纳。文学理论和批评似乎缺少这样的意识,有人把一个例子或研究结果无约束地推广到全部文学,使文学理论的可靠性遭到质疑。

这里要讨论两个问题,一是文学理论构建的统计支持是不是必要。回答应该是肯定的。首先要区别文学和文学理论。文学不是科学,而是人的创造性的自主表达,包括人的潜意识、无意识的表达。把文学作为科学来对待,企图让它像自然科学一样有完整的符号体系、定义系统、运算法则,并由此规定和推演文学创作,既不应该,也不可能。文学理论则不同,它是探寻和总结文学规律的科学。小说家和诗人不考虑的诸多元问题,比如文学的起源、功能及多种创作方法、风格等,文学理论必须给予回答。文学理论是指导并评判文学创作的。理论的规则和定义必须是科学的,是能够重复并经得起检验的,否则,所谓的理论行则行矣,却难以行远。特别是那些由特殊起步,却要规定一般的理论企图,更需要坚实的统计支撑。具体如拉康对爱伦·坡《窃信案》的文本分析,试图"利用某一文本来对一切文本的本质予以说明,用结构精神分析来描绘所有文本的动作机制"①,这显然需要更大样本的统计支持,否则,就是猜测,无法令人信服。一般如弗莱,"弗莱相信,批评处于可悲的非科学的混乱之中,因而必须严加整饬。它只是种种主观的价值判断和无稽之谈,极其需要受到一个客观系统的约束"②。弗莱的愿望是好的,几乎是所有文学理论家的愿望。但是,他把古往今来的文学概括为春夏秋冬的循环往复,这就有些可疑。尤其可疑的是,他的根据是什么?是几千年文学史的一般规律吗?如果是,那么做过切实的统计,也就是有可靠的统计计量的支持吗?如果没有,则很难令人信服,可以新鲜一阵,但无法持续。他的理论日渐消殒不见光大,这应该是主要原因。二是文学的统计是否可能。我们已经看到许多有意义的尝试。如文体学家证实海明威的简洁风格,他们会列举小说中海明威的独特语言用法,然后根据统计得出结论:"海明威的某某小说中,73%的名词没有形容词和副词修饰。同时,还会把海明威同那些公认不那么朴实无华的作家做番比较,指出那些作家笔下,没有形容词和副词修饰的名词仅仅只占总数的30%。"③此类统计或许远没有成熟,但是,建立一种统计意识,增强理论的说服力,是非常必要的。同时应

---

① 参见朱刚编著:《二十世纪西方文论》,北京大学出版社2006年版,第152页。
② 〔英〕特雷·伊格尔顿著,伍晓明译:《二十世纪西方文学理论》,北京大学出版社2007年版,第88页。
③ 〔英〕彼得·巴里著,杨建国译:《理论入门:文学与文化理论导论》,南京大学出版社2014年版,第206页。

该指出，在今天大数据、云计算的网络时代里，过去无法做到，甚至难以想象的海量数据的统计与分析，已经成为可能，理论的统计应该大有作为。①

四、混乱的认识路径

反序路径是指理论构建和批评过程中认识路径上的颠倒与混乱。构建理论以预定的概念、范畴为起点，在文学场内作形而上的纠缠，从理论到理论，以理论证明理论。开展批评从既定的理论切入，用理论切割文本，在文本中找到合意的材料，反向证实前在的理论。在局部与全局的关系上，用局部经验代替全局，用混沌臆想代替具体分析。获取正确认识的路径不是从实践到理论，而是从理论到实践，不是通过实践总结概括理论，而是用理论阉割、碎化实践，这是强制阐释的认识论根源。

一是实践与理论的颠倒。理论来源于实践，文学理论生长于文学实践，这样的例证很多。"从文学发生学的角度来说，总是先有文学，后有文学理论。这一点举世皆然。没有文学的产生和存在，也就不可能有文学理论的出现。可以肯定地说，如果没有古希腊悲剧的繁荣发展，就不会有亚里士多德的《诗学》；没有莎士比亚的戏剧探索和1767年汉堡民族剧院的52场演出，历史上也不会留下莱辛的《汉堡剧评》；同样，没有现实主义、浪漫主义、象征主义的创作潮流，也不会诞生相应的文学理论思潮。文学理论来自文学实践，并以走向文学实践为旨归，这是一切文学理论合法性的逻辑起点。"②关于这一点，米勒指出："伟大的文学作品常常是在它们的批评家前面。它们先已候在那里。它们先已清楚地预见了批评家所能成就的任何解构。一位批评家可能殚思竭虑，希望借助作家本人不可或缺的帮助，把自己提升到像

---

① 在逻辑规则上，单个例证即可否定一个全称肯定判断。例如，某公式是否具有全称意义，最终确定为真的例证必须为事件全部，确定为假，只一例便可证伪。本文以单个例证所做的否定判断，逻辑上有限指涉相关学说或学派，并不推延概称到西方文论的全部学说。
② 张江：《当代西方文论若干问题辨识——兼及中国文论重建》，《中国社会科学》2014年第5期。

乔叟、斯宾塞、莎士比亚、弥尔顿、华兹华斯、乔治·艾略特、斯蒂芬斯,甚至威廉斯那样出神入化的语言水平。然而他们毕竟先已候在那里,用他们的作品为神秘化了的阅读敞开着门扉。"① 米勒的话是对的。文学的创作生产在文学理论的前面,文学的实践造就文学的理论,这是不需要辩驳的道理。但在西方文论的成长路径上,这却成为一个很大的问题。首先,因为一些西方文艺理论直接移用其他场外理论,并形成极大势力和影响,造成了理论来自理论的假象。伊格尔顿说:"事实上并没有什么下述意义上的'文学理论',亦即,某种仅仅源于文学并仅仅适用于文学的独立理论。""从现象学和符号学到结构主义和精神分析,都并非仅仅(simply)与'文学'作品有关。"② 这是对现象的评述,但不意味着真理。这有两重意思。其一,仅仅源于文学的理论是有的,中国古典文论的许多观点就是仅仅来源于文学,比如众人皆知的各种诗话。这不排除与其他理论的联系与相互作用。其二,一种仅仅适用于本学科的理论也是存在的,不排除这种理论对其他学科的衍射和影响,但这种影响常常是外在的,是一种应用,不能否定它主要适用于本学科的骨干意义。更主要的是,我们说西方文论的场外征用,有些是完全的非文学理论,这类理论对文学的阐释是外在的强制,应用于文学领域,如果不能很好地改造其基本范式并与文学实践深度融合,终将被淘汰。当代西方文论的潮流更替证明了这一点。其次,一些重要流派,展开批评不是依据文本分析得出结论,而是从抽象的理论出发,用理论肢解改造文本,迫使文本服从于理论。这给人造成错觉,以为文学的理论可以脱离文学的实践,并且理论高于实践。理论和实践的关系可以从两个视角来把握。一是现实性视角。从这个视角看,实践明显高于理论,因为它有改造客观世界的特殊品格。二是普遍性视角。从这个视角看,有人会以为,只有理论才有这个特性,而实

---

① 转引自〔美〕乔纳森·卡勒著,陆扬译:《论解构:结构主义之后的理论与批评》,中国社会科学出版社1998年版,第245—246页。
② 〔英〕特雷·伊格尔顿著,伍晓明译:《二十世纪西方文学理论》"第二版序",北京大学出版社2007年版。

践没有，因此，理论高于实践，不仅可以指导而且可以阉割实践，如同一些当代文论用理论阉割文本一样。这是错误的。实践同样具有普遍性品格。因为现实中的实践含有共同的规律，只要具备了大体相同的条件，就可能得到大体相同的结果。这恰恰是普遍性的含义。所谓理论的普遍性品格也正来源于此。① 从实践到理论的认识次序不应该颠倒。最后，一个普遍的现象是，一种理论被另一种理论否定，不是依据于文学实践，不是实践否定理论，而是以理论否定理论，是一种理论瓦解了另一种理论。这会产生误解，以为理论的自言自语也是自身成长的动力。理论对理论的批判同样要以实践为根据。"人的思维是否具有客观的真理性，这不是一个理论的问题，而是一个实践的问题。"② 离开了实践，再冲动的理论也难以为继。费尔巴哈企图否定黑格尔的道德论，其根据是他所谓爱的幻想。恩格斯批评说："费尔巴哈的道德论是和它的一切前驱者一样的。它是为一切时代、一切民族、一切情况而设计出来的；正因为如此，它在任何时候和任何地方都是不适用的。"③ 克罗齐以"艺术即直觉""直觉即表现"的表现主义理论，否定社会历史批评，然而汤因比从历史哲学的角度否定了他："毫无疑问，社会环境是决定一个艺术作品的形式与内容的首要因素"，尽管"艺术中所包含的见识的效力却会超越创作时的历史时空的暂时性和地域性"，但是因为"艺术综合了人的感知和思考"，艺术作品的历史背景和时代因素还是能够被迅速地判断出来。④ 德里达仅仅从消解意义的目的出发，用解构主义取代结构主义，然而"德里达所称的逻各斯中心论的最大讽刺在于，它的阐释（即解构主义）和逻各斯中心论一样张扬显赫，单调乏味，不自觉地参与编织系统"⑤。海

---

① 参见〔苏联〕列宁：《哲学笔记》，人民出版社 1974 年版，第 230 页。
② 《马克思恩格斯文集》第 1 卷，人民出版社 2009 年版，第 500 页。
③ 《马克思恩格斯选集》第 4 卷，人民出版社 1995 年版，第 240 页。
④ 〔英〕阿诺德·汤因比著，刘北成、郭小凌译：《历史研究》，上海人民出版社 2005 年版，第 407 页。
⑤ Said E., "Opponents, Audiences, Constituencies and Community", in *Critical Inquiry*, Vol.9, No.1, *The Politics of Interpretation*, Chicago: The University of Chicago Press, 1982, p. 9.

登·怀特说得更辛辣一些:"德里达以为自己的哲学是对结构主义的超越,殊不知却是对结构主义的彻底崇拜,成了它的俘虏。"①

二是具体与抽象的错位。这有两个维度的问题。一方面,理论生成不是从具体出发,上升为抽象,而是从抽象出发,改造、肢解具体,用具体任意证明抽象。另一方面,隔绝抽象,抵抗抽象,用碎片化的具体替代抽象,理论的统一性、整体性、稳定性遭到瓦解。正确关系应该是:文本的批评必须从具体出发,立足于具体,从具体的分析和研究中上升为抽象;抽象应该指导具体,具体的分析和研究应该上升为抽象,而不能停滞于碎片化的具体。符号学批评就是从抽象出发的批评。符号学把文学抽象为无感情、无意义的符号,并构造近乎数学模型的方法,用以文本分析。符号学由瑞士语言学家索绪尔和美国哲学家皮尔士分别创立,其生成基点与文学无关。格雷马斯在叙事学研究中引进符号学方法,在文本分析上用抽象统治了具体。前面我们提过的詹姆逊对中国古典小说的矩阵阐释就是一个例子。这种从抽象出发的文本分析如果把握不好,极易消抹作品的文学特征,得出令人难以接受的另样结论。巴特更把符号方法推向极端,认为"符号就是符号本身,并不代表任何事物","文学评论应当从语言的上下文来了解,不能涉及现实内容与思想内容"。② 这种不涉及内容的符号方法充分表明,在符号学理论中,抽象是主导一切的,是文本批评的出发点和落脚点,具体服从于抽象,是证明抽象的工具。这种由抽象出发强制具体的批评,其缺陷是明显的。其一,在文本批评上,用抽象集纳具体,具体存在的思想和内容凝缩于抽象结论,导致文本内容尤其是思想内容的虚无。特别是用抽象符号解构文本,将承载复杂思想和情感的文本演变为无意义符号的叠加,内容的碎片化、思想的碎片化难以避免。福柯批评德里达"完全陷入文本之中","作为批评家,

---

① White, Hayden, "The Absurdist Moment in Contemporary Literary Theory", in Murray Krieger & L. S. Dembo eds., *Directions for Criticism, Structuralism and Its Ternatives*, Madison: The University of Wisconsin Press, 1977, p. 85.

② 参见刘放桐等编著:《现代西方哲学》(下),人民出版社1990年版,第738页。

他带着我们进入文本,却使我们难以从文本中走出来。超越文本轴标的主题与关怀,尤其是有关现实问题、社会结构、权力的主题与关怀,在这个曲高和寡的超级语言学框架里完全看不到"。① 其二,如果说文学是审美,是独具创造性的意义表达,那么具体对文学的意义就重于抽象。更确切地说,没有抽象的文学,只有具体的文本。离开具体的文本,离开对具体文学的具体分析,就没有文学的存在。无感情、无意义的符号必然导致对文学特性的消解,导致理解的神秘化。海登·怀特批评德里达"攻击整个文学批评事业","编出令人眼花缭乱的符号游戏,使理解无法进行。阅读原本面对大众,属于大众行为;但是现在文本被符号化,语言被神秘化,阅读成为少数人的智力游戏和炒作的资本"。② 其三,共性本身就是消解和规约个性的。用共性的抽象强制个性的具体,固守单一的抽象方法,阐释变幻无穷的文本,当然要导致批评的僵化。从相反的方向说,拒绝抽象,满足于具体也是片面的。所谓"逻各斯中心主义"有它的短处,但这不意味着可以放弃对本质和中心的探究,使批评停留于琐碎而无联系的具体。晚近的米勒十分重视解构批评的操作实践,通过对大量文学作品的分解式阅读和评论,赋予文本的具体以极丰富的意象。然而,"米勒把解构批评看成为将统一的东西重新拆成分散的碎片或部分,就好像一个小孩将其父的手表拆成一堆无法照原样再装配起来的零件"。③ 这样的解构主义拆分,具体确是具体,但是整体不在了,合理的抽象不在了,对文本的阐释、对文学的理解,成为零乱飘飞的一地鸡毛,这样的批评没有意义。如果将文本比喻为手表,其中各个零件都有确定的作用,单独存在时,它只是零件,作用是明白的,功能却无效。拆解了零件作透彻的分析是必要的,但是,这种分析必须落实在功能上,只有

---

① Wolin, Richard, *The Terms of Cultural Criticism*, New York: Columbia University Press, 1992, p.200.

② White, Hayden, "The Absurdist Moment in Contemporary Literary Theory", in Murray Krieger & L. S. Dembo eds., *Directions for Criticism, Structuralism and Its Ternatives*, Madison: The University of Wisconsin Press, 1977, pp. 107‑108.

③〔美〕J. 希利斯·米勒著,王宏图译:《小说与重复:七部英国小说》"前言",天津人民出版社2008年版。

在整体中发挥功能,这个零件才是有用的零件。文本中的具体都是文本的具体,离开了文本,具体就是另外的味道,无论怎样细致精密,都要失去它本来的意义。只有在文本的总体框架中,在对文本的抽象总结中认识具体,认识各个具体之间的联系,并把握其抽象意义,才是科学的批评。再进一步,我们说的抽象,不是空洞的强制的抽象,而是由感性具体上升而来的理性抽象。解构式的拆分是必要的,但不能停留于拆分。拆分的目的是为了抽象的意义,没有对拆分的意义整合,没有对文本的意义认识,具体的拆分仅仅是技术分析而非文学分析。用技术分析代替文学分析,对文本批评而言,是强制的片面阐释。

三是局部与全局的分裂。这是指在文学理论的建构中,诸多流派和学说不能将局部与全局有机统一起来,形成一个相对完整、自洽的体系。从局部始,则偏执于一隅,对文本作分子级的解剖分析,且固执地停留于此,声称这就是文学总体,以局部代替全局。从全局始,则混沌于总体,面向总体作大尺度宏观度量,且离开具体的研究作无根据的理论臆想。应该说,新批评是一种具有独特优势的批评方法,细读应该成为一切文本批评的基点。新批评的历史作用没有人能够否定。但问题是,新批评绝对地强调文学的内部因素,否定外部因素,彻底抛弃文学外部因素研究的理论和学说,尤其排斥社会历史批评理论,声称只有其自身理论符合文学的规律和批评的要求,由此陷入了极大的片面性。姚斯创立了接受美学,开辟了文学理论和批评的新的发展空间,这是一个重大的贡献。但是,如果声称"文学史不是别的,就是作品的接受史",把其他文学因素完全排斥于文学研究之外,将其他理论和方法弃之不顾,这样不仅是对其他理论的意义和作用的轻贬,而且也使自己的理论处于单兵突进、孤立无援的状态,难以对文学的整体发展发挥更大的作用。同时,我们也很怀疑,说"文学史就是作品的接受史",如此决绝,文学难道不是作品的创作史吗?没有创作,没有作品,何来接受?在与传统和历史的关系上,也有一个全局和局部的关系。如果把总的历史图景看作全局,把某一历史片断,包括当下的即时研究作为局部,那么一些重要的批评理论把自己同历史作断崖式的割裂，严肃声称这是一个全新的理论，和一切传统无关，这也是一种认识路线上的混乱。从形式主义开始，西方文论的主流从作者转向作品，取消了一切与作者有关的研究，一直到后来响亮的口号"作者死了"，社会历史研究的有益因素被全部抛弃。结构主义被解构主义彻底碎片化，不仅如此，德里达坚决地宣称："解构主要不是一个哲学、诗、神学或者说意识形态方面的术语，而是牵涉到意义、惯例、法律、权威、价值等等最终有没有可能的问题。"[①] 这不仅是对文学，而且是对以往价值的彻底颠覆。不仅学派如此，就是一些理论家个人也对自己的理论进程不断否定和自新，我们从中也能看到这种断崖式否定的征候。米勒就是一个典型。他从新批评到意识批评再到解构主义，对自己的持续否定既体现他不断进取、不断创新的精神，也体现了西方文论一波又一波无限绵延的自我否定。

这里有两个问题需要讨论。第一个问题关涉西方文论的理论范式。西方文论发展中各思潮和学派的狂飙突进，以抵抗传统和现行秩序为目的。提出一个方向的问题，从一个角度切入，集中回答核心的焦点问题，攻其一点，不及其余，不求完整，不设系统，以否定为基点澄明自己的话语，这是一种很普遍的范式。其长处是突出了理论的锋芒和彻底性，但弱点也是致命的。这种单一化、碎片化的理论走向本身就是解构，其结果必然是文学理论及其学科的存在受到质疑。面对各种主义丛生、各种方法泛滥的现象，"你可以讨论这位诗人的有气喘病史的童年，或研究她运用句法的独特方式；你可以在这些'S'音中听出丝绸的窸窣之声，可以探索阅读现象学，可以联系文学作品于阶级斗争状况，也可以考察文学作品的销售数量"[②]。这是伊格尔顿的调侃。20世纪西方文论的方法远不止这几种，各种主义创造的方法数不胜数，每一种方法都以独到、新风而自诩。但是，由于场外理论的征用移植

---

① Derrida, Jacques, "The Time of a Thesis: Punctuations", in Alan Montefiore ed., *Philosophy in France Today*, London: Cambridge University Press, 1983, pp. 44-45.

② 〔英〕特雷·伊格尔顿著，伍晓明译：《二十世纪西方文学理论》，北京大学出版社2007年版，第199页。

是当代西方文论生成的主要方式，一些理论和方法之间几乎没有联系和照应。新批评与历史主义之间、结构主义与文化研究之间、女性批评与东方主义之间，如鸿沟般相互割裂。各种理论的隔阂、各种学派的矛盾，以至于一个独立学说、一位独立的思想家自身学说内部的自相矛盾，让理论的未来走向混沌不清。任何从相对系统、整一的角度界定理论的企图都成为妄想。如此，就提出第二个问题，当代西方文论的理论范式是不是意味着文学理论和批评就不应该有一个完整的构成或体系？

  理论构成的局部与全局是什么关系？实践证明，一个成熟学科的理论大体上应该是一个完整有序的系统，在这个系统中，各方向的专业分工相对明确，配套整齐，互证互补。在理论生成和发展的整个过程中，某个方向的理论可能走得快一点，具有开拓和领军的作用。但是，随之而来的，其他方向的配套理论必须接续上来，逐步构成一个能够解决本学科基本问题的完整体系。同时，系统内不同方向的研究，其水平和深度应该大抵相当，而某一方向的单兵突进，各方向之间的相互隔绝，会使整个系统处于不健全、不完整、不稳定的发育状态。无是非的矛盾、无标准的争论、无意义的相互诋毁，使整个学科面临常态化的危机，理论的有效性受到质疑，理论的发展成为空话。英伽登就曾指出，作品的艺术价值是一种集合性构成，任何孤立看待某一价值特征的做法都可能不得要领："'审美价值'是某种仅仅在审美对象内、在决定对象整体性质的特定时刻才显现自身的东西。"[①] 文艺作品如此，文艺理论是不是也应该如此？从 20 世纪理论发展的事实看，各种学说和流派的单兵突进，并不意味着那些理论的创立者否定和放弃理论的统一性，只不过这种统一性的追求一方面是通过自身理论的统一性而实现，另一方面则表现为试图以自己的理论替代他人的理论而成为唯一的理论。解构主义主张无中心，以往的一切理论都要被否定。真若如此，解构主义不是成为理论中

---

① 〔波兰〕英伽登：《艺术的和审美的价值》，载蒋孔阳主编：《二十世纪西方美学名著选》（下），复旦大学出版社 1988 年版，第 278 页。

心，而且是唯一的中心吗？形式主义、新批评、结构主义、后现代主义，以至于文化研究、新唯美主义，哪一个不是以对以往历史的完全否定、对场内其他理论的完全否定而表达自己理论的整一性和全局性的？一个成熟学科的理论必须是系统发育的。这个系统发育体现在两个方面：从历时性上说，它应该吸取历史上一切有益成果，并将它们灌注于理论构成的全过程；从共时性上说，它应该吸纳多元进步因素，并将它们融为一体，铸造新的系统构成。理论的系统发育不仅是指理论自身的总体发育，而且是指理论内部各个方向、各个层面的发育，相对整齐，相互照应，共同发生作用。系统发育是理论成长的内生动力，也是一个理论、一个学科日趋成熟的重要标志。期望以局部、单向的理论为全局、系统的理论，只能收获畸形、偏执的苦果。

（《文学评论》2014 年第 6 期）

强制阐释论的逻辑支点与批评策略

张玉勤[*]

　　强制阐释论是张江近年来针对西方文论的总体特征和中国文论话语体系构建所提出的一个理论主张。这一理论的提出，在文论界掀起了重新审视西方文论、打破西方话语霸权和理论神话的浪潮，同时也给实现文学理论的本体回归和建构中国文论话语体系提供了警觉性的反思与探索性的路径。一时间，国内的研究媒体和各路学者纷纷回应，或进行深度阐释，或给予延伸辨析，或表示鼎力声援，或提出理论商榷，新的文论讨论热潮正在形成。在这场热潮的背后，有些问题尚需进一步澄清：强制阐释论提出的理论背景究竟是什么？此时西方文论的发展格局究竟发生了怎样的微妙变化？强制阐释论与这些微妙变化之间究竟有着怎样的内在关联？如何准确把握强制阐释论的逻辑支点与批评策略？强制阐释论与文学理论的未来发展又有着怎样的关系？如何从"强制阐释"走向中国文论的话语重建？关注强制阐释论，就不得不面对上述问题。

一、强制阐释论与"后理论"反思浪潮

　　张江认为，当前我们面临一个难以解脱的悖论："一方面是理论的泛滥，

---

[*] 作者简介　张玉勤，江苏师范大学文学院教授。

各种西方文论轮番出场,似乎有一个很'繁荣'的局面;另一方面是理论的无效,能立足中国本土,真正解决中国文艺实践问题,推动中国文艺实践蓬勃发展的理论少之又少。"① 正是在此语境下,张江提出了"强制阐释"的论断,并给出界定:"强制阐释是指背离文本话语,消解文学指征,以前在立场和模式,对文本和文学做符合论者主观意图和结论的阐释。"② 他还进一步指出了强制阐释所具有的四个基本特征,即场外征用、主观预设、非逻辑证明和混乱的认识路径,并通过一系列的理论推演和案例举证进行颇具说服力的证明。不得不说,张江对西方文论基本特征和根本缺陷的论断是颇有见地、符合实际的。

众所周知,对于文学理论而言,20 世纪堪称批评的世纪。百年间理论纷呈、流派林立,各种观点层出不穷,互不相让,形成了"你方唱罢我登场"的替代式、颠覆式的文论发展格局。文学理论虽然出现了表面繁荣和快速更迭,但其内在的合法性危机一直存在,西方学者对西方文论所提出的质疑和批判声音始终不绝于耳。这种声音大体指向西方文论所存在的三方面弊端。

一是过分倚重文学的非文学化考量。对于"文学是什么"这一基本问题,卡勒、伊格尔顿、托多洛夫、伊瑟尔、韦勒克等理论家都做过系统的梳理和描述。从这些梳理和描述不难看出,有些定义是关乎文学本身的,有些定义则远离或偏离了文学发展的轨道。特别是晚近以来,形成了把文学引向政治、哲学、宗教、文化等的潮流和取向,如新历史主义、后殖民主义、女性主义、后现代主义、文化研究等,文学理论俨然成了无所不包的"万花筒"。卡勒就曾提醒人们,近代的文学和文化研究中有许多关于理论的讨论,但这可不是指"关于文学的理论",而是纯粹的"理论","如今当人们抱怨文学研究的理论太多了的时候,他们可不是说关于文学本质方面的系统思考和评论太多了,也不是说关于文学语言与众不同的特点的争辩太多了",而

---

① 张江:《当代西方文论若干问题辨识——兼及中国文论重建》,《中国社会科学》2014 年第 5 期。
② 张江:《强制阐释论》,《文学评论》2014 年第 6 期。

指的是"非文学的讨论太多了,是关于综合性问题的争辩太多了(而这些问题与文学几乎没有任何关系)"。① 在他看来,当下的许多理论研究并没有涉及文学理论,"其间诸多最引人入胜的著作并不直接讨论文学",它所引出的只是"一盘叫人目迷五色的大杂烩"。② 更为主要的,"理论并不是一套为文学研究准备的方法,而是一组对世界上所有事物的不受限制的书写,从经院哲学的问题,到人们讨论和思考身体的不断变化的方式等"。③ 布鲁姆也曾感慨道,如今的文学批评已被文化批评所取代,这是一种由伪马克思主义、伪女性主义以及各种法国/海德格尔式的时髦东西所组成的奇观,西方经典已被各种诸如此类的十字军运动所代替,如后殖民主义、多元文化主义、族裔研究以及各种关于性倾向的奇谈怪论。④ 可以说,五花八门的"理论"远远越过了文学的边界,使文学研究的本质发生了根本的变化。

二是过分倚重文学以外的学科研究范式。文学理论应该具有自身独特的范式。但随着西方科学技术的不断发展和社会的不断进步,社会科学、自然科学和文学以外的人文科学涌现出的各种新理论、新方法,被源源不断地移植到文学研究中。这种移植一方面极大地拓展了文学研究的疆域和视界,另一方面也形成了所谓的"强制阐释",由此带来文学自身特性的消解。正如卡勒看到的那样,理论并不是关于"文学的理论",它虽然大大丰富了对文学作品的研究,但令人吃惊的是,"已经说不清它究竟跨了多少学科"。⑤ 比如,俄国形式主义、布拉格学派、新批评、结构主义等理论流派,把语言学研究成果用于文学研究,使得文学研究成为文本的细读分析;虽然雅各布森推出本体色彩较为浓郁的"文学性"概念,但也没有阻挡住文学成为语音、修辞、结构等孤立、静态的"文本"要素,"文学研究被狭隘地界定为文学

---

① 〔美〕乔纳森·卡勒著,李平译:《文学理论入门》,译林出版社2008年版,第1页。
② 〔美〕乔纳森·卡勒著,陆扬译:《论解构:结构主义之后的理论与批评》序,中国社会科学出版社1998年版,第2页。
③ 〔美〕乔纳森·卡勒:《当今的文学理论》,《外国文学评论》2012年第4期。
④ 〔美〕哈罗德·布鲁姆著,江宁康译:《西方正典》中文版序言,译林出版社2005年版,第2页。
⑤ 〔美〕乔纳森·卡勒著,李平译:《文学理论入门》,译林出版社2008年版,第45页。

语言及其形式技巧的诗学分析"①；现象学文论更是以"意图谬误"和"感受谬误"把与文本相关的读者、作者彻底屏蔽掉了。如此一来，文学变成了可以被肆意解剖的对象，理论家成了解剖师，文学批评活动变成了解剖术。再比如，保罗·德曼看到，如今的文学理论发展成了"更大的哲学思辨的副产品"，"完全变成了哲学的合理关注"，但是"无论在事实上或是在理论上，它都不能同化为哲学"。②颇具代表性的当属分析哲学。弗雷格所始创的数理逻辑成为大多数分析哲学家的主要研究手段。在这一理念指导下，文学文本变成了可以用来精确分析和科学研究的对象。纵观"当代文学理论"，卡勒认为，那些常常被看作是"理论"的东西，就学科而言，其实极少是文学理论，"它们不探讨文学作品的区别性特征及其方法论原则"。③客观而论，文学理论的跨界旅行，或者说其他学科范式对文学研究的强行渗透，使得文学理论在很长一段时间内处于依附地位，从而失去了自身的独特品格。20世纪西方文学理论之所以出现"一波未平，一波又起"的替代式发展格局，主要是因为其他学科场域中出现的各种新方法被不断植入文学研究。文学研究固然无法离开对其他学科的借鉴与融通，但文学毕竟是文学，文学研究不能仅凭依附其他学科而存在，否则只能走向消解甚至消亡。韦勒克便坚持认为，"单纯的移用并不能达到预期的效果"，"科学方法仅就十分有限的文学研究范围或者某些特殊的文学研究手段而言，有时是有价值的"，"文学研究自有不同于自然科学研究的其他有效方法"。④有的学者甚至担心，文学学科在拓展疆域或进行"科际整合"的同时，是否会遗忘和消解自我？⑤

三是文学的阐释标准和意义边界被无限放大。对于一部文学作品而言，

---

① 周宪：《也说"强制阐释"——一个延伸性的回应，并答张江先生》，《文艺研究》2015年第1期。
② 〔美〕保罗·德曼著，李自修等译：《解构之图》，中国社会科学出版社1998年版，第99页。
③ 〔美〕乔纳森·卡勒：《当今的文学理论》，《外国文学评论》2012年第4期。
④ 〔美〕勒内·韦勒克、奥斯汀·沃伦著，刘象愚等译：《文学理论》，江苏教育出版社2005年版，第4—5页。
⑤ 赵宪章：《也谈思想史与文学史》，《中华读书报》2001年11月28日，第10版。

其意义显然是多元的,而不是固定的。艾柯就曾把艺术视为"开放的作品",认为对作品的每一次欣赏都是一种解释、一种演绎,而且"对作品的每一次演绎都不可能同它的最后阐释相一致;每一次演绎都是对作品的一种解释,而不是使这种解释到此为止;每一次演绎都是使作品得以实现,但这些演绎是互为补充的。最后是,每一次演绎都使作品更完美,更令人满意,但同时又使它不完整,因为不可能把作品所具有的所有其他可能结果都统统展现出来"。[①] 罗兰·巴特所持有的后结构主义文本观更是把文本的多义性推演到了极致。在他看来,文本是复数,"应不再被视为一种确定的客体",并"依赖于由能指构成的那种称为立体复合的东西",它"常常是所指的无限延迟",是一种"延宕"。赫什所坚守的作者本位的"客观阐释",到了巴特那里只成了"名义上的作者","他的生活不再是情节的来源","他的标志不再是特许的和类似于父亲保护的方式,或绝对真理的存在"。[②] 并且他宣称"文本是来自文化的无数中心的引语构成的交织物","给文本一个作者,是对文本横加限制,是给文本以最后的所指,是封闭了写作"。[③] 他甚至直接抛出"作者之死"的言论,让文本成为彻底的"编织物"。不难看出,20世纪西方文论征用不同的研究方法,以不同的向度和力度,敲开了文学的坚硬外壳,对文学的意义做出了多元化的探索与揭示。这一点无疑是好的。但接下来的问题是,阐释究竟有没有边界?是不是怎样阐释都行?是不是一千个读者心目中的哈姆莱特都是真实和有效的?文学理论采用大量的"场外征用"所带来的直接后果是,文学不仅成为"语言的突出"、"语言的综合"、虚构、审美对象、互文性的或者自反性的建构,而且也意味着政治、性别、身体、权力、欲望、革命、暴力等,成了名副其实的"杂草状态"。

除了上述三个方面,西方文论还存在着其他诸多弊端。这些弊端促使我们在"理论的黄金时期"之后,有必要对西方文论做出审慎而冷静的审视。

---

① 〔意〕安伯托·艾柯著,刘儒庭译:《开放的作品》,新星出版社2005年版,第20页。
② 〔法〕罗兰·巴特著,杨扬译:《从作品到文本》,《文艺理论研究》1988年第5期。
③ 赵毅衡编:《符号学文学论文集》,百花文艺出版社2004年版,第510—511页。

其实许多文论家早已注意到西方文论自身存在的局限和危机,并不停地进行理性审视。这种审视后来逐渐演变为"理论之后"和"理论之死"等论调。从历史上看,"艺术终结"的声音似乎一直没有停止过。但事实上,艺术不太可能真的走向终结,艺术终结论提出的时候往往都是理论观念出现转变、审美范式出现转型的时候,因而更多的是一种理论策略。"理论之后""理论之死"等所彰显出的其实是对西方既往文论的理性反思,是对西方文论长久以来内在痼疾的清醒审视,是对未来文论寻求发展和突破的审美期待。"后理论"声音的出现是西方文论自身发展的必然逻辑,体现了文论自身的自觉和成熟,也意味着文论的全新时代即将到来。正如伊格尔顿所言,"文化理论的黄金时期早已消失",我们如今正"生活在所谓高雅理论的影响下","毫无疑问,新世纪终将诞生出自己的一批精神领袖",但是新的一代却"未能拿出可与前辈们比肩的观点"。①

再把目光投向中国。长久以来,中国的文学理论一直生活在西方文论所投射出的"影子"世界中,靠汲取西方文论的术语表达、言说方式、话语模式、思想资源而立足,把概念轰炸、直接套用、以西释中等作为时尚,从而在另一向度上构成了"强制阐释"。我国台湾一学者引入结构主义诗学分析对汉乐府《公无渡河》所做的现代阐释,便颇具典型性和滑稽感。可以说,中国当代文论对西方文论的本体论缺陷的认识还远不够自觉和充分,立足文学自身和本土实际所进行的理论创新成果更是少之又少。在此背景下张江提出强制阐释论,实在是恰逢其时。第一,与西方文论的反思潮流同步合拍。在文论发展的特定阶段,有必要对既有传统进行一次回头看。这种反思性的回顾和评价,是对文论发展规律的尊重和负责,是实现文论发展螺旋式上升的重要路径,是推进文论走向新一轮创新发展的必经之路。张江所提出的强制阐释论,体现的正是对西方文论的一次全面把脉,是对西方文论内在机理的征候式分析,是对"后理论"时代文学理论何去何从的一次探索性考量,

---

① 〔英〕特里·伊格尔顿著,商正译:《理论之后》,商务印书馆2009年版,第3—4页。

是新的文论重生转向的力量孕育。第二，体现了破解西方文论神话的迫切愿望。相比西方文论，中国当代文论长久以来处于仰人鼻息的状态。西方文论的霸权地位，不仅是西方中心主义单方面造成的，其实也归咎于我们自身的"间性合作"，因为我们长期依赖的恰恰是西方文论的话语资源，是彻底的"拿来主义"，而不是立足传统和现代的独特创造。如果说在特定的历史阶段，对西方文论适当的借鉴甚至是移植都是情有可原的，但这样的状态不可能总是持续，必须正视西方文论总体性的弊端、缺陷、漏洞和空白，尽快走出西方文论的怪圈和阴影。第三，彰显了中国文论发出自己声音的强烈诉求。在当下中国，要真正建立中国文论体系，首先遭遇到的一个现实难题便是我们长期依附于西方文论，并对这一"他者"形成了强大的依赖。如果不冲破他者这个壁垒和神话，中国文论建设将寸步难行。所以，强制阐释论首先从"树靶子"开始，并把目标定位于回归文学本体、恢复正常对话、找到真实自我。恰如张江自己所言："对西方文论的辨析和检省，无论是指出其局限和问题，还是申明它与中国文化之间的错位，最后都必须立足于中国文论自身的建设。"[①]可见，强制阐释论最终指向的是中国文论的自身建构。

总之，强制阐释论正诞生于上述理论语境和反思浪潮，它既是对西方文论质疑批判声音的一种延续和深化，体现出了应有的智性和理性，又站在建构的视角对后理论时代的文学理论提出了深入而独到的思考，即走出西方神话、回归文学自身、建立创新体系。从这个意义上说，强制阐释论的提出确实有着特别而深刻的用意。

二、强制阐释论与当代文学研究的审美化趋向

强制阐释论不仅与"后理论"对文学理论的反思浪潮合拍，也顺应了当

---

① 张江：《当代西方文论若干问题辨识——兼及中国文论重建》，《中国社会科学》2014年第5期。

代文学研究中所出现的审美化趋向。从某种意义上说,西方文论表现出了强烈的"自反性":一方面诸多学者充分看到了西方文论自身在高速发展和快速更替中所彰显出的理论繁华以外,尚存在着显而易见的痼疾,始终不绝于耳的"理论之后""理论之死"等论调便是针对西方文论的一种批判性和颠覆性信号;另一方面,西方文论也在逐渐走出过分远离文本、过分走向"非文学化"、过分放大阐释边界等研究范式的控制,慢慢回归文学本体、作品本体、审美本体。有鉴于此,强制阐释论的提出恰恰暗合了当今文学研究中所出现的新的审美化趋向。

首先,强制阐释论呼唤文学理论应以文本为核心。强制阐释论强烈反对从理论到理论,也反对把场外理论生硬地位移到文学作品的分析中,把文学作品仅仅作为理论的注脚和证明。强制阐释论呼吁文学理论应紧紧围绕文学本体进行,即以文本为起点、为核心、为落脚点进行阐释,让理论回归文学自身,从文学中生发出新的理论。这一点恰恰抓住了文学理论的内在逻辑和深层机理,因为文学理论首先是关于文学的理论,即"theory of literature"。在贡巴尼翁看来,"theory of literature"与"literary theory"是两个不同的概念,前者"通常被理解为总体文学或比较文学的一个分支;它旨在反思文学的条件,以及文学批评和文学史的条件;它是批评的批评或元批评",即韦勒克所提倡的"一个文学理论、一个原则体系和一个价值理论",而后者则属于包罗万象的理论。在周宪看来,前者属于"人文学科建构的文学理论",而后者则属于"人类科学建构的理论"。"强制阐释论"也罢,"后理论"也罢,其实呼唤的都是"theory of literature",而不是"literary theory"。正如卡勒所言,"'后理论'就是所说'大理论'(the grand theory)死亡之后的理论"[①]。

其次,强制阐释论呼唤把文学活动作为文学理论的元范畴。艾布拉姆斯便看到,现代批评对美学问题的探讨都是依据艺术与艺术家的关系,而不考虑艺术与外界自然、与欣赏者、与作品的内在要求的关系。在他看来,每一

[①] 周宪:《文学理论、理论与后理论》,《文学评论》2008年第5期。

件艺术品总要涉及四个要素，即作品、艺术家、世界和欣赏者，在此基础上他使用三角形模式来安排这四个坐标，其中"艺术品"这个阐释的对象被放在了中间。艾布拉姆斯注意到，"任何像样的理论多少都考虑到了所有这四个要素"①。拉曼·塞尔登同样看到了文学理论与文学活动中作品、作家、世界和读者等基本要素之间的内在关联。他认为，"展示文化常理化的效果的一个简单方式是考察不同的理论从不同的兴趣点出发对文学的不同拷问"。他还借鉴雅各布森的语言学交流模式，分析了文学活动诸要素之间的关系，即"作家 —— 语境、写作、符码 —— 读者"："假如我们采用信息发送者的视角，我们关注的重点就是作者，以及他或她对语言'充满感情的'或'表现式的'使用；假如我们侧重的是'语境'，我们就把语言的'参照式'应用特别拈了出来，在作品生产之际，发掘它的历史维度；假如我们对信息接受者特别感兴趣，我们就要研究读者对'信息'的接受，从而引入一个完全不同的历史语境等。"②可见，文学活动才是文艺理论、文学阐释、文学批评真正意义上的基石。张江的强制阐释论及紧随其后的本体阐释论，都强调从世界（历史）、作品（技巧）、作者（作者）、效应（读者）四个维度建构起阐释和批评体系，在作者意图、文本意义、读者意味之间的张力中找到阐释的标准和理论的平衡。

强制阐释论强调回到文学、回到文本，与"理论之后"的西方文论界出现的新的发展走向不谋而合。李欧梵就曾注意到，"美国学界不少名人（包括兰特里夏在内），又开始'转向'了 —— 转回到作品的'文学性'，而反对所有这些'政治化'或'政治正确化'的新潮流"③。在拉曼·塞尔登等学者看来，尽管出现了所谓的后现代理论裂变，但某些地方依然出现了一种向

---

① 〔美〕M. H. 艾布拉姆斯著，郦稚牛等译：《镜与灯：浪漫主义文论及批评传统》，北京大学出版社1989年版，第5—6页。
② 〔英〕拉曼·塞尔登等著，刘象愚译：《当代文学理论导读》，北京大学出版社2006年版，第5—6页。
③ 〔美〕勒内·韦勒克、奥斯汀·沃伦著，刘象愚等译：《文学理论》，江苏教育出版社2005年版，第7页。

表面上更传统的立场和偏好的转向,这种转向"反映了那些经过理论历练和希望站在文学本身的立场上向文学研究中理论话语的统治发起挑战的年轻一代学人的观点,他们希望为讨论文学文本、阅读经验和评论文本找到一条道路"①。卡勒在谈到文学理论领域内的一些最新变化或发展趋势时,专门提出了"返归美学"的问题。他认为:"有一种假设认为,美学概念属于一种过时的精英主义的、普泛化的艺术概念;理论的胜利和这种假设的广泛传播留下了一个空间——一种像真空一样的空间,这一空间允许甚至似乎是要求一种新面具下对美学问题的回归。那种有时候被称为'新形式主义'或者'新美学主义'的概念,表明了在理论发展的语境下人们对文学形式和艺术形式的一种刷新了的关注。"②可以说,强制阐释论对文学的回归和坚守,符合文学理论的内在规律,也顺应了文学理论逐渐"向内转"的发展趋势。强制阐释论的提出似乎在表明,对文学阐释的把握,对文学批评的运用,对文学理论的建构,适当地放开视野是可以的,适当地借鉴和借用也是必要的,但绝不能信马由缰,还应该做到收放自如,文学文本、文学现实、文学活动才是一切理论的真正本源和真正中心。对文学进行文学式的把握,这才是文学理论的实质和旨归;那些针对文学所进行的非文学化考量,都必须最终落到文学考量上才会真正有效。

三、强制阐释论与当代文论话语体系构建

笔者以为,强制阐释论的提出只是一种理论策略。作为对西方文论的一种总体性辨识,强制阐释论其实只是张江整个话语体系的前奏和其中的一部分内容而已。强制阐释论只是树立起了批判的靶子,只是全部理论计划的第一步,最终必然会落到一个问题上,即:当今我们究竟需要什么样的文学理

---

① 〔英〕拉曼·塞尔登等著,刘象愚译:《当代文学理论导读》,北京大学出版社2006年版,第9页。
② 〔美〕乔纳森·卡勒:《当今的文学理论》,《外国文学评论》2012年第4期。

论？如何建构这样的文学理论？这确是一个异常庞杂的理论问题。应该说，在西方文论经过较长时间的理论热潮、中国文论长期依附于西方文论之后，是该进行理论反思和理论重构的时候了。从总体上看，"理论之后"和"强制阐释"之后的文论未来发展大体应体现出三个方面的结合。

一是以作品为中心的总体性与专门性相结合。文学理论首先具有"理论"的特质，不能仅仅局限于某一部作品的理论分析，而应带有一般性和总体性的特征。在韦勒克看来，文学理论是"对文学的原理、文学的范畴和判断标准等类问题的研究"，是"一套问题、一系列概念、一些可资参考的论点和一些抽象的概括"。① 也就是说，文学理论原本就具有某种普遍性和总体性特征，它从文学作品中来，但反过来一定会对文学创作、文学批评、文学史写作等具有指导性意义。对于文论界而言，这一点应该是不言自明的。按照艾布拉姆斯的观点，文学活动包含世界、作品、作者和读者四个要素。从理论上和总体上看，文学理论应该涵盖世界、作品、作者和读者四个维度，而不能孤立地强调某一方面，否则就会最终走向理论偏执和理论误区。不过，这里的"总体性"是就文学理论的根本特质而言的，具体到文学活动的某一个要素，或针对某一具体文本的研究或批评，则可能是局部性和单一性的。艾布拉姆斯注意到，尽管文学活动包含四个要素，但"几乎所有的理论都只明显地倾向于一个要素。就是说，批评家往往只是根据其中的一个要素，就生发出他用来界定、划分和剖析艺术作品的主要范畴，生发出藉以评判作品价值的主要标准"②。20世纪西方文论的发展充分印证了这一点，无论在文本维度、社会历史维度，还是在作者和读者维度，文学理论均得到了较为充分的专门化发展。这里有两点需要明确。第一，总体性理论并不排斥某一领域内的专门性理论，二者可以实现有机结合，达到相得益彰的合力效

---

① 〔美〕勒内·韦勒克、奥斯汀·沃伦著，刘象愚等译：《文学理论》，江苏教育出版社2005年版，第32—33页。
② 〔美〕M. H. 艾布拉姆斯著，郦稚牛等译：《镜与灯：浪漫主义文论及批评传统》，北京大学出版社1989年版，第6页。

果。第二，无论是总体性理论还是专门性理论，都必须以文学作品为基础、为中心，就像韦勒克所指出的那样，"文学理论如果不植根于具体文学作品，这样的文学研究是不可能的。文学的准则、范畴和技巧都不能'凭空'产生"①。张江也曾强调总体性与专门性理论的结合："作为一个文本的批评，不一定要面面俱到，四个展开方面可以独立进行。你可以只做作者研究、只做技巧研究、只做历史研究、只做效应研究，单方面的双向阐释可以做出独立的结论"，"从总体上讲，对经典文本的阐释应该统合各个方面的阐释，集中指向文本，对文本作出确当、合理、全面的阐释"。②

二是以问题为中心的民族性与共通性相结合。文学理论所面对的对象是"文学"。文学作为反映生活、表达情感、体现价值、崇尚表现的艺术，对于人类来说有些东西是共通的，有些东西则体现出明显的差异。对于共通性的内容呈现和方式表达，文学理论可以发挥其普遍共通的功能，打通不同民族之间的界限和壁垒。这是文学理论的共通性表现。但文学是千变万化和错综复杂的，不同的民族有着完全不同的文学理解、文学存在、文学表现和文学特质，理应站在本民族的角度形成带有自身特色的文学理论范型，以特有的方式对世界文学理论的发展贡献言说力量和理论智慧，且不同的民族话语体系之间构成对话和碰撞，客观上也有利于文论整体上的丰富、活跃和发展。但无论是民族性的文学理论还是共通性的文学理论，都应以文学活动为中心，都应以文学活动中的诸问题域为中心，不能出现一方压倒另一方的偏执格局，否则只能产生扭曲、变质的文学理论。"西方中心主义"或"狭隘的民族主义"最终都不利于文论的健康发展。对于当代中国文论建设而言，必须面对和借鉴来自西方与东方的合理文论资源，正确对待马克思主义文论、中国古代文论的当代发展，而不能孤立地去谈民族文论话语体系建设。

---

① 〔美〕勒内·韦勒克、奥斯汀·沃伦著，刘象愚等译：《文学理论》，江苏教育出版社2005年版，第33页。
② 张江、毛莉：《当代文论重建路径：由"强制阐释"到"本体阐释"——访中国社会科学院副院长张江教授》，《中国社会科学报》2014年6月16日，第4版。

三是以有效性为中心的历史性与当代性相结合。在文学理论发展进程中，始终存在如何看待历史传统与当代创新的问题。一方面，要正视文学理论的传统发展。每个民族都有自己独特的历史，每个民族都有对文学的独特理解，每个民族也都在历史上形成了一套独特的文论话语体系，每个民族都以特定的方式对世界文论做出了巨大贡献。对于这些成果，应该以有效性为中心和标准加以考量，对当代文论有效的不妨继续"拿来"，对当代文论失效的则不必吝啬舍去，不管这种东西是否是本民族的。就西方文论来说，其从作者、社会历史文化、读者和文学文本等领域内所做的理论探索，尽管存在着这样或那样的缺陷，但毕竟功不可没，或深化了文学认知，或拓展了文学的疆界，或助力批评的深入，其中的许多理论成果丝毫不影响我们今天继续使用，没有必要完全另搞一套；就中国文论来说，古代优秀的文论传统非常值得继承发扬、梳理挖掘、拓展深化，而不能一味地满足于跟在西方文论后面依样画瓢，要确立自身的学术自信和民族自信。另一方面，文学理论在固化既有成果的同时，还应增强自身的造血功能，不断地寻求理论创新。在这一问题上，有两点可以明确。第一，文学研究中还存在着大量的空白，中西方文论尽管在多个领域取得了令人瞩目的成就，但文学、文学活动中的诸多问题还远没有得到全部解决，亟待当代文学理论深入到文学活动内部，探讨其中的规律，不断推出新的理论成果。第二，当代文学理论应该更多地关注文学发展中出现的新现象，毕竟文学进入了一个全新的时代，文学在这样的时代里悄然发生着变化，如存在形态、言说方式、语言风格等，这些变化势必会带来文学观念上的转型和理论范式上的变革，所以当代文学理论的创新发展任重道远。

总之，张江提出的强制阐释论，锚定了西方文论的根本性缺陷，敲响了中国文学理论长期跟风发展的警钟，催醒了学术界对文学理论当代性和建构中国文论话语体系的反思。强制阐释论这一石激起的是千重浪，它对中国文论乃至世界文论的发展所带来的影响，将是持续和久远的。

(《学术研究》2016年第1期）

阐释的边界及其可变性

李 勇*

文论的兴起是20世纪西方人文学术史上的重要事件。这种文论"是西洋哲学中心瓦解后,由众多学科的新兴理论,杂合而成的一堆新学问。简单地说,它专指20世纪发展起来的诸多西方批评理论"①。这种新的知识形态突破了已有学科分类界限,具有明显的跨学科特点。一方面面对西方社会文化不断出现的各种危机与问题发声批判,另一方面又对其他理论流派展开批评、驳难。这种"文论"或"西方文论"已不是传统意义上的研究文学的本质规律的文学理论,而更像是一种社会文化理论或文化批判理论。从这个意义上说,张江将20世纪西方文论的本质特征确定为"强制阐释"的确切中要害,一语中的。"强制阐释是指,背离文本话语,消解文学指征,以前在立场和模式,对文本和文学作符合论者主观意图和结论的阐释。"②其最根本的特点,一是征用其他学科的理论、观点、方法来讨论文学,二是背离了文学文本,阐发其他学科的理论与观点。这不正是"西方文论"的特点吗?但是,强制阐释论对西方文论的批判同时也引出了一个文学理论元理论问题,为什么文学理论不可以征用其他学科的理论?这个问题归根到底就是:文学

---

* 作者简介 李勇,苏州大学文学院教授。
① 赵一凡:《西方文论讲稿续编》序言,生活・读书・新知三联书店2009年版,第408—409页。
② 张江:《强制阐释论》,《文学评论》2014年第6期。

阐释到底有没有边界？谁来确定边界？边界是否固定不变？

一、"阐释共同体"与文本意义的界限

强制阐释论对西方文论中背离文学文本，盲目征用其他学科的理论观念与方法来研究文学，又借文学讨论其他学科问题的研究方式所进行的批判，涉及的是阐释学的基本问题，即如何阐释文本才是合理的、适度的。要讨论这个问题，先应回答阐释是否有一定的限度。在西方的哲学与文学理论中，特别是在解构主义等激进的理论中，这个限度已经被消解了，"那种企图限制意义生成的语境范围或是企图使作品意义生成那无休无止、不断推衍的不确定性过程停止下来的做法，已被指责为'专制主义'"[①]。这种维护阐释的自由权利，对于阐释活动中的专制主义的担忧是不无道理的。自从新批评建立起文学研究的本体论，批判意图的谬误、起源的谬误、感受的谬误之后，剩下的就是对文学作品本身的研究了。而文学作品本身又被等同于语言形式，因而对文学文本的细读成为文学研究的根本任务。如何确定文本的意义成为一个难以解决的问题。在现实的层面上，我们也看到无数对同一文本进行不同解释的例子，这更让人对文本意义的确定性产生了疑问。更何况，从历史的角度看，不同时代的人对于文本的理解必然会出现差异。如果文学文本具有开放性特征，它要面对的是无数个不同年龄、性别、阶段、民族、时代的读者，这些读者对同一个文本的阐释应该是有所不同的。因此，去确定哪一种阐释是唯一正确的阐释似乎是不可能的，去确定文本意义的边界或阐释的界限也似乎是难以完成的任务。

然而，就像我们担心对文本意义的阐释活动进行限制会制约人的自由，并有导致专制主义的危险一样，对阐释行为不加限制，任由阐释者自由发挥也同样是有无政府主义与相对主义的危险的。这一点，新批评所说的感受谬

[①]〔意〕艾柯等著，王宇根译：《诠释与过度诠释》，生活·读书·新知三联书店1997年版，第9页。

误已经给我们充分的提醒了。主张阐释不设边界的人往往以"一千个读者就有一千个哈姆雷特"为论据,来证明文本意义的差异,证明文本没有一个唯一正确的意义。可是他们恰恰忘记了,一千个哈姆雷特仍然是哈姆雷特,而没有一个哈姆雷特变成堂·吉诃德,也不可能变成李尔王。从这个角度看,读者对于《哈姆雷特》的阐释仍然是有边界的。因此,阐释是有界限的,正如艾柯很肯定地说"一定存在着某种对诠释进行限定的标准"。

  阐释存在界限的理论依据何在?首先,从阐释对象看,文本本身应该是具有规范或限制作用的。瑙曼说:"作品具有引导接受的特性,我们将它概括成为'接受指令'这样一个概念……它表示一部作品从它的特征出发潜在地能发挥哪些作用。"[①] 这种接受指令当然会对读者/阐释者的阐释活动进行约束和限制。艾柯所说的"文本的意图"概念也许更容易被接受,因为它更合理地融入了读者/阐释者的主观因素。艾柯认为文本意图其实是标准读者从文本中推测出来的,它不同于作者意图,是标准读者根据文本的语言结构、文体特征等按照文化的规范从文本中理解出来的基本含义,一个特定的文本在标准读者那里应该拥有相应的文本意图。反过来看,文本意图就是这个特定的文本对阐释者的约束或限制。[②] 艾柯的这个观点从理论上证明了一千个哈姆雷特仍然是哈姆雷特,阐释的边界是受到文本的基本含义控制的。当然,对于将阐释的边界或文本的意义的决定权交给文本,可能引起读者中心论者的不满,他们否认文本可以为阐释划定边界,因为文本只有在阅读中才能产生意义,文本只有被阅读才会成为文本,没有被阅读的文字材料或其他形态的符号只是一种物质存在,不产生意义。因此,文本中的所谓接受指令或本文意图都不存在。针对这样的问题,伽达默尔的解释是有说服力的,他说:"一个文本的解释者的问题是,究竟是什么存在于文本之中。"[③] 不

---

① 〔德〕瑙曼等著,范大灿编:《作品、文学史与读者》,文化艺术出版社1997年版,第17页。
② 〔意〕艾柯等著,王宇根译:《诠释与过度诠释》,生活·读书·新知三联书店1997年版,第77页。
③ 〔德〕伽达默尔著:《文本与解释》,载严平编选,邓安庆等译:《伽达默尔集》,上海远东出版社2003年版,第59页。

管我们在文本中找到的是什么东西,文本总是解释的多样性的出发点,没有文本也就没有解释,文本当然就为阐释划出了界限。当然,我们也不可能对文本进行随意解释。伽达默尔说:"解释的任务总是在当印刷的意义内容有争议时出现,是获得对正在宣布的事的正确理解。然而这个'正在被传达的事'并不是说话者或作者最初所说,而是,如果我是他的最初的参与说话者的话,他会试图对我说的话。"① 这个"试图对我说的话"不就是艾柯所说的文本意图吗?我们无法找到实际的作者去追问他想要说的是什么,但是我们可以根据文化成规判断、猜测出他应该想要表达的意思,这也说明人们是以文本的构成状况去理解文本的,文本是划定阐释边界的一个重要依据。

从阐释者角度看,一些读者中心论者以读者的自由权利为依据,认为阐释是自由的,没有边界可言。其实这种观点忽略了一个重要事实,即读者和阐释者都无法随意地解释文本,除了文本对读者的制约作用之外,读者/阐释者也是有其自身的边界的。一方面,任何阐释者都有自己的前见或期待视野,而这些前见或期待视野都是文化建构的产物,每个读者/阐释都是在一个特定的文化传统中成长起来的,其理解能力、阅读能力都要受到这个文化传统的制约,文化传统的边界就是阐释者的边界。他不可能用他不知道的观点去理解一个给定的文本。另一方面,就阐释者个人的个体存在而言,不管他的学识多么渊博,也仍然有一个边界,没有一个人是全知全能的。这是人的有限性,也是阐释的有限性的依据。文化的有限性和个体的有限性制约着阐释活动,为阐释划定了一个边界。

文化的有限性和个体的有限性只是为阐释活动划定了一个最宽的边界,在实际的阐释活动中,阐释的边界其实更加有限。这种限度在哪里?任何一个阐释者都是文化建构出来的,他也有自己的有限性,但是这两个限制仍然给阐释者太多自由,如果没有其他的限制,一个阐释者仍然可以按照自己的

---

① 〔德〕伽达默尔著:《文本与解释》,载严平编选,邓安庆等译:《伽达默尔集》,上海远东出版社2003年版,第64页。

意愿随意阐释文本。其他的限制是什么？如果我们找到这种限制，就可以为阐释活动找到一个适度的范围。这种限制的基本要求就是一个人的阐释应该可以被他人认可、接受或认同。因此，这个限制就是社会群体的限制。这个群体的限制，按照斯坦利·费什的说法就是"阐释的共同体"。所谓阐释的共同体，"不是指一群拥有相同观点的单个读者，而是指拥有一群单个读者的一种观点或一种组织经验的方式，即它所假定的各种区别、理解范畴以及贴切与否的规定构成该集体成员的共同意识。因此，这些成员不再是单独的读者，而变成了集体财产，因为他们已经置身于这个集体的事业之中。正因为如此，这种由集体构成的阐释者会反过来构成基本相似的文本，当然这种相似性不应该归之于文本自身的特征，而应该归之于阐释活动的集体性"[①]。文本的意义不是某个阐释者自己相信它有什么意义就够了，阐释活动是一种社会活动，文本的意义不是由一个阐释者决定的，而是由阐释共同体决定的。这包括两层意思。其一，任何一个阐释者都是集体的成员，他隶属于一个阐释的共同体，他的阐释策略、阅读能力、前见与期待都是在集体中形成的，一旦脱离群体，阐释者对文本的解释（如果他还能进行解释的话）就会变成无人能理解的胡言乱语。其二，任何一个阐释者对文本意义的理解与解释都要得到他人的回应、支持并与他人进行交流。这样的阐释才有价值，阐释不是阐释者的私密活动，不是他个人的深思与体验，而是一种社会性活动。对一种阐释的回应与交流对话，最早可能就发生在阐释共同体内，因为使用相同或相似阐释策略的阐释者，容易得出相同或相似的结论，也就容易产生共鸣。在这个阐释的共同体中，一致的见解就变成了正确的阐释，甚至就变成了真理。一个给定的文本，在同一个阐释共同体中经过相同的阐释策略的阐释之后，得出的一致结论或见解，就成为这个文本的正确含义。这是在这个阐释共同体中达成的共识，是公认的意义。因此，阐释共同体就成为一个给

---

① 〔美〕斯坦利·费什：《变化》，转引自朱刚：《阅读主体与文本阐释——评费什的意义构造理论》，《当代外国文学》1994年第3期。

定的文本的阐释的边界，阐释共同体中公认的意义就是这个文本的意义。

二、不同共同体之争：阐释合理性的依据何在

虽然阐释活动的边界是由阐释共同体决定的，但是当不同的共同体面对一个给定的文本时，仍然会出现不同的阐释，其后果是文本意义的边界变得名存实亡。阐释的边界问题在此又转变成了不同的阐释共同体所阐释出来的意义的合理性问题，哪一个共同体对一个给定的文本阐释出来的意义更合理，它就为这个文本的意义划定了边界，而其他共同体不合理的阐释就会成为过度诠释，甚至变成强制阐释。

那么，到底什么样的共同体的阐释才是合理的？第一，面对一个给定的文本，阐释共同体的解释越具有普遍性也就越具有合理性，因为，如果阐释的可信度是由阐释共同体的成员所接受的共识决定的，一个阐释共同体的成员数量越多，其阐释策略的接受度也就越高，这个文本被阐释出来的意义也就得到越多的人认同。第二，阐释的合理性并不是来自于人多势众的民粹力量，而是来自于文化传统。一种阐释之所以能得到众多的支持者，不是蛊惑人心的煽动宣传的结果，而是要依据阐释背后的文化成规，它是一个文化传统所形成的稳定的观念。在这种文化成规的制约之下，阐释的共同体所形成的对于一个给定文本的阐释才会得到更多的人认同。因此，越是符合文化成规的阐释才越是合理的，文化成规也为阐释活动划出了边界。第三，并不是文化成规中所有的信条都是合理的，阐释共同体的阐释活动之所以被接受，更重要的原因还在于其阐释本身是符合逻辑的。这些逻辑的规则才是阐释是否可靠的依据。具体而言，阐释的基本逻辑规则至少包括矛盾律、排中律等基本的逻辑规律以及三段论等推论法则。就文本解释而言，应该从完整的文本来阐释，而不能断章取义，特别是当前文的意义在后文中被推翻的情况下，应及时调整对全文意义的理解与阐释，而不应忽视前后之间的意义不一致。第四，阐释活动中的逻辑除了有一般意义上的逻辑的普遍属性外，还要

遵守一些特定的前提、假设或由共同体成员公认的预设。这些前提与预设是一个共同体得以成立的基本条件，不承认这些前提与预设，一个人无法成为这个共同体的成员，同样地，一旦这些前提与预设被推翻，这个共同体也就瓦解了。因此，一种阐释活动之所以能被接受，在共同体内部是遵守维护这个前提预设的结果，从共同体之外看，这个共同体所遵守的前提与预设是否具有普遍性，是否具有说服力是阐释的可信度的基本判断标准，如果它的前提就是错的，其结论就不再可信。第五，阐释的前提与预设也不是阐释共同体成员的私自约定，不是一个小团体私自定下的门规，这些预设和前提也仍然需要得到检验。如何检验？那就要看这些预设和前提与阐释活动所处的具体的语境是否匹配，是否相符。如果与阐释的语境相符，那么，这样的阐释活动就会得到那个语境中存在的其他人的认可，这样的阐释就会具有更高的可信度，也就更有普遍性。否则，处在那个相同语境中的人们就会质疑这种阐释脱离实际，脱离时代与潮流。也许在那个阐释共同体内部，成员们还可以自我陶醉，但这种阐释的接受程度毕竟有限了。当然，阐释活动与语境的匹配是在遵守上述四个条件的基础上才有意义的。尽管每一个阐释活动都是在具体语境中发生的，都逃脱不了语境的限制，但是语境不应成为决定阐释行为的唯一因素。

在文学理论中，也存在着不同的阐释共同体之间的竞争。如何判断一个阐释共同体的阐释比其他共同体的阐释更可信？文学研究中的阐释共同体数量众多，本文以文学文本阐释的基本前提为依据，将文学研究中的共同体划分为两个基本类型，一是以文学文本为研究中心，以文学文本的阅读经验为基础的审美研究；一是以社会现实为研究中心，以文学之外的其他学科理论为基础的理论研究（前文所说的西方文论研究）。在不同的阐释共同体内，各自的成员都会认为自己的阐释更可信。那么从文学理论元理论或知识论的角度看，哪一个阐释共同体的阐释更可靠？如果以我们上文所列举的五项指标为参照系，那么逐项分析下来，答案是不难找到的。

第一，从阐释的普遍性来看，审美研究对文本的阐释更接近于普通读者对文本的理解。因此,其阐释共同体成员就从少数专业人士扩大到普通读者,其接受程度也就大大提高了。因为这样的阐释者首先把自己当成普通读者来阅读文学文本,然后运用自己的专业训练所得到的鉴赏能力对文学文本进行精细的解读,发掘文本的精妙之处和言外之意,说出普通读者意会到却无法表达的意涵,引起广大读者的共鸣。相反,那些从其他学科理论出发对文学文本的阐释,由于其专业知识的接受程度以及其本身的可信程度的原因,在普通接受者中的认可度甚至理解程度都会大受影响。一种理论、一种阐释不能被大多数人理解与接受,人们无从判断其真假,这种阐释便无所谓可信与有效。只有了解这种理论与阐释的那个共同体内的成员才能在他们的圈子内进行讨论与接受,这样的阐释不具有普遍性。它们也许是对的,但是对于大多数人来说,属于特殊的阐释。

第二,从文化传统与文化成规的角度看,审美研究所遵守的是一种具有悠久历史的将文学作为审美现象的文化传统。尽管在文学理论的历史上,将文学作为道德教化工具的观念也有悠久的历史,但是这种功利主义文学观念也同时承认文学具有审美特性。审美特性乃是文学的根本特性,教化功能只是文学的社会效果而已。相反,从文学之外的其他学科理论出发对文学文本的阐释则难以获得这种文化传统的支持,这种阐释所依赖的其他学科理论是新兴的理论,其理论本身的可信度还存在疑问,用这样的理论来对文学文本进行阐释,其说服力难以得到保证。以精神分析学为例,弗洛伊德的精神分析理论是他个人的发明,俄狄浦斯情结是否在每个人身上都存在值得怀疑,用这种理论来解释哈姆雷特也缺少文本的基础。相比之下,哈兹里特的分析就更具有说服力。哈兹里特的阐释是建立在文本的基础上的,也是按照文化传统来进行阐释的——沉溺于思考的确会影响行动,这是人们更容易理解的道理,而不像"弑父娶母"这样的心理学理论那样令人难以置信。

第三,就阐释的逻辑性而言,两种不同类型的文学研究都同样适用。只有在具体的阐释案例中进行分析才能判断其是否符合逻辑,是否合理。但是运用其他学科理论来阐释文学文本往往会陷入方法论的困境。其一,这种理论本身的合理性有待检验，理论家在分析文学文本时常常是从文学文本中寻找例证来证明自己的理论的，这样的阐释容易陷入混乱的论证之中。为了证明自己的阐释有道理，借用了一种理论，为了证明这种理论有道理，又借用了这个例证。其二是断章取义，不顾文本的整体意义对文本的个别细节任意发挥。张江在批评强制阐释的认识路径时指出："一方面，理论生成不从具体出发，上升为抽象，而是从抽象出发，改造、肢解具体，用具体任意证明抽象。另一方面，隔绝抽象，抵抗抽象，用碎片化的具象代替抽象，理论的统一性、整体性、稳定性遭到瓦解。"① 这些逻辑上的错位正是断章取义、任意发挥的根源。

第四，就阐释共同体的前提预设而言，对文学文本的审美阐释的前提预设至少包括以下几个方面。首先，是将文学的审美特性作为本体特征，这种审美的文学观念是对文学文本进行审美阐释的基本前提与理论依据，也是这种审美共同体得以成立的根本保证。其次，是将阅读/审美感受作为阐释文学文本的基础，阐释是在审美经验的基础上进行的，阐释活动是主体与文本之间的审美对话，主体与文本之间的关系是审美关系。再次，阐释的目标是揭示文学文本的审美意义与审美价值，解释审美意义与审美价值形成的内在机制。这三个基本的前提预设对于文学阐释而言无疑是合理的，因为它们确定了文学文本的阐释与其他文本阐释之间的根本差异，当然也与大多数读者阅读文学文本的经验相符。相反，理论研究对文学文本进行阐释的前提预设是阐释者所运用其他学科理论的观念，文学文本只是被当成其他学科需要的材料，阐释的目标也是证明其他学科的理论观点。艾布拉姆斯在批评"解构的唯物主义"时所说的就是这种文学文本阐释活动，他说："批评家将自己出于必需而发现的那种意义的预先了解带进任何文本之中，而且这种意义又具有一种永不失败的将文本任何所说之事——或没有提到的事——转化为预先确定的副文本的机制，那么，只要有了传记意义上的和历史上的信息以

---

① 张江：《强制阐释论》，《文学评论》2014年第6期。

及足够的聪明才智,他们就能够生产出政治意义来。……这种政治方面的新派读解者也不会回避做进一步的冒险,取消掉文学作品为各个时代读者带来的种种想象方面的愉悦。"[1]这种"解构的唯物主义"对文学文本的政治化阐释就是要在文学文本中哪怕是沉默之处寻找政治含义,而这种政治意义恰恰是这些批评家预先就假设存在的,文学文本只是证明他们的理论的材料。

第五,从语境的匹配程度看,如何来判断对文学文本的阐释是否与具体的语境吻合呢?这要看如何理解语境。语境不是一个抽象的概念,而是阐释活动所处的具体社会文化环境,是从事阐释活动的主体生活于其中的环境或生活世界,它是要靠阐释者的实际生活感受去捕捉和把握的。因此,这种具体的语境其实类似于雷蒙·威廉斯所说的"情感结构",即以具体的生活感受为主要内容的对于一个特定时代社会生活的总体经验与整体把握。因此,对具体语境的准确把握恰恰要凭借那个时代的人对于生活细节的感知,这种感知更接近于文学的感知。这种感知文学作品中想象的世界的方式,在现实世界同样适用。阐释者可以通过这种方式感知他(她)生活于其中的世界,把握具体的语境中的特有气息。从这个意义上看,对文学文本的审美阐释更有可能符合阐释的语境,审美阐释者对于语境的把握可能是更全面更准确的。他们可在社会文化语境和文学文本之间架起沟通的桥梁。雨果在评论哈姆雷特时说:"在某些时刻,如果我们摁一下自己的脉搏,我们会感到他在发烧。不管怎样,他那奇特的现实也就是我们的现实。"[2]他所说的就是这种对作品的感知与阐释的语境相匹配的情形。相反,文学之外的其他学科虽然对社会文化语境的某一方面有具体深入的理论研究,但由于学科分类的限制,反而未必能对社会文化语境有全面的认知。更何况,这些学科对社会文化语境的研究与文学文本中对社会生活的表达之间存在着不能对接的现象,差异与错位是不可避免的。文学文本不是在社会文化语境中来阐释,而是放

---

[1] 〔美〕M. H.艾布拉姆斯著,赵毅衡、周劲松等译:《以文行事:艾布拉姆斯精选集》,译林出版社2010年版,第335页。
[2] 〔法〕维克多·雨果著,丁世忠译:《威廉·莎士比亚》,团结出版社2001年版,第162页。

在理论的框架体系中来阐释,这样的阐释与语境之间的匹配程度反而不如审美阐释那样深入。苏珊·桑塔格在《反对阐释》这篇经典论文中说,阐释是"智力对世界的报复。去阐释,就是去使世界贫瘠,使世界枯竭——为的是另建一个意义的影子世界。阐释是把世界转换成这个世界。"[①] 这个另造的世界就是用其他学科的理论对世界的重新建构,世界的鲜活的丰富性消失了。桑塔格渴望回到对文学艺术文本的阅读感受之中,回到审美的阐释。

文学研究中阐释共同体之间的竞争归根到底是文学观念之争。在对文学这个概念的内涵和外延认识不一致的情况下,我们要判断哪一种观念更为合理,可靠的标准还是回到常识,回到阐释共同体的接受程度或文学观念的普遍性。将文学作为其他学科的分析材料更容易被接受,还是将文学作为一种审美现象更容易被接受?答案已经很清楚了。

三、流动的共同体:可变的边界

如果我们承认共同体之争中审美阐释共同体占有独特优势,这是否意味着,我们对于文学文本的阐释将被限定在一个狭隘的审美边界之内?文学文本的含义是否就只能是某个固定的审美含义?

对于文学文本的阐释其实仍然是开放的。我特别赞同艾布拉姆斯在提倡多元批评时采取的态度:"为什么我们要相信一套理论前提就能够充分揭示一切呢——譬如关于文学的,有如此丰富的构造,结构如此复杂,所诉诸的人类兴趣以及所关联的人类关怀又如此多样,其因果与其他文化因素又如此彼此交织?我自己关于文学所能说的一切,都只能是故事的一部分而已——这个故事实际上是没有结论的,这种想法并不让我觉得困扰。"[②] 艾布拉姆斯并没有设想出一种可以解决文学的一切问题的终极理论,他愿意学习

[①] 〔美〕苏珊·桑塔格著,程巍译:《反对阐释》,上海译文出版社2003年版,第9页。
[②] 〔美〕M. H. 艾布拉姆斯著,赵毅衡、周劲松等译:《以文行事:艾布拉姆斯精选集》,译林出版社2010年版,第312—313页。

吸收任何一种阐释中具有启发意义的成分,这样的态度保证了文学文本阐释的开放性与生命力。但是这种开放的阐释又不是毫无原则的随波逐流。文学文本的阐释仍然有其边界,这种边界是文学文本阐释合理性的具体表征。这个既有开放性又有稳定的边界的阐释到底该如何解释呢?张江在解释"本体阐释"的边界时指出:

> "本体阐释"的内部边界是多重的,三重话语的范围决定了它们的边界。一是核心阐释的边界。对原生话语的阐释,构成"本体阐释"的第一边界。围绕文本的自在含义进行的阐释,与作者能够告诉和已经告诉的相一致,在核心阐释的边界之内。二是本源阐释的边界。对次生话语的阐释构成"本体阐释"的第二边界。从文本的原生话语出发,依照核心阐释的需要,对作者和文本存在的社会历史背景及源流的阐释,给核心阐释以证实,在本源阐释的边界之内。三是效应阐释的边界。对衍生话语的阐释构成"本体阐释"的第三边界,也是"本体阐释"的最后边界。受众和社会对原生话语的修正、发挥,在效应阐释的边界之内。①

2015年8月,在广州召开的"'强制阐释论'与中国当代文论建设学术研讨会"上,张江将这个多重边界的思想概括为"阐释阈"的概念。笔者认为"阐释阈"概念既准确又形象地概括了阐释边界的可变性现象。按照笔者粗浅的理解,所谓"阐释阈"是指阐释活动中意义生产的场域。阐释者在对文本进行阐释的过程中所理解的文本的意义,形成了一个以文本的语词意义为核心的同心圆结构。中心点是对文本的字面意义的理解。第一个圆是文本的整体含义,它是由文本的文体特征所规定的一个完整的含义。第二个圆是由这个完整的含义所引发的文本所属的文化传统中的文化成规所规约的含义,是这个文本的阐释者在掌握了文化成规之后所解读出来的含义。第三个

---

① 张江、毛莉:《当代文论重建路径:由"强制阐释"到"本体阐释"——访中国社会科学院副院长张江教授》,《中国社会科学报》2014年6月16日,第4版。

圆是阐释共同体在特定的理论预设前提之下对文本进行的特殊解读与阐释所形成的意义。由于阐释共同体的理论预设不同，不同的共同体所理解的意义也会出现差异，因此用非连续性的线段来表示，这些断开的部分表示阐释已出现脱离文本基本含义的情况。第四个圆是阐释共同体根据现实语境对文本进行的阐释，由于语境本身随着时代的变化而变化，所以这种阐释总是开放的，在阐释阈中表现为非连续性虚线画出的圆。第五个圆是个性化阐释，它是阐释者从个人的兴趣爱好出发，对文本所做的与众不同的阐释，它的开放程度最高，与文本的字面含义也离得最远，阐释的边界在此也变得最模糊，这个圆也用虚线表示。这五个同心圆构成的阐释阈只是一个示意图，它的意思是在阐释活动中从文本的字面意义往外的阐释活动越来越自由，其边界也越来越模糊，当然不同的圈层之间也有交流互动。比如个人的阐释一旦获得社会影响力，拥有一批追随者，它就可能变成一个阐释共同体，形成相对稳定的意义。阐释阈概念所揭示的是阐释活动中边界的存在状态，它是不确定的。

  阐释的边界为什么是变动的？为什么难以用精确的条款或规则来严格限定？首先，阐释共同体本身就是可以发展变化的，而不是必须严格遵守的法律条文。同时，在阐释共同体成员之间对于共识的理解和运用都会存在差异，因此，阐释共同体成员对于同一个文本的阐释也不是完全一致的，这些阐释之间只存在一个可接受程度的问题，而不存在唯一正确的答案。换言之，在同一个阐释共同体内部，对于同一个文本的阐释存在着家族相似现象，它们有可以辨识的相似特征，却又不完全相同。这些可辨识的相似特征为阐释划出了一个边界，但又是一个不确定的边界。其次，阐释活动不是在文化真空之中完成的，阐释共同体为自己所划定的阐释阈其实只是人类文化中的一个带有乌托邦色彩的领地，它无法与其他领域完全隔离开来。一个阐释共同体无法拒绝与其他阐释共同体的交往与对话，它们之间会不自觉地进行互相对比。在西方文论史上，每一个阐释共同体的形成几乎都伴随着与其他共同体的比较甚至论战。比如新批评这个阐释共同体就以"意图谬误"概念批判了以作者为中心的阐释共同体，又以"感受谬误"概念批判了以读者为导向的阐释共同体。由此可见，阐释共同体之间的界限远不是人们所想象的那样泾渭分明。再次，阐释共同体所面对的文本也是变化的，在面对不同的文本时，一个阐释共同体所设定的基本共识也会受到重新检验。在这个意义上，阐释共同体的边界也就是它的极限，边界之外的文本与问题对这个共同体来说就变成了一种他者。这个共同体的基本假设对于那些处于其边界之外的文本可能就是无能为力的。比如在20世纪西方文学理论中，俄国形式主义与新批评这样的阐释共同体的基本共识主要是在解读现代主义诗歌的基础之上建立起来的，面对后现代主义作品，它们的解释就明显地欠缺了。最后，阐释共同体也会受到语境的影响，其阐释活动必然会随时代的变迁而变化。即使其基本共识不变，但是在不同的语境中对一个特定文本的阐释也可能不同，阐释的边界也就会随着语境的改变而发生微妙的改变，哪怕只是些微变通，边界也就松动了，不那么清晰了。说到底，阐释共同体也是历史性的，没有人能超越自己的语境。

阐释共同体的流动性导致阐释边界的不确定。对于阐释活动而言，这种不确定性并不是坏事，而是好事，它是阐释活动生命力的表现。但是这并不意味着我们因此而变得无所适从、人云亦云或信口雌黄。相反，我们要更加谨言慎行，要确保我们的阐释经得起诘难和质疑，阐释活动在这个众目睽睽的场域之中变得更加严谨了，阐释的边界反而更加稳固了。艾布拉姆斯说："我并不否认，同样的文本有多个意思，但既然它们在我的关注之外，我也就并没有加以探索；我的隐含主张仅仅是，总体而言，不管它们的别种意思是什么，我所举文本是至少确定地具有我对其阐释出的意思的。"[①] 不管我们知道多少，知道什么，但我们知道的一定是对的。阐释活动的目标也许就在于此。

（《学术研究》2016年第1期）

---

① 〔美〕M. H. 艾布拉姆斯著，赵毅衡、周劲松等译：《以文行事：艾布拉姆斯精选集》，译林出版社2010年版，第325页。

强制阐释论的理论范式意义

张清民*

20世纪80年代以降，当代西方文论成为中国大陆学界文艺研究中的显学，许多文艺学学者言必称西方，似乎当代西方文论就是文艺真理的化身，就是中国文艺研究水平及成果评价和检验的标尺。张江通过一系列专题研究，发现了"当代西方文论的根本缺陷"以及中国大陆学界在研究当代西方文论时的诸种弊端，找到了这些缺陷及弊端原因所在的核心逻辑支点，并把它从理论上命名为"强制阐释"。[①] 所谓强制阐释是指这种研究或批评状况：文艺批评、分析阐释或理论建构不是从文艺实践或文本指称对象出发，而是在既存的社会立场或态度下，以某种适合表明自己立场或态度的理论作为分析问题的思想工具，借题发挥，随意解释，证明一个本已存在于论者意图中的论断。从理论研究的历史与现实来看，中国当代文论中的这种强制阐释观念由来已久，它的典型表现是：文艺主体在文艺活动中含有主观立场和倾向的意图性目标在先，结论作为研究或批评的前提而不是论证的结果出现。这样的研究逻辑从一开始就规约、限定了解释或批评的性质与方向。具有强制阐释缺陷的研究，其论点往往是主体从某种理论需要出发硬性赋予或强加于

---

* **作者简介** 张清民，河南大学文艺学研究中心研究员。
① 张江：《强制阐释论》，《文学评论》2014年第6期。

文艺对象的，是先验的而非经验的，其论证过程常常是不顾对象自身的性质强行嫁接、生贴硬附，最终导致文学批评强作解人，理论变成普洛克路斯忒斯的铁床式的"名词附会研究"。①

张江以其敏锐的理论直觉，深刻洞察到了强制阐释的根源所在："理论"过剩，"文艺"过弱，"文艺理论"离"文艺"越来越远，甚至远到毫无关系，文艺研究与批评基本上成为研究主体或批评主体的自言自语。强制阐释并非始自20世纪，但以20世纪为甚，无论西方世界还是中国皆然。西方文艺批评的强制阐释与西方先验主义文论有直接的理论渊源，但又与后者有很大的不同。在西方文论史上，有一种十分奇特却又应当注意的现象，即对文艺发展影响最大的理论往往不是来自作家实践经验的反思和认知，而是那些文艺场以外的哲学家对文艺现象的思考和认识。例如：古希腊人关于文艺的杰出理论不是来自荷马、萨福、欧里庇得斯、埃斯库罗斯等诗人、戏剧家，而是来自苏格拉底、柏拉图、亚里士多德等哲学家；对西方现代文艺界产生普遍深刻影响的理论不是歌德、荷尔德林、巴尔扎克、左拉、狄更斯、普希金、托尔斯泰等人的思想而是康德的先验美学。哲学家的先验认识对文艺的发展影响至深，这在西方两千年的历史中形成了一个传统。西方传统先验文论与当代西方文论不同之处在于，传统先验文论虽多出于哲学家们的理论演绎，却于文艺理论与批评方面无强制阐释意味，人们之所以以之对相关文艺对象进行解释或批评，是因为哲学作为包罗万象的科学，具有通释一切学科问题的权力。而且，在现代意义上的"文艺"概念出现以前，文艺并非独立意义上的批评对象，也没有专门意义上的文艺研究，人皆可以对具有较强审美色彩的文献对象指手画脚、说三道四；即使实实在在可归为强制阐释的神学文论，人亦不觉其不妥。18世纪以后，现代意义上的"文艺"（literature）概念虽然独立为一个新的学科门类，却由于它像其他艺术门类一样被纳入"审美"这一领域，哲学家从哲学角度解释文艺也被人们视为当然。

---

① 参见张清民：《学术研究方法与规范》，中华书局2013年版，第97页。

20世纪以后，西方文化与文艺发展有了很大的变化：哲学失去其万科之王的尊显地位，学科分化越来越细，学科格栅日益明显，不同学科门类形成了各自独特的叙事方式；文艺以其表情和修辞方面的先天优势，成为人们普遍认可的叙事类型。借助文艺，各类知识概念能够得到广泛的传播，是以许多非文艺专业的研究者也都借文艺这个酒杯，来浇自己的思想块垒。在文艺领域，批评成为职业，越来越向学院化、知识化方向发展，批评分析与创作实践之间也就渐行渐远；职业批评家由于缺乏创作的经验和体会，也就没有了切近创作与文本的独立言说能力，不得不向其他知识领域乞求。凡此种种，正是强制阐释的理论乱象滋生的文化根源。

中国文艺批评中的强制阐释现象，其发展进程与西方类似，其表现又有所不同。中国人习惯于模糊思维与直觉思维，对文艺作品种类及功能缺乏专业意义上的区分和认识，在评价文艺时少有从文艺自身出发来思考问题的维度，多是从实用理性的思维方式，考量文艺的政治、伦理等社会功能，诸如"兴观群怨""移风易俗""厚人伦美教化""辅察时政""泄导人情"等；更因有"诗无达诂"的诗学观念做理论后盾，竟然牵强附会地把《关雎》这样的爱情诗硬说成是体现"后妃之德"的教化之作。但是，这种类型的强制阐释与20世纪西方文论研究中的强制阐释不同之处在于，中国古人对文艺对象的强制阐释一无专业意义上的边界意识，二无"六经注我"的理论自觉，而是出于流传已久的文艺伦理学思维惯性。

具有现代"强制阐释"意味的中国文艺批评始自王国维。王国维一度精研西方哲学、美学，深契西方理性诗学的研究范式与叙事模式，他于1904年运用西方理性哲学思辨方法对《红楼梦》所做的分析性评论，便是典型的"强制阐释"。王氏对《红楼梦》的评论不是从文本中的形象和事件出发，而是从其前在的哲学观念出发，硬是把《红楼梦》解释成了一部体现现代西方哲学美学思想的一个文本：从人生意义的角度，他把贾宝玉佩带的"通灵宝玉"牵强地解释为人生欲望之"欲"，借此展开阐述叔本华的悲观主义人生哲学；从现代知识论角度，他把《红楼梦》解读成一部全面体现现代西方人文精神的万能文本，从中概括出哲学、美学、伦理学等人文价值旨趣以及"文化""科学""理论""优美""壮美""法律"等众多理论话题。

然而，王氏的强制阐释批评与张江所贬斥的强制阐释尚不属于一个类属：王氏对《红楼梦》的评论只是现代学人改造传统文论话语的一个试探性策略，一种探索性的批评方法与批评视角，其批评并无文艺以外的伦理企图和价值取向。张江贬斥的强制阐释属于那种故意曲解批评对象、甚至真实批评意图完全"在诗外"的批评类型，这种批评类型在性质上已不属"文艺研究"而属"话语建构"。强制阐释者在进行话语建构时，常常以西为则，合西赞之，离西则讥。显然，强制阐释型的文艺批评已经误入了批评的迷途。

张江以系列论文的形式，对强制阐释现象进行了深入的理论清理和批判，以强制阐释概念为核心，构建了一个完备而自洽的文艺理论体系。强制阐释论涉及的问题及其自身内蕴的系列概念已经引起文艺界的关注，许多知名学者纷纷就此撰文发表意见。从众多有关强制阐释的讨论文章来看，学者们对强制阐释论的讨论基本停留在微观层面（具体概念、观点、方法），对其理论特质及理论范式意义却未能给予注意。从理论的层面看，强制阐释论的批判对象无论问题或论题都不只限于当代文论研究的个别现象，而具有明显的理论范式意义。若把强制阐释论放在一个更广阔的语境下考察，人们很容易发现一组有趣的对比：从理论创新的角度看，张江的强制阐释论与布鲁姆的"诗的误读"理论、艾柯的"过度阐释"理论异曲同工；从理论的目标诉求和学理取向而言，张江的强制阐释论又与保罗·德曼的"抵制理论"、苏珊·桑塔格的"反对阐释"颇为相似——它们都是对理论过度化的思想反拨。当然，张江的强制阐释论与后现代理论家的观点在内在精神上并不类同：后现代主义者"对理论的抵制"源于其反逻各斯中心主义的哲学立场，张江反对强制阐释是对文艺家不顾实际的"场外征用"的抵制。如果在张江先生和布鲁姆之间做一个对比，便可十分清晰地看到张江的强制阐释论与布鲁姆的阐释理论间的精神差异：布鲁姆所谓"诗的误读"源于文艺主体对"影响的焦虑"，张江所说的强制阐释起于文艺主体思想自我解释的需要。

  与后现代主义者的消解理论相比,强制阐释论并不追求抽象的普适性,它的理论目标十分具体。强制阐释论的基本理论目标就是清扫中国文艺理论界的门前雪,把非文艺化或反文艺化的文艺理论从中国当下的文艺大院中清理出去。强制阐释论的第二个理论目标就是在理论和批评领域正本清源,让文艺理论恢复其思想活力,恢复其对文艺活动的批评和指导能力。这两个目标所针对的也正是中国当代文论界的两个痼疾:文论研究长期不接地气,已成为大而无当的屠龙之术;在文艺理论的身份和边界都不清晰的情况下,文艺自身又怎能奢望成为文艺批评与研究的对象?如此一来,文艺被文艺理论与批评抛置一边也就顺理成章了。

  强制阐释论的出现标志着中国文论打破了发展瓶颈,走出了理论创造的低谷。这一理论是中国学人在全球化语境下基于中国文论界存在的问题提出的原创性理论。与当代西方文论中的诸种理论相比,强制阐释论以其具体性、针对性、实践性在理论底色上成为丝毫不输于西方智慧的文艺阐释理论。这一理论不仅打破了当代西方文论在文艺领域理论阐释的话语权,找到了解决当代西方文论及中国文论研究发展中障碍性问题的强有力出口,成为当代西方文论及当下中国文论精神"中毒"后的有效解毒剂;它将使中国大陆学界文艺理论与批评学术进路、方向发生改变,并引发中青年学者在批评观念、态度及方法上的改变。这正是强制阐释论作为文艺理论研究新范式的价值所在。

  强制阐释论系列论文表明,作者在理论范式方面明确存有除旧布新的理论考量,尽管他十分谦虚地称其研究只是"为当代文论的建构与发展提供一个新的视角"[①]。然而,综观张江的系列论文,读者不难看出其建构新的文艺批评范式的研究意图:通过批判、消解中西文论研究中的强制阐释行为,找到一条"中国文艺理论建设的方向和道路"[②]。这种研究意图的价值旨趣十分

[①] 张江:《强制阐释论》,《文学评论》2014 年第 6 期。
[②] 张江:《当代西方文论若干问题辨识 —— 兼及中国文论重建》,《中国社会科学》2014 年第 5 期。

明显，那就是以文艺自身为本体，重塑文艺理论与文艺批评的精神系统，使文艺从"话语"回到"学术"，从自说自话、借题发挥回到文艺研究和批评自身，从南辕北辙、言不及义回到紧贴文本、科学评析。

就强制阐释论系列研究成果来看，作者重塑中国文论研究与批评范式的意图已经相当明显，因为强制阐释论所要解决的并不仅仅是"场外征用"之类技术层面的问题，而是理论研究与批评中的观念、态度和方法问题，而这几个因素恰恰是范式构成的核心要素。"范式"是得到人们认可的常规科学研究模式，作为人们处理研究对象的一种规范形式，范式的基本准则如理论信念、研究态度和研究方法等为特定的学术研究共同体成员一致信奉和遵守，且有典范的操作范例供人们效法。范式不同，研究者对同一研究对象做出的反应亦有异；范式一旦转变，研究者的治学信念、态度和方法亦随之而变。就此而言，新范式的出现往往意味着知识进路的转变。

其实，西方文论中的强制阐释也是一种研究范式，只不过是一个存在着诸多问题和毛病的范式。在张江看来，这一研究范式把当下中国的文论界引向了研究与批评的歧途——强制阐释者在进行文艺批评与分析时，不顾文本实际，为征用而征用，且在征用时以西为则、唯西方马首是瞻。强制阐释论的反强制阐释认识目标，就是要扭转这种批评范式，重塑中国当代文论研究与批评的范式。作为新的文艺批评研究范式的奠基，强制阐释论具有实践与思想层面的多重维度的意义。强制阐释论的实践意义在于提醒我们，理论工作者在任何时候都要瞄准活的生活，根据现实的社会需要进行理论思考，而且要脚踏实地，把创新目标落在实处，而不是徒托空言。在理论创新上，关键不是创新的意愿，而是创新的行动。这需要理论工作者保持自觉的理论创新意识，积极跟进变化着的现实的发展。为此，理论工作者必须具有高度的怀疑意识、批判意识、问题意识、建构意识与建构能力。当代中国学人虽不乏怀疑、批判及问题方面的意识，却于建构意识与建构能力方面表现不足，强制阐释论的提出在建构意识与建构能力方面给当下中国文论研究树立了很好的榜样。强制阐释论的思想意义在于，文艺家如欲在理论上有所创新,就必须立足自身,痛下功夫,在理论上保持充分自信。以"批判地继承"眼光看待外来理论而不是盲目崇拜、迷失其中,更不能马首是瞻、亦步亦趋。当然,这种理论自信应当以知己知彼为理据,是建立在入乎其内出乎其外、进得去出得来基础上的"理论自信",而不是闭门造车状态下的无知狂妄或夜郎自大。强制阐释论之所以能够走出国门,与西方学者进行理论对话,就是因为找到了当代西方文论的阿基里斯之踵以及解决其病因的办法。所以,作为新的文艺批评范式,强制阐释论已经成为中国文艺理论发展过程中可以超越,可以扬弃,却不可忽略的一个链环,它将通过影响中国文艺理论工作者的观念、思维、认知等因素影响未来中国文艺理论的发展。

强制阐释作为一种"有毛病"的文艺研究范式,为什么会在20世纪后期的中国大行其道?强制阐释流行的社会文化土壤,即主客体根据在哪里?笔者认为,挖掘这其中的原因也是更深刻地理解强制阐释论理论范式意义的根本所在。就中国文艺界的强制阐释现象而论,其主观原因非止一种。首先,文艺主体缺乏中西会通能力与创造性转化能力,因此不得不以贩运、学舌西方理论为能事,这是强制阐释行为最为核心的主观原因。其次,文艺主体在理论观念上追新逐奇,也是文艺批评强制阐释行为的内在驱动力。文艺主体不满支配中国文艺批评数十年的苏联文艺政治学批评模式,在遇到陌生而新鲜的西方批评观念与方法后,自然不及选择,拿来便用,此正民间所谓"萝卜快了不洗泥"的情形。再次,微言大义、六经注我、借题发挥是文艺研究中社会批评的惯用方法,强制阐释的逻辑根源即在于此。强制阐释还有其教育及文化体制的客观环境。现行高等教育体制和文化体制把科研成果纳入了科学化、计量化、等级化的管理及考评机制中,而其考评标准很少注意甚至根本忽略了文艺批评的人文特质,基本以自然科学的指标为评价文艺研究成果的尺度,这也给一些强作解人的研究者提供了强制阐释的空间。

从逻辑上说,强制阐释是阐释活动的必然结果,因为阐释是对批评对象意义的分析、说明,与玩味、鉴赏相异,阐释过程中引申、发挥不但是必然的,也是意义逻辑自身所允许的。但在文艺研究与批评中,如果这种阐释用于不该用的对象上，肯定是荒谬的。依笔者之见，任何文本都包含表象层、抽象层、推解层三个层次，推解层就是批评者可以阐释而不受责备的区域。表象层是美国解释论者赫施所说的"含义"（meaning），具体说就是文本描绘、呈现、指示、传达的可感对象；抽象层就是莫里斯符号学所说的"意谓"（signification），具体说就是文本所表达的意图、意向、意思、意味、意蕴等非可感对象；推解层就是莫里斯所说的"意旨"（significance），具体说就是指文本指称对象与含蕴成分以外的"言外之意""话外之音""味外之旨"等超级非可感对象。表象层和抽象层是作者创造的、客观的、稳定的成分，人皆可以看到或把握得到；推解层对象是基于事物关系、价值基础上的判断、评价等主观性很强的成分，是批评者解读、推断出来的东西，是文本与批评者及其他因素之间互动的产物。用符号学的语言说，"意旨"是意指实践（signifying practices）的产物，是超符号、超语言、超语形的成分，因而是语用学、语义学、价值论、话语理论、文化研究、意识形态等领域的分析对象；意旨受主体、话语、意识形态、文化诸多因素的影响和制约，仁者按仁解，义者据义释，任何阐释在此领域皆可视为有效。海德格尔对荷尔德林、特拉克尔诗的阐释，福柯对马格里特画作"这不是一只烟斗"的解析，虽属强制阐释，却也能为一般读者所接受。在这个层面上，"强制阐释论"其实也向我们指出了阐释的限度问题。这种阐释的限度就是避免应用上的单维性，任何阐释都需要有理论自身的适用范围，即场外征用的限度，把握了这个限度，其实也是做到了阐释的正当性。

（《学术研究》2016年第2期）

强制阐释论的意义阐释

范玉刚 *

  经过六十多年的社会主义道路探索，21世纪的中国已站在近代一百七十多年来的历史最高点，随着中国越来越成为在国际社会上有影响力的国家，中华民族走到了一个通向民族复兴和大国崛起的历史节点。历史表明，民族复兴和大国崛起需要文化支撑，中国国际话语权的提升更需要全社会的合力推动，需要学术界的努力和理论自信。中国文论研究和文学批评的使命担当自不待言。就中国当代文论发展而言，自20世纪80年代开始，当代西方文论被大量引进中国，对中国文艺理论和文学批评实践产生了重要影响，对文艺学、美学学科建构发挥了积极作用，有力地提升了中国文论研究的理论水平、世界眼光和国际视野。然而就当下的历史节点而言，从中国文学理论的转型与建构来看，确实有必要全面检视反省西方当代文论之于中国文艺实践的有效性问题，其前提就是较为客观地辨识当代西方文论自身的发展，及其进入中国问题域的重新语境化所带来的问题。近年来，张江在系列论文中详细剖析了当代西方文论研究的根本性缺陷及其对中国文论发展的借鉴价值，引发了文艺学界的高度关注和热烈讨论。

  张江通过对当代西方文论本身发展的客观性辨析，考察其对场外理论的

---

* **作者简介** 范玉刚，中共中央党校文史部教授。

征用及其应用于中国文艺实践的有效性问题，在综合分析基础上做出一种学术判断，以"强制阐释"概括其基本特征，把脉当代西方文论研究的根本性缺陷，视之为本体性特征，可谓一针见血。他把强制阐释视为20世纪西方文论的一种总体性缺陷，认为诸如"幽灵批评""混沌理论批评"等理论应用于文学研究非常牵强，其实质是这种批评模式消解了对文学意义和美的价值的追问，这种场外征用理论带来的主观预设导致了对文学意义的消解及对文学文本的非文学阐释。就此张江得出的"强制阐释超越了文学批评的正当界限"的论断可谓切中要害，体现了批评者的深刻洞察力和整体把握能力。尤其是他对晚近西方文论，如后现代主义思潮、女权主义、新历史主义及文化研究等的评判更是切中肯綮。可以说，强制阐释论有力地批判、廓清了长期以来萦绕于中国当代文论研究中的一些模糊认识和误区，有以正视听、令人豁然开朗之感。

在张江看来，强制阐释是当代西方文论研究的基本特征和根本缺陷之一，"强制阐释是指，背离文本话语，消解文学指征，以前在立场和模式，对文本和文学作符合论者主观意图和结论的阐释"①，主要表现为实践与理论的颠倒、具体与抽象的错位，以及局部和全局的分裂。其中，主观预设被视为强制阐释的核心因素和方法，具体指批评者的主观意向在前，预定明确立场，强制裁定文本的意义和价值。其要害有三：一是前置立场，二是前置模式，三是前置结论。②总体上看，强制阐释的最大弊病在于僭越（理论有效性的界域），以及由此导致的理论应用的牵强（一些理论征用无关乎文学经验），仅凭猜想、假设来推演，在理论阐发中难免有削足适履之嫌，以至于出现"偏执与极端"化倾向。正是基于以上理论分析，张江得出"从理论背景来看，许多西方文论的发生和膨胀，都是基于对以往理论和学说的批判乃至反叛"③的结论，是令人信服的。事实上，当代西方文论研究不断地追新逐

---

① 张江：《强制阐释论》，《文学评论》2014年第6期。
② 参见张江：《强制阐释的主观预设问题》，《学术研究》2015年第4期。
③ 张江：《关于"强制阐释"的概念解说——致朱立元、王宁、周宪先生》，《文艺研究》2015年第1期。

后，话语狂欢式的符号术语内爆，助长了轻视文学理论的传承和过度重视理论的场外征用，致使强制阐释泛滥。就理论建构而言，张江认为，强制阐释不是过度阐释，前者可以包含后者，后者无法替代前者。也就是说，过度阐释的意图依旧落在阐释文本上，而强制阐释不在于阐释文本，其把重心落在阐释者的阐释本身上（理论自身），这个理论是阐释者先前持有的，他要借助文本来说明和证明理论。

大体上看，张江以强制阐释来评判当代西方文论研究并视其为根本性缺陷，从当代文论自身发展视角来看，可以说处于当代理论创新的前沿。就此我们不得不追问：谁在阐释？如何阐释？阐释什么？回顾当代西方文论发展史，可以发现是西方文学实践和对文学观念认知的变化引发各种理论进入文学研究和批评场域，这当然会出现种种不适和难以对症，但这些理论操演既深化了对文学内部研究规律的把握，也有力地拓展了文学外部研究规律的适用性。另外，一个基本的理论现实是：契合时代和理论自身的发展变化，当代文艺学发展的跨界、扩容、多学科的交叉融合，研究范式的不断转换、研究界域的不断拓展，自然关乎到场外理论征用的合法性及其限度。正是在此意义上，我们认为强制阐释有一定的合法性，其合法性意义主要体现在知识论层面上，越来越多的理论成果从不同的视角成为当代文学理论及其研究范式建构的知识资源。其实，文学理论向来不囿于文学自身，它涵括文学却有着广阔的阐释空间和价值指涉能力，从而拥有对社会现实的发言权。但理论的立场和思维是至关重要的，也就是说它不能迷失自身，它必须是文学的。文学理论研究和批评实践是诗学的、人文性的，它固然要遵循逻辑、不能背离逻辑，但不能囿于逻辑来压抑诗性与审美之维。作为人文学科它有着人文属性的特殊性及其精神价值导向，在理论阐释中允许一定的想象与揣测，而不是完全囿于社会科学的"规范性"。如韦勒克所言："文学研究，如果称为科学不太确切的话，也应该说是一门知识或学问。"① 正是思维的广阔和文学

---

① 〔美〕勒内·韦勒克、奥斯汀·沃伦著，刘象愚等译：《文学理论》，江苏教育出版社2005年版，第3页。

价值的指涉，构成文学研究范式和文学批评的一个特征。

此外，"理论"固然不应遮蔽"文学理论"，但理论之间、理论与文学理论之间却应该跨界交融，以共同应对文学实践的变化，应对不断建构中的文化现实。说到底，既然"文学观念""文学理论的观念"发生了变化，再以传统的思维方式看待文学和文学理论自然就是刻舟求剑了。理论当然要有正当性与合法性，要追求一定的客观性，但不能为了追求所谓的"科学性"而封闭自己，把文学理论孤立起来以杜绝与文化现实之间的互动。可以说，任何理论都不是一成不变的，或者只能适用于某一领域，理论的交叉、延展是学科发展的必然。当下，学科的扩容、跨界和交融是社会、经济、文化，当然更是文学理论与文学批评的发展趋势。在此意义上，适当的场外征用是必要的、合理的，当然就域外理论而言要有一个重新语境化的问题，就其他学科理论而言有一个消化、锻造的问题——在文艺学视野中做文学化、诗性化的处理。

在对强制阐释的核心论点进行阐述时，张江以女性主义文学批评实践来论证主观预设的不合理性。他指出"先于文本、凌驾于文本之上的主观预设，说到底，就是无视甚至践踏了文本的这种主观质地，其结果，自然是背离了文本，所生发的阐释无疑属于强制阐释"[①]。认为"毫不夸张地说，主观预设已经成为一个多世纪以来文艺批评实践的稳定套路、固化模式，也成为众多批评家操练中常见的思维模式。并且，随着西方文论被引入到国内，这种主观预设的问题在国内批评理论界也已经司空见惯"[②]。事实上，文学批评的立场可以预设，甚至批评模式也可以预设，在具体文学文本的解读中需要适时修订，但是结论的确不可预设。在一定意义上，接受美学视野中的"前见"固然是一种潜意识，但在特定文本语境下完全可以被激活为一种自觉意识的表达，此时它就是一种立场，这在理论研究和批评实践中并无不妥。可

---

① 张江：《强制阐释的主观预设问题》，《学术研究》2015年第4期。
② 张江：《强制阐释的主观预设问题》，《学术研究》2015年第4期。

以说，任何理论都有理论有效性的界域，一旦僭越就会出现偏颇。批评家对文学作品（任何文本）的阐释评判都可以独立于作者的主张（仅作参考），它只是依循理论和批评的逻辑向着文本开掘和发言，可以基于文本的客观性而无关乎作者的文学主张，这就是韦勒克所说的"批评的时代"的意味。但批评家确实不可滥用理论来强制阐释、随意处置文本。文学批评的客观性基础是文本，还包括作者的文学主张和人生经验，以及批评家的阅读经验和文学感悟，在此之上还要融入理论推演和人文情怀。理论只是观照文本的一种视角，不同的理论有不同的视角。正如一千个读者有一千个哈姆雷特一样，不同理论视角下的文学文本会呈现出"横看成岭侧成峰，远近高低各不同"的格局。理论视角的多样性表征着文学文本的开放性，但不意味着某种理论可以适用于任何文本，可以"包打天下"。面对鲜活的文学文本和文学活动，任何理论都不是万能的，理论与批评对象要相互契合，相互引发阐释，可谓"相看两不厌"。

说到底，文学理论是关于文学的理论，但它的根要扎在文化现实中，以获得深厚的时代底蕴和主流价值支撑，而不是追逐大众文化的狂欢。事实上，确实有很多所谓的理论或文学理论陷入话语狂欢中，其结果就是"文学理论无关文学、没有文学，或者文学只是充当了理论的佐证工具，其学科特性受到了前所未有的削弱，成了凌空蹈虚的'空心理论'"[①]。这样的理论遭到诟病或者质疑是必然的。因此，有学者指出，文学理论的初衷"是试图从自身外围的学术领域中来获得启发，寻找出路，结果却邯郸学步，丢掉了自身"[②]。尤其在当下文学越发被置于文化观念中来阐释而处于杂糅状态下，对任何文学文本的理解都不可能是单一文学性的视角，任何单一性的文学视角都不可能真正切近文学自身。

强制阐释论启示我们：对当代西方文论的辨识和评判非常重要，它关乎

---

① 张江：《当代西方文论若干问题辨识——兼及中国文论重建》，《中国社会科学》2014年第5期。
② 姚文放：《从文学理论到理论——晚近文学理论变局的深层机理探究》，《文学评论》2009年第2期。

中国文学理论的发展和未来。一百多年来，特别是改革开放三十多年来我们所取得的文论成就，可以说西方文论的引入对中国文艺学、美学的学科建构和理论发展有筚路蓝缕之功，至今依然是重要的参照系。在一定意义上，中国当代文艺学、美学是在西方当代文论的深刻影响下，通过某种程度上的移植、借鉴以及试图相互通约的对话与交融的基础上发展成熟的。因此，中国文艺学学科和美学学科建构以及文学史、文论史和美学史研究，一定程度上都存在着对西方理论的移植、借鉴和参照，存在着"照着讲"与"接着讲"的问题。以美学学科建构为例，有学者就曾辨析过"美学在中国"与"中国的美学"之别。① 对此，我们确实应该站在理论立场进行反思和批判。当代西方文论普遍存在的强制阐释特征，除了理论逻辑的自身惯性外，是否还有着西方语言的暴力因素？它在理论旅行和向域外扩张中是否还有着潜在的"西方中心论"顽疾？西方文化霸权不仅是思想理论的霸权，还有着英语的语言霸权。此外，除了在文论研究领域自古希腊就开始的强制性阐释外，这种特征更显现于中外文学史的研究领域中，特别是以西方概念术语来解释中国文学经验，尤其见之于中国文学史、美学史的写作与研究范式的建构，这其中深刻复杂的原因值得探究。

回到中国文学理论和文学批评范式的建构上来，中国文论应向何处去？文学理论最始源的出发点和价值指涉是文学实践，否则文学理论是没有生命力的。其有效路径是全方位回归中国文学实践，"回归中国文学实践，就是要把中国文学理论的建构基点定位在中国文学的现实上，系统研究中国文学创作、文本、接受规律，在此基础上形成有中国特色的文学理论体系"②。同时文学理论研究和文学批评要有效切近不断变化中的文化现实。对此，我们不得不追问：是理论阐释和推演偏离了当下的文学实践，还是当下的文学发展已经碎片化并泛化为当前的文化现实而愈益偏离了文学自身？我们正在谈

---

① "美学在中国"和"中国的美学"是高建平最早阐释和界定的概念，参阅其《"美学"的起源》《全球化与中国艺术》等论文。
② 张江：《当代西方文论若干问题辨识——兼及中国文论重建》，《中国社会科学》2014年第5期。

论的"文学观念"是需要重新界定的。与之相应的是,理解"文学本体论"的方式发生了变化,阐述文学理论和文学批评的本体特征离不开特定的文本语境,这是一种历史境域的敞开。关于文学理论与文学批评"脱离文学实践"的现象,我们是否可以追问:是在什么意义上的脱离?是何种意义上的文学实践?如何领会理论与实践的关系?如何认识理论的普适性与当前数字化媒体的"虚拟真实"?事实上,对于认识的来源及其理论成果要分层次多维度进行研究,尤其不可忘记理论自身有自我生发的特性,也就是理论可以生成理论。如康德美学的理论建构就是其哲学体系逻辑推演的结果,其关于艺术品鉴和天才艺术家的分析,基本上无关乎康德自身的艺术欣赏实践,却自成理论之高格,被视之为人类思想史上的"美学经典"。

就理论生成而言,一部文学理论或批评史是不断挑战既有文学观念和研究范式(批评模式)的历史,通过对既有文学观念(包括文学结构、情节、人物塑造等)的消解与拒斥,以创新(包括"新奇""怪异"等)手法挑战现成性的文学、审美观念及其核心规范,来重新建构一种新的文学观和批评范式。至于学科间的碰撞和融合,只能是研究方法和思维方式的启迪,而不可能是理论成果的简单翻版或者生硬移植。"文学理论是关于文学的理论,本质上是对某一特定时期文学实践的经验总结和规律梳理。其中最重要的是文学理论对文学创作取材、构思、技法以及对文学作品审美风格、形成构成、语言特质的理论归纳和概括。在总结和梳理过程中,理论的应有之义还包括'问题域'的拓展和思维方式的切换。"[1] 这种认识是全面深刻的。就此而言,这样一种研究思路也是可行的:"对文学研究来说,外部研究是必要的,但只有外部研究远远不够;内部研究也是必需的,但只满足于内部研究也万万不可。"[2] 尊重文学的内部研究规律,坚持文学的文本细读原则,回到文学文本和文学活动本身,以此将具有中国特色文艺理论治理体系的建设推

---

[1] 张江:《当代西方文论若干问题辨识——兼及中国文论重建》,《中国社会科学》2014年第5期。
[2] 张江:《当代西方文论若干问题辨识——兼及中国文论重建》,《中国社会科学》2014年第5期。

向新阶段。只有准确辨识和把脉当代西方文论的本体性缺陷，才能有效地增强中国文学理论研究的有效性。

当代文论的研究不可忘记文学及其文论研究的本土化特征，以及文学理论的人文关怀，其理论建构尤其不可缺少民族的文化底色和历史底蕴。就理论探索而言，吸收、借鉴国外相关文论研究成果非常必要，加强与国外理论学派的对话、交流尤其不可或缺，因为任何文论研究都不是封闭的而是开放的。但是，重视当代西方文论不等于依赖甚至产生依附性，不能充当西方文论的爬虫，不应仰仗西方文学理论来阐释和说明中国文学问题及其中国文学经验。近年来中国当代文论和文学批评的乏力，就与其逐渐远离现实、不断丧失社会话语权相关，它越来越不能有效解释中国的文学现实，这样的理论和批评自然就被社会边缘化。西方文学理论与文学批评范式主要基于西方文学经验和文学实践，它不可能真正站在非西方立场上来考虑所谓全球性的文学经验与文学批评问题。也就是说，西方文学理论所提出的问题不完全是发展中国家文学真正存在和需要解决的问题。由于社会发展阶段和所面对的问题不同，特别是文化现实的建构不同，导致西方理论不足以解释发展中国家的复杂情况，尤其是难以说清像中国这样一个急剧变化的发展中大国的文学复杂状况，其理论阐释不足以应对发展中国家的复杂矛盾。生长于西方文化场域的当代西方文论对说明某些方面的文学问题有所启示，但绝不是放之四海而皆准的"真理"，它虽然披着普遍性的外衣，却不能遮蔽其理论的"地方性"和"民族性"。对于我们来说，需要理论借鉴，但更需要基于本土经验的理论建构，只有把脉自身问题的理论才有效，也就是说自己的事情自己最有发言权，自己的问题只有靠自身的理论来阐释。因此，对当代西方文学理论的重新语境化阐释，不能形成过分依赖。对西方学术盲目推崇，会妨碍我们独立思考；对当代西方文学理论资源和文学批评范式的过分倚重，会遮蔽中国文学问题的真实性，导致"顾左右而言他"而难以击中真实的文学"靶子"。理论探索实践一再表明，脱离文学实践基础和文化现实条件提出的理论问题和观点，大多是一种虚假、空洞的概念。只有用中国的话语、中国的方式来研究和阐释中国的文化问题，基于中国的文学经验和文学批评实践，才能真正形成具有中国特色、中国风格、中国气派的当代马克思主义文学理论和文学批评。

(《学术研究》2016年第2期)

论胡适学术研究中的强制阐释问题

泓　峻[*]

已经有学者指出，强制阐释在中国文学研究中的表现，一是把文学材料强行纳入到预置的结论之中，"以前在立场和模式，对文本和文学作符合论者主观意图和结论的阐释"[①]，二是用西方的理论或在研究西方问题时所得出的结论，强行解释中国自己的文学文本与文学现象，"完全不考虑在西方语境中产生的这些批评理论与我们的文学现实之间的错位现象"[②]。其实，以这两种模式为代表的学术研究中的强制阐释问题，不只发生在文学研究之中，也不是20世纪后期才出现的。它在深受西学影响的中国现代学术开始建立的时候就已经表现出来，而且普遍地存在于文、史、哲等主要的人文学术领域。本文拟借对胡适学术研究的考察，对这一问题加以分析说明。

一、为什么选择胡适

从胡适入手分析中国现代学术的强制阐释问题，基于以下两点考虑。

第一，在中国现代学术机制建立过程中，胡适不仅身体力行，开风气之

---

[*]　**作者简介**　泓峻，山东大学威海校区文化传播学院教授。
[①]　张江：《强制阐释论》，《文学评论》2014年第6期。
[②]　李春青：《"强制阐释"与理论的"有限合理性"》，《文学评论》2015年第3期。

先，而且影响巨大，是一个标志性的人物。从学术经历上讲，自 1917 年留美归国后，胡适先后累计在北京大学做了 18 年的教授，而且出任过文学院院长、校长等职务。其间经历了北大历史上最为辉煌的五四新文化运动时期以及 20 世纪 30 年代的"中兴"时期。通过北京大学这个平台，胡适的学术方法与学术思想影响了一大批人，这些人相当一部分是当时或以后中国某一学术领域的"执牛耳"者。仅胡适的入室弟子中，就不乏顾颉刚、冯友兰、罗尔刚、俞平伯、吴晗等 20 世纪学术史上成就卓越的学者，以及傅斯年、罗家伦、杨振声这样后来做到北京大学、清华大学、青岛大学（山东大学）校长的人物。另外，胡适与一些现代学术史上著名的学术出版机构，如商务印书馆、亚东图书馆等也有着密切的联系，对它们的学术取向产生了很大的影响。这些出版机构则在中国现代学术机制建立过程中发挥了极为重要的作用。同时，胡适还主持或介入了《新青年》《新潮》《每周评论》《国学季刊》《新月》等在当时学术界、思想界有广泛影响的刊物的编辑工作，并通过发表的各种报刊文章、在各地所做的演讲，不断地阐发自己的学术见解与主张，其影响所及，已经绝不限于其门生故旧，而是整个一代知识青年。郭沫若在 50 年代谈起胡适对知识分子的影响时提到，"胡适在解放前曾经被人称为'圣人'，称为当今孔子"[①]。无论是否名副其实，在现代思想学术史上，能够被冠以此名号的人，可以说绝无仅有。

　　就学科领域而言，胡适的涉猎十分广泛。1954 年中国大陆试图清算胡适学术研究上的"流毒"时，曾开列出胡适学术研究所涉问题的清单，这个清单包括哲学、政治、历史、文学四个学科的九个具体方面。[②] 尽管在这些方面，胡适并不都是成就最高的学者，但确实都有着开风气之先的地位，其影响的确不可小觑。

[①] 郭沫若：《三点建议》，《人民日报》1954 年 12 月 9 日。
[②] 这个由中国科学院和中国作协确定的胡适批判的九个方面包括其哲学思想、政治思想、历史观点、文学思想、哲学史观点、文学史观点、考据在历史和古典文学研究中的地位和作用、关于《红楼梦》的人民性和艺术成就、对历来的《红楼梦》研究等，见《学习》1955 年第 2 期。

因此，在一定意义上可以讲，胡适学术研究的成就与局限性，代表着中国现代学术研究的成就与局限性。

第二，在中国现代学术建立的过程中，胡适是一个具有强烈的方法论意识的学者。他始终都在倡导并实践着建立在实证基础上的"科学的方法"，并努力试图借这种科学的方法，保证其学术研究结论的客观性。其主观努力与实际结果的悖谬，更能够暴露出中国现代学术研究的深层次问题。

胡适很早就对中国的考据学有浓厚的兴趣，并在接触到西方的学术文化之后，认为这种方法与"西儒归纳论理之法"是相通的。① 其后来对中国古典白话小说的研究，主要目的就是要示范一种科学研究的方法，这种方法，按照胡适的总结，就是"处处想撇开一些先入的成见；处处存一个搜求证据的目的；处处尊重证据，让证据做向导，引我们到相当的结论上去"。② 到了晚年，在他的《口述自传》中，胡适曾颇为自得地总结说："我治中国思想与中国历史的各种著作，都是围绕着'方法'这一观念打转的，'方法'实主宰了我四十多年来所有的著述。"③ 余英时在谈到胡适时说："胡适思想中有一种明显的化约论的倾向，他把一切学术思想以至整个文化都化约为方法。""他认为一切学说的具体内容都包括了'论主'本人的背景、时势以至个性，因此不可能具有永久的、普遍的有效性，但是方法，特别是经过长期应用而获得验证的科学方法，则具有客观的独立性。"④

按照胡适本人的说法，他的学术方法的形成，首先是受到杜威关于"产生疑问——确定问题——提出假设——选择方法——小心求证"等"科学方法中共有的重要程序"的启发，而通过杜威的观点，他重新认识了中国清代的考据学、校勘学、训诂学等古典学术方法，并有意识地在自己的学术

---

① 胡适：《诗三百篇言字解》，《胡适文存》（一集），黄山书社1996年版，第175页。
② 胡适：《红楼梦考证》，《胡适文存》（一集），黄山书社1996年版，第446页。
③ 胡适口述，唐德刚译注：《胡适口述自传》，广西师范大学出版社2005年版，第100页。
④ 余英时：《中国近代思想史上的胡适》，载欧阳哲生选编：《解析胡适》，社会科学文献出版社2000年版，第112页。

研究中加以应用。①然而，无论是杜威建立在经验主义哲学基础上的科学程序，还是建立在归纳法基础上强调无证不立、无据不信的清代朴学，都没有能够使胡适的学术研究避免强制阐释的命运。这一现象，是颇为值得探讨、令人深思的。

二、胡适学术研究的深层次问题

对于胡适的学术研究，许多人曾经给予高度肯定。肯定的人，往往强调的是其学术研究的示范性意义。比如蔡元培在胡适《中国哲学史大纲（卷上）》出版时，为其作序，就指出其哲学史研究的价值有三点，其一是证明的方法，其二是扼要的手段，其三是平等的眼光。②然而，胡适的学术研究也存在很多问题，其许多学术观点并不能令人信服。《胡适口述自传》一书的整理者与汉语翻译者唐德刚在此书的译注中，就多次忍不住对胡适的一些学术观点存在的明显漏洞提出了批评。如对于胡适"中国文学史只是一部文学工具变迁史"的观点，唐德刚就辩驳说："这里胡先生只注意'形式'而忽视了'内容'。"针对胡适语体（白话）是活语言、文言是半死的语言的观点，唐德刚指出胡适不了解一个基本的事实，那就是由于最初文字书写工具与材料的限制，言文的不一致实际上在文字产生时就存在。③郭沫若在20世纪30年代曾经针对胡适的《说儒》一文，写下《驳说儒》，使用自己掌握的殷商甲骨文资料与商代历史知识，对胡适关于"三年之丧乃殷人传统丧制"等说法进行了有力的批驳。

对胡适的学术研究提出批评时，不少人不仅指出了其具体学术观点与使用的具体材料的错谬之处，而且还涉及了学术规范问题。郭沫若在《驳

---

① 参见胡适口述，唐德刚译注：《胡适口述自传》，广西师范大学出版社2005年版，第102—103页。
② 参见胡适：《中国哲学史大纲》，商务印书馆1919年版，第1页。
③ 参见胡适口述，唐德刚译注：《胡适口述自传》，广西师范大学出版社2005年版，第156—157页。

说儒》一文中，就批评胡适对有些证据的使用"牵强附会得太不成话了"。①另外有学者也指出，胡适的《说儒》一文，"并非在胡先生素所标榜的'拿证据来'、'有一分证据说一分话'那些原则下写成的，而大多是用'疏通证明'的办法把资料加以宛转解说之后才使用的，这样的证据就往往不够过硬，就不具备十足的说服力了"②。至于对胡适的文学史研究，批评的声音更多。有学者指出，其"逻辑前提缺少客观性"，"依据'白话文学'这一前提立场构筑的文学史框架，也就不可避免地带上了人为的再造性，有些牵强"。③ 国外也有学者批评说，胡适的文学史写作，"不是通过亲自翻阅原始材料来研究写作的，而是按照自己预想的范例，对大量典籍进行编辑、剪切和修改，缀合而成"④。金岳霖则针对胡适的哲学史研究，直言不讳地讲："西洋哲学与名学又非胡先生之所长，所以他在兼论中西学说的时候，就不免牵强附会。"⑤

上述不同领域、不同时代乃至于不同国度的学者对于胡适学术研究的批评，几乎都指向了一点，那就是胡适在用事实材料证明自己的观点时，常常让事实材料迁就自己的观点，而不是从对材料的分析归纳中去寻找结论。所谓的"牵强附会"，对于胡适而言，实际上就是先有一个预置的结论，然后为这个结论去搜罗证据。这样，进入他视野的，就往往只是那些对证明预置的结论有利的证据。当有些证据不足以证明自己预置的结论，或者对自己预置的结论不利时，则要么对这些证据视而不见，要么对它们进行歪曲的解释。这与近来国内学者所谈论的西方文论的强制阐释是异曲同工的。

十分注重研究方法的科学性的胡适，何以犯下强制阐释的错误，与其所

---

① 郭沫若：《青铜时代》，群益出版社1935年版，第118—129页。
② 邓广铭：《胡著〈说儒〉与郭著〈驳说儒〉评议》，载欧阳哲生选编：《解析胡适》，社会科学文献出版社2000年版，第263页。
③ 罗振亚：《重述与构建——论胡适的文学史观》，《文艺研究》2005年第11期。
④ 〔加〕米列娜著，董炎编译：《文化记忆的建构——早期文学史的编纂与胡适的〈白话文学史〉》，《当代作家评论》2009年第4期。
⑤ 金岳霖：《〈冯著中国哲学史〉审查报告》，冯友兰：《中国哲学史》下册，华东师范大学出版社2000年版，第437页。

谓的"科学的方法"本身存在的先天缺陷有直接关系。胡适有时候讲，他做学问的方法，"只不过是尊重事实，尊重证据"。然而更多的时候，他又强调其所说的"科学的方法"，其实包括两个步骤，一是"大胆的假设"，二是"小心的求证"。①对于胡适而言，所谓"大胆的假设"，实际上就是根据自己前在的立场，推测出一个结论，然后想办法用事实材料加以论证。尽管按照他自己的说法，在从事研究时可以用事实材料对自己假设中存在的错误进行修正，从而保证最终结论的客观性。而实际上，这一点却很少做到，因为他对许多学术结论的假设，是基于他的一些根本信仰，而不是客观的学术观察。这些信仰，从比较具体的方面看，包括"白话是唯一有价值的文学"，"佛教在中国的传播对中国国民生活有害而无益"等等；从大的方面看，则包括历史的眼光、文化一元论的立场、进化论的观念等等。胡适被人诟病的研究大多都与他自己根据这些信仰所设定的学术命题有关。

早在1914年，胡适就在日记中把归纳的理论、历史的眼光、进化的观念称为"吾国之急需"的"起死之神丹"。②所谓历史的眼光，在胡适看来，就是"不把一个制度或学说看作一个孤立的东西，总把他看作一个中段：一头是他发生的原因，一头是他发生的结果"。③由于持一种连续的历史观，胡适坚信历史中存在着理解现实问题的因素。因此，他总是试图在现实与历史之间建立一种联系，用历史说明现实问题。胡适一心要建构一个中国自己的白话文学史，实际上就是为他在当时提倡白话文学服务的。在《白话文学史》一书中，他开宗明义地讲自己写白话文学史的目的，就是"要大家知道白话文学不是这三四年来几个人凭空捏造出来的：我要大家知道白话文学是有历史的，是有很长又很光荣的历史的"。④为此，他不仅将白话文学成熟的历史往前一推再推，一直推到《诗经》，而且将大量并非白话的作品勉强纳

---

① 胡适：《治学的方法与材料》，《胡适文存》（三集），黄山书社1996年版，第93页。
② 曹伯言整理：《胡适日记全编》（1），安徽教育出版社2001年版，第222页。
③ 胡适：《杜威先生与中国》，《胡适文存》（一集），黄山书社1996年版，第277页。
④ 胡适：《白话文学史》，安徽教育出版社1999年版，第1页。

入到自己的白话文学的范畴之内,并人为制造了白话与文言的二元对立,煞费苦心地论证白话文学一直为中国文学之正宗,是两千多年来中国文学中最有价值的部分。因为这些观点不仅其前提是虚构的,而且结论本身与文学史的真实情况也相差很远,所以他只好对文学史材料进行剪裁、曲解,以迁就预先设置的结论。

在文化问题上,胡适持一元论的立场,相信"文化是民族生活的样法,而民族生活的样法是根本大同小异的"①。因此,当梁漱溟提出西洋、印度、中国代表三种不同的文化类型,因而选择了不同的历史道路时,胡适表达了强烈的反对立场。这种文化一元论的立场,与胡适早年所接受的进化论立场结合在一起,使他相信,"欧洲文化今日的特色,科学与德谟克拉西",代表着历史的进步,是中国和印度应该追求的目标,"将来中国和印度的科学化和民治化,是无可疑的"。②因此,胡适在观察中国的现实与历史时,总是有意无意地拿西方作参照。而且,中国的历史与文化,只有在西方的历史与文化中得到印证时,才被视为积极的。比如,他认为美国式的建立在地方高度自治基础上的联邦制政体是进步的,因此他不仅把它作为中国政治发展的目标加以鼓吹,而且还在中国古代社会中发掘出了"地方自治精神"。基于同样的思路,他不仅把五四新文化运动称为中国的文艺复兴,而且认为中国也曾经有一场几乎与西方同步发生的"文艺复兴"——这场运动的主角被胡适认定为宋明理学家,其主要任务也像欧洲的文艺复兴一样是与中世纪宗教的蒙昧作战。在胡适一生的学术文章中,这种将中西不同的文化现象加以比附、进行评价的例子比比皆是:他把六朝的骈体文判定为"鄙野"或"夷化"的,其理由不仅是"它和古代的老子和孔子所用的体裁完全不同",还

---

① 胡适:《读梁漱溟先生的〈东西文化及其哲学〉》,《胡适文存》(二集),黄山书社1996年版,第175页。
② 胡适:《读梁漱溟先生的〈东西文化及其哲学〉》,《胡适文存》(二集),黄山书社1996年版,第180页。

因为欧洲中世纪蒙昧时代修道士的拉丁文也是如此。① 他判断《老子》一书在《论语》之前时，其所使用的一个重要论据是《老子》一书韵语居多，《论语》则主要用散文。韵语出现于散文之前，被胡适认为是世界文学的通则。特别是胡适一生最为骄傲的事业——用白话代替文言的"文学革命"，从其主张的产生，到路径的设计，都直接受到了西方语言文学现状，以及西方民族语言形成过程的影响。

这种从文化一元论与进化论立场出发，将中西方的现实问题与历史问题加以比附，从西方文化价值出发对中国的问题进行研究与评价的学术取向，与当前学者所批评的文学研究中将中国的文本与文学现象完全纳入到西方文论的范畴体系中的强制阐释，采用的是同一种思路，犯的是同一种错误。

三、胡适学术研究中强制阐释的表现

纵览胡适几十年的学术研究，在有些方面的确有很大的贡献。比如他用经学家考据的方法研究《红楼梦》《水浒传》等作品，就不仅提升了这些原来不登大雅之堂的白话小说的地位，而且弄清楚了许多原来十分含混的基本史实，为人们正确理解与评价这些作品提供了重要的参考。然而，其有些学术观点也确实漏洞很大，甚至与基本的事实相悖。这些观点的产生，大多与其学术研究中的强制阐释，尤其是建立在文化一元论基础上，忽视中西方差异，"以西律中"的强制阐释有直接的关系。

概括起来，强制阐释导致胡适的学术研究出现如下一些问题。

第一，在进行东西方比较的时候，往往只看到两者相同的方面，忽视了其间差异的部分。

比如，胡适一直以欧洲的意大利、英国、法国、德国等国家摆脱以拉丁语为书面语，创造建立在本民族语言基础上的"国语"这一历史经验为依

---

① 胡适口述，唐德刚译注：《胡适口述自传》，广西师范大学出版社2005年版，第256页。

据，论证20世纪初的中国放弃文言，改用白话的合理性。在他看来，"欧洲中古时，各国皆有俚语，而以拉丁文为文言"，与中国五四新文化运动之前的语言状况完全一致。而白话文学革命，就是要效法欧洲近代以来的语言变革实践，"创但丁、路德之伟业"。① 实际上，虽然中西方的语言变革在放弃从古代继承下来，与现实生活隔绝的书面语，创立一套更接近口语的书面语方面确有共同之处，但差异也是明显的。西方文艺复兴时期民族语言建立的过程是语言分化的过程，最终造成了原先以拉丁文为书面语的语言共同体的分离。而汉语在近现代的变革则是要求以不分割，甚至是加强原先的语言共同体为前提的。所以，中国近代以来的语言变革天然地包含了两个方面，一是以通俗化为目标的白话文运动，二是为保持原先语言共同体不分裂而统一语音，建立并推行"国语"。对于两者之间的差别，胡适同时代的人已经有认识，比如，胡先骕就认为胡适把西方的语言变革与中国的白话文运动放在一起讨论，"是不伦不类的类比"。然而，胡适本人从留学时期一直到晚年，在不断谈及这一问题时，都没有注意到两者之间的差异。这不能不说与他所持的东西方的问题在本质上是相通的这一文化立场有关。

第二，将表面相似的现象解释成本质上相同。胡适一生，对他曾经使用"文艺复兴（renaissance）"这一西方学者在叙述西方历史时使用的概念来描述中国发生的一系列历史事件颇为得意。一方面，他把20世纪初以白话文运动为核心的新文化运动称为"中国的文艺复兴"。另一方面，又将这一概念运用于中国历史的考察之中，认为从唐代的古文运动开始，到宋代的新儒学、元以后戏曲与长篇小说的出现，再到清代考据学的产生，中国历史上至少发生过四次"文艺复兴"。② 这样的类比，显得十分随意。比如，胡适把宋代新儒学的兴起认定为一次"中国的文艺复兴"，其理由主要是认为当时"新儒学"的任务也像欧洲的文艺复兴一样，是宣扬科学，复兴古代学

---

① 胡适：《文学改良刍议》，《胡适文存》（一集），黄山书社1996年版，第11页。
② 参见胡适：《中国的文艺复兴》，载胡适著，欧阳哲生、刘红中编：《中国的文艺复兴》，外语教学与研究出版社2001年版，第181—182页。

术,并与中世纪宗教的蒙昧作战。他说:"11世纪和12世纪的儒学和新儒学的复兴,曾一度打开灿烂的科学时代的大门。""它继续存在,并带来了一个人文科学时代——对过去经典与历史文献的研究。"① 并指出,这些儒家学者,以新儒学为武器,"给予已经屡受攻击的佛教以致命一击"②,"这项从11世纪便开始的文艺复兴里,他们在寻找一个方法和一种逻辑,这就是培根所说的'新工具',也就是笛卡尔所提倡的方法论"③。他甚至说:"如果我们民族今天并未像世界其他民族那样表现出宗教性,那么,这也仅仅是因为我们的思想家,我们的伏尔泰,我们的赫胥黎,很久以前就与宗教势力进行艰苦的战斗了。"④

把新儒学家提出"格物致知"的主张看成是科学意识的生成,把朱熹等人对儒家经典的研究与西方文艺复兴时期倡导古典学术相提并论,是十分牵强的。特别是认为新儒学的兴起是本土的儒家思想与外来的佛教之间的一场斗争,把它与欧洲反对宗教迷信,恢复古希腊理性主义传统的历史过程相提并论,忽略了在宗教问题上中国表现出的特殊性。

第三,忽视量与质之间的界限,将局部的、次要的、少量的现象当成全部的、主要的、本质的现象。这集中体现在胡适白话文学史的建构过程之中。胡适以白话文学为核心对中国文学史进行考察,主要想得出三个结论:一是白话文学是有很长很光荣的历史的,二是白话文学是中国文学史的中心部分,三是只有白话文学才有价值,已死的文言只能产生没有价值、没有生命的文学。这三个观点,是胡适当年倡导白话文学革命时最主要的理论支撑,作为文学革命的主张,具有很大的号召力。然而,要把它们作为一种学

---

① 胡适:《中国的文艺复兴》,载胡适著,欧阳哲生、刘红中编:《中国的文艺复兴》,外语教学与研究出版社2001年版,第159—197页。
② 胡适:《中国的文艺复兴》,载胡适著,欧阳哲生、刘红中编:《中国的文艺复兴》,外语教学与研究出版社2001年版,第211页。
③ 胡适口述,唐德刚译注:《胡适口述自传》,广西师范大学出版社2005年版,第260页。
④ 胡适:《中国历史中的宗教与哲学》,转引自〔美〕格里德著,鲁奇译:《胡适与中国的文艺复兴》,江苏人民出版社2010年版,第138页。

术结论，在中国两千多年的历史中加以落实，变成文学史的叙述，则十分困难。因为事实上，白话文学并非在中国文学史中一开始就存在，而且在20世纪文学革命成功之前的绝大部分时间里，都处在文学的边缘位置。在《红楼梦》等长篇白话小说产生以前，诗词文赋等文言文学，才真正代表中国文学艺术的最高成就。这些不仅是文学史的事实，而且也是文学史的常识。

然而，为了以一部《白话文学史》为其文学革命张目[①]，在贯彻自己预置的结论时，胡适只好对文学史材料的处理采用实用主义的态度，要么把自己的目光集中在类似佛经的翻译这样一些在文学史上实际上没有产生什么影响，没有什么文学价值的所谓白话文学文本上面，对它们大书特书；要么以《史记》《汉书》中个别人物对话为依据，以证明汉代历史散文中白话文学的存在；或者干脆将许多不是白话文学的作品，纳入白话文学的名下。而当胡适在著名的《建设的文学革命论》一文中，试图论证白话文学有着比文言文学更高的艺术价值时，更是采用了一种十分奇怪的逻辑。他说："我们为什么爱读《木兰辞》和《孔雀东南飞》呢？因为这两首诗是用白话做的。为什么爱读陶渊明的诗和李后主的词呢？因为他们的诗词都是用白话做的。为什么爱杜甫的《石壕吏》、《兵车行》诸诗呢？因为他们都是用白话做的。为什么不爱韩愈的《南山》呢？因为他用的是死字死话……简单说来，自从《三百篇》到于今，中国的文学凡是有一些价值有一些生命的，都是白话的或者近于白话的。"[②] 这段话在逻辑上如此混乱，以至于连他的朋友任叔永也不得不站出来反驳说："要承认杜工部的《兵车行》、《石壕吏》是好诗，大约也不能不承认《诸将》《怀古》《闻官军收河南河北》……等是好诗。但此等诗不但是文语，而且是律体。"[③]

可以说，在试图以文学史的事实论证白话文学的合理性时，面对丰富的

[①] 实际上胡适最终也没有能够完成白话文学史的写作，他的《白话文学史》只有上部而没有下部，叙述到唐代便中止了。
[②] 胡适：《建设的文学革命论》，《新青年》第4卷第4号，1918年4月15日。
[③] 任叔永：《任叔永与胡适的通信》，《新青年》第5卷第2号，1918年8月15日。

文学史材料，胡适采用的基本上是以偏概全的方法。有些时候，为了得出自己事先设置的结论，其论证过程已经到了不顾常识的地步。

第四，在完全不同的事物与现象之间建立一种生硬的联系。中西方文化中的有些东西，不仅存在很大差异，而且有些时候在价值取向上是相反的。而胡适在用西方的概念去指涉中国的现象，或者用中国固有的概念去描述一些从西方引入的文化现象时，经常把一些价值取向上相反的东西视为同一种东西。为了说明中国20世纪初建立的资产阶级"共和主义和民主主义"国家政权是有历史基础的，他围绕"彻底民主化的社会结构""2000年客观的、竞争的官员考试甄选制度""政府创立其'反对面'的制度和监察制度"这样几个方面，对中国封建社会的历史进行了一番考察。其所使用的许多概念，如上文中的"共和主义""民主"等等，以及类似"中国的监察系统相当于西方的国会"，"御史被称作'言官'，这在词义上，让人想起民主制政府中的国会议员"这样的叙述①，把西方现代资产阶级政治学说，或者是把描述西方现代政治制度的概念，用以指涉中国封建制度中的种种现象，总给人一种强烈的时空错位感。

在文学问题上，胡适也曾经犯有这样的错误。比如，他曾极力称赞《老残游记》这部小说的景物描写，认为它体现出的是西方写实主义文学精细观察、客观描写的态度。在引用小说中的一些段落加以说明后，胡适这样总结说："这种白描的功夫真不易学，只有精细的观察能供给这种描写的底子，只有朴素新鲜的活文字能供给这种描写的工具。"②此处用中国古典文论中的"白描"这一概念指涉《老残游记》中受西方写实主义文学影响而出现的景物描写，完全误会了此概念的真实含义。"白描"本来是中国国画的一种技法，它要求作画时纯用线条勾画出大致轮廓，不胶着于事物的细部特征，不着色。中国古典文学理论借用这一术语，指涉的是一种单纯、简练，不过分

---

① 胡适：《民主中国的历史基础》，载胡适著，欧阳哲生、刘红中编：《中国的文艺复兴》，外语教学与研究出版社2001年版，第315—325页。
② 胡适：《〈老残游记〉》序，《胡适文存》（三集），黄山书社1996年版，第410页。

烘托渲染的描述方法，这种描写常常三言两语，点到为止，与西方写实主义小说以及受此影响而出现在《老残游记》中的那种追求客观再现、细节真实的景物描写在风格上正好相反。

四、胡适学术研究强制阐释的时代因素

认真分析起来，胡适学术研究中强制阐释的现象可谓触目惊心，这与他重视科学方法的运用，强调学术研究客观性的主观诉求形成强烈反差。但这种学术困境，并不完全是胡适一个人的问题，而是普遍地存在于近代以来知识分子的学术研究中。造成这种学术困境的原因，也多属于时代性的，而非个人性的。

近代以来，由中国学者自己推动的西学东渐，表现为两个层面，一是对西方学术方法、学术思想的介绍、推广、普及，另一方面就是用西方的学术概念、学术方法去解释与研究中国自己的问题。从事这两种活动的学者，大多都持有同一种信念，那就是东西方的人性、所面对的问题，以及思想学术都有共通性。刘师培所说的"昔罗马文学之兴也，韵文完备，乃有散文，史诗既工，乃生戏曲，而中土文学之秩序适与相符。乃事物进化之公例，亦文体必经之阶段也"①体现着这一信仰，钱锺书所说的"东海西海，心理攸同；南学北学，道术未裂"②体现的也是这种信仰。基于这种信仰，在思考问题时，将中西方的问题做比附，是十分自然的事情。

就胡适而言，尽管他也提倡过为学术而学术的态度，然而，在多数时候，他的学术活动与他的现实关怀是密切相关的。当年，胡适抱着对国内现实深深的失望进入美国留学。因此，他最初对西方社会历史、政治、文化、学术的了解，都伴随着为解决中国自身的问题寻求答案的强烈冲动。回过头

---

① 刘师培：《左盦外集卷十三·文章原始》，《刘申书遗书》，江苏古籍出版社1997年版，第1646页。
② 钱锺书：《谈艺录》，中华书局1984年版，第1页。

来，当他面对中国自身的问题时，也就总是处处把它们与他对西方社会的认识相对照。再加上胡适总是习惯于将现实问题转化为历史问题，因此，当他进入到中国的历史当中时，他对问题的认识就很难不受他面对的现实问题的干扰以及他所获得的西方社会各种知识的干扰。这构成胡适学术研究中一个很难走出的"解释学的循环"。

有一个例子，可以完整地窥见胡适由西而中、由现实问题而进入学术问题时所遭遇的这种"解释学的循环"。胡适在美国的时候，对美国那种地方享有高度自治权的联邦制政体十分赞赏。因此，回到中国时，他就不断宣传，希望在中国建立这种体制，并十分奇怪地把联省自治当成是解决当时中国军阀割据局面的一个有效方案。① 当1922年广东的陈炯明发动叛乱，炮轰孙中山的总统府时，胡适居然发表文章为陈辩护说："孙文与陈炯明的冲突是一种主张上的冲突，陈氏主张广东自治，造一个模范的新广东，孙氏主张用广东作根据，做到统一的中华民国。"虽然他也说"这两个主张都是成立的"，但却认为孙中山失败的原因是其有些做法"倒行逆使"因而失去了民心。② 这样糊涂的观点乍看起来十分荒唐，但如果了解胡适的政治思想的话，也就可以理解了。也正是从这一政治思想出发，他才在中国古代社会中发掘出了一种"地方自治精神"，认为这种精神曾经使古代的中国人"享有统一帝国生活的种种权益，而不受政府过分的干涉"。③

对胡适而言，认识西方就是为中国的现实问题寻找答案，同时，解释历史也就是解释现实，为现实问题的解决制定步骤。这种历史研究态度表现出的，实际上是在特定的历史条件下中国知识分子普遍存在的一种"现代性焦虑"。对中西相通的强调，则有助于安抚他们自身的这种焦虑与不安，然而其直接的学术后果，则是把中国的问题纳入到西方的理论与历史

---

① 胡适：《联省自治与军阀割据》，《胡适文存》（三集），黄山书社1996年版，第338页。
② 胡适：《这一周六十七则》，《胡适文存》（二集），黄山书社1996年版，第374页。
③ 胡适：《中国抗战也是保卫一种生活方式》，载胡适著，欧阳哲生、刘红中编：《中国的文艺复兴》，外语教学与研究出版社2001年版，第361页。

框架中，以西律中。同时，它也常常导致胡适那一代学者，对历史采取一种实用主义的、先入为主的态度，这种态度产生的直接后果，就是对历史的强制阐释。

（《学术研究》2016 年第 3 期）

强制阐释论的范式定位

傅其林*

一、强制阐释论与文学理论的批判性突围

马克思主义的力量在于对社会现实及其文化现象进行批判性分析，彰显出鲜明的批判性锋芒。正是这种锐利的锋芒，在现代文化思想中发挥着重要的创造性功能，推动着人类生活方式的转型与文化的更新。中国马克思主义文学力量无疑要彰显并实践这种批判性，推动中国化的马克思主义文学理论发展，显示中国当代文学理论的姿态，并在全球话语空间凸显中国的声音，这是中国文学理论自信与理论创新的重要路径。张江 2014 年发表在《文学评论》第 6 期上的《强制阐释论》，为中国当代文学理论的批判性思考开拓了新的路径，以强烈的问题意识与鲜明的理论概括，探究西方文论的"根本缺陷"及"核心缺陷的逻辑支点"[1]，即文章的核心论题"强制阐释"。这种批判性的锋芒透视出新世纪中国马克思主义文学理论的新形态，值得深入研究和密切关注。

回顾中国文学理论的历程，不难看出批判性姿态始终没有充分地展开。

---

* 作者简介　傅其林，四川大学文学与新闻学院教授。
[1] 张江：《强制阐释论》，《文学评论》2014 年第 6 期。

中国传统文学理论以独特的文学审美体验与话语方式显示出中国文学理论的独特性，在世界诗学体系中可谓独具一格，甚至受到国外汉学家的推崇。但是这种文学理论更多的是一种静观式的文学理论形态，不仅表现在基本观点的延续性，诸如"诗言志""诗缘情"等，而且在话语中强调静态的审美感受，理论话语与文学经验融合一体，形成了文人士大夫的悠闲情调。汉学家眼中的这种话语方式与审美风格恰恰是异域的体验，对于中国文学理论的发展没有起到根本的推动作用。相反，中国现代文学理论的发展主要立足于西方话语，形成了新的批判性特色，以西方的文学观念与话语范畴批判中国传统文学理论的话语与文学经验，体现出鲜明的动态的批判性，正如茅盾所说，中国传统社会根本没有严格意义的文学批评，只有建立西方意义的批评概念才能促进文学的进步。虽然茅盾强调了中国自身的立场，但是文学理论的西方价值观念在中国文学理论界获得了极大的优势力量，甚至形成了主导的文学观念。于是，随着西方文学理论的风起云涌，不同观点的文学理论，从语言学符号学、精神分析心理学、结构主义与解构主义、存在主义、后现代主义、新历史主义、女性主义、生态主义，到文化研究、媒介理论等等，不断涌入中国文学理论的场域，形成了文学观念的多元化、复杂化，形成了文学理论的概念范畴的漂浮与泛滥，形成了中国文学理论界对西方文学理论的复制、模仿、套用。这事实上失去了中国文学理论的批判性特色，失去了中国文学理论家探索的根基，失去了中国文学理论的原创性与独特的话语体系建构与阐释。难怪一些国外学者审视20世纪中国文学理论甚至美学时，寻觅不到独特的中国学者的探索，而更多地转向中国传统的、独特的、静态的文学话语，只能以"长城""熊猫""孔子"等标示来理解中国现代与当代文化形式，这隐含着对中国现当代文学理论的漠视。强制阐释论的提出不仅说明了当代西方文学理论具有强制阐释的特征，而且直接针对当代中国文学理论现状与文学批评实践，具有很强的现实意义。

在中国文学理论的历史性梳理中，反思强制阐释论的文学理论建构的思路无疑是有启发性的，它重新打开了中国学者面对西方文学理论的批判姿态，表达了中国学界对西方文学理论的否定性思考，这是中国学者理论自信的表达。更为具体地说，这是从对西方文学理论的价值肯定走向价值否定。虽然这不是完全的肯定或者完全的否定，但是价值天平发生了根本的转向，也就是以肯定为主走向以批判为主，这种批判性形态无疑在较为沉寂的中国文学理论界传来一种振聋发聩的声音，这是试图体现中国学界的话语力量与声音，标示中国学者如何理性地审视西方话语的尝试。如果学术乃天下之公器，就必须以学术的追求对已有的研究进行质疑，以推动学术的进步。批判性内含于真正的学术之中，充分意识到这一点，中国文学理论界似乎延缓了很长的一段时间，也许还会延长。

二、强制阐释论的范式定位

这种批判性在于张江提出了一个新颖的概念"强制阐释"，用"强制"与"阐释"组合成为偏正短语。这种组合是新颖的，西方有所谓的"过度阐释"，但是汉语的组合更特别。《现代汉语词典》解释"强制"为："用政治或经济力量强迫。"[①] 根据张江的定义，"强制阐释是指，背离文本话语，消解文学指征，以前在立场和模式，对文本和文学作符合论者主观意图和结论的阐释"[②]。通过对比，"强制阐释"改变了一般意义的"过度阐释""主观阐释""错误阐释"等概念，突出了西方文论的特征，更显示了西方文论的根本缺陷。不过，更具洞见的是，"阐释"概念的提出，较为准确地概括了当代西方文论的根本特征与基本范式。

当代西方文论在语言学转向的趋势中获得了新的形态。现象学涉及语言符号的问题，存在主义也是走向语言之路，俄国形式主义、英美新批评、法国结构主义、解构主义、精神分析心理学、后现代主义、接受美学等等，都与语言符号有着不可分离的关系。这种形态使得西方文学理论与19世纪及

---

① 中国社会科学院语言研究所词典编辑室编：《现代汉语词典》，商务印书馆1983年版，第918页。
② 张江：《强制阐释论》，《文学评论》2014年第6期。

以前的文学理论形态有着重要的差异。《诗学》《诗艺》等西方传统文学理论在话语形态上类似于中国传统文学批评,重视经验规则的使命感。亚里士多德的《诗学》频繁地使用"必须""应该""一定"等表述,譬如"情节的安排,务求人们只听事件的发展,不必看表演,也能因那些事件的结果而惊心动魄,发生怜悯之情"①。如果说以前的文学理论看重文学经验技巧的概括,寻求文学作品的直接自发的体验,那么20世纪的西方文论强调文学的意义,审美体验被文学作品的意义所取代,这是当代西方文学理论的重要特征。由此,阐释的模式较之以前得到突出的表现。以意义为旨归就成为当代西方文学理论的阐释动向。胡塞尔的现象学追寻本质直观的意义,海德格尔的存在主义探寻存在的意义,他在1927年的《存在与时间》中提出:"任何存在论,如果它未首先充分地澄清存在的意义并把澄清存在的意义理解为自己的基本任务,那么,无论它具有多么紧凑的范畴体系,归根到底它仍然是盲目的,并背离了它最本己的意图。"②符号学也成为意义的科学,符号学批评与文学实践不断建立意义规则与意义机制,解构主义成为意义的延伸,解释学涉及的则是文本与解释者的意义问题。虽然当代西方文论对意义本身的理解纷繁复杂,莫衷一是,但是都以意义为导向,形成了阐释形态,都在阐释。而阐释则需要阐释者,阐释者则有自己的价值立场。这样看来,当代西方文学理论都属于阐释学,这就是鲍曼所提出的从立法者转向阐释者。③

基于阐释者的文学理论不断追求意义,这是文本的意义,但最终是阐释者的意义,在某种意义上都可以说是强制阐释。这种理论与实践无疑忽视甚至失去了作者的创作经验与意图,形成所谓的"创造性背叛",即强制阐释。从20世纪的西方文学理论的发展来看,阐释形态是内在的,也可以说体现

---

① 〔古希腊〕亚理斯多德著,罗念生译:《诗学》,人民文学出版社1984年版,第43页。
② 〔德〕海德格尔著,陈嘉映、王庆节合译:《存在与时间》,生活·读书·新知三联书店1987年版,第15页。
③ 参见〔英〕齐格蒙·鲍曼著,洪涛译:《立法者与阐释者:论现代性、后现代性与知识分子》,上海人民出版社2000年版。

了现代的时代精神。按照赫勒的思考，西方现代处于阐释的牢笼之中，"作为意义归属或者意义产生的意义的解释发展为现代性的最强有力的想象制度"，"现代性的精神一方面产生了民主，另一方面产生了阐释学"。在赫勒看来，"阐释学是我们的社团精神的最充分的自我表达"。[①] 阐释学是包罗万象的，反阐释学也是阐释学。阐释学调和着过去与现在，它们重新思考曾经被思考的东西，重新解释曾经被解释的东西或者颠覆这些东西。它们用被借来的意义产生意义，它们用陌生人的血液把生活注入现在。我们的世界不创造新的意义，我们的精神是无精神的，因为它依赖被借来的意义生活。现代人发现了文化与意义，恰恰因为他们依赖被借来的意义生活。我们的时代是杂食的，我们没有特殊的趣味，我们的思想吞没所有的趣味。在浪漫主义时代的现代哲学与艺术创造天才的一种显著的倾泻之后，我们成为无创造的个体。哲学在灰色中涂着灰色，它成为文化哲学。这样只有阐释才能赋予我们以意义。[②] 但是阐释的意义因为不断解释而又面临枯竭的危险。强制阐释可以说是枯竭的意义的表现。基于技术想象逻辑基础之上的阐释无疑有着强制阐释的弊病。

三、强制阐释论与当代文学理论系统的建构

如果说当代西方文学理论主导范式是强制阐释，并成为其根本的缺陷，那么是否有摆脱这种范式的可能性呢？

张江在批判西方当代文学理论的同时，表达了新型文学理论建构思路即新理论系统。如果说强制阐释具有"场外征用""主观预设""非逻辑证明""混乱的认识路径"四个特征，那么他提出的新型文学理论则要克服场外征用、抛却主观预设、严格逻辑证明、澄清认识路径，这是重新回到"文学理论及批评的本体特征"，使文论立足于文学。也就是说，文学理论与批

[①] Agnes Heller, *A Philosophy of History in Fragments,* Oxford and Cambridge, MA: Blackwell, 1993, pp. 172, 189, 202.
[②] 傅其林：《宏大叙事批判与多元美学建构》，黑龙江大学出版社2011年版，第243页。

评必须坚持总体性和系统性原则,"当代文学理论话语的建构必须坚持系统发育的原则,在吸纳进步因素的基础上,融合理论内部各个方向和各个层面,建构出符合文学实践的新理论系统"①。基于逻辑系统发育与整合的新理论系统无疑超越了当代西方文学理论的破碎性、矛盾性、复杂性、多元性,因此是具有科学意义的文学理论观念,它既有可能克服当代西方文学理论的根本缺陷,也可能超越中国传统文学理论的话语系统,显示出了中国学者的理论建构能力。这使我们想起苏联20世纪60年代的综合科学工程的文艺理论研究态势,譬如斯托洛维奇的审美价值与功能的系统研究,卡冈的文化价值系统的研究等等。

值得反思的是,强制阐释论所蕴含的新理论系统是否摆脱了当代西方文学理论的基本范式?这个问题涉及新理论系统突破的关键问题,也涉及中国当代文学理论突围的问题。根据已有的研究进展来看,新理论系统还没有达到让文论回顾文学的状态,没有达到使文论直面文学实践的问题。从符号学角度来说,新理论系统仍然是元理论的层面,也就是关于理论的理论层面。如果说当代西方文学理论具有强制阐释的特征,那么已有的新理论系统仍然带有这种特征,仍然"背离文本话语","消解文学指征",具有"前在立场和模式"、张扬主观意图等特征,在某种意义上这是很难根除的。因为正如张江所深刻提出的,文学是人文学科,"文学创作是作家独立的主观精神活动,作家的思想和情感支配着文本。作家的思想是活跃的,作家的情感在不断变化,在文本人物和事件的演进中,作家的意识引导起决定性作用,文学的创作价值也恰恰聚合于此。而作家的意识、情感不能被恒定地规范,由此,文本的结构、语言,叙事的方式和变幻同样不能用公式和模板去挤压和校正"②。文学的非理性化特征使得文学始终在规范与超越规范之间发生激烈的撞击。这意味着文学批评与理论始终是具有主观创造性的,理论在主观性

---

① 张江:《强制阐释论》,《文学评论》2014年第6期。
② 张江:《强制阐释论》,《文学评论》2014年第6期。

的基础上向客观性推进,但这种客观性不是科学意义的客观性,而是具有主体间性的客观性,也就是交往共识的形成。进一步审视,理论始终无法回顾文学本身,回顾文学实践本身,因为理论始终是抽象的话语体系,而文学经验与实践则是感性的活动,这两者始终存在着理论普遍性与经验活动特殊性的张力,存在着语词概念与审美经验的错位。这些张力使得强制阐释不可避免,理论判断与文学批评的错误不可摆脱。阿多诺、赫勒、费赫尔等对现代美学学科话语的洞见可以作为参考。阿多诺尖锐地批判了传统美学即哲学美学,认识到美学的过时,"哲学美学曾经面临乏味的抉择,它或者追随微不足道的一般概念或共相,或者基于约定俗成的抽象结果对艺术作出独断的陈述",因此它"抓住一般普遍性(generalities)不放,可这些原则对具体的艺术作品既不适合,而且还固定在本身要死的不朽价值之上"。[①] 赫勒与费赫尔认为,现代重要的美学都是一种历史学的学科,具有史学精神,各种艺术的审美价值最终将取决于哲学体系,因此"真正充满历史学精神的美学是足够傲慢的,就是说,仅通过创立一个历史时期的等级,它就足够地确信其创造一个艺术等级和艺术分支的普遍排列原则的价值"[②]。阿多诺所说的"独断的陈述"、赫勒与费赫尔所言及的"傲慢",无疑是强制阐释的典型表现。

总之,强制阐释论的提出重新确立了中国学者面对西方文论的批判态度,提出了中国文学理论建设的新理论形态,是值得关注并进一步推进的。它在全球化的语境中具有确定坐标的意义,在世界文论话语中显示出了中国的声音,在某种程度上标示了中国文学理论发展的新方向。不过也面临着新的困境,如何突破强制阐释,还需要进行深入的多维度的探究。

(《学术研究》2016年第3期)

[①] 〔德〕阿多诺著,王柯平译:《美学理论》,四川人民出版社1998年版,第559页。
[②] Ferenc Fehér and Agnes Heller, "The Necessity and the Irreformability of Aesthetics", in *The Philosophical Forum*, Vol. 7, No. 1(1977), pp. 1-21.

当代西方文论作为一种知识还是一种理论

丁国旗[*]

近几年，理论界对于当代西方文论的反思多了起来，尤其是张江《强制阐释论》的发表，更是将这种反思或批判推到了理论讨论的前沿上来。究竟该如何看待当代西方文论及其理论方法在我国文艺评论中的实践价值，以及它对我国未来文论话语体系建构将起到的作用，这些都是理论界迫切需要回答的问题。本文以"当代西方文论作为一种知识还是一种理论"为题，对这一问题谈些自己的看法。当然，在论述之前，必须先要说明一点，以免造成不必要的误解。当代西方文论是知识还是理论？倘若站在西方的学术立场上，这根本就不是问题，因为它就是理论。然而，倘若站在中国学术的本土立场上看，问题似乎就没有这么简单。

一、当代西方文论的引入及其后果

当代西方文论是针对当代西方文学思潮与文艺实践的理论，20世纪70年代以来，当代西方文论之所以会被大量地译介进来，并在我国形成狂热追捧与研究的局面，与长期以来我们对于外来文化的认识以及新中国成立后我

---

[*] 作者简介　丁国旗，中国社会科学院文学研究所研究员。

国文艺理论的曲折发展是分不开的,笔者曾在《对引入和接受当代西方文论的理论反思》一文对此做过较为详细的分析。在该文中,笔者将新时期之后大规模引进西方当代文论的原因归结为以下几点:"这是中国百年来遭受曲折屈辱,文化长期处于弱势,试图走出自身文化低谷的必然选择",是"文革"之后"中国学者摆脱我国原有文艺理论单一僵化模式的热情使然","如果说 80 年代我们对西方当代文论的引介研究是我国理论界的一次理论自觉,那么 90 年代以后直至今天,西方当代文论仍然能够持续得到学界的关注则主要是基于全球化时代的到来以及文化消费主义的积极推进"。[①]

鸦片战争之后一百多年的时间里,频繁的战乱与外敌的入侵,使中国的政治、经济与文化,尤其是中国人的文化自觉与自信力,都遭到了极大的摧残与打击。虽然经历了新文化运动以及中国共产党人在新民主主义革命时期与社会主义建设时期对于中华文化建设的重视与投入,然而中国人的文化自信、文化创造却一直没有得到很好的恢复。这不仅表现在新文化运动中对传统文化精神的摒弃与否定,而且也表现在新中国成立后尤其是"文革"时期对外来文化的一概拒绝和排斥。对传统文化精神的摒弃与否定,让我们看到了西方文化在中国社会现代化进程中所起到的巨大作用,而对外来文化的一概拒绝与排斥,则无疑引发了新时期之初对西方文化的又一次热情的拥抱与学习。到 90 年代之后,电信互联网技术的迅猛发展,将世界上的各个角落都连在了一起,依靠技术上的优势,西方文化再次得以强势推进,迅速将我们引向全球文化一体化的进程之中。模仿与学习西方成为许多人的人生追求。正是在这种多重原因的裹挟下,当代西方文论也就乘兴而入,引发了研究与讨论的热潮。

过去讲"师夷长技以制夷"(魏源《海国图志》),现在我们不说"制夷"了,讲和平,但费了很大工夫将西方的东西引进来,至少还是希望它能

[①] 丁国旗:《对引入和接受当代西方文论的理论反思》,《湖北大学学报(哲学社会科学版)》2015 年第 1 期。

够"为我所用"的。新时期之初，大量西方文论的引入，其初衷恐怕也是为了解决我们自己存在的文艺痼疾与问题，事实上当时西方文论也确实为我们走出过去极左文艺思潮的阴霾提供了思想武器。然而，西方文论后来的发展却出乎人们的意料，今天在学术界，除了现代后现代、新批评、心理分析、原型理论、结构主义、解构主义、语言学、叙事学、符号学、女性主义、后殖民、文化理论等等这些西方当代文艺理论外，似乎大家不知有他物。如果有谁能对当代西方文论各家各派如数家珍，侃侃而谈，那他就一定会赢得学界的普遍尊重；如果有谁对当代西方文论一无所知，或者表示出不屑，那他就一定会首先遭到不屑与质疑。退一步讲就是，懂西方的不一定有学问，但不懂西方的肯定没有学问。不仅如此，来自西方的当代文论或分析方法，很多都被直接用于解读或评析我们自己的文学作品，甚至还带动了不少作家在创作上做出新的尝试。然而，当代西方文论的引入，为人所诟病的恰恰也正是这一些。它所造成的理论界的乱象就是疯狂引介，一知半解，几乎全是夹生饭；而批评界的乱象则在于随意套用，佶屈聱牙，硬性解读中国作品。张江在2014年发表的《强调阐释论》一文中提出了"强制阐释是当代西方文论的基本特征和根本缺陷之一"[①]这一观点，这里我们姑且不论当代西方文论存在的对于作品文本的强制阐释这一问题，单就"强制阐释"这一术语本身，倘若用在中国学者以当代西方文论对中国作品进行批评分析与理论解读上，恐怕也是非常合适的。

  文学作品都有其本土创作的特性。作品的构成一般来说主要包含两个方面：一是文化性，二是文学性。文化性就是作品的本土特性，这一特性意味着只有本地域的人才能真正理解作品的全部内容，理解作品所表达的情感与观点。本土特性表现为作品的地域风格或民族风格，是一个地域或民族长期的历史积累所形成的，对于外部地域或其他民族而言，本土特性具有难以交流与理解的一面。文学性则主要指作品的艺术特性，文学与绘画、美术、音

---

① 张江：《强制阐释论》，《文学评论》2014年第6期。

乐等以线条、符号为主的艺术门类不同，其以语言为本的特征，使它较之这些艺术门类而言，更难为不操持这一语言的人所接受或领悟。人们常常可以在没有任何绘画知识的前提下，去欣赏另一个民族的绘画，但一个有着语言隔阂的人，却根本无法明白一部用他国语言写成的文学作品。语言不仅表现出很强的本土特性，而且在表达与艺术创作方法上也要受到文化特性的制约，而这一点对于没有多种语言优势的中国理论家而言，尤其表现明显。

这样来推断的话，我们的理论家用西方的文艺理论来分析中国的作品，可能出现的结果就会是两种：第一种是让人觉得非常奇妙，因为是用从未用过的方法和理论，便常常会得出意想不到的结论，让人觉得"曲尽其妙"，耳目一新；第二种是莫名其妙，因为是强制阐释，所以胡乱联系，随性发挥，让人摸不着头脑。今天我们常常看到或听到，许多过去的中国古代经典作品、经典结论，用这些当代西方文论解析之后，所得出的结论常常与原来的认识大相径庭，相去甚远，有些简直就是重新改写或彻底颠覆，基本上都属于这两种结果。这方面的例子有很多，这里仅举一例予以说明。中国学者以女性主义理论视角、精神分析的研究方法完成的著作《浮出历史地表——现代妇女文学研究》一书，在提到中国古代文学创作上的"拟女作"① 现象时，将其看成是男性作者在"被阉割的心态下"的女性自喻，认为作品中的女性形象"不过是装填了他们'阴属'情感的载体而已"。② 如此的见解，显然是受到西方当代文论中的性别与女性主义理论，尤其是精神分析理论的深刻影响，这一点在该书"绪论"中也没有讳言。然而，这一见解也着实让人感到费解与莫名其妙。如果按照这种思考逻辑，莫非京剧大师梅兰方的旦角表演也是在某种"被阉割的心态下"的女性自喻的结果不成？如

---

① "拟女作"即"拟女性写作"，是指写作者本身是男性，却假借女性的身份或口吻进行创作。这样的作品在我国古典文学创作中比较常见，具有特别的审美内涵。如曹植的《美女篇》晚唐五代花间词人《花间集》中的一些诗篇等。"拟女"创作在传统地方戏曲等其他艺术形式中也非常多见。

② 孟悦、戴锦华：《浮出历史地表——现代妇女文学研究》"绪论"，中国人民大学出版社2004年版，第18页。

果说外国学者用当代西方文论解评中国作品闹出笑话还情有可原，中国学者在自己的著作中这样看待中国文学特有的"拟女作"现象，却是让人不可理解了。由此可以看出，一方面，当代西方文论对于解读中国文学作品存在许多局限与不足，不能强拉硬套；另一方面，倘若不顾中西文学的差异以及本国文学艺术发展所具有的独特传统与艺术魅力，而将当代西方文论视作放之四海而皆准的理论，随意裁断中国作品，得出错误的结论不说，对学者自己的声誉或是学术研究的科学性，恐怕是都没有什么好处的。

二、当代西方文论引入的背景与原因

既然当代西方文论引入的后果似乎并不是很好，那么为什么我们还要引入与学习西方文论呢？其实，任何对于外来文化（与技术）的引入应该都有一个共同的目的，那就是学习别人，跟上别人，最终壮大自己。从各民族文化交流过程的主流来看，总是文化相对落后的民族向相对先进的民族学习，尤里·洛特曼提出的不同民族文化之间的互动理论非常清楚地说明了这一点①，而歌德当年提出"世界文学"这一概念的目的在于发展德国的"民族文学"，也证明了这一点。②从洛特曼文化互动理论和歌德发展民族文学

---

① 在洛特曼看来，一个民族的文化发展的基本进程是：首先是民族文化接收外来文化，这种接收渐渐地达到饱和状态，从而掌握了语言并改写了文本；然后是民族文化从消极吸收外来文化的状态转变为积极产生新的文化文本的状态，并以这些新文本影响其他文本或结构，由此产生了不断发展的多样的文化系统。从接受方的角度来看，接受过程大体可以分为五个阶段：（1）外来文本以"他人语言"的形式为人们所接受，即保留"他者"的面貌；（2）被引入的文化文本与之前存在的接受方文化文本互相改变；（3）强调某一思想内容真正的民族属性和民族价值；（4）外来文本完全融入接受方的文化中，并进入激发状态，开始产生大量新的文本；（5）接受方文化转向文化传播者的立场，向外发送文本。参见陈戈《论洛特曼的文化互动理论》（《解放军外国语学院学报》2007年第7期）一文中的相关论述。
② 歌德提出"世界文学"的原因是复杂的，但有一点是可以肯定的，这就是他希望通过汲取其他民族文学的精华来更好地发展德国的民族文学，使德国民族文学不至于在世界文坛陷入狭隘的圈子。"世界文学的时代已快来临了"，他希望德国人在其中可以扮演光荣的角色。参见丁国旗：《祈向"本原"——对歌德"世界文学"的一种解读》，《文学评论》2010年第4期。

的思想中，我们可以看到媒介专家保罗·莱文森所提出的媒介发展的"补偿原则"的影子。保罗·莱文森是在对媒介发展的研究中提出这一理论的，他说："我们选择的工具是：媒介如何延伸我们交流的范围和能力，却又不扰乱我们从生物学角度的企盼。"①在他看来，人类技术的开发总是越来越人性化，而人们选择的任何一种后继的媒介，又都是一种补救性措施，都是对过去的某一媒介或媒介的某一种先天不足的功能的补救与补偿。媒介进化是为了在不断变化的环境中增加人们信息交换的机率与质量，任何新媒体的出现都在一定程度上解决了人类信息交换中原有媒介的不足与局限，同时也是对人类自身某种需要的一种新的补偿。我们也可以简单地将此理解为需求决定生产，落后期盼进步，即所谓"穷则思变"，这正是人类社会能够不断走向文明与进步的原因。学习别人也是壮大自己的方式，是对自我能力的提高与补偿。新时期之后，对当代西方文论的大量引介，从某种程度上讲，也是这种补偿作用的结果。

新时期之初，刚刚从极左文艺路线中走出的文艺理论界所希望看到的，必将是与过去机械、单一、僵化的理论话语与思维模式完全不同的新的理论话语与思维模式，因此，在经过不长时间的对机械反映论、阶级分析的"高大全"模式等极左文艺的反思与批判之后，来自西方文艺理论的清新空气，也就激活与激动着所有人麻木的神经。当代西方文论的观念与方法及其对作品分析的极强的可操作性与文本阐释力，让所有的文艺工作者耳目一新，看到了西方理论的巨大魅力，就像饥饿的人扑向了面包，理论界赴向了当代西方文论。"理论狂欢，众声喧哗"，这是许多著作对当时我国理论界所处状况的描述与总结性评价。当然，这种"理论狂欢，众声喧哗"在当时不仅指理论界对西方理论的学习与引介，也包括在刚刚引介学习了一些西方当代理论之后，学者们富有雄心的理论创新与创造。如刘再复提出的"文学主体性"

---

① 〔美〕保罗·莱文森著，何道宽译：《手机：挡不住的呼唤》，中国人民大学出版社2004年版，第129页。

理论、孙绍振提出的文学"价值论"、钱中文等提出的"审美意识形态论"、姚文放等对"中介论"的探讨、何国瑞等对"生产论"的研究、王振武等对"选择论"的探讨、郁沅等对"感应论"的研究，其他还有"创造论""物化论"的提出，等等，这些都是当时理论界难得的成绩与收获。"理论狂欢，众声喧哗"促成了20世纪80年代我国文艺理论、美学发展的百花齐放、百家争鸣。

20世纪80年代的学术盛景与当代西方文论的引介有着直接的关联，但很显然，对西方当代文论的译介与学习只是推动这种盛景产生的一个原因，而不是唯一原因。引介与学习最终还是为了建立或构建、提出或试图提出属于我们自己的学术观点，在那一代学人的心中，西方的理论并没有好到无以复加、让人顶礼膜拜的地步，对于西方的引介以及新的理论的提出，都是为了找到能够解决中国问题的理论武器。然而，不知从何时起，这种正常的对于西方的引介与学习却发生了错位，变成了"一边倒"的"全盘西化"的局面。在很多人的心目中，西方文论被神圣化了，被当成了"万能药"，他们只认西方文论，只有西方文论。有人曾用"香蕉人"①来指代那些已丧失中国文化价值的中国人——"黄皮白心"，对于中国的文学理论而言，"黄皮白心"用在这些人身上也是再贴切不过了。我曾在一次全国博士生论坛的会上，听到一位学者批评这种文论界的"黄皮白心"现象是"中国人的身体里流着西方的血，身体是我们的，骨骼是我们的，血液却是西方的"。

我们不是狭隘的民族主义者，我们并不反对西方，而是反对不顾现实实际，凡事只有西方，只认西方，对西方盲目崇拜这一现象。今天在我国文论研究领域，很多人只有西方话语，只会西方话语，并以此为荣，完全扭曲了我们学习西方的初衷。

---

① 泛指海外华人移民的第二代、第三代子女。他们虽然也是黑发黄皮，但不识中文，说一口地道的美国英语。他们自小就受美国文化、美国教育的熏陶，其思维方式、价值观也是完全美国化的。这其中，"黄皮其外、白瓤其内""黄皮白心""夹缝中的人""中文盲""边缘化"是描述"香蕉人"时使用频率最多的词汇。

三、对待当代西方文论的正确思路

那么,到底该怎样对待西方文论呢?这里我想非常明确地提出自己的观点:在中国,西方文论只能作为一种知识,而不能作为一种理论。为什么当代西方文论在中国不能作为一种理论,我在《对引入和接受当代西方文论的理论反思》一文的第一部分"当代西方文论引入的倒错与水土不服"中已经谈到了很多,读者可以参看,这里不再赘述。① 那么当代西方文论作为一种知识,又是什么意思呢?我觉得意思有三。第一,任何外来文化对于本土文化而言,它首先都是作为一种知识而存在,被本土民族引介或学习,借此提升发展自己。当代西方文论作为一种外来文化,对于中国而言,它必然首先也应该是一种知识性的存在。第二,当代西方文论作为一种针对当代西方文艺与社会实践的理论,它对西方的文学作品、文化现象、文艺实践具有阐释力,而随着中西交往的增多增强,尤其是大量西方文学、文化产品的引入,我们也需要将他们的理论一并引介进来,以帮助我们更好地理解这些引进来的文学作品与文化产品。从这一角度来看,这些被我们引进来的理论仍然是以知识形态而存在的,并不与我们的文学作品发生关系。第三,当代西方文论作为一种解决西方文艺问题的理论,它的引介还有一种功用,这就是可以给我们带来启发,开阔我们的视野,提高我们的理论修养,提升我们的思维水平。也就是说,这些外来的理论对我们而言,仍然是"他者",是一种知识营养,而不是我们自身的一部分。

因此,任何外来理论如果不与本土文化相融合,就会是一种无用武之地的理论,就是本本上的理论,就还只是一种知识。如果真要将这种理论当作理论用于实践,恰如本文前面所提到的,就会闹出不少笑话来。因此,当代

---

① 丁国旗:《对引入和接受当代西方文论的理论反思》,《湖北大学学报(哲学社会科学版)》2015年第1期。

西方文论成为理论的前提就在于，它必须面对中国的文艺传统与文艺实践，并在与中国的社会、文化、人性等的碰撞中，消解自我，然后经过一次涅槃式的重生与融合，从而获得对中国文艺问题的阐释力和理解力。而在达到这一目标之前，它就只能是一种知识，而不能作为一种理论——一种指导中国文艺实践的理论。但这里必须指出，在笔者看来，这个过程并不能叫作西方文论的"中国化"。马克思主义可以中国化，而西方文论不是马克思主义理论，实际上它是很难中国化的。这其中的道理在于：马克思主义是对人类社会共同规律的研究，因而可以作为一种普遍规律而与各民族的具体国情相结合，而西方文论则是对西方文艺特殊规律的研究，它源于西方文艺及其文化、哲学、美学的理论传统，虽然文艺是人类的共同财产，但对不同文艺创作规律的提炼对于不同的民族而言却是不一样的。因此，当代西方文论要想从知识形态向理论形态转换，就必须经过"涅槃"的过程。但经过"涅槃"之后的西方文论，其实也已不能再称为西方文论了，因为它实际上已经丧失了作为西方文论的主体性与独立性了，"涅槃"使其发生了质变。这一点，洛特曼的文化互动理论可以非常清楚地解释之所以如此的原因。从逻辑上看，西方文论倘若不发生质变就可以作为一种理论指导中国的文艺实践，解析中国的文艺作品，只有在两种情况下才是可能的：一是中国文化基因的整体变异，即中国变成了西方；二是西方思想彻底征服了中国，即西方文化理论的殖民性强制推进。而从现实来看，这两种情况都是不可能的。这样，在经过本土化融合的质变之前，西方当代文论就只能是一种知识性存在，而不能成为指导或诠释文艺作品的理论。

  以上所论，似乎把当代西方文论在中国的理论存在推上了绝路，其实并非这样。实际的情形或许远没有本文所论这么简单。让当代西方文论回到一种知识性存在，而不是作为一种理论性存在，是笔者撰写本文的主要目的。在今天西方当代文论极其强势的语境中，拥有这样的认识与立场是十分必要的。这种认识将会使学界避免很多理论上错用与误读，不再闹出什么胡乱阐释作品的笑话。而更为重要的是，在中西文化交流空前繁荣的今天，时刻警惕并看清摆在我们面前的外来文化的真正价值与作用，不仅是对外来文化的尊重，同时也是给中华文化艺术留下更多生存与研究的空间，是对我们自身文化历史的真正尊重。最后，我还想再次强调：西方文论当然是一种理论，但对于中国而言，它却只能是发展我们自己理论的学术资源，是一种知识性存在。在中国，当代西方文论也只有作为一种发展我们自己理论的学术资源，它的合法性才能得到充分的肯定与彰显，它的生命力也才能够长久不衰。因为在笔者看来，构建中国特色社会主义文论话语体系的资源至少有四个方面：中国古代文论、西方文论、马克思主义文论，以及自"五四"以来所形成的中国现代文艺理论。或许当中国特色社会主义文论话语的完整体系形成的时候，西方文论也就彻底实现了它在中国由知识向理论的实际转型。因为到那时，它才与中国古代文论、中国现代文论与马克思主义文论一起，彼此交融，成为中国当代文论话语体系中不可或缺的重要内容，永远长存。

（《学术研究》2016 年第 4 期）

主观预设与强制阐释

李艳丰*

20世纪以来，中国文论话语的衍生与建构，始终同西方文论处于龃龉纠缠的状态。王国维援引西方生命美学的范畴，化入"境界"论，以叔本华、尼采的"悲剧论"阐释《红楼梦》，创立"以西释中"的文论阐释模式。陈寅恪曾言王国维诗学研究的路径是"取外来之观念与固有之材料互相参证"①。1927年陈钟凡出版《中国文学批评史》，采用"以远西学说，持较诸夏"的方法。②杨鸿烈撰写《中国诗学大纲》时，曾言及自己的研究是"把中国各时代所有论诗的文章，用严密的科学方法归纳排比起来，并援引欧美诗学家研究所得的一般诗学原理来解决中国诗里的许多困难问题"③。这种以西方文学理论为参照系，进而通过比较、借鉴来发展中国文论的思路，成为当时文论界的普遍共识。正可谓"他山之石，可以攻玉"，"别求新声于异邦"，在满怀自卑、焦灼与苦闷的现代知识分子看来，无疑是最明智的选择。然而，正是在这种"艳羡现代性"的召唤下，中国文论知识界日渐陷入"唯西学马首是瞻"的文化激进主义漩涡之中。西方文论对中国文论的强势

---

* **作者简介** 李艳丰，华南师范大学文学院副教授、山东大学文学与新闻传播学院博士后。
① 陈寅恪：《王静安先生遗书序》，《金明馆丛稿二编》，上海古籍出版社1982年版，第219页。
② 陈钟凡：《中国文学批评史》，中华书局1927年版，第6页。
③ 杨鸿烈：《中国诗学大纲》，商务印书馆1933年版，第1页。

介入，中国文论界对西方文论的错乱嫁接、缺少批判的理论移植，最终造成中国文论话语主体精神与民族意识的丧失。面对西方文论话语霸权对中国文论的阉割与去势，中国文论学者开始感受到从未有过的压抑，这种压抑最终在20世纪90年代爆发为文论界的一次群体性思想事件——"失语症"大讨论。此次讨论，虽然主要批判的是"以西释中""以中就西"等理论范式所导致的本土文论，特别是传统文论的困境，而非直接对西方文论发难，但作为一个理论节点，"失语症"大讨论可以说从此揭开了中国学者主动反思、批判西方文论的序幕。其后，曹顺庆、陆贵山、朱立元、孙绍振、张江等，均撰文指陈西方文论的弊端与局限，尤以张江的强制阐释论影响最大。2014年，张江在《中国社会科学》撰文批判西方文论"脱离文学实践""偏执与极端""僵化和教条"的理论缺陷，提出在深入反思西方文论的前提之下，重建具有本体性与民族性特征的中国文论话语形态。[①] 其后又在《文学评论》发表题为《强制阐释论》的长文，明确指出西方文论的基本特征和根本缺陷是强制阐释，并从"场外征用""主观预设""非逻辑证明""混乱的认识路径"等四个方面具体分析了强制阐释的理论征候，认为主观预设是强制阐释的核心命题，强制阐释就是主观预设的批评。强制阐释论的提出，反映出中国学者开始立足本土性与民族性的理论立场，批判性审思西方文论话语的合法性问题。高楠认为，强制阐释论"标记着中国文论界终于迈入了赋予批判精神、以自身为主体的能动接受期，也可以说，这是中国文学理论对西方理论的接受具有逆转意义的重要理论事件"[②]。本文以张江在强制阐释论中提出的主观预设问题为理论基点，通过对这一概念的分析，考察强制阐释论所涵摄的文学批评话语的合法化逻辑，并在此基础上反思中国文学批评理论话语的建构路径。

---

① 张江：《当代西方文论若干问题辨识——兼及中国文论重建》，《中国社会科学》2014年第5期。
② 高楠：《理论的批判机制与西方理论强制阐释的病源性探视》，《文学评论》2015年第3期。

一、主观预设的批评：理论内涵与话语征候

张江认为，强制阐释是西方文论的核心缺陷，"'强制阐释'作为一个支点性概念，能够比较集中地概括当代西方文论的主要缺陷和问题，更好地把握其总体特征"①。所谓强制阐释，就是"背离文本话语，消解文学指征，以前在立场和模式，对文本和文学作符合论者主观意图和结论的阐释"②。强制阐释有四个特征。第一，场外征用。广泛征用文学领域之外的其他学科理论，将之强制移植文论场内，抹杀文学理论及批评的本体特征，导引文论偏离文学。第二，主观预设。无视文本原生含义，强制裁定文本意义和价值。第三，非逻辑证明。一些论争和推理违背基本逻辑规则，有的甚至是逻辑谬误，所得结论失去依据。第四，混乱的认识路径。理论构建和批评不是从实践出发，从文本的具体分析出发，而是从既定理论出发，从主观结论出发，颠倒了认识和实践的关系。结合强制阐释的定义及其四个特征，可以看出，"主观"是强制阐释的核心命题，强制阐释就是滥用主观，阐释主体从主观的前置立场出发，或将文学视为佐证理论前见的工具性符码，或对文本无限衍义，最终导致文论话语偏离文学。张江在《强制阐释的主观预设问题》一文中对主观预设有全面深入的分析。首先，进一步界定主观预设的内涵："主观预设是强制阐释的核心因素和方法。它是指批评者的主观意向在前，预定明确立场，强制裁定文本的意义和价值。主观预设的批评，是从现成理论出发的批评，前定模式，前定结论，文本以至文学的实践沦为证明理论的材料，批评变成对文本和文学作符合理论目的的注脚。"③其次，批判主观预设的若干弊端：一是前置立场，二是前置模式，三是前置结论。再次，

---

① 张江：《关于"强制阐释"的概念解说——致朱立元、王宁、周宪先生》，《文艺研究》2015年第1期。
② 张江：《强制阐释论》，《文学评论》2014年第6期。
③ 张江：《强制阐释的主观预设问题》，《学术研究》2015年第4期。

分析了主观预设批评模式形成的主要原因：一是场外征用的思维惯性，二是理论的过度膨胀与滥用。最后，张江指出："主观预设已经成为一个多世纪以来文艺批评实践的稳定套路、固化模式，也成为众多批评家操练中常见的思维方式。并且，随着西方文论被引入到国内，这种主观预设的问题在国内批评界也已经司空见惯。"① 张江深刻洞察到主观预设这一思维模式与批评范式的危害，警示文论界对其展开批判性反思，在消除主观预设之理论谬误的同时，理性构建与时俱进的本体论批评话语。

张江认为主观预设的批评就是阐释者征用场外理论，介入文学文本，是主观先行的批评，批评的目的是证明理论。那么，究竟怎样理解文学批评同理论的关系，文学阐释是否就不需要理论？反对主观预设是否意味着反对一切主观前见，比如解释学所说的"前理解""视界"以及接受美学所说的"期待视野""批评前经验"呢？对这两个问题，张江有明确解释。他认为，批判主观预设，就是反对阐释者抛却文学文本，从前置理论出发，将文学文本视为佐证理论的工具。"理论本身具有先导意义，但如果预设立场，并将立场强加于文本，衍生出文本本来没有的内容，理论将失去自身的科学性和正当性。"② 但这并不是说文学批评就不需要理论，相反，文学批评必须以科学的理论作为世界观与方法论，用辩证唯物主义与历史唯物主义的理论来指导文学批评实践。文学批评要正确借鉴理论，阐释者在运用理论时，须考虑批评理论与文学对象的黏合，即理论与文本的适合性问题。当代文学批评对跨文化、跨学科方法的借鉴，也使得有限度地征用理论成为文学研究的趋势，如李春青所言："有些来自西方的哲学、社会学、心理学等领域的理论与方法，在被引进我们的文学研究时，它所引发的可能不是关于文学文本本身的艺术魅力与审美特性的讨论，而是对文学文本蕴含的意识形态、身份政治、政治无意识以及其他文化意蕴的揭示，其结论并非预先包含在理论与方法中，而是对文本进行跨学科的综合性研究之后得出的合乎逻辑的判断。对

---

① 张江：《强制阐释的主观预设问题》，《学术研究》2015 年第 4 期。
② 张江：《强制阐释论》，《文学评论》2014 年第 6 期。

此类研究，也不能简单地将之归入'强制阐释'之列。"①

张江虽然批判主观预设、场外征用与前置立场，但并不否认阐释者的主观前见、经验背景与前在的文化心理结构，它们是文学批评实践得以展开的前提，没有这些前提，文学批评是不可能发生的。"与伽达默尔的前见不同，强制阐释的立场目标是清晰的，不是前见的'模糊'混沌。前见是无意识地发挥作用，立场是自觉主动地展开自身。至于期待视域，更多地是指读者的审美期望，而非批评家的理论判断。"②可见，张江试图将强制阐释的"立场"同伽达默尔所谓的"前理解"区分开来，这也意味着他对解释学的"前理解"，接受美学的"期待视野"以及"批评前经验"的认同。文学批评在关注阐释者主观前见、经验背景的同时，也要对文学文本有正确认识。文本并不是单纯的语言事实，而是如穆卡洛夫斯基所言，是一个美学客体："模式是作品提供的由材料构成的意义符号，美学客体是读者的集体意识中与模式关联的意义。结构固定不变的模式当然是读者必须创造的意义的本源，是所有接受者将作品具体化的出发点。但是，我们又不能将整个作品仅仅归结为模式。由于美学客体的结构是在不断变化着的美学标准系统的背景上被具体化的，因此它也终将游移不定。"③这也就意味着，文学批评应该同时关注本文结构模式与读者审美经验。张江提倡本体阐释，意在匡正西方文论过于强调读者主观衍义的理论偏执，呼吁文学研究回到文本与作者的本位立场。"文本的自在含义有限，不能对文本的有限意义作无限阐释。文本作为作者的创造，作者的主观意图即表达同样有限，不能对有限意图和表达作无限发挥。把批评者的意图无端加给文本，对文本做自在含义以外的非文学阐释，超越文学阐释的边界。"④可见，张江真正反对的是那种过分强调理论立场，

---

① 李春青：《"强制阐释"与理论的"有限合理性"》，《文学评论》2015 年第 3 期。
② 张江：《强制阐释论》，《文学评论》2014 年第 6 期。
③ 刘小枫选编：《接受美学译文集》，生活·读书·新知三联书店 1986 年版，第 222 页。
④ 张江、毛莉：《由"强制阐释"到"本体阐释"——访中国社会科学院副院长张江教授》，《中国社会科学报》2014 年 6 月 16 日，第 4 版。

夸大主观衍义，忽略文本客体与作者本意的强制阐释、过度阐释。

张江对主观预设、理论前置与无限衍义的批评，其实呼应了西方学界的两种批评动向。一是抵抗理论与反理论。布鲁姆、桑塔格、德曼、艾柯、卡勒等人，都反对理论对文学的过度阐释。布鲁姆将女性主义批评、新马克思主义批评、新历史主义与解构主义等命名为"憎恨学派"，足见其对这些批评理论的反对与批判态度。桑塔格在《反对阐释》中对流行的批评理论展开攻击，她认为，这些批评理论侵占艺术作品的地位，玷污艺术的形式，是一种极其枯燥的智力活动，理论阐释只能使艺术限于贫瘠。鉴于此，桑塔格提出以艺术的色情学取代阐释学。德曼认为："今天的文学理论，是更大的哲学思辨的副产品。"[①] 艾柯所谓的"具有独特的学术传统与思维方式的欧洲大陆哲学体系与重在对文学作品进行精细的批评性解读、分析与欣赏的盎格鲁—撒克逊传统发生了激烈的'碰撞'"，其实说的也是文学理论的抽象化发展，"在英美大学中从事文学教学与研究的学者们却对传播由这些哲学传统所引发出来的文学观念充满了热情，其结果是使得关于文学研究之性质与目的的论争不断升温，越来越乱，到现在已成聚讼纷纭、争持难下之势"[②]。卡勒认为，理论是"一种具有超出某一原始学科的作用的话语"，"是一套包罗万象的文集大全"，"理论的不可控制性是人们抵制理论的一个主要原因"[③]。这些学者看到了西方文论的理论化趋向，提出在感性审美、回归文本的基础之上重构文论话语形态。张江也认为，产生主观预设的一个很重要的原因，就是"理论的过度膨胀"，"在理论和文本的天平之上，理论的分量越来越重，人们对理论的热情、对理论的期待和重视程度越来越高，相反，文本倒成了配角，不但丧失了理论诞生源头的地位，在功能上也沦为理论的佐

---

① 〔美〕保罗·德曼著，李自修译：《解构之图》，中国社会科学出版社1998年版，第99页。
② 〔意〕艾柯等著，王宇根译：《诠释与过度诠释》，生活·读书·新知三联书店1997年版，第6—9页。
③ 〔美〕乔纳森·卡勒著，李平译：《文学理论入门》，译林出版社2013年版，第17页。

证和注脚"。①二是回归本文意图,倡导保卫作者。西方解释学发展到伽达默尔与费什的读者反应批评,出现了过分强调读者,悬隔文本原初含义与作者本位的理论迹象。伽达默尔在批判施莱尔马赫时就曾指出,重建文本原初含义是不可能的,"对一部流传下来的作品借以实现其原本规定的诸种条件的重建,对理解来说,无疑是一种根本性的辅助工程","鉴于我们存在的历史性,对原来条件的重建乃是一项无效的工作"。②赫施认为,伽达默尔正确地揭示了理解的历史性,却错误地否定了本文作者的存在,"伽达默尔对正确性问题并不怎么感兴趣,他所探讨的是另一个问题,即理解的历史性如何影响了解释的实现"。③否定本文作者的原意,无异于否定共同价值判断的可能性。赫施据此提出"保卫作者"的口号,要求重建作者的权威。艾柯虽然并不反对主观阐释与诠释者意图,但提出要为主观设定限制,要重视本文意图,过于强调本文意义的不确定性,无限衍义,只能导致批评的混乱。张江之所以批判强制阐释与主观预设,其目的也同赫施、艾柯等人一样,意在从学理上探求文学批评的科学性,重塑真正的批评话语、批评精神与批评伦理。

二、反思主观预设:文论话语背后的知识与权力逻辑

张江认为西方文论罹患了强制阐释的病症,根本病因乃是主观预设,这其实宣告了西方文论话语的"合法化"危机。曾被我们视为理所当然的西方文论常识,或正在被我们借鉴、操演的西方文论话语,却一直在以一种"非法"的方式侵入文学领地,蚕食文学,将文学带往别处。这一振聋发聩的批评之音,打破了话语的定势、研究的习俗、固化的套路等,给文论界注入了

---

① 张江:《强制阐释的主观预设问题》,《学术研究》2015年第4期。
② 〔德〕汉斯-格奥尔格·伽达默尔著,洪汉鼎译:《真理与方法》(上卷),上海译文出版社1999年版,第219页。
③ 〔美〕赫施著,王才勇译:《解释的有效性》,生活·读书·新知三联书店1991年版,第176页。

"陌生化"的思想元素。有学者认为，张江是有意地在中西文论话语之间制造断裂。本文认为，这种说法未能真正领悟强制阐释论话语背后的知识与权力逻辑。张江对西方文论的批评，首先是建立在学理研究基础之上的，其批评话语背后，既有对西方文论话语鞭辟入里的反思与批判，又有旗帜鲜明的批评观念、批评伦理与批评价值。当然，正如福柯所言，话语即权力，"话语承载着和生产着权力；它加强权力，又损害权力，揭示权力，又削弱和阻碍权力"[1]。萨义德认为，"知识带来权力，更多的权力要求更多的知识，于是在知识信息与权力控制之间形成了一种良性循环"[2]。知识与话语不可能以绝对真理的名义出场，其背后总是有特定的文化权力与意识形态想象。阿尔都塞在《保卫马克思》一书中曾试图将理论与意识形态作绝对区隔，认为理论是科学的真理，意识形态与权力相关。后来，阿尔都塞意识到，把科学（理论）与意识形态思辨地对立起来是犯了"理论主义"的错误。这也告诉我们，对于一种理论话语，需要从知识生产的真理与权力的双重维度展开分析。唯有如此，才能厘清话语背后的知识与权力逻辑。那么，张江的批评话语中究竟涵摄着怎样的批评观念、批评价值与批评立场，其话语踪迹中又弥散着怎样的权力观与意识形态诉求？

张江对西方文论的批评，彰显出一种理论求真的精神，其主要表现在如下几个方面。首先是方法论的科学性。张江认为，任何理论研究，都要从具体实践出发，要遵循认识论的科学路径，不能颠倒理论与实践的关系。马克思就曾指出："社会生活在本质上是实践的。凡是把理论导致神秘主义的神秘东西，都能在人的实践中以及对这个实践的理解中得到合理的解决。"[3] 西方文论的最大问题，就是理论和实践处于倒置状态。文学理论与批评不从

---

[1] 〔法〕米歇尔·福柯著，余碧平译：《性经验史》（增订版），上海世纪出版集团2005年版，第66页。
[2] 〔美〕爱德华·W.萨义德著，王宇根译：《东方学》，生活·读书·新知三联书店1999年版，第44页。
[3] 《马克思恩格斯选集》第1卷，人民出版社1995年版，第60页。

实践出发，而是理论先行、主观预设，混乱的认识路径必然带来批评话语的失真。在张江看来，文学理论与批评话语的建构，必须以马克思主义的历史唯物论与辩证法作为指导，遵循"辨识历史、把握实证、寻求共识"的认识论逻辑。在跨学科研究盛行的当下，"文学理论借鉴场外理论，应该是科学的思维方式和研究方法，而不是现成结论和具体方法的简单翻版"①。在谈到具体方法论时，张江较为重视整体与局部、一般与特殊、逻辑与历史的辩证统一。他甚至提出一种文本统计学的理论构想——"对单个文本的阐释做出分析，对大批量文本的阐释做出统计，由个别推向一般，上升飞跃为理论"②。其次是批评话语的科学性。张江批判西方文论的主观预设问题，其实是为了将文论话语从理论宰制下解放出来，使其重新回到文学的本体界域。主观预设的根本错误，是不从文本、作者、历史与审美出发，对文学展开辩证综合的分析与阐释，而是从某种早已生成的理论出发，或剪辑文本，或悬隔作者，或溯及既往，最终使文学批评变成了理论话语的表演。在张江看来，文学理论与批评应坚持从文本出发，把文本的自在性视为理论衍生的起点。当然，文本的自在性并非如结构主义所言，是指封闭自足的语言结构，也非赫施的本文"含义"——作者赋予文本的确定所指。文本的自在性既与作者的原初创作动机相关（受到赫施"保卫作者"与艾柯"作者意图"理论的影响），又离不开历史语境、话语生成机制、读者审美接受等因素。文学批评对文本自在性的理解与阐释，既要重视作者赋予文本的原初性含义，也要兼顾到审美理解的历史性。正是立足于此，张江提出本体阐释的三个层次、三重话语：核心阐释、本源阐释与效应阐释。核心阐释是对原生话语的阐释，所谓原生话语，就是"作者能够传递给我们，并已实际传递的信息"。本源阐释是对"原生话语的来源、创作者的话语动机，创作者想说、要说而

---

① 张江、毛莉：《由"强制阐释"到"本体阐释"——访中国社会科学院副院长张江教授》，《中国社会科学报》2014年6月16日，第4版。
② 张江、毛莉：《由"强制阐释"到"本体阐释"——访中国社会科学院副院长张江教授》，《中国社会科学报》2014年6月16日，第4版。

未说的话语，以及产生这些动机和潜在话语的即时背景"的阐释。本源阐释是由作者和文本背景产生的次生话语。效应阐释"包含社会和受众对文本的多元认识和再创作，是文本在传播和接受过程中产出的衍生话语"。张江认为，本体阐释的三个层次、三重话语"打破了外部研究和内部研究的壁垒"，开启了文论研究新的路径与范式。① 总之，从张江对强制阐释、主观预设的批评以及对本体阐释的畅想，我们可以看到他对批评话语真理维度的追求。

张江在批判强制阐释的同时，谈到一个重要的文学理论问题——批评伦理。依照我们的理解，伦理表达的是实践活动中的善，是对行为的价值观照与意义裁定。亚里士多德在《伦理学》中说："一切技术，一切规划以及一切实践和抉择，都以某种善为目标。"② 批评伦理即批评实践如何坚持善的标准，如何在伦理意识的规约之下实现批评的正当性。当然，由于善并不是一个绝对的精神实体，不同的历史时期、民族与地域、文化共同体所秉持的伦理原则有很大差异。鲍曼在《后现代伦理学》中就认为，现代伦理追寻普遍性与根本性，后现代伦理则倡导多元性与差异性。对伦理的不同理解，必然形成不同的文学批评伦理。结合张江的强制阐释论及其对批评伦理的论述，我们认为，他基本是站在现代性的伦理立场来看待文学批评的正当性与价值的，也正是这种现代性的批评伦理观，使他的文学批评话语带有强烈的理想化、精英化与启蒙化的特点。比如，张江认为，批评伦理是对职业批评家专业批评的规范。职业的文学批评不是文学感受，而是如蒂博代所言的那样："理想的职业批评家应该进驻到文学的内部，犹如一位制造胸像的雕塑家把他的精神，即手的指导——灵魂——置于他正在制作的头像里，置于他的模特的有生命力的身体深处。"③ 要想成为一个合格的职业批评家，就必

---

① 张江、毛莉：《由"强制阐释"到"本体阐释"——访中国社会科学院副院长张江教授》，《中国社会科学报》2014年6月16日，第4版。
② 〔古希腊〕亚里士多德著，苗力田译：《亚里士多德全集》(8)，中国人民大学出版社1992年版，第3页。
③ 〔法〕蒂博代著，赵坚译：《六说文学批评》，生活·读书·新知三联书店1989年版，第69页。

须恪守基本的文学批评伦理规则："尊重文本，尊重作者，在平等对话中校正批评。""批评应该从文本出发，尊重文本的自在含义，尊重作者的意义表达，对文本作符合文本意义和书写者意图的说明和阐释。"强制阐释"既不尊重文本，也不尊重作者，更没有读者观念，唯一具备的就是强制的立场。这应该是同正当的批评伦理规则完全相悖的"①。"作者本人无意表达，文本中又没有确切的证据，却把批评家的意志强加于人，应该是违反道德的。"②由此也可以看出，张江对文学批评伦理的思考，同他对批评话语之真的追求是一致的，都要求批评家从文本、作者与审美实践出发，在尊重文本自在性与作者原意的基础上，实现文学批评客观性与创造性、原生性与历史性的有机结合。当然，不可能要求任何文学批评都成为职业化、专门化的批评。蒂博代就把文学批评分为自发的批评、职业的批评和大师的批评。而且，即便是专门化的职业批评，也很难说就能真正理解文本的自在性和作者的原初含义。文学批评的真正目的，乃是在文本自在性与作者原意的基础之上，实现批评家主观体验同文本与作者的交互融合。阐释的客观性由固化的点复活为历史的时间流，艺术由此在批评话语实践中被激活为生命体验的结晶。张江虽然没有轻视历史，也没有忽略读者，却拔高了文学批评伦理的价值标准。正是基于此，王宁才说张江的批评是"理想化的批评"。③

张江认为，文学批评的主体是审美批评，审美批评是理解与评价文学的根本方法，也是连接文学与政治、哲学、伦理、宗教等意识形态的话语中介。文学批评要求真、求善，更要求美。如何坚持文学批评的美学维度？张江谈到如下几个方面的问题。一是文本主导论。文学批评必须从文本出发，通过审美的感知、理解与想象，来展开文学的解读与阐释。公正的文学批评必须从文本出发，批评结论的有效性应来自文本分析而非理论裁定，文学批评首先要探究文本，文本实际包含了什么，即文本的客观存有。作者意欲表

---

① 张江：《批评的伦理》，《求是学刊》2015年第5期。
② 张江：《强制阐释论》，《文学评论》2014年第6期。
③ 王宁：《阐释的有效性和文学批评伦理学》，《求是学刊》2015年第5期。

达什么，其表达是否与文本的呈现一致。文本的实际效应是什么，读者的理解与反应是否与作品表现及作者意图一致。"这是正确认识、评价文本的最基本标准。"①张江把探寻文本自在性与作者意图视为文学批评的第一要义，强调文本细读，认为本体阐释就是以文本为核心的文学阐释，这其实反映出他以文本为主导的文学批评思想。张江对文本的理解同形式主义与结构主义对文本的理解不同，在形式主义与结构主义那里，文本主要是指语言形式结构，维姆萨特与比尔兹利批判情感谬误与意图谬误，意在凸显文学文本的形式本体性。罗兰·巴特认为作者创作完成文本之后就自动退隐，"作者死去"，留下的是独立自足的文本在场。张江并不赞同这种绝对的文本中心主义思想，而是强调文本的复合性、多义性与开放性特征，他认为，"文本中心主义的逻辑前提是将文本视为独立自足的封闭体系，无视甚至否认作者、读者以及时代环境等外部因素对文本产生的规约和影响"②。二是文学指征论。张江认为，强制阐释消解文学指征，成为非文学的批评。张江没有明确界定文学指征的概念，结合他的理论思考，我们认为，文学指征类似于"文学性"，是文学之为文学的属性和特征。文学指征最起码包括了文本的语言形式结构、作者意图、文本衍生的社会历史文化语境及其在此基础上形成的文本自在性含义，文学在历史化的理解与阐释中生发的转义等等。文学批评不能脱离文学指征，做无限制的甚至是非文学的衍义。张江的文学指征论，拓展了形式主义的"文学性"内涵，强调了文学多维复调的美学属性。三是文学场域论。"场外征用"之"场"，其实就是文学场。张江并没有像布尔迪厄一样，明确界定"场"的内涵，通过对特定文学事件、文学现象的分析，反思文学场的特征，如文学场的法则、自律性征候、文学场与权力的关系问题等。张江对"场"的理解，主要源自他对现代性文学批评关于文学惯例、习俗的理解与认同。文学场是文学独立的审美王国，遵循文学共通的法则。文

---

① 张江：《强制阐释论》，《文学评论》2014年第6期。
② 张江、毛莉：《由"强制阐释"到"本体阐释"——访中国社会科学院副院长张江教授》，《中国社会科学报》2014年6月16日，第4版。

学理论与批评必须从文学场出发,从审美自律性入手,通过美学的分析与阐释,实现文学场内与场外的互通。四是美学与历史统一论。美学与历史的统一是马克思主义文学批评的基本理论与方法,也是张江一直坚持并提倡的。张江强调批评的客观性,文学批评要想客观公正,首先必须尊重历史,任何主观阐释的无限衍义、溯及既往都是对历史的亵渎。文学不能虚无历史,文学批评更不能跳出历史唯物主义的框架之外,成为美学的自娱。张江反对主观解释学与接受美学对当代性与主观性的过度发挥,强调在尊重历史的基础之上,实现过去与现在、主观与客观、美学与历史的交互融合。

  作为一个中国学者,张江对西方文论强制阐释、主观预设的批评,以及他对本体阐释的话语建构,无疑带有强烈的"中国化"特征。张江是带着中国经验、中国记忆与中国问题介入西方文论的,这意味着张江的批评话语,必然会打上民族主义、文化政治甚至意识形态的权力印记。张江认为,西方文论对中国文论话语的绑架与殖民,反映出的是西方文化价值对中国文化的权力压迫。随着中国的崛起,这种后殖民主义的文化地形与权力图谱应该被改写,中国应敢于在文论话语场说不。面对外来理论,要有充分的民族自觉意识,不要盲目追随,更不要以理论移植替代自我建设。王侃认为:"张江在持有这个立场时所进行的批判性言说传达出了一种宇文所安所称的'民族国家的意识形态'。"[①] 张江的批评话语,可谓是一种典型的文化政治,是中国本土知识分子面对西方文化霸权的一次决绝反抗。张江试图通过文论话语的博弈,来宣泄百年来中国知识分子遭遇"被压抑的现代性"命运的苦闷心声,通过质疑与解构西方文论话语的合法性,以祛除西方文化权力对中国话语、中国文化的侵凌与去势。张江对西方文论的批判,折射出明显的意识形态权力逻辑。张江把西方文论视为西方资本主义政治的衍生品,"当代西方文论是当代资本主义政治、经济、文化孕育而出的产物。这一特殊的生成语

---

① 王侃:《理论霸权、阐释焦虑与文化民族主义——"强制阐释论"略议》,《文艺争鸣》2015年第5期。

境，决定了当代西方文论带有鲜明的资本主义文化特色，也决定了它自身无可避免的问题和无法超越的局限"。① 中国作为社会主义国家，有着与西方完全不同的政治意识形态语境，也就决定了中国话语不能全盘接收、随意嫁接西方话语，而是要在批判的前提下，创造性转化与吸收西方文论话语的合理内核，最终形成具有中国民族特色、地缘特色、文化特色与政治特色的文论话语形态。

三、超越主观预设：努力建构中国化的文论话语形态

张江虽然在批判西方文论强制阐释、主观预设问题的基础上，提出了本体阐释的概念，但正如他自己所言，本体阐释提供的只是一个文学理论建构的路线，而不是新的文学理论。陈晓明提出回归汉语文学本体："只有有意识地激发汉语文学的自主意识，并与西方/世界优秀理论成果对话，才有新的创新机遇，才能避免强制阐释的困境，给已经困顿、几近终结的文学理论以自我更新的动力，给中国文学理论和批评开辟出一条更坚实的道路。"② 但如何建构起真正的汉语文学本体论诗学体系，也是一个悬而未决的问题。事实上，自20世纪90年代以来，中国文论学界一直试图挣脱西方文论的桎梏，创建民族化、本土化的汉语诗学话语范式。朱寿桐的汉语新文学理论，郑敏的汉语新诗理论，童庆炳、蒋述卓等提出的文化诗学理论，胡亚敏的文化—形式批评构想，传统文论的现代转换，马克思主义文论的中国化等等，这些理论反思与构想，围绕汉语特质、民族文化、意识形态等关键词展开，为中国诗学话语的建设提供了宝贵的理论参照。但是，直到现在，真正称得上"中国学派"的汉语诗学话语，依然没有建构起来。本文认为，建构中国化的民族诗学话语体系，任重而道远，中国学者不必急于求成。目前的

---

① 张江：《当代西方文论：问题和局限》，《文艺研究》2012年第10期。
② 陈晓明：《理论批评：回归汉语文学本体》，《文学评论》2015年第3期。

任务,是要在批判性反思西方文论话语的基础之上,使中国文论学者产生对民族化、本土化的汉语诗学理念的文化认同。换句话说,应从理论与意识形态的层面构建中国诗学话语的合法性权力逻辑,通过文化意识形态的唤询,使文论学者自觉认识到中国化的身份意识。唯有如此,才能真正走出西方文化与文论话语"影响的焦虑",理性构建中国化的文论话语范式与诗学体系。要想真正建构起中国文论话语的合法性,必须解决三个问题:一是话语立场问题,二是话语资源问题,三是话语认同问题。

建构中国文论话语的合法性权力逻辑,首先要有明确的理论立场。利奥塔尔认为,合法性是指"当人们宣布一个指示性陈述为真时,人们的先设是一个可以判断并证明指示性陈述的公理系统已经建立了,而且对话者了解并接受这个系统,认为它在形式上达到了尽可能令人满意的程度"[①]。但公理系统并非天生的,而是权力建构的产物。权力来自何方,又如何建构话语的合法性?布迪厄强调"元权力"对话语合法性的支撑,"国家就是垄断的所有者,不仅垄断着合法的有形暴力,而且同样垄断了合法的符号暴力"[②]。我们认为,话语的合法性,其实就是指话语借助于知识生产建构起来的意识形态属性,确认话语合法,也就是认同话语背后的意识形态权力。回到中国话语的合法性问题域,基本的理论立场就是,建构中国文论话语,就应从中国的国家政治、民族意识、文学经验与文化精神等理论前见出发,不能游离于这个特定的意识形态场域之外谈论话语的普适性与价值的普世性。当代中国文论过于盲从西方话语,根本原因在于迷信全球化、后现代主义、反本质主义、历史终结论等西方意识形态,不自觉地解除了"中国"身份与中国意识,最终跌入后殖民主义的话语陷阱。张江对强制阐释与主观预设的批判,虽有些激进,但作为一剂猛药,却能让中国文论学者理性看清西方与中国的"主奴"权力镜像,真正回归中国文论话语的结构场域。

---

① 〔法〕让-弗朗索瓦·利奥塔尔著,车槿山译:《后现代状态:关于知识的报告》,南京大学出版社 2011 年版,第 152 页。
② 〔法〕皮埃尔·布迪厄等著,李猛等译:《实践与反思》,中央编译出版社 1998 年版,第 302 页。

回到中国立场，重建中国文论话语，并非意味着与西方断裂。中国文论话语不可能在真空中建构起来，而是应吸纳古今、博采中西、立足本土、兼收并蓄，在充分化合古今中外文论话语的基础上，形成本土化、历史化与民族化的文论话语新质态。对于西方文论，我们既不要一味拒斥、全盘否定，也不要盲目跟风、不加分辨地滥用，应采取批判反思、理性吸纳的态度。曾有一段时日，我们对西方马克思主义排斥得厉害，认为它是资产阶级的意识形态，谈之色变。但随着社会历史的发展，理论界逐渐认识到，西方马克思主义是西方知识分子运用马克思主义理论批判资本主义政治、经济与文化的产物，也有进步、合理的一面，应辩证分析、合理利用。蒋孔阳就曾指出："西方马克思主义文艺理论，由于马克思主义的强大，因而也显得相当强大，他们的人数那么多，著作那么多，影响那么大，我们忽视他们，否定他们，不仅不应该，而且也不可能。但是，我们过去讲马克思主义文艺理论，却从来不讲西方马克思主义文艺理论，即使讲，也是作为对立面来批判。这样，无异于削弱了自己的力量。"[①]90年代以来，中国文论界开始大量译介、研究西方马克思主义文论，进一步丰富和发展了中国的马克思主义文论话语。对于古代文论话语，也应合理传承，努力实现传统文论的现代转化。蒋述卓认为："古代文论价值的转换，古代文论理论观点与思维方法的发扬，以及古代文论话语的转型，只有在参与现实之中，才可能真正发挥出民族精神与特色的魅力，也才可进入到当今文艺理论的主潮之中，也才有古代文论在真正意义上的实现'今用'，亦即所谓的'意义的现实生成'。"[②]另外，中国文论话语的建设，还应立足现实文学经验，以经验效度检视文论话语的合法性。这里有两个方面的意思：一是西方文论与古代文论进入中国当代文论话语体系，应能够贴合具体文学经验与文学现场，不能强行黏附、强制阐释；二是从具体的汉语文学实践出发，通过文本细读，总结出文学理论与批评话语，

---

① 复旦大学中文系文艺理论教研室编著：《马克思主义文艺理论发展史》，中国文联出版社1995年版，第3页。
② 蒋述卓：《论当代文论与中国古代文论的融合》，《文学评论》1997年第5期。

不能理论先行、主观预设。中国文论话语的建设，既要充分利用现有的话语资源，又要敢于在具体的文学批评实践中，创生新的文论话语形态。既要注重文论生成的经验效度，同时也要防备陷入经验主义的泥沼，要在理论与经验的辩证耦合中，实现中国文论的辩证发展。

建构中国文论话语的合法性，也就是建构文论知识分子对中国文论的话语认同。这里所谓的话语认同，并非仅仅是指理论认同，它包含着较为复杂的含义。首先，话语认同表现为文论知识分子对社会主义文化领导权的认同。如果文论知识分子本身不信仰社会主义意识形态，不认同社会主义的文化领导权，其文论话语也就必然会疏远、偏离中国的国家意识形态维度，也就难以同中国文论话语的合法性保持同一。很显然，这种认同主要表现为政治认同。其次，话语认同表现为文论知识分子对中华民族主体身份的认同。安德森认为民族是"一种想象的政治共同体——它是被想象为本质上有限的，同时也享有主权的共同体"[①]。民族共同体之所以能够形成，主要靠共享的文化体系与文化精神。文论知识分子应自觉从本民族的文化立场出发，将文论话语视为构建民族文化、民族意识与民族身份的话语介质。张江在批判西方文论时，特别强调话语的民族性问题，认为本体阐释"坚持从民族的批评传统出发，对民族的传统理论和批评加以整理和概括，作为今天民族文学理论和批评构建的基础性资源。坚持有鉴别地学习其他民族的先进方法和技巧，在相互碰撞和交流中取长补短，形成本民族的优秀的独特理论"[②]。如果中国文论丧失了民族性，也就必然丧失话语的合法性。最后，话语认同表现为文论知识分子对理论真理维度的追求。科学的文论话语，必须从真、善与美的三重路径展开话语的建构。中国文论话语要想建构起理论的合法性，就必须坚持辩证唯物主义与历史唯物主义的路径，坚持美学与历史相统一的方

---

① 〔美〕本尼迪克特·安德森著，吴叡人译：《想象的共同体——民族主义的起源与散布》，上海人民出版社2005年版，第6页。
② 张江、毛莉：《由"强制阐释"到"本体阐释"——访中国社会科学院副院长张江教授》，《中国社会科学报》2014年6月16日，第4版。

法,坚持理论与实践相结合的原则,科学建构与中国文学、文化相适应的文论话语体系。当然,关涉中国文论话语合法性的政治认同、文化认同与理论认同,不是相互割裂的,而是融合在整体的话语结构之中,共同生成中国文论话语的合法性权力逻辑。如何超越主观预设的批评,走出西方文论强制阐释的影响,并建构起历史化、本土化与民族化的中国文论话语范式,是当代中国文论知识分子必须面对与解决的问题。由于西方文论对中国文论持久的浸淫,很多文论学者已经将西方文论话语范式视为理所当然的批评工具。当西方文论范式内化为中国文论学者的批评惯习,中国文学经验与文学批评也就必然变成演绎、佐证、固化西方文论话语权力的符号形式。正确的态度应该是,在坚持意识形态独立与民族文化自觉的前提之下,以平等对话的方式面对西方文论与文化。既要敢于借鉴、化用西方文论话语的优秀成果,也要大胆摒弃西方文论的糟粕与不足。张江对西方文论强制阐释与主观预设的批判,以及他对本体阐释的构想,为中国文论学者正确理解西方话语、理性表述中国经验提供了诸多可能,为中国化、民族化与本土化诗学的建构提供了许多理论启示。我们沿着张江的理论轨迹,进一步思考了构建中国文论话语的合法性逻辑,希望文论界能以此为契机,努力建设中国化的文论话语新形态。

(《学术研究》2016 年第 4 期)

场外征用的有限合法性

蓝国桥[*]

场外征用是批评中较为常见的现象。场外征用到底合不合法，关键不在于所征用的场外理论是什么，而在于场内的文学是什么——是纯文学还是杂文学。假如我们阐释的是纯文学，场外征用将容易导致强制阐释，而假如我们阐释的是杂文学，场外征用则可以避开强制阐释。前者是非法的，后者是合法的。可见两种文学观的边界划定，是审视场外征用合法与否的关键所在，由此才能看清楚场外征用有限合法性的本来面目。

一、两种文学观的中西生成反思

纯文学是自律性的文学，它所建构起来的是自足的文学内宇宙。侧重内宇宙营造的纯文学，整体上表现出三个方面的特点。其一是它具有无功利性。文学是目的而不是手段，它不是为了实现自身之外的目的，比如政治的、道德的、商品的等等，且我们不以功利的态度面对它，而是以无利害的意愿对待它，文学此时即表现出无功利性。其二是它展现出审美艺术性。审美是艺术书写的主要内容，艺术的重要规定便是审美，纯文学的世界中，审

---

[*] 作者简介　蓝国桥，岭南师范学院人文学院副教授、复旦大学博士后。

美与艺术的边界模糊。审美艺术性所执意凸显的，是对现实的疏离与超越，它因而强调艺术技巧的使用，语言修辞手法的运用，张扬大胆的想象虚构，充满个性的自由书写，汪洋恣肆的情感宣泄，如此等等。其三是它表现出形象情感性。形象的灵动飞扬总充满着不尽的趣味，无论是创造还是欣赏，都无不如此，情感是滋养形象的源头活水，形象是承载情感的媒介，纯文学世界中的形象与情感，始终水乳交融。情感与形象带有明显的个别性，即形象都是单个具体的，而情感多与特定的个人联系起来，不过纯文学中的个别性的情感、形象，总指向某种普遍性的意蕴、意义。纯文学的基本保障是无功利性，它的实现路径是审美艺术性，情感形象性是它的内部显现，三者之间由表及里、逐层推进，建构起光彩迷人的纯文学海市蜃楼。

纯粹文学的海市蜃楼，尽管显得虚无缥缈，然而它的观念却是历史的建构与生成，与中西方特定的历史语境密不可分。中国自近现代以来，纯文学理论与实践的双重诉求，就表现得异常迫切强劲。五四新文化运动前后，面对社会文化的败局，相当一部分知识分子，深刻地意识到观念的变革方是挽救败局的关键。梁启超热衷并自觉贯彻的趣味教育，王国维血泪捍卫的纯粹精神空间，蔡元培大力提倡并实施的美育，陈寅恪与吴宓对实用国民性的批判，朱光潜、宗白华等理论家长期的美学颖思，以及新时期以来文艺美学的兴起，均为纯文学观的形成奠定了基础。现代文学时期的创造社、沈从文和冰心，以及新时期以来坚持高雅艺术创作的张炜、张承志等，都是纯文学观的自觉践行者。中国纯文学的生成，除了受根植久远的庄禅文化传统影响之外，更主要的还是与心态开放的智识群体自觉融摄西方文化有着内在联系。

西方自近现代以来，无论是具体的创作实践，还是抽象的理论思辨，价值的指针都不约而同地指向纯文学场。西方近现代以来的文学活动，整体上表现出向内转的态势，浪漫主义、唯美主义、象征主义、表现主义、意识流小说等各种文学思潮，如雨后春笋般竞相涌现，它们书写得更多的不是外部世界，而是体验性的内在世界，这恰好为纯文学的观念生成，夯实了地基、构建了平台。西方近现代以来抽象的理论反思，一路凯歌，为纯文学观念生成起到强有力的辩护作用。它们先对活动的主体提出要求，指出活动的主体于心灵上，应与欲望、功利绝缘，如此无欲望、无功利的主体，面对的不是对象的内容，而只是对象的形式、形象，主体与对象所构成的只是纯粹的审美关系。康德、席勒、叔本华、尼采、布洛、克罗齐、克莱夫·贝尔、罗杰·佛莱、俄国形式主义、英美新批评、结构主义等众多的理论个体、流派，无疑都是纯文学观重要的理论辩护者。理论反思与创作实践都共同指证，纯文学观显然已在西方形成、发展。

中西纯文学观念的建构除了带有空间性、结构性特点之外，时间性、历史性的特质同样明显。它是特定社会历史条件的产物，因而可在社会历史中寻找到它生成的原因。韦伯指出，西方自近现代以来，理性一再张扬，祛魅不断推进，社会出现了不可避免的世俗化。[①]世俗社会中的恶四处蔓延，是催生纯文学观的动因。中国近现代以来，经历了前所未有的大变局，遭受的社会文化危机同样前所未见。摆脱社会文化危机的强烈愿景，是中国纯文学观建构的动力。纯文学既然也向社会历史敞开自身，因而纯文学难以将纯粹进行到底。不纯粹的文学便是杂文学。

杂文学与纯文学相比，是他律性的文学，它所经营的已不再是文学的内宇宙，而是文学的外宇宙。杂文学整体上表现出三个特点。其一是功用性。判定文学的功用性有无，标准是文学所处的关系，以及主体面对文学的态度。当我们内置功用的态度，迫使文学沦为手段，而实现它之外的目的，且我们以实用的态度面对它，文学必表现出功用性。其二是依附性。依附性是指文学存在的合法性紧紧依附它之外的因素。文学充当实现目的的手段，表明文学业已沦为工具，目的的实现更为重要，文学作为实现目的的工具，已甘愿退居次要地位，文学并且只有作为工具，才具有存在的正当性，恰是工具性的担当，使文学丧失自身的独立品格。其三是综合性。杂文学之所以显得杂，乃是由于它是多种文化事项的杂糅，它不能以被剥离为纯文学的样式

---

① 参见〔德〕马克斯·韦伯著，王容芬译：《伦理之业》，广西师范大学出版社2008年版，第54页。

而只能以杂糅的面貌展现自己。文学所需实现的目的多样,而它所要担当的工具不一,使它内置多种的功能,功能的多样性使它具有综合性。杂文学质的规定便是功用性,而依附性则是它的站立姿态,综合性是它的整体面貌,三者之间由低到高、逐层递升,共同建构起杂文学五彩斑斓的世界。

杂文学五彩斑斓,杂而不纯,是文学存在的常态。我们如此来界定常态的杂文学,乃出于逻辑与历史的双重考量。杂文学与现实生活之间,建立起来的是"剪不断,理还乱"的联系。两者的关系之所以紧密,一方面是因为文学活动中的主体,对生活的体验是全面的而不是片面的,另一方面则是由于文学对生活的反映,是指向生活的整体而不是局部。生活体验的全面性与生活反映的整体性,是导致杂文学斑驳面相生成的逻辑原因。与逻辑略显坚硬不同,历史的演进则多半柔软。杂文学柔软的历史演进,突出地表现为时间跨度长,而在纯文学兴起的语境中,杂文学仍然表现出异常旺盛的生命力。历史时间跨越的漫长,使得杂文学的数量,显得相当庞大。数量巨大的杂文学,展现的方式更是多样,反观古代纯文学如《诗经》、《荷马史诗》、古希腊戏剧等,则多表现得不够纯粹,它们是文学同时也是历史、哲学等;而其他如历史、哲学等诸多的文化样式,同样残留着文学的痕迹。中西历史上涌现的杂文学,呈现出时间跨度长、存在数量巨大、展现方式多样的特点。

二、纯文学与场外征用的非法性

纯文学可分化为两种形态,一种是"道"(体)的形态,另一种是"器"(用)的形态。"道"的形态是理论的建构,结果是纯文学观念于中西近现代的形成。"器"的形态是理论建构的依据,它体现于特定的活动与文本当中,近现代以来涌现出的具体纯文学作品,便是"器"的形态展现。或者说存在着两种纯文学,一种是抽象、观念、理论上的纯文学,另一种是具体、现实、现象上的纯文学。因此纯文学的批评阐释,也存在着两种出发点,一种是以抽象的理论、观念、本体为出发点,另一种是以具体、现实、现象为出发点。批评阐释的起点决定路径，两种不同的出发点，便可延伸出两种不同的批评阐释路径，一种是理论、观念、抽象的路径，另一种则是具体、现实、现象的路径。① 定于何种出发点，选择何种路径，直接关系到批评阐释的有效性。依此会引申出三个问题。其一是选定哪种出发点与路径，才使得批评阐释有效、理论建构恰当。其二是批评阐释纯文学，征用场外理论的缘由何在，非法性的原因何是。其三是宣布场外征用为非法，非法性的具体表现是什么。

恰当、合理的选择，是第二种出发点与路径。批评阐释侧重于"点""线"，理论建构与"面"相关，"具体"是两者的共性。批评阐释需在具体的点上追问意义，它可以是一首诗歌、一部小说、一篇散文、一部戏剧作品，可以是某种纯文学的现象，还可以是瞬息万变的创作、欣赏活动。张江说"没有抽象的文学，只有具体的文本"②，照此我们也可以说，"没有抽象的纯文学，只有具体的文本"，以及具体的活动。"点"上文本、活动显得具体，意义的追问领会却不能止步于此，它需向抽象区域挺进，意义的阐释使得具体迈向抽象，彼此浑然不分，"线"的特点恰好正体现于具体到抽象的上升之路中。理论的建构是更高的抽象，它需要多"点"的支撑，多"线"的交织，它的抽象在"点"与"线"上来回滑动，最终会形成更大的"面"。理论建构"面"的稳固性，与"点""线"的多与寡，发生着内在的联系。张江说批评阐释，首先应着手分析单部作品，接着汇聚众多作品，进行翔实的统计，最后归纳出理论观点，如此，理论的地基才会牢固。因而理论观点的概括力、阐释力，与作品分析的深入性、统计的翔实性，构成正比例关系。归纳、概括所走过的，是由具体爬升到抽象的活动，如此的活动便是反思活动。反思活动，是批评阐释与理论建构的不二选择。

批评阐释与理论建构，对象与主体均需在场，反思活动于其中的重要

---

① 王坤、喻言：《符号的本体意义与文论扩容》，《学术研究》2015 年第 9 期。
② 张江：《强制阐释论》，《文学评论》2014 年第 6 期。

性，可从在场的对象与主体体现出来。反思活动以鲜活的体验为根基，带有相当明显的瞬间性、流动性，是阐释意义获得、领会的可靠路径。反思活动在此首先需穿越的，是生动的纯文学场，以及场内具体的作品，确切地说来，是具体作品中言语意象的森林，以及单个言语意象的树木，这些都相对具体；反思活动的纵深推进，还要逐一反复追问的，是单个的言语意象、单部作品、多部作品的意义，单种意义与意义群的领会，则多半显得抽象。具体（个别）与抽象（一般）的无缝对接，是反思活动的效果。于个别、具体之"器"处，透显一般、抽象之"道"，是文学批评意义衍生的必经路径，文学批评的独特性，恰可体现于"道"与"器"的不分离上。反思对象舒展的特征，受制于主体的本质力量。纯文学场意义的激活领会，由于没有功利的缠绕，主体可全身心融入其中，主体整体机能的付出是必然的。反思活动是意义诞生的源泉，而纯文学的批评阐释、理论建构，均奠基于意义的领会、激活之上，因而它是批评阐释、理论建构的支点。

　　反思活动支点功能的凸显，尚可基于两个方面的考虑。其一，它可强化理论的阐释力度。理论观点的归纳概括、提炼生成，经历过数次的反思判断，业已汇聚着众多的个别性、具体性信息，因而当再一次面对具体文学现象时，一方面理论观点可以最低限度地发挥解释功能，另一方面由于现象与理论的一再吻合，理论观点的合理性随之得以增强，理论的生命力也随之得以延续。越是使原先的理论观点得到进一步的强化，强化中理论的阐释力度越是得到进一步提高。其二，它是理论的经典化理路。经典的文学理论著述，它的支点都会是反思活动，古今中外几乎无一例外。不以具体文学反思为支点，反思到达不了相应的深度，几乎不可能成为经典。由其一到其二建立起的是因果性联系，彼此关联的紧密性可进而表明反思活动作为支点选择的有效性。

　　第二种批评阐释、理论建构的模式，它的最后归结点是反思活动，走的是从具体到抽象上升之路。与此相反的情形是，第一种模式的立足点是规定活动，走的则是从抽象到具体的下降之路。历经反思活动，批评阐释、理论建构具有自足性，它只需激活反思者的潜能即可，而第一种模式因支点是抽象的理论，它却需仰仗于其他的理论知识。批评阐释、理论建构疏于发挥反思者自身的力量，不从具体鲜活的文学场出发，而只盲信于外在的力量，依靠外在的力量翩翩起舞，有意放逐文学场，使之荒芜化成为一块飞地，如此的情形便是场外征用。

规定活动所走的下降之路，迫使批评阐释、理论建构，不得不征用众多的场外理论，致使大量的场外理论涌入场内，制造了理论的众声喧嚣。场外征用是多方面原因作用的结果。原因之一是理论创造力的缺失。此处的理论指的是文学理论，文学理论创造力的缺失，是指文学理论的主体性弱化，进而丧失理论自身的创造活力。理论的主体性弱化，大致包含两个方面的内容，一是指理论的文学身份模糊，二是指理论的民族身份不清，两者都矮化了理论。批评阐释、理论建构不考虑文学性，它征用其他的非文学理论，容易变得胆大妄为。20世纪西方的文论，便是胆大妄为的典范。它导致的严重后果便是，非文学的理论出现了严重的征用过剩，而文学的理论却意外缺席。文论的民族身份不清，是指民族自主型的文论缺乏，近现代以来的中国，便是如此。近现代以来，中国文论的民族身份一直模糊不清，文论的核心观念、众多文论观点，多或被迫，或自愿地从西方征用。民族文论创造力的衰弱，是众多西方入侵的原因所在，我们有很多理论，却都不属于本民族的。可见主体性弱化、创造力枯竭，是征用诸多理论的原因之一。原因之二是理论欲望的膨胀。理论在此是指非文学理论，非文学理论欲望的膨胀，是指以各种各样抽象的理论为起点，具体的文学材料被强硬拉扯进来，理论运行的机器当中，文学现象只是理论的证明材料。理论征用在先，文本阐释跟进在后，热衷于理论的知识化表达，如此的批评阐释架空了文本，是批评阐释、理论建构的异化。20世纪的西方文论，知识化演绎热情高涨，文论异化的命运在劫难逃。原因之三是文学感受力的钝化。创造力的缺失、理论欲望的膨胀，带来的后果是，具体文本的细读、鲜活现象的反思，处于风雨飘摇之中。文学感受力的钝化，使批评阐释、理论建构进入恶性循环，感受力越是被钝化，征用其他理论就越轻巧，而越是征用其他理论，感受力越是被钝化。

第一种模式的出发点，是产生知识的规定活动，依此纯文学的批评阐释、理论建构，势必导致场外征用，致使批评阐释、理论建构，背离、疏远自身的本质，走上异化的迷途。理论的异化，首先表现为理论与文学的对立。理论不是源于对具体文学场的反思，而是抽象横移自其他学科，如哲学、史学、语言学、政治学、社会学、自然科学等[①]，这些学科、理论不包含具体的纯文学现象。不包含文学自然不能阐释文学，非要征用它们来阐释文学，只能扭曲文学以符合理论阐释的要求，此时与其说阐释的是文学，还不如说阐释的是理论自身，是理论本身在自说自话。如此的理论越是繁荣发展，越是与文学毫无瓜葛，越是走上与文学背离的道路。其次，理论的异化，还表现为理论与过程的疏离。文学创作的过程，是由具体上升到抽象，是为具体而找抽象。与创作过程相适应，批评阐释、理论建构的合理道路，走的也是由具体到抽象的上升道路。而场外征用则是从抽象到具体，以征用的理论为起点，迫使文学符合理论，它显然与过程相背离。最后，理论的异化，表现为理论与理论的对立。场外征用的大量理论，未能令人信服地展开批评阐释，它们的产生远离合理的过程，面对具体文本同样无能为力。理论的场外征用很难做到彻底，它容易瓦解理论，把理论引上末路，导致理论把自己从理论那里放逐出去。

三、杂文学与场外征用的合法性

纯文学的观念不断得到强化，是强制阐释论置身的特定语境。受如此语境的深刻影响，强制阐释论对俄国形式主义、英美新批评等流露出部分的肯定态度。强制阐释论眼中的文学，因而"是人类思想、情感、心理的曲

---

① 参见张江：《强制阐释论》，《文学评论》2014年第6期。

表达",它"强调人的主观创造能力","是作家独立的主观精神活动",主观性、情感性意味甚浓。①语境、态度、言说三者可表明,强制阐释论更多坚持的是纯文学观。然而俄国形式主义、英美新批评等,未能看到文学与现实生活的联系,存在若干偏颇实在所难免。现实生活的场景无所不包,文学场一旦向现实生活倾斜,它必难以做到出淤泥而不染。如果说面对纯文学现象,场外征用大量的非文学理论,以展开批评阐释、理论建构,是种非法的行为的话,那么对杂文学的批评阐释、理论建构,情形会与此不同。杂文学的场外理论,既可以是文学的,也可以是非文学的。征用不问出身的场外理论带有合法性的原因,是因为场外征用的理论事项,与场内的杂文学面貌相吻合,能够揭示、阐释潜藏于场内杂文学的意蕴。杂文学的"杂"与征用理论的"杂",以杂文本为起点,两相辉映相得益彰,彼此处于相互印证的关系中。合法性问题审视的关键有二,其一是杂文学中"杂"的面相如何显现,其二是理论与杂文学怎样对应。

近现代以前的中西方,文学大多不太纯粹,而是掺杂各种文化元素,文学因而是以杂糅的面貌存在。划归于文学名义下的,包括了多种文化事项。伊格尔顿指出,"十七世纪的英国文学包括莎士比亚、韦伯斯通、马维尔和弥尔顿;但是它也延伸到培根的论文,邓恩的布道词,班扬的精神自传以及托马斯·布朗所写的无论叫作什么的东西。在必要时,人们甚至可能用文学包括霍布斯的《利维坦》或克拉仁登的《反叛的历史》","十七世纪的英国文学"与法国文学基本相似,两国的文学包括今天通行的文学、论文、布道词、精神自传、历史、诗学、哲学、书信等等,凡与语言相关的都可囊括在里面。②西方17世纪如此,17世纪之前更如此。中国传统语境中的文学,与文化并无二致,近人章太炎一语道破,说"文学者,以有文字著于竹帛,

---

① 参见张江:《强制阐释论》,《文学评论》2014年第6期。
② 〔英〕特雷·伊格尔顿著,伍晓明译:《二十世纪西方文学理论》,陕西师范大学出版社1986年版,第1—2页。

故谓之文;论其法式,谓之文学"①;孔子最早使用"文学"一词,所指是文章、博学,是孔门四科之一,说"文学,子由,子夏",大概子由与子夏于文章、博学方面,表现尤其突出。近现代前后的中西方,以杂糅面相存在的文学,有两种展现形态。

第一种形态是纯文学显得杂而不纯。它有两种表现方式。其一是纯文学观被建构的历史语境中,杂文学的观念演绎、实践依然不消歇停息。观念上康德虽然留恋纯粹美,却又认定美是道德的象征,他于是把美的至高理想,最后是推给了依存美;马克思倡导历史唯物论,坚持文艺社会学,是杂文学观最坚定的维护者。受西学影响的王国维、朱光潜等,对纯文学无不憧憬向往,不过他们对人格依附的杂文学,仍有着很高的评价。实际上近现代以来的中西方,都在强调文学应介入现实,现实指向的作品不断涌现,杂文学的生命力旺盛依旧。其二是以建构的纯文学观为标准,衡量过去的文学作品,当中被判定为纯文学的作品,仍然显得不够纯粹。历史越是久远的作品,情形越是如此。西方文学的开端是《荷马史诗》,《荷马史诗》除了是围绕情感展开的诗,还是久远历史的生动叙述,更是哲学义理的形象阐发。中国第一部诗歌总集《诗经》,首先它是诗歌是文学不假,刘经庵因而将之列入纯文学的行列②;它还是"劳者歌其事,饥者歌其食"的历史,包含《诗经》在内的"六经皆史",《诗经》中"淫奔之诗",实是礼、社会制度的体现等,都透显出历史的信息③;它更是蕴含着高深的哲学义理,港台新儒家牟宗三将《诗经》中的两首诗,一首是"天生烝民,有物有则。民之秉彝,好是懿德",另一首是"维天之命,於穆不已。於乎不显,文王之德之纯",视为儒家智慧的根源,反复申引。④《荷马史诗》与《诗经》在中西方的历史长河中,都产生着难以估量的影响。此足以表明,纯文学有杂而不纯的一面。

---

① 章太炎撰,庞俊、郭诚永疏证:《国故论衡疏证》,中华书局2008年版,第247页。
② 刘经庵:《中国纯文学史纲》,东方出版社1996年版,第9—15页。
③ 冯友兰:《三松堂自序》,《三松堂全集》第1卷,河南人民出版社2001年版,第198页。
④ 牟宗三著,卢雪昆整理,杨祖汉校正:《康德第三批判讲演录》,《鹅湖月刊》1991年。

第二种形态是文学的文化依附性。与第一种形态不同的是，文本存在的整体不能冠之文学的名称，而是另外的文化样式。别的文化样式承载着文学性，或说文学的存在依附于别的文化样式，如分别依附于历史、哲学、宗教、诗学、道德学、政治学等。文学可依附于历史而存在，司马迁《史记》中的文学即依附于历史，历史的描写中有文学性。历史小说既是历史也是小说，文学与历史的边界模糊。哲学表达中不乏文学，中西方无不如此，《论语》《孟子》《庄子》是哲学与文学兼具，"柏拉图之《问答篇》、鲁克来谑斯（卢克莱修）之《物性赋》，皆具哲学、文学二者之资格"，哲学与文学的联系水乳交融。① 文学性还可体现于基督教的《圣经》中。中国诗论中也不乏文学性。中国传统的"文以载道"，体现着文学的道德诉求，革命文学使文学与政治紧密联系起来。文学性弥散于不同的文化样式中。

纯文学的杂而不纯，当中文史哲未分的憧憬，当是不难辨别。文学性散布于文化当中，杂文学的文化依附性，同样昭然若揭。无论是纯文学的杂而不纯，还是杂文学的不纯而杂，两者均可指明文学的杂糅面相。杂文学沾染、整合着众多的文化质素，有历史、哲学、宗教、道德、政治等，对它的批评阐释、理论反思，依然遵循由具体到抽象的行进线路，而行进中征用非文学的道德、政治、宗教、哲学、历史等理论，就不能被简单地宣布为非法。杂文学的场内与理论的场外，处于某种吻合的状态，正是如此的状态，构成理论场外征用合法性的保障。它具体可体现于如下几个方面。

杂文学的批评阐释，征用哲学的理论，哲学理论若与文学吻合，理论的征用不能算非法。杂文学中蕴含着哲学义理，对如此特质鲜明的杂文学，展开批评阐释、理论说明，可启用相应的哲学理论。与文本相应的哲学理论，能够揭示潜藏其间的意蕴，批评阐释的展开便是有效的，相应哲学理论的征用，即是合法的举措。相应性的找寻，是合法性衡定的要害。哲学义理的正

---

① 王国维：《奏定经学科大学文学科大学章程书后》，《王国维全集》第14卷，浙江教育出版社、广东教育出版社2009年版，第37页。

当性、深刻性，源于哲人对宇宙、人生的反思。作家创作的起点，是他对宇宙、人生的鲜活反思，反思的意义同样可融入到作品中。哲学义理融入杂文学，有三种融入的路径。一是思想家进行文学创作，容易融入哲学思想。西方思想家如席勒、萨特，中国宋明思想家周敦颐、朱熹、王阳明，以及近人王国维、陈寅恪、鲁迅等，都能在文学创作中融入哲思。二是思想的表达是目的，而文学性处于依附的地位。西方柏拉图的《问答篇》、卢克莱修的《物性论》，与中国的《孟子》《庄子》等，都能使文学性嵌入思想的表达中。三是形而上学的韵味渗透于作品当中。佛理参悟的《题西林寺壁》，悲凉气息弥漫的《红楼梦》等，即是如此的作品。显然，三种情况，都可使文学与哲学义理有机融合起来。作品中的哲学义理挥之不去，对作品的批评阐释，仰仗于相应的哲学思想，如此的要求不算过分。与哲理融入路径相对应，哲理征用也有三种表现情形。一是阐释思想家的作品，征用他已消融的哲学，有益于作品的解读。萨特的文学作品如《恶心》《群蝇》《密室》等，是他存在主义思想的体现，征用他的存在主义哲学，可帮助我们有效、合理地解读作品；王国维的诗词创作，受叔本华、康德的影响颇深，欲使批评顺利展开，征用康德、叔本华两人的哲学，并非多余。二是寓言性意味浓厚的作品，征用合适的哲学思想，绝非可有可无。有效推进《庄子》的文学性批评，重要的前提是深入领会庄子的思想，然后征用庄子的思想，否则一切将无从谈起。批评卡夫卡的作品如《变形记》，可与异化哲学联系起来。三是具备相应的哲学思想，有助于领会作品的形而上意味。《题西林寺壁》暗藏佛理，征用佛理实属恰当。《红楼梦》悲凉之雾气迷漫，征用悲剧理论，与小说的意味正相吻合。作品的哲理融入保证哲学征用的合法性。作品意蕴的有效揭示，流露出对哲学征用的迫切需要。当然，征用哲学理论的目的，不是演绎理论的正确性，而是揭示作品意蕴的深刻性。

除了蕴含哲理，作品可含有德性。含有德性的作品，自然不够纯粹，那是杂文学。阐释蕴含德性的作品，征用道德的学说，可有助于揭示作品内蕴。征用合法性的契机，是杂文学的场内与场外，于道德上的融会贯通，是场内对场外的敞开，而不是相反，即是说对如此作品的阐释，不是证明道德学说的有效性，而是重在挖掘作品的道德意蕴。儒家重道德，它是中国文化的主线。儒家伦理浸染过的作品，必是杂文学，累积的数量不少。儒家伦理在唐向文学转进，体现于杜甫的诗与韩愈的文，阐释他们的作品，不征用儒家学说，阐释将不得要领。同理，阐释含有宗教、政治指向的作品，征用相关的宗教、政治理论也不能算非法，前提是以具体文本为立足点。

（《学术研究》2016 年第 5 期）

《红楼梦》"悲剧"说辨议

张 均*

最近,以西方理论强制阐释中国文学现象的问题引起了学界反省。不过,多数反省都集中在当代文学研究,实则古代文学研究中存在的问题更见严重。这是因为,现当代文学的兴起、发展的确受益于西方思想的激发,以西释中尚未尝不可,但对作为中国经验的古代文学亦如此为之的话,那跨语际的"主观意向在前,预定明确立场,强制裁定文本的意义和价值"[①]的强制阐释现象就必然发生。既然如此,何以古代文学研究反省反而少呢?这大约是因为古代文学研究使用的西方概念往往不是近20年才引入的时新术语(如话语、互文、现代性等),相反,它们(如现实主义、人道主义、悲剧、典型等)输入中国学术系统都已接近百年,业已自然化、中国化。但恰是在此,强制阐释发生得最严重。系统剖析这些基本概念的强制性毋宁是有待展开的重要问题,从悲剧概念之于《红楼梦》的强制阐释可略见一斑。自王国维《红楼梦评论》发表以后,中经马克思主义与海外红学的相互激荡,"悲剧"论已逐渐成为红学研究中的共识。对此,亦曾有学者表示"尤其不赞成王国维的硬扣的态度"[②]。但悲剧概念之于《红楼梦》是怎样硬扣的,学界并

---

* 作者简介　张均,中山大学中文系教授。
① 张江:《强制阐释的主观预设问题》,《学术研究》2015年第4期。
② 李长之:《王国维文艺批评著作批判》,《文学季刊》(创刊号)1934年1月。

无系统分析，本文拟从动因、策略、机制等方面依次讨论《红楼梦》何以不是西方意义上的悲剧，并就古代文学研究问题空间的重建略表意见。

一、《红楼梦》不同于悲剧的叙事动因

研究一部作品，或许最重要的工作是要厘清作者何以要讲述这一故事。恰如丁玲所言："（作家）不是无缘无故的要做一个作家才走向写作生涯的；也绝不是做了一个梦，醒来后便要立志做一个作家的。"① 厘清了作者动机，才能进一步了解他（她）何以这样而不是那样去讲故事，何以产生这样而不是那样的审美效果。《红楼梦》初看起来的确是讲了一个类似《罗密欧与朱丽叶》的"向封建礼教发出了第一声抗议"② 的西方式悲剧，但实则作为"中国传统中最伟大的小说"③，它讲述故事的逻辑与西方悲剧风马牛不相及。而其最初的差异，就植根在叙事动因的不同上。要理解这种不同，宜先了解古希腊以来西方人是怎么认识悲剧的。对此，别林斯基认为："（对于）希腊人来说，生活有其暧昧的、阴沉的一面，他们称之为命运，它像一种不可抗拒的力量似的，甚至要威胁诸神。可是高贵的自由的希腊人没有低头屈服，没有跌倒在这可怕的幻影前面，却通过对命运进行英勇而骄傲的斗争找到了出路，用这斗争的悲剧的壮伟照亮了生活的阴沉的一面；命运可以剥夺他的幸福和生命，却不贬低他的精神，可以把他打倒，却不能把他征服。"④ 这种主、客对立，以人类自由意志与某种外部力量（命运、规律、秩序等）的搏击为内容，旨在肯定人的尊严并通过主人公的毁灭"借引起怜悯和恐惧来

---

① 丁玲：《作家与大众——关于读文学书的问题》，《丁玲文集》第6卷，湖南人民出版社1984年版，第12页。
② 李希凡、蓝翎：《关于〈红楼梦简论〉及其他》，《文史哲》1954年第9期。
③ 〔美〕夏志清：《〈红楼梦〉里的爱与怜悯》，载胡文彬、周雷编：《海外红学论集》，上海古籍出版社1982年版，第127页。
④ 〔俄罗斯〕别林斯基著，满涛译：《智慧的痛苦》，载陈洪文、水建馥选编：《古希腊三大悲剧家研究》，中国社会科学出版社1986年版，第174页。

使这种感情得到陶冶"①的悲剧叙述最早在《被缚的普罗米修斯》《俄狄浦斯王》等经典剧作中确立。而在此后,"由于剧中之人物之位置及关系而不得不然者"或因"极恶之人"的"交构"而产生的人生挣扎②,就构成了西方三大悲剧类型(命运悲剧、性格悲剧、社会悲剧)的共同特征。其中,命运悲剧和社会悲剧直接表现为自由意志与外部力量的冲突,性格悲剧则是此冲突在个体性格中的内化。譬如,马克思、恩格斯将悲剧理解为人物内心矛盾的结果,但又认为悲剧最深刻的根源只存在于客观的社会矛盾中,悲剧本质是"历史的必然要求和这个要求的实际上不可能实现之间的悲剧性的冲突"。③不难看出,自由意志构成了西方悲剧故事的动因,它们不是为了展示不幸,而是为了凸显人作为宇宙主体的使命感和尊严感,"(命运)可以摧毁伟大崇高的人,但却无法摧毁人的伟大崇高"④。这正是徒劳推动巨石的西西弗斯"无声的全部快乐"之所在:"他超越了自己的命运。他比他推的石头更坚强","他是自己岁月的主人"。⑤亦因此故,西方悲剧中的"英雄人物虽然在一种意义上和外在方面看是失败了,却在另一种意义上高于他周围的世界","他们并没有受到击败他的命运的损害"。⑥到了近现代,这种不可摧毁的自由意志更发展为秉有历史自信、挑战秩序、改造社会的强力意志。后者就构成了《红与黑》《复活》等悲剧的动力。其中,即便主人公最终遭受失败,但作者仍然借此"人生有价值的东西"的"毁灭"⑦,成功批判"没有公道"的社会制度、伦理秩序等,甚至向读者揭示了新的出路。可见,展现人作为万物主宰的尊严感或"英勇而骄傲"地推动社会进步,构成了西方悲剧的叙事动因。

---

① 〔古希腊〕亚里士多德著,罗念生译:《诗学》,人民文学出版社1962年版,第19页。
② 王国维:《王国维文学论著三种》,商务印书馆2007年版,第14页。
③ 《马克思恩格斯选集》第4卷,人民出版社1995年版,第560页。
④ 朱光潜:《悲剧心理学》,安徽教育出版社1996年版,第273页。
⑤ 〔法〕加缪著,沈志明译:《西西弗神话》,《加缪全集》第3卷(散文卷一),河北教育出版社2002年版,第138—139页。
⑥ 〔德〕谢林著,魏庆征译:《艺术哲学》,中国社会出版社1996年版,第64页。
⑦ 鲁迅:《再论雷峰塔的倒掉》,《鲁迅全集》第1卷,人民文学出版社1981年版,第192页。

那么,《红楼梦》在叙事动因上是否与西方悲剧一样源于自由意志呢？答案是否定的。贾宝玉不但与"人的伟大崇高"无缘，甚至对"我"的存在也不看重。他动辄谈死，动辄就要放弃自己。如第十九回他对袭人说："好姐姐！好亲姐姐！……只求你们同看着我，等我有一日化成了飞烟，风一吹便散了的时候，你们也管不得我，我也顾不得你们了，那时你们爱那里去就那去了。"第三十六回又说："我此时若果有造化，该死于此时的，趁你们在，我就死了，再能够你们哭我的眼泪流成大河，把我的尸首漂起来，送到那鸦雀不到的幽僻之处，随风化了，自此再不要托生为人，就是我死的得时了。"显然，贾宝玉的自由意志薄弱得几近于无。因此，他被刘小枫认为是儒家精神"无从克制历史王道中的恶"而"被石化、植物化"[①]的结果。当然，刘小枫可能以为经由与外部力量的斗争而获得崇高是所有人都应经过的精神之路，但曹雪芹等中国古典文人可能并不如此认为。"陋室空堂，当年笏满床；衰草枯杨，曾为歌舞场"，斤斤计较于"我"又如何，"崇高"又如何？甚至"推动社会进步"又能如何？到头来，一切抗争、一切"英勇而骄傲"的结局都不外乎"荒冢一堆草没了"。诚然，站在西方立场，可以指责曹雪芹消极、不理解人的高贵。但站在曹的立场，不也同样可以讥笑古希腊人肤浅、泥陷于"我执"和"法执"而不自知么？在此，如果我们不坚持以西律中而按其自身来理解的话，那么就不难发现《红楼梦》有其自己充分正当而充满魅力的讲述悲、喜故事（不仅是"悲"事，它既述不幸之爱情又"备极风月繁华之盛"[②]）的理由。

《红楼梦》的叙事动因实可从其"十六字纲领"——"因空见色，由色生情，传情入色，自色悟空"（第一回）——获得答案。"因空见色"，据字面理解是指作者因深感虚空故而来呈现这大千色相、讲述那红尘故事，即是说，虚空感构成了《红楼梦》的起因。这使《红楼梦》与西方悲剧貌合神

---

① 刘小枫：《拯救与逍遥》，华东师范大学出版社2007年版，第244页。
② （清）俞樾：《小浮梅闲话》，载朱一玄编：《明清小说资料选编》下册，齐鲁书社1989年版，第695页。

离：看似和后者一样涉及"新与旧的冲突，两种人的冲突，两种思想的冲突"①，但其实不甚相干。不过，"云空未必空"，作者倘若真的已入"空"境也就不会"披阅十载，增删五次"来完成此"泣血之作"了。所以，"空"应该理解为曹雪芹为深渊般的痛苦紧紧缠绕时希望达到的超越状态。而从他"泪尽而逝"的现实结局看，他终究未能超越，故"因空见色"准确的释义应是"因悲见色"。这正是《红楼梦》的叙事动因，恰如第七十八回所称："悲则以言志痛。"那么，曹雪芹又有何悲呢？对此，可从两方面理解。一方面，是古人普遍深永的生命痛感，如"天与地无穷，人死者有时，操有时之具而托于无穷之间，忽然无异于骐骥之驰过隙也"（《庄子·盗跖》），"人生处一世，去若朝露晞"（曹植《杂诗》），"人生若浮寄，年岁忽蹉跎"（张华《轻薄篇》），"向之所欣，俯仰之间，已为陈迹，犹不能不以之兴怀。况修短随化，终期于尽。古人云：'死生亦大矣！'岂不痛哉！"（王羲之《兰亭集序》）等等，这种种感伤，都通向古人强烈的生命体验——虚无感。在《桃花扇》研究中，高小康称之为最终的胜利者："整个作品中的世界观没有向人们哪怕是间接地暗示存在着最终意义上将会胜利的正义——如果说故事中的世界真的有什么最终的胜利者，那就是虚无。"② 另一方面，曹雪芹个人刻骨铭心的身世之痛也将他推至虚无之前。他"生于荣华，终于苓落，半生经历，绝似'石头'"③，家世之痛，爱情的毁灭，美好事物无可抵挡的流逝，可能都曾使他为浩大的悲伤所包围。《红楼梦》由此诞生："（他以为）人生无法进入美满的境地。生命现象的本身便是一个悲剧"，"痛苦之余，悲哀之余，他就拿起笔来，用心血写起他的场面广大的故事来"。④ 如果说西方悲剧发端于人的自由、尊严和改造社会的勇气的话，那么《红楼梦》则起源于古

---

① 李希凡：《红楼梦评论集》，人民文学出版社1973年版，第288页。
② 高小康：《〈桃花扇〉与中国古典悲剧的演变》，《文学遗产》1999年第4期。
③ 鲁迅：《中国小说史略》，人民文学出版社1973年版，第207页。
④ 史任远：《贾宝玉的出家·序》，载吕启祥、林东海主编：《红楼梦研究稀见资料汇编》，人民文学出版社2001年版，第1117页。

人的大绝望。前者希望在斗争中展示人高于万物的尊严甚至征服不义，后则对斗争、征服兴味索然，只是系心于安慰自己痛苦的魂灵。两者差异极大：前者是希望者的文学，后者是绝望者的文学。虽然这并不妨碍它们涉及相似的失败的爱情，但若因此就把古希腊式悲剧硬扣到《红楼梦》上去，无疑是比较严重的强制阐释。

二、《红楼梦》不同于悲剧的故事策略

绝望的文学和希望的文学的不同，在故事策略上表现得更为明显。西方悲剧性文学发展到19世纪，以易卜生式社会悲剧日渐为主。这类悲剧在故事经验层面，往往将斗争作为"可以叙述之事"的重心，多讲述个人与不合理社会制度和伦理秩序之间的冲突，借以批判社会、吁求进步。《红楼梦》亦往往被悲剧论者如此误读，认为它正是"叛变封建世俗男女相爱的理想结合与恪守贵族家世利益和封建礼法的'金玉良缘'的尖锐冲突"[①]。这种趋从西方化的答案在两点上大有纰漏。一是有意识忽略西方悲剧完全不需要的"风月繁华之盛"的描写。但这种在悲剧中纯属多余的内容（如宴饮、诗会、节庆等）在《红楼梦》中却铺天盖地、无穷无尽。二是忽略了曹雪芹的叙事动因。易卜生式的悲剧大写斗争，意在批判并改进社会，但曹雪芹对进步、改革并无兴致，相反却沉溺于"人生永恒的悲哀"，"不知道是中国历史发展的产物，又想也想不到怎样悲惨的现实都可以由人们改造的"[②] 因此，《红楼梦》尽管也出现人物矛盾，但它们不会像西方悲剧一样在整体上成为故事的组织逻辑。相反，《红楼梦》的"以言志痛"取资于中国古老的文化和叙事经验。

那么，面对虚无时古代士大夫会如何通过文字安慰自己的灵魂呢？对

---

① 李希凡：《红楼梦艺术世界》，文化艺术出版社1997年版，第351—352页。
② 史任远：《贾宝玉的出家·序》，载吕启祥、林东海主编：《红楼梦研究稀见资料汇编》，人民文学出版社2001年版，第1120页。

此，单世联写道："中国文化是记忆的文化。文学记忆的特征之一，不在于重述既往史事，而在于将往事中的情境和心境以诗的方式予以重现或复苏。在穷困潦倒、寂寞萧条的日子里追怀既往繁华胜境，慨叹人世无常、世事如梦，是中国文人的'心灵积习'之一。"① 这是很具深度的观察，包含了古典文学的秘密：记忆，是理解士大夫文化的关键词。美国学者斯蒂芬·欧文也将"追忆"视为中西文学的根本差异，认为在西方文学中"人们的注意力集中在真实和意义上"，而在中国古典文学中"与它们大致相等的是往事所起的作用和拥有的力量"。借此，他认为由于"惧怕湮没和消蚀的心理"，"在中国古典文学中，到处都可以看到同往事的千丝万缕的联系"，"往事再现"的作用在于"用残存的碎片"使人"设法构想失去的整体"，"把现在同过去连结起来，把我们引向已经消逝的完整的情景"，从而使"已经物故的过去像幽灵似地通过艺术回到眼前"。② 显然，这是与西方悲剧完全不同的故事逻辑：如果说回忆指向业已消失的美好，那么斗争则凭借对历史的必然要求（历史真实）的拥有而以未来的胜利自居。对于陷溺于深永悲哀的曹雪芹而言，后者不太可能激发他的兴致，而代代相沿的回忆的诗学则更贴近他的心灵。在回忆的诗学中，文人们通过往事再现去捕捉逝去的岁月，通过对生命景象的艺术复活来抵挡美好事物的消失，"生命如急管繁弦，越是美好的越是短促无凭，文字不能把握时间，但它可以呈现出与时光联系在一起的形象、画面、场景、意境，唤起与过去同样的感受与情绪"③。此种回忆的诗学，可见之于唐诗宋词，见之于尺牍小品，也可见之于《红楼梦》这种以小说形式出现的文人作品。

作为长篇小说，《红楼梦》不可能追求唐诗那种"断片的美学"，专以生命瞬间的营造来结构全篇，而是势必要讲述许多世俗生活故事。甚至这些故事还包含大大小小的矛盾，但这些矛盾不是整部小说的斗争逻辑，相反，

---

① 单世联：《记忆的力量——〈红楼梦〉意义述论》，《红楼梦学刊》2005年第4辑。
② 〔美〕斯蒂芬·欧文著，郑学勤译：《追忆》，上海古籍出版社1990年版，第2—3页。
③ 单世联：《记忆的力量——〈红楼梦〉意义述论》，《红楼梦学刊》2005年第4辑。

它们还和"无事之事"（宴饮、节庆、雅集等）共同服从于回忆的诗学。此即"因空（悲）见色"中的"见色"，亦即往事再现。那么，《红楼梦》是怎样往事再现的呢？这包括两方面特征。一是整体"对照记"。与西方悲剧习于集中写主人公的人生挫败不同，《红楼梦》讲求盛衰俱集、兼呈悲欢："红楼之作，乃雪芹巢幕侯门，目睹富贵浮云，邯郸一梦。始则繁华及盛，景艳三春，花鸟皆能解语；继则冷落园亭，魂归月夜，鬼魅亦且弄人。"①这是大结构层面上的悲欢相错，细结构上亦是如此。譬如，在"景艳三春"期间，香菱、秦可卿、秦钟、贾瑞、金钏等即已相继遭遇人生不幸。及至"冷落园亭"期间，仍有"寄闲情""宴海棠""沐天恩""庆生辰"等欢庆事象。所以，《红楼梦》的往事再现是整体呈现，需要以对照之法阅读。这一点，不少回目已经明确显示出来，如"贾元春才选凤藻宫，秦鲸卿夭逝黄泉路""寿怡红群芳开夜宴，死金丹独艳理亲丧""开夜宴异兆发悲音，赏中秋新词得佳谶"，等等。二是"对照"中的不对称。《红楼梦》虽兼有悲、喜两面，但喜的数量大大胜过悲的一面。有关寿辰、节日、游园、宴聚、赏花、钓鱼、结社联诗、雅制灯谜乃至嬉戏打闹、争风吃醋之类的描写，构成了其三分之二以上的篇幅。尤其是"于一切排场，及每人穿着插戴，无不极意摹写"②。由西方悲剧观之，衣饰、菜单、礼单和起居陈设之类等细节堆砌不但不必要，甚至不严肃。因此之故，受西方影响的现代文人往往不理解这种喜胜于悲的不对称处理，认为"细细说那饮食、衣服、装饰、摆设，实在讨厌！"③把《红楼梦》硬扣为悲剧的学者则对此则视而不见。那么，对宴饮、嬉闹乃至衣饰、菜单等的铺排真的没有意义？对此，张爱玲有非同凡响的见解："因为对一切都怀疑，中国文学里弥漫着大的悲哀。只有在物质的细节上，它得到欢悦——因此《金瓶梅》、《红楼梦》仔仔细细开出整桌

---

① 境遍佛声：《读红楼札记》，载吕启祥、林东海主编：《红楼梦研究稀见资料汇编》，人民文学出版社2001年版，第5页。
② 周春：《红楼梦约评》，载朱一玄编：《红楼梦资料汇编》，南开大学出版社2001年版，第523页。
③ 陈独秀：《三答钱玄同》，《新青年》1917年第8卷第1号。

的菜单,毫无倦意,不为什么,它因为喜欢——细节往往是和美畅快,引人入胜的,而主题永远悲观。一切对于人生的笼统观察都指向虚无。"① 也就是说,这些细节描写本身即是"以言志痛"的一部分。不过,问题也随之而至:就凭这些排场、穿戴等等物质细节就能抵挡时间的疼痛?而色的另外一面(悲)和抵挡又有什么关系?要回答此问题,须明白《红楼梦》"见色"的色并不止于物质细节和不幸事件,而是另有重要部分——情。这就涉及《红楼梦》往事再现中更为复杂的结构关系:情色对照。

此即"由色生情、返情入色"。《红楼梦》中的色是广大世俗社会,其间美丑并存、清浊难分,那么,作家又如何使之成为可以抵抗内心苦痛的色呢?这通过两层互动完成。一是"由色生情"。小说首先在广大"色世界"里开辟出"情世界"。这个情世界又可分为"有情之天下"和"有情人"。大观园是为有情之天下,园内是青春与美的所在,"花儿不离身左右,鸟声只在耳东西",一帮美丽清俊的小儿女在其间结社吟诗、簪花斗草,偶杂些"儿女痴怨""捻酸吃醋"。其间姐妹们(包括宝玉)更皆有情人。其中,宝玉的"情不情"是最高的情的境界,"凡世间之无知无识,彼俱有一痴情去体贴",即是说,对世间有情之物和无情之物皆以一腔痴情去体贴、去爱,而并不考虑对方是否爱己。甚至,其对象不仅是一切世人,还包括花草、万物。第三十五回有段议论,可见此意:"时常没人在跟前,就自哭自笑的。看见燕子,就和燕子说话;河里看见了鱼,就和鱼儿说话。见了星星月亮,他不是长吁短叹,就是咕咕哝哝的。"这种与万物相体贴的"情世界"构成了《红楼梦》色的核心,也是其用以抵挡时间疼痛的最主要凭借。二是"返情入色"。实则《红楼梦》用以安慰个我灵魂的不仅是"情世界",也包括无趣的"色世界"(如菜单、礼单等物质细节)和不那么美好的"色世界"(如"风刀霜剑严相逼"之类人间不幸)。这一点,将大观园内外分裂成势不两立的两个世界(如余英时的现实世界与理想世界的划分)的悲剧论者难以

---

① 张爱玲:《中国人的宗教》,《余韵》,花城出版社1997年版,第8页。

认可。但"返情入色"在两个层面上完成了这种共同的整体性抵抗。一是有了大观园中那"古往今来厚地高天中的最崇高最圣洁最伟大的情"①的照耀，原本无甚趣味的宴饮、衣饰、礼单、起居陈设等物质细节也因为曾是情的物证或受情的拂抚而变得熠熠生辉，二是有了那厚地高天之情，那些或令人憎厌的无情之人、之事，也泛射出若干生命光辉，现出可哀悯的颜色。因此，王熙凤、贾政等都并非批判对象，相反，他们不可避免的毁灭同样让人深感悲悯。

此即《红楼梦》中情与色的"对照记"。情生于色，但又反过来赋予了它有情世界的生气和价值。经此互映，情、色最后融洽一体，美好事物与无趣甚至不美之物打成一片，共同构成了《红楼梦》生机勃勃的"往事"。这种往事再现构成了《红楼梦》回忆的诗学的故事策略，并以情、色互通整体抵抗着时间的疼痛。遗憾的是，悲剧论者往往强制把这整体往事分为肯定和否定两个部分，并认为作者有破旧立新、渴求理想新社会之意。

三、《红楼梦》不同于悲剧的叙述机制

悲剧论者如果未能在故事策略层面看到《红楼梦》的回忆的诗学，那么他们在叙述机制层面继续强制阐释就是必然的。譬如冯其庸对《红楼梦》的理解即是西方化的："贾宝玉、林黛玉爱情的毁灭"，"是新的生命由于它还未成熟，经不起狂风恶浪的摧折而毁灭，但它健壮的根系和茁壮的幼芽仍在适宜的土壤里保存着"，"只要有适当的气候，它会继续生长，最终长成大树"。②这种理解是以西方悲剧叙述机制为前置模式而形成的。其中，宝玉被理解为自由意志之代表者（"还未成熟"的"新的生命"），他的努力尽管被毁灭，但因其追求爱情的意志最终赢得了读者的怜悯和认同，那么仍可以说

---

① 周汝昌：《〈红楼梦〉与"情文化"》，《红楼梦学刊》1993年第1辑。
② 冯其庸：《读〈红楼梦〉》，《红楼梦学刊》2007年第5辑。

"（他）并没有受到击败他的命运的损害"①，甚至还包孕了自由终将实现的希望。不过，《红楼梦》真的意在通过自由的毁灭来反映"历史前进的客观趋势"②并唤醒希望的幼芽吗？答案是否定的。它的"落了片白茫茫大地真干净"的归宿，暗含着"长夜无晨"③和"彻底的悲观主义"④的基本底色，它无意像西方悲剧那样挑战现实秩序或展示人的伟大崇高，相反，它希望通过繁复的往事再现臻于某种生命境界并最终平复内心痛苦。在此情形下，如果说西方悲剧组织斗争故事的叙述机制在于自由的成长（毁灭），那么《红楼梦》的机制则可用一个佛学概念来表述：破执。破执，意味着破除某种对自己和世界的执着。何谓执着，唯识宗称为"遍计所执性"，即指"以名言来表示种种因缘和合而生起的本无实体的存在，并执着为实有，而实际上，这是把无实体的执着为有实体的，这样所得的认识是不实在的、错误的"⑤。从佛学看，所谓"人的伟大崇高"或"自由意志"本身即是一种应该去掉的"执"。由此可见，《红楼梦》与西方悲剧几乎逆向而行。那么，《红楼梦》在其回忆的诗学中是怎样破执的呢？

这可从极有隐喻意味的"风月宝鉴"的故事讲起。在第十二回，贾瑞迷恋王熙凤，终致染疾不起。忽一日有跛足道人赠镜一枚，名曰"风月宝鉴"，并特嘱只可照背面而不可照正面。贾瑞照背面，则见一个骷髅立在里面。忍不住好奇又照正面，却见凤姐站在里面招手叫他，于是荡悠悠进镜与凤姐交欢。如此恍惚相会，终于死去。贾瑞祖父贾代儒愤而烧镜，谁知镜内哭道："谁叫你们瞧正面了！你们自己以假为真，何苦来烧我？"这段故事不可等同于市井风月。《红楼梦》一度以《风月宝鉴》之名流传，亦可见此"妖镜"（贾代儒语）的隐含意味。对此，脂砚斋在"千万不可照正面"一句旁边评

---

① 〔德〕谢林著，魏庆征译：《艺术哲学》，中国社会出版社1996年版，第64页。
② 冯其庸：《读〈红楼梦〉》，《红楼梦学刊》2007年第5辑。
③ 鲁迅：《中国小说史略》，人民文学出版社1973年版，第209页。
④ 高小康：《〈桃花扇〉与中国古典悲剧的演变》，《文学遗产》1999年第4期。
⑤ 方立天：《佛教哲学》，中国人民大学出版社2006年版，第330页。

道："观者记之，不要看这书正面，方是会看。"① 从看镜跳跃到看书，脂砚斋是在提醒读者："风月宝鉴"隐喻着人生与世界的真相。那么，是怎样的真相呢？刘相雨认为，"风月宝鉴的正面是勾引人的凤姐，反面是骷髅；正面是假，反面是真；正面是现象，反面是本质"，因此，风月宝鉴"是一面抽象化的、蕴含着丰富哲理意味的镜子，涵盖了正与反，真与假，现象与本质诸方面的对立统一"。② 这一分析颇有道理，但对立统一仍出自西方认识论。脂砚斋本意则是：我们所处的世界正如一面镜子，从正面看是青春繁华从反面看是虚无荒凉，正面是"好"反面则为"了"；但繁华与荒凉、好与了，不是对立统一的"两个世界"，而是"一个世界"的两个面向。是好是了、是有是无、是真是假其实本无区别。如果观察者认为它们区别很大或竟是两个世界，那只表明观察者无力看破所谓"温柔富贵乡"。只能从繁华看见繁华，便是执迷。而能从繁华中嗅出荒凉气息，从有中看见无，并意识到有即是无、欢即是悲，那便达到了破执层次。脂砚斋所谓"会看"即指不执迷于正面（色、美、繁华等）且能把握到它与反面（空、骷髅、荒凉等）互成镜像。倘如此，个人对于生命的认识就会大为提升，就可能达到完满的生命之境。相反，一个人倘若不明白有、无本为一体，好、了原即一物，而一定要把这"一个世界"强分为现实世界和理想世界并为追求理想而不断和现实斗争的话，那无疑是最糟糕的"执"了。这种执迷，毋宁是西方悲剧作为自由意志故事的本质所在，而《红楼梦》所"破"者也正在此"执"。从某种意义上讲，西方悲剧的终点正是《红楼梦》的起点。因此，破执正是"风月宝鉴"的隐喻，亦是《红楼梦》叙述机制之所在。悲剧论者以为《红楼梦》是在一步步在展示宝黛与封建卫道者的斗争、呈现自由的成长，其实不然。单纯就小说线索而论，当然有此一支，但在诸多线索之下，曹雪芹真正用意却在于一步步地破执，一步步地将读者带入有无一体、好了互见的通彻万物的

---

① 俞平伯编：《脂砚斋红楼梦辑评》，古典文学出版社1958年版，第200页。
② 刘相雨：《谈〈红楼梦〉中的"风月宝鉴"》，《红楼梦学刊》1995年第4辑。

生命境界中去。破除人心之于"好"的执迷，使之从"好"中看到"了"，从"风月宝鉴"的正面看到反面，这才是《红楼梦》的深层机制。

那么，《红楼梦》是如何落实这一机制的呢？可分两层述之。一是僧道设置。"风月宝鉴"系由道士携来，实则僧、道在作品中具有结构性功能。小说中每逢关键节点，僧道便会适时出现，恰如清人姚燮所言："英莲方在抱，僧道欲度其出家；黛玉三岁，亦欲化之出家，且言外亲不见，方可平安了世；又引宝玉入幻境；又为宝钗作冷香丸方，并以金锁；又于贾瑞病时，授以风月宝鉴；又于宝玉闹五鬼时，入府祝玉；又于尤三姐死后，度湘莲出家；……一部之书，实一僧一道始终之。"① 在此，僧道的出现及言论，实在不断提醒读者所谓大观园内外的红尘世界（兼含色、情）与太虚幻境同为一个世界，读者"沉酣一梦终须醒，冤孽偿清好散场"。遗憾的是，对此功能作用现代知识分子多是不甚了了，反以为是荒诞不经。二是宝玉角色设置。宝玉同样有"度化"读者之用。对此，鲁迅称："宝玉在繁华丰厚中，且亦屡与'无常'觌面"，"悲凉之雾，遍被华林，然呼吸而领会之者，独宝玉而已"。② 又说："在我眼下的宝玉，却看见他看见许多死亡。"③ 这是指宝玉动辄谈死，动辄要"化灰化烟"，几乎时刻在提醒读者所谓"烈火烹油，鲜花著锦之盛"，"也不过是瞬息的繁华，一时的欢乐"。（第十三回）通过宝玉与僧道，《红楼梦》最终使人从世界的正面看到它的反面，从"好"中看到"了"，并最终以"了"的平淡与从容来重新面对"好"的现实。有了如此识见，人们就会进入云淡风轻的生命境界：既不会因富贵繁华的不能得到而焦虑不安，亦不会因青春、爱情等美好事物的存逝而大喜大悲。一个人如果到了这等境界，大约可谓破执了。而这正是佛学中的"色即是空"的道理："色即是空，不待色灭然后为空"（僧肇：《维摩经注》），"色即是空，非

---

① （清）姚燮：《读红楼梦纲领》，载一粟编：《古典文学研究资料汇编》，中华书局1963年版，第167页。
② 鲁迅：《中国小说史略》，人民文学出版社1973年版，第201页。
③ 鲁迅：《绛洞花主小引》，《鲁迅全集》第8卷，人民文学出版社1981年版，第145页。

色灭空,色性自空"(鸠摩罗什译:《维摩经》)。显然,埋藏在《红楼梦》深处的是中国传统的有关生命的内在超越机制,与自由意志的故事大不相干。

四、余论

以上破执机制,兼之前述回忆的诗学的故事策略、以言志痛的叙事动因,共同构成了《红楼梦》与西方悲剧的差异的主要方面。此外,在审美效果上二者也存在消极与积极之别。西方悲剧尽管多述不幸之人生,但其效果则是乐观主义的壮伟,《红楼梦》尽管有叙"鲜花着锦、烈火烹油"之事,但并不激发读者与天斗、与地斗、与人斗的勃勃的自由意志,而是让人"沉静了下去,与实人生离开"。① 然而在一个不再那么需要文学承担家国正义的年代,我们也不必以"消极"二字将《红楼梦》所揭橥的中国人灵魂深处幽微的痛苦和深永的美轻易打发。就此而论,《红楼梦》比一般古典文学的"沉静"更消极,也更深刻。沉静是古典诗歌往事再现的美学目标,"自色悟空"显示《红楼梦》也希望平抚时间疼痛之后走向类似虚静之美。但《红楼梦》在此途中却一不小心掉入了某种"虚无的深渊"②,未臻虚静反而带来更广大的痛苦。对此,夏志清认为:"曹雪芹表面上写了一个道教的或禅的喜剧,表现了人类在绝望和痛苦中的无希望的纷扰以及至少一个个人的解脱。但只是表面的,因为读者只能感觉到这小说中所描写的痛苦的真实比道家智慧的真实更深地激荡着他的存在。"③ 这缘于并非所有往事再现皆能使人物我两忘继而心灵平静,因为"色即是空",由艺术再现出来的繁华更如梦幻泡影,它未必能让人从幻象中得到安慰。对于"一往有深情"者,反而是再度提醒那过去已永不再来,是将之一次次地从平静边缘拖入痛苦深渊。如果说

---

① 鲁迅:《青年必读书》,《鲁迅全集》第3卷,人民文学出版社1981年版,第12页。
② 王安忆:《人生戏剧的鉴赏者》,《文汇报》1995年9月21日。
③ 〔美〕夏志清:《〈红楼梦〉里的爱与怜悯》,载胡文彬、周雷编:《海外红学论集》,上海古籍出版社1982年版,第135页。

小说是"存在的勘探者"(昆德拉语),那么这深渊中深永的灵魂之痛,就显然不是"消极"二字所能概括,更非西方悲剧模式能够完成。由此可见,《红楼梦》在效果、机制、策略、动因等方面皆与西方悲剧相去颇远。悲剧论者仅据爱情失败就把《红楼梦》纳入西方自由意志的故事,不免太过强制阐释,值得深刻反思。在古代文学研究领域,同样发生着强制阐释的现实主义、浪漫主义、典型等西方概念,更是必要的系统反思对象。未来古代文学研究新的问题空间的打开,对中国人精神的"同情之了解",不能不说与这些概念的祛魅密切相关。

(《学术研究》2016 年第 5 期)

重建文本客观性
——强制阐释论的解释学谱系

陈立群[*]

  20世纪80年代以来，我国文学理论研究广泛借鉴吸收现代西方的优秀学术成果，取得了长足进展。然而，这种借鉴渐渐逾越了应有的立场与界限，变得唯西方马首是瞻。针对这种情况，有识之士展开了中国文论"失语症"的讨论，但"失语症"讨论仍然保留着对西方话语的信赖和认同，它并没有对整个西方理论话语进行深刻反省与批判，只是惋惜中国没有形成类似的话语生产机制。实质上，在现代西方文化生产体制下，学术研究也纳入了商业化生产体系，在生产、传播等流程中被扭曲异化。同时，即使学者有意识地保持戒备、批判的姿态，资本主义的统治意识形态仍然不可避免地对他们的思想理论产生制约作用。正如布尔迪厄的《再生产》《国家精英》所示，知识分子及其生产实际上仍是资本主义自我维护的文化再生产。所以，现代西方学术理论实际上存在着深刻的致命伤。令人欣慰的是，我国学者已经意识到这些问题，开始对西方思想学术进行整体反思。张江提出的强制阐释论不仅是对中国当代文学批评实践与文学理论构建的批判，更指出了西方现代批评理论在学理与方法上的根本偏向。这里，笔者拟对现代西方解释学理论

---

[*] **作者简介** 陈立群，华南师范大学文学院副教授。

做一番谱系学梳理，进一步丰富对张江提出的强制阐释论的理解。

一、错误的阐释模式

狄尔泰将人类知识划分为自然科学与精神科学，并将"理解"作为精神科学的基本研究方式，解释学也成为精神科学的主要方法论。伽达默尔的哲学解释学则使理解本体化，解释学成为进行"存在之思"的主要路径。虽然二人的学科规划没有彻底成为现实，但理解与解释学在当代人文学科领域的重要地位也由此彰显。解释学也是中国当代学界着力经营的学术重镇，不仅有大量的译著、论文出产，有构建"中国解释学"的宏伟规划，而且流布于各个学科领域，成为一种普遍的研究思路。张江对西方文论的批判也首先是在解释学层面开展的。他将现代西方文论的错误归结为强制阐释，指出："强制阐释是指，背离文本话语，消解文学指征，以前在立场和模式，对文本和文学作符合论者主观意图和结论的阐释。"①"所谓'背离文本话语'是指：阐释者对文本的阐释离开了文本，对文本作文本以外的话语发挥。……所谓'消解文学指征'是指：阐释者对文本和文学作非文学的阐释。……所谓'前在立场和模式'是指：在文本阐释之前，阐释者已经确定了立场，并以这个立场为准则，考量和衡定文本。……至于'对文本和文学作符合论者主观意图和结论的阐释'，是个目的论的企图，意即论者的阐释不是为了揭示文本的本来含意或意义，而是为了论证阐释者主观意图和结论。"②

张江认为，西方文论及其追随者的错误，主要是一种阐释模式的错误。这种阐释模式，没有以文本的客观存在为核心，围绕文本展开阐释，而是凸显了解释者的主体地位，让解释者的权威操控了整个解释行动，从而文本内涵被解释者的主观意志扭曲，解释成为解释者的自我印证。这种自循环的解释模式，正是现代解释学的产物。古典时代的阐释活动主要是对神话（神

---

① 张江：《强制阐释论》，《文学评论》2014 年第 6 期。
② 张江：《关于"强制阐释"的概念解释》，《文艺研究》2015 年第 1 期。

谕)、《圣经》、《罗马法》等神圣文本的解读，阐释者没有任意解释的权利。而现代解释学的奠基人施莱尔马赫倡导创建解释学，寻求一般文本阐释的普遍原理，文本不仅仅是《圣经》或其他神圣来源的著作，也包括了普通作者的作品。施莱尔马赫强调对文本和作者原意的追寻，要求解释者"使自身与作者等同"，但他又认为这必须结合客观的语法解释和主观的心理学解释才能实现，而后者需要读者的想象。[①]这就为读者的主观想象参与文本阐释提供了合法空间。另一位现代解释学的奠基人狄尔泰则认为，理解和阐释是精神科学的基础，它们必须具备"普遍有效性"[②]，但它们始终"建立在对自己的体验和理解之上"，"建立在一种特殊的个人的创造性之上"[③]，因而它们是确定的，也是主观的。狄尔泰也给予了阐释者发挥主观能动性的余地。

真正使阐释者取代文本和作者成为阐释活动主体的是伽达默尔。伽达默尔继承了海德格尔的存在阐释观，认为理解和阐释不仅仅是精神领域的一种活动，而且是人类生存在世的基本方式。因而阐释者在面对文本时总是已然"先行领会"，拥有了前见。前见是阐释者在自己的历史性存在中逐渐获得的各种自我规定，包括教育、传统、各种流传物等等，它是理解得以发生的条件，理解与阐释都是在前见的基础上展开的。与施莱尔马赫和狄尔泰不同，后者的读者想象心理活动是致力于消灭主观的自我，贴近作者、贴近文本，前者却容许读者完整地携带着既成的主观规定性进入文本，进入阐释活动，并将对文本的理解建立于其上。因此，伽达默尔实际上是以读者自我为中心构建整个阐释活动的。在伽达默尔这里，文本自身是未完成的，其意义也是不存在的，是阐释者的阐释完成了它。是阐释者，而不是作者，生产了文本的意义。这样一来，文本及其意义的客观性与确定性都解体了。伽达默

[①]〔德〕施莱尔马赫著，洪汉鼎译：《诠释学讲演·1819年纲要》，洪汉鼎主编：《理解与解释——诠释学经典文选》，东方出版社2001年版，第61页。

[②]〔德〕狄尔泰著，洪汉鼎译：《诠释学的起源》，洪汉鼎主编：《理解与解释——诠释学经典文选》，东方出版社2001年版，第75页。

[③]〔德〕狄尔泰著，李超杰译：《对他人及其生命的理解》，洪汉鼎主编：《理解与解释——诠释学经典文选》，东方出版社2001年版，第93页。

尔说，当一个法学家"受其自身历史上的前见解和当时流行的前判断所支配，他可能'错误地'作了估价。这无非只是说，又有一个过去和现在的沟通，即又有一个应用……这并不意味着历史学家做了某种他本不'可以'或本不应该做的事"①。读者主体阐释地位的确定，意味着文本意义的无限生产。而这些不可穷尽的产品都从自己的阐释者获得了真理性，是不能有价值区别的。伽达默尔因此就给解释学埋下了相对主义的祸根。

在伽达默尔的理论基础上，后结构主义进一步提出了对文本的解构。克里斯蒂娃运用解析符号学方法，将文本视为"一种超语言的程序、一种动态的生产过程，认为文本不是语法的或非语法的句子的静态结合物，不是简单的纯语言现象，而是在语言中受激发产生的一种复杂的实践活动"②，并进一步提出互文性理论。罗兰·巴特用一部《S/Z》亲身示范了对文本的拆解和复数性的重写。他指出："解释一篇文，并非赋予该文一特定意义（此意义多多少少是有根据的，也多多少少是随意的），而是鉴定此文所以为此文的复数（pluriel）。"而阅读则是"使文呈星型裂开"，"叙述过程的流动的话语，日常语言的强烈的自然性，均离散开来"，"将导引之文的能指切割为一连串短而紧接的碎片"。③从而，不仅文本内涵的意义是不确定的，文本的符号结构形式也是不确定的，对文本的解读变成了对文本的重组。由此，西方当代文论界各种异想天开的文本解释也得以生产出来。如张江批评的生态理论批评家对《厄舍老屋的倒塌》的解读，利用话语置换、词语贴附、硬性镶嵌等手段对原有文本进行重构和改造，将一部神秘主义恐怖小说硬生生转换为生态学文本。④而这种转换、重构、改造，这些话语置换、词语贴附、硬性镶嵌，实质上都是经由现代解释学颁发了生产许可证后制造出来的。

---

① 〔德〕汉斯-格奥尔格·伽达默尔著，洪汉鼎译：《真理与方法》"第二版序言"，上海译文出版社1999年版。
② 罗婷：《克里斯特瓦的符号学理论探析》，《当代外国文学》2002年第2期。
③ 〔法〕罗兰·巴特著，屠友祥译：《S/Z》，上海人民出版社2000年版，第62—74页。
④ 张江：《强制阐释论》，《文学评论》2014年第6期。

因此，张江的强制阐释一说确实击中了当代西方文论的要害。而其下的前置立场概念对前见参与阐释活动的阈限的界定，场外征用概念对互文性与文本链理论的无限度繁殖的遏制，等等，多维度多层次地厘定了现代解释学的阐释模式，澄清了它的视界与盲区。其总体精神，就是重新树立文本的客观性。这为摆脱解释的困境指出了一条道路。

二、文本的客观性

在西方现代解释学的历史中，对于伽达默尔及其后继者的阐释模式，一直不乏反对的声音，如哈贝马斯与伽达默尔之间的论战、贝蒂的"客观解释"、赫什的"捍卫作者"、桑塔格的"反对阐释"、艾柯的"过度诠释"等。在20世纪60年代就发出这一呼吁的桑塔格，她反对的阐释，"是指一种阐明某种阐释符码、某些'规则'的有意的心理行为"，这使"阐释的工作实际成了转换的工作"。传统的阐释"在字面意义之上建立起了另外一层意义"，现代的阐释更进一步地在破坏，"它在文本'后面'挖掘，以发现作为真实文本的潜文本"。[①] 从这里看，她与张江的强制阐释论确实有共同点。但是，桑塔格反对的阐释，主要是指向一种深度意义的挖掘，"去阐释，就是去使世界贫瘠，使世界枯竭——为的是另建一个'意义'的影子世界。阐释是把世界转换成这个世界"[②]。她的目的是"恢复感觉""削弱内容"，肯定感觉印象的地位，肯定感性在阅读中的地位。她没有意识到读者在阐释运动中的专制、暴政，她意识到并加以反对的是理性的暴政。因而这种对感性的强调，并不能防止强制阐释。相反，以感性的名义，仍然可以放纵读者的主观偏好，歪曲文本，并且由于反对阐释，反对深度探讨，也就是反对文本话语与读者意识的反复辩难、诘问，阻碍了文本对读者直观感受的校正。

---

① 〔美〕苏珊·桑塔格著，程巍译：《反对阐释》，上海译文出版社2011年版，第6—7页。
② 〔美〕苏珊·桑塔格著，程巍译：《反对阐释》，上海译文出版社2011年版，第8页。

二十多年后艾柯提出的"过度诠释",针对的是"最近几十年的文学研究的发展进程中,诠释者的权利被强调得有点过了火"的情况。他表示,"我反对那种认为本文可以具有你想要它具有的任何意义的观点","一定存在着某种对诠释进行限定的标准"。[①] 这与张江的强制阐释论倒也论调一致。但是,艾柯把诠释的标准置放在读者身上,创造了一个"标准读者",以它为文本建构的根基:"本文被创造出来的目的是产生其'标准读者'","隐含在本文中的标准读者能够进行无限的猜测"。[②] 艾柯实际上仍然承认读者是阐释的主体,只是后者必须自我克制,保持一个"度"。这一克制,来自读者主体的自觉,而不是文本的约束,文本在这里依然是被动的。他说:"文本……是诠释在论证自己合法性的过程中逐渐建立起来的一个客体","文本的意图只是读者站在自己的位置上推测出来的"。[③] 因而文本自身并没有自我防护的措施,仍然暴露于各种"过度诠释"或曰"强制阐释"的威胁之中。

真正注意到要保障文本客观性问题的现代解释学学者是保尔·利科尔。利科尔定义文本为"由书写而确定了的话语"[④]。"话语",是当下的语言行为,"确定",即剥离它的当下的偶然性、有限性,从而文本指向的不是日常现实的语境,而是可能性的人的在世存在结构。文本因而是一种深层意义的客观性的结构,既超越作者,也超越读者。诠释是读者在文本的指引下的自我理解,读者在阅读文本之前并没有成为主体。在这个过程中,是文本而不是读者,作为诠释活动的主导者。"理解不是将自身投射于文本,而是将自身展示给文本;就是说,接受一个自我,这个自我是被阐释所展开的意指世

---

① 〔意〕艾柯等著,柯里尼编,王宇根译:《诠释与过度诠释》,生活·读书·新知三联书店1997年版,第172页。
② 〔意〕艾柯等著,柯里尼编,王宇根译:《诠释与过度诠释》,生活·读书·新知三联书店1997年版,第48页。
③ 〔意〕艾柯等著,柯里尼编,王宇根译:《诠释与过度诠释》,生活·读书·新知三联书店1997年版,第77—78页。
④ 〔法〕保尔·利科尔著,J. B. 汤普森编译,孔明安等译:《诠释学与人文科学》,中国人民大学出版社2012年版,第107页。

界的占有所扩大的。"① 与艾柯等人不同，保尔·利科尔确实强调了文本自身的客观性。但是，利科尔的文本，是纯粹语言的文本，是局限于符号层面的结构。他提出了间距概念，强调文本对自己产生的语境的超越，强调文本的非历史性："间距化的环节蕴涵在由书写中的固定和话语传递范围中的所有类似现象中。书写不仅仅是对话语的物质上的固定，因为固定还是一种更为基本的现象的条件，即文本独立性的条件。这是一种三重的独立性：一是作者的意图方面；二是生产文本的文化状况和全部社会学条件方面；最后是原初的受众方面。"② 文本的意义根源、文本的客观性就是来自文本的结构，来自话语的固定化结构形式，所以利科尔会对隐喻、象征给予极大重视。其根本，是对人及其世界的非历史化。而张江的强制阐释论却要求文本阐释要还原文本的语境，还原话语生产现场。他指出："对一个文本展开批评的首要一点，也必须是对文本存在的本体认知。这包含以下三个方面：其一，文本实际包含了什么，意即文本的客观存有。其二，作者意欲表达什么，其表达是否与文本的呈现一致。其三，文本的实际效应是什么，读者的理解和反应是否与作品表现及作者意图一致。"③ 文本的确是话语的文本，话语的确是当下的活动，但话语的当下性不是对人的历史性的遮蔽，恰恰相反，话语行为的发生，正是存在的历史性的现身。在话语中，人—世界—存在的当下状态，人在世界之中的复杂情状，人与他人及各种社会存在的矛盾冲突得以现身。不是什么别的潜能，而是这种关系网络被固定展示在文本中。过去、现在、将来的人的自我阐释，也必须在这种网络中开展。确定不是去语境化，而是语境的保存和传递。因而，与利科尔不同，张江强调的阐释的客观性、文本的客观性，指向的是对这种历史现场的保护，而不是消解。

---

① 〔法〕保尔·利科尔著，J. B. 汤普森编译，孔明安等译：《诠释学与人文科学》，中国人民大学出版社2012年版，第53页。
② 〔法〕保尔·利科尔著，J. B. 汤普森编译，孔明安等译：《诠释学与人文科学》，中国人民大学出版社2012年版，第50页。
③ 张江：《强制阐释论》，《文学评论》2014年第6期。

三、马克思主义实践解释学

张江强调的文本客观性,并不是一种独立自在的客观性,而是社会化历史化的客观性。尊重文本的客观性,并不是让文本保持对社会历史进程的超脱,而是要将文本置放入社会历史场域,将凝固的符号还原为具体的社会历史实践。从这个意义上说,张江的强制阐释论又是一种实践解释学。马克思指出:"不是从观念出发来解释实践,而是从物质实践出发来解释观念的东西。"[1] 俞吾金认为,这是马克思提出的一种独创性的解释学模式,可称为"实践诠释学",它的特征是:(1)"实践活动是全部理解和解释活动的基础";(2)"历史性是一切理解和解释活动的基本特征"。[2] 张江对当代西方文论的批判,就有对它们混乱的认识路径的批判:"理论构建和批评不是从实践出发,从文本的具体分析出发,而是从既定理论出发,从主观结论出发,颠倒了认识和实践的关系。"[3] 他反对当代西方文论的场外征用,是因为从场外移植而来的理论,不是场内文学实践的自然生成和合理抽象。他批评当代西方文论的主观预设,是因为这违背了文本实际。在张江的强制阐释论里,实际贯穿着"实践活动是全部理解和解释活动的基础"的指导原则。同时,张江的强制阐释论十分重视对历史的尊重。他指出:"对文本历史的理解,也就是对文本原生话语的理解,是一切理解的前提。"[4] 他批评女性主义批评家对莎士比亚作品的解读,质问"这种预设的立场与结论是莎士比亚的本意吗?"他斥责生态主义批评对爱伦·坡作品的歪曲,指出在作者生活的年代尚无生态主义思潮,可见他衡量文学批评是否恰当的一个基本标准,就是是否符合文本生产的历史实际。因而,强制阐释论的根本立场与方法,就

---

[1] 《马克思恩格斯全集》第3卷,人民出版社1960年版,第3页。
[2] 俞吾金:《实践诠释学》,云南人民出版社2001年版,第82—85页。
[3] 张江:《强制阐释论》,《文学评论》2014年第6期。
[4] 张江:《强制阐释论》,《文学评论》2014年第6期。

是马克思主义的实践解释学的立场与方法。它从辩证唯物主义与历史唯物主义的基本立场出发,以实践为检验真理的唯一标准,要求话语的构建立足于实践,要求意义的生产关联社会现实语境:"文学理论的生产必须依据文学的实践和经验,离开文学的实践和经验,就没有文学的理论。理论可以自我生长,依据逻辑推衍生长理论,但其生成依据一定是实践,并为实践所检验。……实践的品格高于理论的品格。理论来源于实践,任何理论、任何立场都从实践出发。文学理论的生成也是如此。"①

但是,当前在国内学界,这一实践解释学的概念以及相关的理论研究与阐释实践,尚未获得足够的重视。在马克思主义理论研究领域,虽然众多学者认可马克思理论的解释学向度,将解释—实践的循环视为各国马克思主义本土化的基本道路,但实践解释学也被看作马克思理论特有的自我阐释的途径,限制了它的普遍性的方法论意义。如俞吾金的"实践诠释学",一方面是他对马克思哲学的新解读,另一方面也是他为自己偏离传统的新解读提供的合法性辩护,并没有普及到对一般哲学的解读上。又如青年学者李金辉一直坚持以实践解释学的视角解读马克思哲学,认为"实践解释学正是以实践为核心,以人的实践来解释世界(使现存世界革命化)、解释观念(使观念摆脱独立性外观,对观念进行意识形态批判)、解释理论(使理论现实化、成为革命的理论)、解释意识(精神)(使自发的无意识变成生活中的批判意识)生活的学说"②。很明显,这样定义的实践解释学很难推广到马克思理论以外的话语体系。而在解释学界,目下部分学者所热烈讨论的实践解释学,主要还是由伽达默尔从亚里士多德引申而来的实践哲学的衍生物。它与理论哲学、技术哲学并行鼎立,可以成为现代社会抗衡理性专制、技术统治的倚赖。实践在这里不是指向人对其世界的改造,而是人对其存在的自我反思,不是个人自觉意图的实施,而是与他人的共同相处。与其说它是生存活动,

---

① 张江:《前见与立场》,《学术月刊》2015年第5期。
② 李金辉:《马克思哲学:从实践哲学到"实践的解释学"》,《学术研究》2009年第5期。

毋宁说是精神修炼。伽达默尔说："对何谓实践的问题……我愿总结如下：实践正在指导某人，并在团结中活动。"① 这样的"实践"与"实践解释学"，与马克思的实践解释学是大相径庭的。虽然二者也可以彼此对话，开拓新的意义领域，但二者的立场、旨归的巨大分歧是无法泯灭、无法统一的。②

张江的强制阐释论不仅是对文学界理论构建和文本批评实践的症状诊断，也是解释学发展前景新向度的昭明。在形形色色的"体验解释学""语言解释学""解构主义解释学""新实用主义解释学"等令人眼花缭乱的新潮中，它以素朴的文学文本阐释的反思，引导我们重新审视解释的根底、文本的地位、实践的意义，重构历史的、唯物的文本客观性，重扳马克思主义的实践解释学。正像有的研究者指出的那样，张江的强制阐释论"既深入到了阐释学研究的具体问题领域，同时也从理论阐释的思维惯性中跃出，走向了批评效应的考察，从而构成了阐释理论链条上的一个新节点"③。这同时也是对整个人文学科研究方法论的启示。立足当代中国的文学文化实际，承续中国马克思主义实践的优良传统，打造中国人文学科研究的新路径，这是当代中国学人不可回避的历史责任。

(《学术研究》2016年第6期)

---

① 〔德〕伽达默尔著，薛华等译：《科学时代的理性》，国际文化出版公司1988年版，第76页。
② 参见张能为：《实践哲学：伽达默尔与马克思主义哲学的交汇视域与比较理解》，《安徽大学学报（哲学社会科学版）》2012年第6期。
③ 段吉方：《强制阐释的理论路径与批评生成》，《文艺争鸣》2015年第6期。

当代西方文论神话的终结
——强制阐释论的意义、理论逻辑及引发的思考

李小贝[*]

张江提出的强制阐释论及其引发的学术探讨，已成为文艺理论界的一个热点话题。对于当代西方文艺理论在我国新时期之后的引介情况进行反思或研究的文章，新世纪以来在文艺理论界也常能看到、听到，"失语症""中国化""本土化""转型""中体西用""对话""理论自信""文化复兴"等词汇也可见于一些文章中，而张江的强制阐释论及其系列文章之所以能引起学界的广泛关注与热烈讨论，其原因是非常值得认真探究的。

一、应时而生的强制阐释论

自20世纪70年代末开始，刚刚走出极"左"文艺束缚的国内文论界掀起了引入和接受西方文论的学术热潮，形式主义、新批评、叙事学、结构主义、解构主义、精神分析、现象学、阐释学、接受美学、新历史主义批评、后现代主义、后殖民主义、女性主义、西方马克思主义、文化研究、生态批评等各种文论思潮开始大量涌入中国。然而，与西方文论的引介与研究热潮

---

[*] 作者简介　李小贝，北京联合大学师范学院讲师。

不相称的是，我国古代文论传统及马克思主义文论传统却或被忽略，或被遗忘，处于哑然失语状态，原本属于它们的理论领地被西方文论纷纷占去，它们在被颠覆、被抛弃中慢慢由中心移向了边缘，最终促成了西方文论独大的局面，西方文论在中国这片土地上，正在创造和演绎着一个"外来的和尚会念经"的传奇神话。

这个神话首先表现在对西方文论著作的翻译和研究上。新时期之后，特别是在中国当代文艺学发展史上有名的"方法论年"（1985年）和"观念年"（1986年）之后，秉持着先拿来再消化的思想，国内学界开始大量译介西方文艺论著。至20世纪末，在短短20余年的时间里，西方近百年的各种文艺理论思想几乎全部在中国登陆，各家各派的代表性学术著述基本也都能在国内找到相关的中文译作。仅以1985年至1990年间为例，在短短五年时间内，像A.杰弗逊、D.罗比等人的《西方现代文学理论概述与比较》，卡西尔的《人论》《语言与神话》，苏珊·朗格的《艺术问题》《情感与形式》，弗洛伊德的《爱情心理学》《图腾与禁忌》，荣格的《心理学与文学》《人、艺术和文学中的精神》，杰姆逊的讲演本《后现代主义与文化理论》，特里·伊格尔顿的《文学原理引论》，托多洛夫的《批评的批评》，马尔库塞《单向度的人——发达工业社会意识形态研究》，佛克马、易布思的《二十世纪文学理论》，韦勒克的《批评的诸种概念》，巴赫金的《陀思妥耶夫斯基诗学问题：复调小说理论》，等等，这些著作就都译介了进来。而由国内学者编选的各种西方文艺理论、美学等方面的相关译丛也是随处可见，那些研究西方文论的专著，系统梳理西方文论发展史的编著等，更是不胜枚举。

其次表现在学术影响上。在当下中国文艺理论界，西方文论已经完全构筑起了它的话语霸权，形成了它的独特优势。今天不管是本科生还是研究生，毕业论文题目选择西方文论似乎就比研究传统文论要高级很多；高校课堂建设，外国文学、西方文论所占的比重一点也不亚于中国古典文学和文论；此外，在课题申报、学术研究等方面，西方文论明显更是学者们愿意花费时间和精力的。正是在这种对西方文论顶礼膜拜的势头之下，我国学术界不仅在不长的时间内走完了西方现当代文论发展的百年历程，而且在思维方式、话语习惯、研究结论等方面已明显地呈现出西化特点。最后，反映在阐释能力上。由于对西方文论的过分推崇，加之自认为对西方文论的深入研究与特别熟悉，不管是古代文学作品还是现当代文学作品抑或是网络小说，不管是作品内容、表达方式还是人物形象，许多学者都习惯于随手拿来西方文论的术语概念，对这些作品进行批评分析、比较阐释，从而创造了西方文论阐释一切、解释一切、无所不能的神话。正像美国文学理论家和批评家弗兰克·兰特里夏所说："只要你告诉我你的理论是什么，我便可以提前告诉你关于任何文学作品你会说些什么，尤其是那些你还没读过的作品。"[1] 如此看来，西方文论真是包治百病的灵丹妙药，说是神话恐怕一点也不为过了。

正是在这种情况下，张江发表了强制阐释论系列论文，这些论文围绕强制阐释论这一中心思想，直击当代西方文论的弊端和要害，引起了学术界的强烈共鸣。有学者认为强制阐释论的提出"是中国文学理论对西方理论的接受具有逆转意义的重要理论事件"[2]，还有学者提出要将强制阐释论问世的2014年称为文艺理论界的"张江年"[3]，强制阐释论的影响由此可窥见一斑。强制阐释论的意义不仅在于其对当代西方文论的深刻辨析与检省，对当代西方文论在中国的反思与批判，更在于其系统完整的理论话语背后所透露出来的鲜明的价值立场和时代意义以及对中国文论健康发展的警示作用。强制阐释论必将从更深的层次为中国文论的发展开启一个新的时代。

二、强制阐释论的理论逻辑

通过强制阐释论系列论文，张江不仅准确概括了当代西方文论的根本

---

[1] Frank Lentricchia, "Last Will and Testament of an ExLiterary Critic", in Alxander Star (ed.), *Quick Studies: The Best of Lingua Franca*, New York: Farrar, Straus and Giroux, 2002, p.31.
[2] 高楠：《理论的批判机制与西方理论强制阐释的病源性探视》，《文学评论》2015年第3期。
[3] 姚文放：《"强制阐释论"的方法论元素》，《文艺争鸣》2015年第2期。

缺陷，即"背离文本话语，消解文学指征，以前在立场和模式，对文本和文学作符合论者主观意图和结论"的强制阐释病症，而且还详细论述了当代西方文论各学说的自相矛盾与违逆逻辑之处，批判了它们以场外征用、主观预设、非逻辑证明、混乱的认识路径为主要特征的文本阐释方式，可以说是层层深入，环环相扣，使强制阐释论的整个理论体系呈现出严密的逻辑理路。

首先，用强制阐释来诊断当代西方文论的基本病症，可谓一语中的，击中要害。正如张江在文中所说，一百多年来，当代西方文论的一些重要思潮和流派、诸多思想家和理论家，"以惊人的想象力和创造力，造就和推出无数优秀成果，为当代文论的发展注入了恒久的动力"，但同时，"一些基础性、本质性的问题，给当代文论的有效性带来了致命的伤害"。① 特别是一些学者对于当代西方文论并没有很好地咀嚼和消化，就轻易地拿来进行文学批评和理论阐发，更进一步放大了它的本体性缺陷。但是对于这一缺陷，长期以来学者们似乎并没有给予准确的理论概括。意大利小说家、文学批评家安贝托·艾科曾于1990年提出过"过度阐释"的概念，对文学阐释的可能性、有限性等问题进行了探讨，力图把文学批评从范围过大过宽的无边界状态拉回到作者和文本规定的限度之内；20世纪20—30年代，国内的一些学者也曾提出"妄事糅合"的说法，认为"以别国的学说为裁判官，以中国的学说为阶下囚"② 这种做法势必会使理论批评流于附会，而很难获得健康的发展。但是艾科的"过度阐释"只概括出了西方文论诸多缺陷的一个方面，并不完整全面；而我国学者提出的"妄事糅合"只是现象性描述，并非理论性概括，因此也并没有产生过多的理论效应。相比较而言，强制阐释论则观点明确，界判分明，既有高度的理论概括又充满理论自信，其之所以受到学界的重视，与这一概念的这些特征不无关系。

在《当代文论重建路径：由"强制阐释"到"本体阐释"》一文中，张

---

① 张江：《强制阐释论》，《文学评论》2014年第6期。
② 罗根泽：《中国文学批评史》，上海书店出版社2003年版，第30页。

江指出强制阐释"这一特征既存在于西方文论自身，也存在于后人具体运用的批评实践过程中"[①]，这就意味着它具有至少两个层面的含义。第一个层面，西方文论自身具有强制阐释的特征。这一点主要表现在西方文论中很多学说与流派不是产生于文学作品批评实践之中，而是运用文学之外的其他学科阐释文本、解释经验，进而推广为具有普适性的文学规则。这种脱离了文学生产和实践的文学理论，不仅无法为文学作品提供正确的审美标准，而且也不能为文学创作提供正确的理论指导。西方文论自身的强制阐释特征还表现在它的"偏执与极端"及"僵化与教条"上。[②] 西方文论的繁荣建立在对以往理论和学说的批判乃至反叛之上，这很容易使一些学说因矫枉过正乃至过分极端而失去合理性，再加上一些学派由于过分推崇科学主义而存在运用固定公式和模板框定文本的弊病，使得文学理论越来越偏离文学本身，而陷入一种简单化的形式主义的窠臼之中，不能真正有效地指导文学创作与实践。第二个层面，学界在运用西方文论进行批评实践时存在强制阐释的特征。在《强制阐释论》中，张江详细论证了当代西方文论以场外征用为主要特征的思想来源的强制性，以主观预设为特征的思维方式的强制性，以非逻辑性证明为特征的批评过程的强制性，以混乱的认识路径为特征的批评结论的强制性。这些由当代西方文论本身所决定的强制性特征，就使那些以西方文论为资源的批评者，在其"选定理论工具→确定批评方法→展开批评过程→生成批评结论"这一过程中，会不知不觉地处于"被强制"的状态。例如，用女性主义理论就必然会得出男权对女性的压抑的结论，用精神分析理论主人公就必然会有恋父、恋母情结或在成长时期受到过性压抑的经历，用解构主义理论则必然会得出传统是荒谬的、真理是不存在的这样的结论。深陷于这些批评方法和观念之中，批评家们有时虽然会为自己得出了出人意料的观点而兴奋，但却茫然不知自己其实身似傀儡，早已被当代西方文论的话语逻辑所

---

① 张江、毛莉：《当代文论重建路径：由"强制阐释"到"本体阐释"——访中国社会科学院副院长张江教授》，《中国社会科学报》2014年6月16日，第4版。
② 张江：《当代西方文论的理论缺陷（下）》，《文学报》2014年8月14日，第22版。

限制和框定。

其次，强制阐释论思路清晰，结构缜密，自成体系。强制阐释论非常准确地抓住了西方文论的基本特征，精炼地概括了西方文论的根本缺陷，但作者并没有止步于这种诊断式的现象性描述，而是深刻挖掘和阐述了造成这种状况的深层原因，在层层深入、条分缕析的基础上，建构起了完备的强制阐释论批判体系。这个体系既包括了论者对于强制阐释这一定义的科学解释（背离文本话语，消解文学指征，以前在立场和模式，对文本和文学作符合论者主观意图和结论的阐释），也包括了强制阐释的四个具体表现特征（场外征用、主观预设、非逻辑证明、混乱的认识路径）。此外，在每一个特征之下，作者又以一种审慎的态度，条理清楚地介绍和分析了诸如原因、后果、表现方式、相似概念的区别等等问题，使强制阐释论成为一个完备的理论体系。下面仅以场外征用这一特征为例，加以举证。

为了让读者明白何为场外，作者首先概括了场外的三种理论来源：第一，与文学理论直接相关的哲学、史学、语言学等传统人文科学理论；第二，构造于现实政治、社会、文化活动之中，为现实运动服务的理论；第三，自然科学领域的诸多规范理论和方法。这三种理论来源不仅能让读者明白何为场外，同时，如果以文学为中心，我们可以看出，这三种来源呈现出由最靠近中心点向外逐渐拓展的过程，反映了作者由近而远清晰的逻辑思维线索。那么这三种场外的理论来源，是如何由非文学的场外进入到文学的场内呢？作者将之概括为三种表现方式，即挪用、转用、借用，并分别举例介绍了这三种方式的具体表现。经过这样的论证之后，场外征用的事实已经毋庸置疑，接下来也就自然转到了对文学内部的论述。场外理论到底使用了哪些技巧，不留痕迹地进入到文学内部呢？论者又将之概括为四种方式，即话语置换、硬性镶嵌、词语贴附和溯及既往。而在论述这四种方式时，作者不仅详细地概括了每一种表现方式的内涵，还通过具体的文学批评案例让读者有了更为直观的了解。至此，作者已经非常详细地为我们勾勒出了场外征用各个环节的内容所在。接下来进一步提出和解决了两个容易让人产生疑惑的问题。一是在跨学科、跨领域的交叉融合已成为科学发展动力的时代，文学的场外征用是否应该是正当的？二是新的理论一旦形成，能否用这个理论重新认识和改写历史文本？对这两个疑惑的进一步解决是重要的，这就从另一个方面推进了读者对于场外征用内涵的深入领悟和完整理解。由此可见，从概念的提出，到可能会有的疑惑，作者都周全考虑，一一道来，有逻辑有条理，全面而清楚地阐释了场外征用的理论脉络。对主观预设、非逻辑证明、混乱的认识路径等强制阐释论的其他特征，作者也都通过详细深入的理论分析和相关举例进行阐述证明，令人信服。

在论证相关问题时，作者并不迷恋于论证说理，而是通过一些具体的文学案例用事实说话，这一点也是非常值得赞赏的。如在论述场外征用时，就列举了一些批评者用生态批评理论解读《厄舍老屋的倒塌》的案例，在论述主观预设时，则列举了一些女性主义批评家，站在女性主义的前置立场对一些作品所进行的预设性解读模式，等等。可以看出，强制阐释论不仅通过强大的理论论证，言之有据，言之成理，而且还通过大量典型的文学批评实例来支撑结论，联系实际，实事求是，从而将西方文论的问题与病症很好地呈现给了读者，给当代西方文论在中国创造出的神话画上了句号，催人梦醒，引人深思。

三、强制阐释论所引发的理论思考

强制阐释论指出了当代西方文论的根本缺陷以及在中国的滥用情况，让我们对今后如何理性地对待西方文论，如何正确地进行文学批评有了更为科学客观的认识与理解。强制阐释论既有文艺理论或文学批评方面的指导与启示，同时它对人文社会科学研究和文化价值诉求也有很强的启迪与警示作用。

让理论归依实践，是强制阐释论给我们的第一个启示。正如张江所说："当代文学理论建构始终没有解决好文学与实践的关系问题。一些西方文学理论脱离实践，相当程度上源自对其他学科理论的直接'征用'，中国文学理论脱离实践则表现为对西方理论的生硬'套用'。从这个意义上讲，东西方文学领域中理论与实践的关系都处于一种倒置状态。"①正是这种倒置状态，使文学理论离文学本身越来越远，最终走向了伤害文学的道路。这些源自于哲学、心理学、经济学甚至于自然科学的方法、观点、流派，本无关乎文学，却被作为具有创新性和独特性的文学理论和文学批评范式，大量地应用于文学领域。于是，本应作为理论指导的文学理论，并不能真正地指导文学批评，更遑论指导当下的文学创作。不能面对文本，不能给文学以活的解释，文学批评和文学理论又该以何面目存在？今天诸如"理论终结""文学已死"的判断虽让人有着"新亭对泣"的彻骨之痛，但文学理论自身的人云亦云，不够争气，却显然是造成这一事实的原因之一。当然，学者们并非不够努力，我们去古典文论中寻找动力，从西方文论中寻找资源，向马克思文论中寻找规律，提倡古代文论的现代转换，提倡中体西用，提倡马克思主义文艺理论的中国化，但我们忘记了这些思想资源只能作为理论成长的孵化器，绝不是理论生成的内驱力。只有回到丰富的社会实践和鲜活的现实生活，只有回到具体的文学作品和紧跟时代的文艺创作，文学理论与文学批评才真正有可能健康成长。因此，"让文学理论归依文学实践"，面向具体的文学作品，面向具体的批评实践，从千百部作品中分析出特色，从千百次批评中看出规律，"由个别到一般、由特殊到普遍、由具体到抽象的归纳上升"，这才是文学理论的正确道路，也是唯一的道路。

尊重作家、尊重作品，才能使艺术永恒，这是强制阐释论给我们的第二个启示。如张江所说："从道德论的意义上说，公正的文本阐释，应该符合文本尤其是作者的本来意愿。文本中实有的，我们称之为有，文本中没有的我们称之为没有，这符合道德的要求。对作者更应如此，作者本人无意表达，文本中又没有确切的证据，却把批评家的意志强加于人，应该是违反道

---

① 张江、毛莉：《当代文论重建路径：由"强制阐释"到"本体阐释"——访中国社会科学院副院长张江教授》，《中国社会科学报》2014年6月16日，第4版。

德的。"① 其实，对作者或文学作品进行妄意的批评，不仅是违反道德的行为，更是对艺术本身深层的戕害。虽然我们赞同"一千个读者心中有一千个哈姆雷特"，"说不尽的莎士比亚"，但这个哈姆雷特可以是忧郁的、迷茫的，可以是敏锐的、深刻的，可以是刻薄的、审慎的，甚至可以是具有恋母情结的，但绝不应该是邪恶的，淫乱的。或者就像把《罗密欧与朱丽叶》的主旨诠释为肯定"一种同性恋秩序"②一样，都只能是在最初的新奇之后让人觉得匪夷所思。而诸如把李商隐《无题》中的"春蚕到死丝方尽，蜡炬成灰泪始干"中的"蜡炬"解读为男性的象征③，把朱自清的《荷塘月色》视为"爱欲骚动的心理过程"④，都只能说是"无知者无畏"了。而这种"无畏"的后果，并不是对于作品的意义再生产，而是遮蔽了作品本身的思想内涵，践踏了艺术的审美价值。长此以往，艺术将成为可以随意任人调笑、戏玩的工具，而当艺术的神圣性被消解之后，它还能否成为"经国之大业，不朽之盛事"（曹丕），能否成为"积蓄在苦难和耐劳的人的灵魂中的蜜"（德莱赛），能否带领我们去"探访现实中未知的一座座殿堂，走向一个同过去有着天渊之别的未来"（泰戈尔）？答案肯定不是我们所期望的。所以，尊重作家、尊重作品、尊重艺术，对神圣的事业保持敬畏，才能让它生生不息。

  时刻捍卫自我的主体意识，以及不妄自菲薄的批判精神，是强制阐释论给我们的第三个启示。长时间以来，我们视西方文论如珍宝，弃传统文论如敝屣，自觉地把自己放在了从属者的位置，但强制阐释论提醒我们，在对待中西文论的关系上，我们应时刻明确谁是根本，谁是主体的问题。正如有学者所言："张江《强制阐释论》的重要价值之一，便在于启发我们以冷静的头脑、平等对话的态度对待形形色色的西方理论，既无'我注六经'式的

---

① 张江：《强制阐释论》，《文学评论》2014 年第 6 期。
② Jonathan Goldberg, "Romeo and Juliet's Open Rs", in Joseph A. Porter (ed.), *Critical Essays on Shakespeare's Romeo and Juliet*, New York: G. K. Hall & Co., 1997, p. 83.
③ 参见颜元叔：《颜元叔自选集》，台北黎明文化事业股份有限公司，1980 年，第 226 页。
④ 高远东：《〈荷塘月色〉一个精神分析的文本》，《中国现代文学研究丛刊》2001 年第 1 期。

仰视心理，亦无'六经注我'式的随意态度。"①向西方文论"取经"的过程与经历，是我们无法回避的，但在得失成败、向死而生之后，我们必须更加深切、更加透彻地领悟和明白，能使我们中华文化生生不息的生命之根和精神之魂，还是这个古老的民族土生土长、一脉相承的传统文化基因。近些年来，理论缺乏批判，如果能早一些批判而不是一味地盲从，或许对当代西方文论不足的发现，对其所存在问题的征讨就不会等到现在，我国当代文论话语体系的建构就不会举步维艰。学术不能没有批判，尤其是当我们面对强大的外来理论裹挟的时候，更应该有批判精神、批判意识；学术不仅是埋头研究，学者不只是撰文著书，批判本身就应该是知识分子的职责之一。没有批判，社会不能更好地进步，没有批判，学术不能碰撞出有价值的思想。强制阐释论之所以能在较短的时间引起学界的注意，与其强烈的批判精神显然是无法分开的。全球化的到来，颇有些"乱花渐欲迷人眼"的感觉，但越是这样的时刻，越需要我们保持冷静，不妄自菲薄，保持自我的主体意识，发出属于我们自己的声音。强制阐释论对当代西方文论的反思与批判，打破了长久以来唯我独尊的西方文论神话，它留给我们的不仅是有关国内文学理论、文学批评方面的启示，更因其深刻的批判精神而可以扩大到整个人文社会科学领域，因为在我国对当代西方思潮与价值的膜拜在这些领域也同样存在。

(《学术研究》2016 年第 6 期)

---

① 李春青：《"强制阐释"与理论的"有限合理性"》，《文学评论》2015 年第 3 期。

强制阐释批判与中国文论重建

毛宣国*

一、对强制阐释问题更深入的思考

张江强制阐释论系列论文的发表，是 2014—2015 年度中国文学理论界引人关注的事件。这些论文将西方文论的积弊归结为强制阐释，并从场外征用、主观预设、非逻辑证明、混乱的认识途径四个方面展开批判，认为它从根本上抹杀了文学理论及批评的本体特征，导引文学理论偏离了文学。这一批判，对于习惯了西方文论的强势话语，习惯于将西方文论看成是普遍真理，不断地追赶西方先进潮流以建构体系的中国文论界，无疑具有重要的警醒作用，有助于人们更好地认识和评判西方文学理论的价值。

不过，我们须警惕另一种倾向出现。张江的强制阐释论主要是就西方文论存在的问题及其对中国文论的负面影响发表见解，其选择性的倾向非常明确。它将强制阐释看成是"当代西方文论的基本特征和根本缺陷之一"，认为"其给当代文论的有效性带来了致命的伤害"，同时认为，"当代西方文论生长于西方文化土壤，与中国文化之间存在着语言差异、伦理差异和审美差异，这决定了其理论运用的有限性"，而百年来特别是近三十多年来的中

---

* 作者简介　毛宣国，中南大学文学与新闻传播学院教授。

国文论界却看不到这一点，对西方文论亦步亦趋、简单因袭，所以极大地放大了西方文论的本体性缺陷。① 对这些观点，如果不加以科学理性的分析，很容易走向另一个偏向，那就是将中国当代文论存在的问题归罪于对西方文论强制阐释方法的运用，认为只要抛弃对西方理论的倚重，特别是摆脱西方强制阐释理论与方法的影响，重归中国文学实践和中国语境，就能使中国文论走出困境，实现中国文论的重建。

所谓强制阐释，按张江的解释是"背离文本话语，消解文学指征，以前在立场和模式，对文本和文学作品作符合论者主观意图和结论的阐释"②。这种概括，的确指出了20世纪西方文论普遍存在的一个问题，那就是用某种前在的理论模式与观点来生硬地裁定文学的价值与意义，所得出的结论常常不是对文学作品本身意蕴的揭示，而是先在地包含在理论模式与立场中。特别是20世纪70—80年代兴起的各种文化理论，如后结构主义、解构主义、女性主义、后殖民主义、新历史主义等等，更是如此。关于这一点，西方文论家已有了深刻的反思。早在20世纪60年代，美国批评家苏珊·桑塔格就提出"反对阐释"的主张，即反对那种拒绝艺术作品的独立存在、无视艺术的形式价值，将"艺术同化为思想，或者（更糟）将艺术同化为文化"的强制性阐释方式。③ 后殖民主义的代表人物萨义德在《旅行中的理论》中则提出了批评理论的越界问题。在他看来，批评理论从甲地到乙地或者说从甲文化到乙文化的旅行容易使之发生变异，而理论家为了理论的完美和彻底，容易过甚其辞，如果不加批判、不加保留地使用一种理论，就容易走向极端，造成理论的尴尬和所属领域界限的不确定性。比如，符号学、后结构主义和拉康式的精神分析，就"走向了极端的行话对文学话语的入侵，又使文学批

---

① 参见张江《当代西方文论若干问题辨识——兼及中国文论重建》（《中国社会科学》2014年第5期）、《强制阐释论》（《文学评论》2014年第6期）等文。
② 张江：《强制阐释论》，《文学评论》2014年第6期。
③ 〔美〕苏珊·桑塔格著，程巍译：《反对阐释》，上海译文出版社2003年版，第16页。

评世界膨胀得叫人无法辨认"。① 到了90年代,乔纳森·卡勒等人更是质疑这种理论越界的合理性:"倘若文学经典的现状受到质疑,倘若文学、艺术和一般文本证据已经形成的完整性被内在矛盾、边缘性和不确定性等观念驱逐,倘若客观事实被叙事结构的观念取代,倘若阅读主体规范的统一性遭到怀疑,那就必然是,很可能根本与文学无关的'理论'在捣乱。"在卡勒等人看来,20世纪西方文论所忽视的正是文学和文学性的东西,"文学的这一显著标志被种族、性、性别的种种规范、律条遮蔽了","文学研究及其文本分析的方法就只能遵从社会学意味很强的文化研究的模式,沦落为文化研究的一种'症候式解释'",文学的特征与批评的锋芒也因此丧失殆尽。② 也正因为看到了强制阐释和理论越界所带来的后果,20世纪末期出现了理论向"后理论"的转向,即从文化研究向文学研究、从纯理论的知识建构向审美体验和文学文本的阅读经验的回归。③

可是问题在于,回归文学自身,回归传统的文学理论研究,就能避免强制阐释的方法与倾向吗?显然不能。比如,俄国形式主义关注的对象是文学自身,它同样存在着强制阐释的批评倾向。它将语言(形式)作为文学的唯一要素,疏离文学与社会历史的关系,甚至将社会、历史、心理的研究排斥在文学之外,这不是一种强制阐释又是什么?强制阐释不仅在当代西方文论中普遍存在,而且在中国古代文论、西方古代文论中也普遍存在。早在古希腊,柏拉图对文学艺术的基本看法就不是从文学艺术自身而是从道德和哲学

---

① 〔美〕爱德华·W.萨义德著,李自修译:《世界·文本·批评家》,生活·读书·新知三联书店2009年版,第403页。
② 参见〔英〕拉曼·塞尔登等著,刘象愚译:《当代文学理论导读》,北京大学出版社2006年版,第326—329页。
③ 拉曼·塞尔登等著的《当代文学理论导读》描述了这一现象:"20世纪80年代中期理论热衷对理论(主要是'哲学'、'心理分析'、'女性主义'、'文化理论',而不是文学理论)的依赖在一些人看来似乎起一个更扩大的作用。而在另一些人看来,这正是产生问题的核心所在,因为强制人们参阅理论经典或'最新的事物'可能让人感到是对文学研究正业的一种偏离。再说一次,现在不同的是,那些正在被问及的问题——包括文学艺术的特殊性质和作用之类——不是以'反理论'而是以'后理论'的精神提出来的。"〔英〕拉曼·塞尔登等著,刘象愚译:《当代文学理论导读》,北京大学出版社2006年版,第327页。

观念出发。在他的眼中，所谓艺术作品（主要是指诗）只有两类，或者是道德的，或者是不道德的，没有介入两者之间的艺术。这就是一种强制阐释，其介入文学艺术的目的是为文学立法，以某种前在的立场来观照文学艺术问题而不是从文学实际出发。中国古代的儒家文论从先秦孔子开始，主要也是从道德与政治立场出发看待文学问题，强调文学服务于政治道德。孔子提出"颂诗三百，授之以政"的观点，就直接将文学看成是政治的工具。作为先秦两汉儒家诗学理论总结的《毛诗大序》，它对后世诗学理论最重要的影响就是建立了这样的一种文学观念，即从经学立场出发，借诗歌的解释来传达某种政治和道德观念。这实际上也是一种强制阐释，以某种前在的立场与观点来裁定文学和看待文学。中国现当代文论发展历程也说明了这一点。由于西方思想和文学理论的强势地位，中国现代文论家习惯于借用西方文论的话语与知识架构，以西方文论为标准来剪裁和妄事糅合中国的文学理论，即使最杰出的理论家也不能幸免。比如，王国维对《红楼梦》的评论，就主要借用叔本华的美学理论，以叔本华的生命意志说为依据来评价《红楼梦》，将《红楼梦》看成是一部对生活之欲（生命意志）解脱的书，其强制阐释的倾向就非常明显。对中国现代文论中普遍存在的以西释中的妄事糅合倾向，罗根泽早在20世纪40年代就有过批判。他认为"凡是有价值的学说，必有与众不同的异点；但创造离不开因袭"，因此可以广泛地借鉴前人和他国的理论研究成果，但是这种借鉴不是"妄事糅和"。"妄事糅和"的风气只能使文学研究流于附会，只能混乱学术，"以别国学说为裁判官，以中国学说为阶下囚"，根本无助于中国文学批评自身的解释方法的形成。[①] 罗根泽所批判的妄事糅合实际上也就是张江所说的强制阐释，它是用预先确定和接受的理论模式与观点来解释文学问题，所背离的正是文学自身。不仅是文学理论，还包括其他人文社会科学领域，其实都存在着强制阐释的问题。关于这一点，张江亦不讳言，他认为强制阐释所适用的范围远超出了文学，它也是人文社

---

① 罗根泽：《中国文学批评史》，上海古籍出版社1984年版，第31—32页。

会科学研究中的一个普遍现象。①既然如此,仅仅靠对西方文学理论的强制阐释的批判就企求中国的文学理论研究走出困境,显然不切实际,还必须对强制阐释问题有更深入的理论思考与探讨。特别是要思考强制阐释作为一种理论话语与20世纪西方文学理论发展进程的关系,思考为什么在当代中国文化语境中,西方文论会一直处于强势地位,以及对西方文论顶礼膜拜的强制阐释倾向为什么会特别突出,思考中国文论对西方文论接受所表现出来的强制阐释倾向与西方文论本身的强制阐释有什么不同,只有这样才不会因对强制阐释的批判而造成对西方文学理论的误解,陷于简单接受与否定的理论怪圈,而是在对强制阐释倾向保持足够警惕的同时,又对西方文学理论的价值有着正确的判断与认识,对其合理的成分加以选择与运用,从而丰富和推进中国的文学理论与批评实践。

二、批评理论对西方文学理论进程的影响与贡献

场外征用是张江强制阐释批判理论中最重要的概念。他之所以提出这一概念,主要是为了批判西方文论存在的本体上的缺陷。他认为场外征用已成为当代西方文论诸流派的通病,除了形式主义及新批评理论外,其他主要流派和学说,基本上都是借助于其他学科的理论和方法来构建自己的体系。这些理论无任何文学指涉,也无任何文学意义,却被用作文学理论的基本范式和方法,直接侵袭了文学理论与批评的本体意义,改变了当代文论的基本走向。②然而,按西方著名批评家诺思罗普·弗莱的论述,"文学处在人文学科的中间地段,其一侧是史学,而另一侧是哲学。由于文学自身并不是一个自成体系的知识结构,所以批评家只好从史学家的观念框架中寻取事件,又从

---

① 张江、毛莉:《当代文论重建路径:由"强制阐释"到"本体阐释"——访中国社会科学院副院长张江教授》,《中国社会科学报》2014年6月16日,第4版。
② 参见张江:《强制阐释论》,《文学评论》2014年第6期。

哲学家的观念框架中借用理念"①，场外征用，即借助于其他学科的理论来建构自身，因此也可以看成是文学理论与批评的惯例，对于文学研究不可缺少。

或许是意识到这一点，张江又提出场外理论的文学化问题，区分两种不同的场外征用：一种是归属于文学，以文学为研究对象的场外征用；另一种则是从理论自身的兴趣出发，与文学不发生直接关系的场外征用。对于前一种情况的场外征用，张江是肯定的，认为"场外理论的进入是可以的，但它合法化的条件是其理论成果要落脚于文学，并为文学服务"。他还以神话原型理论为例，肯定了这种场外理论的应用。他说："弗莱的研究对象是文本。他在自己的代表作《批评的解剖》中，分析评述了几百部文学作品，其目的是寻找关于文学作品的类型或'谱系'，力求发现潜藏于文学作品之中的一般文学经验，把精神分析学说转化为具有鲜明文学本真的原型批评理论，实现了场外理论的文学化。"②对于后一种情况的场外征用，他是根本否定的。这种场外征用，在张江看来，突出地体现在兴起于20世纪60年代的西方批评理论中。对此，他批判道："与文学理论不同，批评的理论不限于文学，而且主要不是文学。它规划了一个跨学科的领域，哪怕就是以文学为起由，其指向也是哲学、历史、人类学、政治学、社会学等，文学以外其他一切方面的理论，而不是文学理论。更确切地说，批评理论的对象甚至也不是理论，而是社会，是理论以外的物质活动。"③

我们不否认张江这一区分和批评的合理性。因为，在传统的文学理论与批评中，场外征用的理论和方法运用，目的只有一个，那就是服务于文学和应用于文学。在这种研究中，文学是作为一种独特形式存在于各种思想和理论形态中的。那些涉及自然和社会的语言、哲学、历史、宗教、伦理、心理等方面的场外理论与方法运用，都是以文学现象的解释为中心的。而后一种场外征用，也就是张江所说的20世纪60年代兴起的西方批评理论的场外征

---

① 〔加〕诺思罗普·弗莱著，陈慧等译：《批评的解剖》，百花文艺出版社2006年版，第17页。
② 张江：《场外理论的文学化问题》，《探索与争鸣》2015年第1期。
③ 张江：《场外理论的文学化问题》，《探索与争鸣》2015年第1期。

用则不同,它并非从文学文本实际,而是从理论自身的兴趣出发,广泛借用其他学科的观念与方法来构建自己的体系,这种场外征用的确存在着张江所说的"抹杀文学理论及批评的文体特征,导引文论偏离文学"的理论弊端。对它予以警示与批判,以防止其对当代文论的有效性带来致命的伤害,是完全必要的。但是,这是否就意味着批评理论的场外征用与文学完全无关,根本脱离文学理论研究的实际呢?显然也不能这样说。为说明这一点,我们不妨简单回顾一下20世纪西方文论发展的历史。

考察西方文学理论发展的历史,不难发现这样一个事实,虽然文学理论与批评作为一种职业古已有之,但人们并没有建立起对文学理论这门学科统一清晰的认识,甚至连什么是文学这一概念也是随着浪漫主义批评的出现而开始被确立的。① 所以,随着学科分类的细化与文学批评的发展,西方文学理论家觉得有义务建立一门适合于文学研究对象与范围的学科与方法,以清晰界定文学的性质与边界。它首先体现在20世纪初的俄国形式主义理论中。1917年俄国形式主义文论家什克洛夫斯基发表的《作为技巧的艺术》,被认为是20世纪西方文学理论一个具有里程碑意义的文献,它的核心论题是讨论文学性。这一研究的目的旨在维护文学的独立性,将文学的研究与社会的、历史的、心理学的等学科的研究区分开来。这种学科意识,到了新批评派那里有了进一步发展。新批评提出一系列理论主张,如含混、张力、反讽、本体批评与非个人化、情感语言与科学语言的区分,其目的都是为了维持文学的自足性,维护文学批评的纯洁性。俄国形式主义和新批评关注文学形式和文学作品的本体研究,对文学理论发展做出了独特的贡献。但是这种研究又有着明显的局限,其最大的问题是把文学形式和文学作品孤立起来,

---

① 参见特雷·伊格尔顿的论证:"我们自己的文学定义是与我们如今所谓的'浪漫主义时代'一道开始发展的。'文学'(Literature)一词的现代意义直到19世纪才真正出现。这种意义的文学是晚近的历史现象:它大约是18世纪末的发明,因此乔叟甚至蒲伯都一定还觉得它极其陌生。"〔英〕特雷·伊格尔顿著,伍晓明译:《二十世纪西方文学理论》,北京大学出版社2007年版,第16—17页)

忽视了文学与人类社会、历史、文化活动的深刻联系。俄国形式主义与新批评的理论局限,早在这一批评阵营内部就有人清楚地意识到。韦勒克就是如此。所以,他把文学研究的重心放在文学文本和语言形式的同时,还提倡一种透视主义的研究,认为文学研究作为一种知识体系,核心问题是将文学"作为一种艺术和作为我们文明的一种表现"。① 神话原型批评的代表人物弗莱对形式主义和新批评理论的缺陷有更清醒的认识,所以他提倡一种更为宏观的文学理论研究。他将文学批评(理论)界定为"涉及文学的全部学术研究和鉴赏活动"②,认为文学批评不但是人类文化的基础部分之一,而且是一门独立的学科。它既不是哲学、美学、语言学以及任何文学以外的理论系统的附庸,也不是文学艺术的派生形式。"批评是按照一种特定的观念框架来论述文学的。这种框架并非就等于文学自身的框架,否则又沦于寄生的理论了;但是批评也不是文学之外的某种东西,因为那么一来,批评同样会丧失自主性,整个学科就会被其他东西所吸收了。"③

弗莱的批评观念,对 20 世纪后半期的西方文论产生了很大影响。从弗莱开始,西方文学理论界已比较自觉地意识到,文学理论可以作为一门学科和知识体系被建构起来。文学理论与批评的对象并非只局限于文学作品自身,它也是人类文化或人文科学研究的一部分。文学理论作为一种思想和知识的结构,不是文学的寄生形式,它本身也是一种艺术,是一门独立的知识系统与价值评判。张江所说的 20 世纪 60 年代开始兴盛的批评理论,正是在这样的背景下发生的。不过,批评理论之所以兴盛并成为 20 世纪 70—80 年代西方文学理论的主导,不仅是因为来自文学理论学科内部的观念与方法的变化,还受到来自外部社会斗争的压力和哲学思潮的影响,所以与弗莱的批评理论也有着很大的不同。弗莱的批评理论指向的是文学自身,它将批评作

---

① 〔美〕雷内·韦勒克著,张今言译:《近年来欧洲文学研究对于反实证主义的反抗》,《批评的概念》,中国美术学院出版社 1999 年版,第 267 页。
② 〔加〕诺思罗普·弗莱著,陈慧等译:《批评的解剖》,百花文艺出版社 2006 年版,第 4 页。
③ 〔加〕诺思罗普·弗莱著,陈慧等译:《批评的解剖》,百花文艺出版社 2006 年版,第 8 页。

为一门独立学科,重视批评自身的理论诉求。即使将文学作为人类文化或人文科学研究的一部分,借用人类学和心理学的理论观念与框架来阐释文学,也是为文学服务的,是为了揭示文学自身的价值。而批评理论则不同,它将对文学的关注转向了对文化的关注,将理论为文学服务转向了文学为理论服务,对理论政治的兴趣远大于对纯粹的文学理论知识的兴趣。批评的目的也不再是用理论来解释文学对象,而是让理论服务于哲学与政治,用哲学和政治的方式来完成其对文学经验的思考与阐释。

  我们所关注的不是这种转向的重心是在文学还是在文化,是从理论政治还是从纯粹的文学理论知识的兴趣出发,而是它作为一种阐释模式对于文学理论研究是否有效和具有合理性。卡勒曾深刻分析文学批评家为什么要吸取其他领域的理论,由文学转向文化。他认为这种转向的原因之一是:"文学研究在过去的理论化程度不高。很多文学研究都是历史的苍白无力的版本:研究作者所处的历史语境及其他们对文学史的贡献等等,而不是反思文学作为一种文化实践的功能以及如果文学有其历史那将会怎样……过去的文学研究建立在某种'细读'的观念之上,这种研究方式假定:直接接触文本的语言就足够了,根本不必去顾及什么方法论框架的问题。来自其他领域的著作为文学学者们重新思考文学和文学研究提供了强有力的资源","因此,当文学学者们从某种并不足以阐释文学作品的文学史中解脱出来之后,他们赫然发现:他们能够利用各种各样最令人激动、最有趣的理论来阐释他们在文学中所遇到的问题和材料"。"理论从总体上丰富了人文学科,使人们可以更深入地思考文本中的各种事物。理论也使人们在文学阅读中更加注意预先的假设、方法论上的不同选择、语言功能的构想等等问题。"[1]从卡勒的论述可以看出,20世纪60年代兴起的批评理论重在理论自身的兴趣和方法论建构,重在反思文学作为一种文化实践的功能而不是对文学作品的分析和文学史现象的解释,这种理论研究虽然会造成如场外征用、主观预设一类强制阐释方

---

[1] 〔美〕乔纳森·卡勒著,生安锋译:《当今的文学理论》,《外国文学评论》2012年第4期。

法，对文学本体的阐释带来伤害，但是它也体现了文学理论学科自身的一些特点，即理论的反思性、理论作为"一种方法上的工具"（韦勒克语）以及理论对现实的关注，所以对西方文学理论进程的影响与贡献亦不容忽视。伊格尔顿谈到20世纪70—80年代批评理论的兴衰时，承认这一理论（文化研究）存在着疏离文学本体的缺陷，但是仍然肯定了理论所取得的成就以及在文学研究方面的进展，认为它主要体现在三个方面：一是使性别和性欲不仅是个具有紧迫政治意义的话题，而且成为文学研究的合法对象；二是确立了大众文化研究的价值；三是在恢复受到正统文化排挤的边缘文化的地位方面做了至关重要的工作。① 他批评了那种认为"只有当理论用以说明艺术作品时该理论才有价值"的观点，认为"理论能有力地阐述艺术作品"，更重要的是"理论可以凭自身能力使人大开眼界。文化理论的任何一个分支——女性主义、结构主义、精神分析学、马克思主义、符号论等等——在理论上都不只局限于对艺术的讨论，或只源自对艺术的讨论"。② 从这种理论转向中，伊格尔顿还意识到文学理论作为一门传统的人文学科的分支所面临的危机。在他看来，传统的文学理论试图通过文学来传达一种普遍的价值观念，如自由、平等、普遍人性等，这种理论教育渗透在大学人文学科教育体制中，而今天已经失效，这也导致了文学理论作为一种单一与独立学科存在的合法性的消失，所以它必须向理论即文化研究方面转换。③

批评理论对西方文学理论进程的影响与贡献，在笔者看来，主要表现在以下两个方面。

一是它深化了文学与政治的关系。希利斯·米勒将文化研究视为"对一种新的意欲使文学研究政治化和重新历史化的回摆"④。的确，兴盛于20世

---

① 〔英〕特里·伊格尔顿著，商正译：《理论之后》，商务印书馆2009年版，第5—15页。
② 〔英〕特里·伊格尔顿著，商正译：《理论之后》，商务印书馆2009年版，第84页。
③ 参见〔英〕特雷·伊格尔顿著，伍晓明译：《二十世纪西方文学理论·后记》，北京大学出版社2007年版。
④ 〔美〕希利斯·米勒著，王逢振编译：《全球化对文学研究的影响》，《文学评论》1997年第4期。

纪70—80年代的文化研究或者说文学理论向"理论"的转向，其深层原因亦在政治。按伊格尔顿的说法，20世纪70年代（或者至少是其前半段）是社会希望、政治斗争和高级理论相会合的年代，正是在这样的背景下，文化研究兴盛起来。文化研究使人们对社会和政治的关注有了合法性，也极大地唤起了文学工作者参与社会和公共事物的热情，唤起了人们运用理论批判与反思社会的意识，使文学不再是游离于社会政治和经济文化的边缘性事业。阶级、种族、族裔、性别、权力/知识、霸权、身份、差异、意识形态、后殖民一类的词汇成为文学研究的热门话题，也大大拓展了文学理论研究的场域。正因为如此，伊格尔顿才自豪地宣称："现代文学理论的历史乃是我们时代的政治和意识形态的历史的一部分"，"文学理论不应因其政治性而受到谴责。应该谴责的是它对自己的政治性的掩盖或无知"。① 二是它赋予理论更确切地说是哲学对于文学现象解释的特殊意义与内涵。强制阐释常常由于追求真理的冲动和解构的冲动而夸大了理论自身存在的价值，造成了阐释理论与阐释对象的脱节，脱离了文学实际，背离了文学本体的研究，对西方文学理论的发展带来了危害。但是它作为一种思想资源和思维方式却深刻地影响到文学理论方法的运用。比如，福柯关于性的研究就具有这样的意义，如卡勒所描述的那样：在福柯的理论中，性是由与各种社会习俗和实践联系在一起的话语建构起来的，虽然福柯在这里对文学只字未提，但已经证明他的理论对文学研究人员非常重要。首先，因为文学是关于性的，文学是众多可以使性的理念形成的领域之一，人们在这里找到了对一种思想的支持，即人的最深层的属性是与他对另外一个人怀有什么样的欲望联系在一起的。福柯的理论不仅对研究小说的人很重要，对研究男同性恋或女同性恋的人，以及对做性研究的人都很重要。另外，福柯发明了性、惩训、疯狂等概念，把它们看成是历史的建构。这种建构虽然不是对文学作品的具体分析研究，但由于

---

① 〔英〕特雷·伊格尔顿著，伍晓明译：《二十世纪西方文学理论》，北京大学出版社2007年版，第196—197页。

其思想的高度和对人的本性的深刻研究，它对文学研究的观念与方法的形成亦具有重要意义。①张江批评弗洛伊德不是文学批评家，他的文学观以及对文学和文艺的表达，都是为了印证他的精神分析理论，而不是建构文学和艺术理论。张江这一批评的确指出了弗洛伊德用场外征用方式评价文学的理论缺陷，那就是主观预设，背离文学实际，但是我们并不能因此而否定弗洛伊德精神分析学方法分析文学的意义。因为它将文学批评的视野引向了一块尚未开垦的处女地——人类的深层心理，使人们开始注意本能欲望和无意识心理对于文学创作的重要性。这一分析方法其本质是属于哲学而非文学的，它的意义在于从哲学心理层面丰富了文学现象的解释而非拘泥于具体文学事实的解释与分析。

正因为如此，我们才能理解，20世纪西方从事批评活动的主体为什么常常是一些哲学家而非文学家。作为哲学家的文学理论研究自然有着不同于文学家的研究目的。他们所提出的理论观点虽然疏离文学本体和对象，却有一种知识的兴趣与理论的自觉，体现了文学理论作为元理论和元语言的方法论特色，对文学理论的学科发展并非毫无价值。它最重要的意义就是强化了文学理论的批判与反思意识，使哲学与文学联姻，使人们对文学的兴趣上升到哲学理论的层面，也使不同学科的知识领域可以更好地碰撞与交融，这深刻地改变了文学研究的原有格局。正是看到这一点，卡勒将理论（文学理论）看成是常识性观点的好斗的批评家，认为它具有反射性，是关于思维的思维，可以"提供非同寻常的、可供人们在思考其他问题时使用的'思路'"②。美国康奈尔大学的教授劳伦·迪布勒伊亦注意到这一现象，他认为像德勒兹、德里达，以及此后的巴迪乌、朗西埃等人，实际上做的事，是以哲学的方式完成关于文学思考的经验，而不是试图将理论施用到文学上。也就

---

① 参见〔美〕乔纳森·卡勒著，李平译：《当代学术入门：文学理论》，辽宁教育出版社1998年版，第9页。
② 〔美〕乔纳森·卡勒著，李平译：《当代学术入门：文学理论》，辽宁教育出版社1998年版，第8页。

是说，这些人本质上只是哲学家，而不是文学理论家。因此，强制阐释不是他们的错。同时，他还注意到中国文论家所出现的强制阐释问题，那就是用西方的理论来取代既有的文学理论，他认为这是没有任何理由的。①劳伦·迪布勒伊的这一看法可谓击中了近几十年中国文论的要害。如果说西方文论中的强制阐释与西方社会现实和西方文学理论进程密切相关，具有理论自身的批判意识与反思精神，因而还具有某种合理性的话，那么中国近几十年来对西方文学理论顶礼膜拜的强制阐释冲动，则完全失去了其存在的合理性。因为它只是盲目照搬和机械模仿西方的文学理论，以西方的文学理论来取代中国的文学理论，对西方文学理论缺乏任何辨识与批判眼光，也缺乏理论自身的反思兴趣，并且根本脱离中国文学实际。所以，中国当代文论要走出理论困境，最应该警惕和批判的是这样一种强制阐释的冲动与倾向，而不是去放大西方文论强制阐释的理论弊端，甚至将中国文论与西方文论对立起来，抵制西方文学理论观念与方法的引进。

三、重建中国文学理论必须注意的几个问题

张江提出强制阐释概念、批判西方文论的本体缺陷的目的是为了中国文论的重建。他认为："对西方文论的辨析和检省，无论是指出其局限和问题，还是申明它与中国文化之间的错位，最后都必须立足于中国文论自身的建设。"②他看到中国当下文学理论面临的现状，一方面是理论的泛滥，各种西方文论轮番出场，似乎有一个很繁荣的局面；另一方面是理论的无效，能立足中国本土，真正解决中国文艺实践问题，推动中国文艺实践蓬勃发展的理论少之又少，所以明确提出"重建中国文论必须有自己的理论基点"的主张。这个基点就是：第一，抛弃对外来理论的过分倚重，重归中国文学实

---

① 〔美〕劳伦·迪布勒伊著，毕素珍译：《保留文学激情》，《中国文学批评》2015 年第 3 期。
② 张江：《当代西方文论若干问题辨识——兼及中国文论重建》，《中国社会科学》2014 年第 5 期。

践；第二，坚持民族化方向，回到中国语境，充分吸纳中国传统文论遗产；第三，认识、处理好外部研究与内部研究的关系问题，建构二者辩证统一的研究范式。①

对于张江"重建中国文论必须有自己的理论基点"的主张，笔者深表赞同。中国当下文学理论存在的问题，确如张江所说，是理论的泛滥和理论的无效，即盲目引进和机械照搬西方文学理论造成虚假的繁荣而根本脱离中国文学实际，所以重归中国文学实践和坚持民族化方向对中国未来文学理论发展是至关重要的。而处理好外部研究与内部研究的关系，建构二者辩证统一的研究范式，对于消除当下文学理论研究的片面性和无序性，建构完整有序的理论体系，亦具有重要的意义。近20年来，随着中国文论"失语症"问题的提出，要求回归中国文学实践，回归本土化的中国文学理论研究的呼声日益强劲。不过，尽管有这种主张和声音的存在，中国文论的面貌事实上没有发生真正的改观，以西释中，盲目模仿和机械照搬西方理论，轻视本民族的理论遗产，脱离文学实践的风气依然盛行，依然主宰着中国当下文学理论的研究。如何使这种状况得到改变？笔者以为，关键并不在于是否从理论上认识到回归中国文学实践、坚持民族化方向等对于重建中国文论的重要性，而是要将这些理论主张落实到实处，形成一套行之有效的批评方法与策略。同时，要意识到回归中国文学实践、坚持民族化的方向，建立外部研究和内部研究统一的批评范式，只是中国文学理论建设应该坚持的方向而不是最终的目的，不能以一种文化自大的心态夸大本民族理论的价值和抵制对西方文学理论的接受与引进，排斥其他理论形态和资源对于重建中国文论的价值和意义。具体说来，重建中国的文学理论必须注意以下几方面的问题。

第一，要正确处理坚持民族化方向与引进接受西方文学理论的关系。张江认为"当代西方文论生长于西方文化土壤，与中国文化之间存在着语言差异、伦理差异和审美差异，这决定了其理论运用的有限性"，因而提出重

---

① 张江：《当代西方文论若干问题辨识——兼及中国文论重建》，《中国社会科学》2014年第5期。

归中国文学实践和坚持民族化方向以实现中国文论的重建问题。这里便存在着这样的问题：中西文论之间还存不存在理论的通约性？还存不存在古今共通的"诗心""文心"和价值评判标准？对此，张江并没有做出正面的回应。这就容易使人们产生这样的感觉，好像中西文论之间只存在着差异，只要明确了差异，坚持民族化的方向，充分吸收中国传统文论遗产，就能实现中国文论的重建。如果是这样，又如何理解百年来中国文学理论进程中的其他理论形态，包括马克思主义文学理论、西方文学理论乃至中国现当代文论对于重建中国文论的意义？我们并不赞成那种以追求人类真理和价值的普遍性而祛除民族性的理论主张，因为文学理论离不开历史性、民族性的知识建构，没有民族性，缺乏民族的精神、民族的语言、民族的思想情感、民族的审美经验与特色，中国文学理论想要真正走向世界是很困难的。所以我们提出坚持民族化的方向，将本土化、民族化的文学理论建设放在优先地位，但这并不意味着排斥来自其他民族和文化传统的美学与文学观念。在全球化时代的今天，不同民族、不同文化的思想观念的交流融合也必然成为文学理论建构的重要选择，一个国家、一个民族的文学理论想要真正得到发展，真正在世界上发出声音，绝不能把自己封闭起来，必须接受来自于其他传统的美学与文学观念。对于20世纪西方文学理论的态度亦应如此，绝不能因为20世纪西方文论存在着严重的强制阐释倾向就否定和排斥其理论价值，将其拒之于国门之外，而是应该以一种平等对话的心态看待西方文论的引进与接受，充分吸取其中合理的、有价值的东西，并加以融合贯通，以推进民族化的文学理论研究与批评实践。

第二，要正确处理宏观、系统的文学理论建构与具体的文学现象和具体的理论问题研究的关系。张江认为，当代西方文论的理论范式形成有一个突出特点，那就是各种思潮和流派的狂飙突进，以抵抗传统和现行的秩序为目的，它们只是"提出一个方向的问题，从一个角度切入，集中回答核心的焦点问题，攻其一点，不及其余，不求完整，不设系统，以否定为基点澄明自己的话语"，这种理论范式的长处是突出了理论的锋芒和彻底性，但其弱点也是致命的,那就是使文学理论走向碎片化、走向解构,其结果必然是文学理论及其学科的存在受到质疑。①所以他提倡一种宏观的、整体的、系统的文学理论研究,认为:"实践证明,一个成熟学科的理论,大体上应该是一个完整有序的系统,在这个系统中,各方向的专业分工相对明确,配套整齐,互证互补。在理论生成和发展的整个过程中,某个方向的理论可能走得快一点,具有开拓和领军的作用。但是,随之而来的,其他方向的配套理论必须接续上来,逐步构成一个能够解决本学科基本问题的完整体系。"②毫无疑问,宏观系统的理论研究对于文学理论的学科建设非常重要。因为文学理论是一门科学,它不仅要形成系统的知识和研究方法,形成对文学理论发展规律的总体认识,而且还要通过逻辑系统的理论建构来提升文学学科的思辨水平。所以,文学理论绝不能只是一些不相关联的知识、概念、术语、范畴的经验总结,它必须有宏观整体的理论建构与研究思路。不过,在提倡这种理论建构与研究思路的同时,我们也应该看到,任何宏观的理论建构和系统性研究,都有自己的理论盲点与局限性。大一统、宏观的理论体系建构无法取代具体流派、方法、学说、思想观点的研究。福柯曾提出"理论工具箱"的看法,他认为,理论不过是对事物的解释,世界上有多少种事物就有多少种解释,所以多元化和差异性而不是系统性和总体性成为理论的根本特点。我们并不赞成福柯只强调多元性和差异性的"理论工具箱"的观点,但是这种观点却说明每一种理论都有自己所适应的对象与范围,不能夸大某一种"大理论"的理论建构而忽视具体的文学现象和理论问题的研究。20世纪后期,西方文论出现了"理论之后"的转向。所谓"理论之后",按照伊格尔顿的表述,就是在经历了20世纪70—80年代的理论高峰之后,西方文学理论正在逐渐告别"关于真理、理性、科学、进步、普遍解放的宏大叙事"③而

---

① 张江:《强制阐释论》,《文学评论》2014年第6期。
② 张江:《强制阐释论》,《文学评论》2014年第6期。
③ 〔英〕特雷·伊格尔顿著,伍晓明译:《二十世纪西方文学理论》,北京大学出版社2007年版,第234页。

转向更为具体的文艺现象，也就是人们通常所说的"小理论"的研究。由于在中国学术界长期存在着一种对"大理论"迷恋的研究倾向，人们习惯于宏观叙事，习惯于空疏、宏大的理论体系建构而忽视具体的文学现象和理论问题的研究，这种研究不仅严重脱离文学实际，而且也造成研究者理论兴趣的缺乏，所以西方文论的"理论之后"的转向是很有启示意义的。对于中国当下的文学理论界来说，当务之急就是要实现这种转向，提倡"小理论"的研究，也就是要重视具体的文学现象和理论问题的研究，把解决文学创作和文学批评实际存在的问题作为优先考虑对象，而不是继续沉浸在"大理论"的幻象中。联系文学实际，做具体的理论问题的研究，常常比宏观的、系统的理论建构更容易生长出有意味、有原创性的思想和观点。这样的例子在中国现当代文学理论进程中并不少见，比如，王国维的境界理论，朱自清的"诗言志辨"，朱光潜《诗论》对中西诗歌意象、节奏韵律的比较，郭绍虞对神韵与格调范畴的解读，钱钟书的"诗具史笔，史蕴诗心"说，叶维廉对中西诗中山水美感意识的阐发，浦安迪对中西长篇小说文类的比较以及奇书修辞形态的研究，叶嘉莹、徐复观、童庆炳等人对赋比兴审美意味的阐发，刘若愚对中国古代诗歌时间和空间关系的分析，余宝琳对中国诗歌传统的意象解读，陈世骧等人对中国文学抒情传统的阐发，等等，都是从中国文学实践出发，从具体的文学现象和理论问题的研究出发，提出了有意味、有原创性的理论观点。这种从具体文学现象和理论问题出发的研究思路，如何转化为有效的文学批评方法与路径，以丰富中国当代文学批评实践，亦是中国文论重建过程中值得认真思考与探索的问题。

第三，要正确处理文学创作与文学批评、文学研究与文化研究的关系。首先看文学创作与文学批评的关系。文学理论的发展，自然离不开文学创作经验的总结，但是必须明确的是，文学理论并不是只是对创作现象的解释，也不是作为创作的附庸存在。文学理论作为一门独立的学科，有自己的独特对象，这种对象就是文学批评。文学批评当然离不开文学创作，但它绝不是创作的寄生形式。它本身也是一种思想和知识的结构，有独立的价值。如弗莱所说,批评是一种"说话的艺术",它不是仅仅基于对某一个作家作品的判断,而且更是基于整个文学的实际,对文学现象和规律的整体描述。张江提出要回归中国文学实践,这种实践在我们看来,不仅指文学创作的实践,也应该指向文学批评的实践。中国当下学术界有一种观点,强调文学理论要介入创作实践,对创作起指导作用,并把创作界出现的许多问题都归结为缺乏正确的文学理论指导。这种观点显然将文学理论与文学创作的关系简单化了。在历史上,真正对创作起到引导与改变创作方向的理论并不多。许多优秀的文学作品都是作家根据自己的人生体验与艺术实践,在突破原有的理论框架与范式基础上创造出来的。批评对于文学实践来说还有一个重要的领域,那就是对文学经典的解读,它是超越作家个体创作经验的。它不是对作家创造力的简单模仿,而是伟大的文学批评传统的体现;它可以给作家的创作提供启示,但是不会成为创作的附庸而失去批评自身的价值与品格。所以,单纯强调文学理论的意义在于指导文学创作,是无法解释文学理论的功用的。文学理论的功用还应该指向批评活动自身,理解批评在文学活动中的地位和作用。法国批评家塔迪埃将批评看成是"亚历山大港的灯塔",认为"20世纪里,文学批评第一次试图与自己的分析对象文学作品平分秋色"。① 为什么这样说?他认为"热爱文学,亦即欣赏发现的乐趣,'最终发现和澄清真理'的欢乐,发掘陌生园地的欢乐,只有批评才能揭示这块有时甚至令人生厌的园地,批评是第二意义上的文学",所以批评可以在我们的时代得到无限膨胀与发展。② 张江提出"以文本为依托的个案考察"的建构中国特色文学理论体系的研究思路,强调"选取一定数量有代表性的诗作,逐一进行文本细读",然后形成系统化、理论化的观点,认为"这才是中国诗学及中国文学理论应有的生成路径"。③ 这一研究思路固然有可取之处,但须注意的是:一、批评不应只是对文学作品的一种解释,它本身也充满思想表达的

---

① (法)让-伊夫·塔迪埃著,史忠义译:《20世纪的文学批评》,百花文艺出版社1998年版,第1页。
② (法)让-伊夫·塔迪埃著,史忠义译:《20世纪的文学批评》,百花文艺出版社1998年版,第9页。
③ 张江:《当代西方文论若干问题辨识——兼及中国文论重建》,《中国社会科学》2014年第5期。

乐趣，亦可以作为一种文学体裁和类型来看待，所以文学理论建构意义上的文本细读不限于诗歌、小说一类的文学作品，也应该包括批评文本的细读；二、须谨防重蹈将文本孤立起来进行研究的西方文本中心主义的老路。弗莱曾提出著名的"向后站"的批评理论。他认为，在文学批评中，人们"得经常与一首诗保持一点距离，以便能见到它的原型结构"。[①]"向后站"的批评显然不同于张江所提倡的文本细读。它强调的是要与具体文学作品保持一定距离，不拘泥于作品细节的解读，从大处着眼，从宏观整体把握文学作品的重要性。这为文学作品的解读提供了一种新的方法，同时也是对批评自身权利的维护。正是由于这种"向后站"的批评思路，弗莱才提出了原型批评理论，强调要超越个别、具体的文学作品研究，从宏观整体来把握文学类型及其演变规律的重要性。这种"向后站"的批评思路，对于中国文学理论路径的生成，同样是有借鉴意义的。

其次看文学研究与文化研究的关系。文学理论应该坚守文学的本位，这是毫无疑问和无可争议的。卡勒在阐释20世纪兴盛的文化批评理论时说："这可不是指关于文学的理论，而是纯粹的理论……有时理论似乎并不是要解释什么，它更像是一种活动——一种你或参与，或不参与的活动……我们被告知，'理论'已经使文学研究的本质发生了根本的变化。不过说这话的人指的不是文学理论，不是系统地解释文学的性质和文学的分析方法的理论。"[②] 这自然是20世纪西方文化批评衰落的重要原因。不过，谈到这一点时，我们必须看到，文学意义的生成与发展，又无法脱离社会历史和文化的语境，所以文化研究对于文学研究的意义又不可忽视。法国著名文学理论家克里斯蒂娃提出"互文性"（intertextuality）概念。在互文性的语境中讨论什么是文学的问题，自然不能忽视文学文本、文学语言和文学形式研究的重要性，同时又不能把文本的阅读与解释只局限在文学文本与语言形式自身，还

---

① 〔加〕诺思罗普·弗莱著，陈慧等译：《批评的解剖》，百花文艺出版社2006年版，第198页。
② 〔美〕乔纳森·卡勒著，李平译：《当代学术入门：文学理论》，辽宁教育出版社1998年版，第1页。

应该指向更大的社会历史和文化关联域，关注文学文本与文化实践、文本的边界等问题，所以必须重视文化研究对于文学研究的意义。20世纪70—80年代西方由文学研究向文化研究的理论转向，不管存在着什么样的理论积弊，有一点不可忽视，那就是在传统人文学科遭遇危机、文学日益疏离社会现实与公众领域的现实面前，这种理论转向突出了文学文本与文化、社会实践之间的关系，为文学研究打开了新的天地，也为文学理论学科赋予了新的内涵。虽然文化研究作为一种理论新潮已不复存在，但是它作为一种研究思路对今天的文学理论仍具有启示意义。经历了文化研究的思潮洗礼，人们已经不可能像20世纪初的形式主义与新批评理论家那样站在纯文学的立场上来思考问题，文化、哲学和政治的思考已成为理解文学现象的重要理论与方法。所以，当今的文学理论重建，不是简单地从文化研究向文学研究的理论回归，而是应该以文学经验的阐释为中心，将文化研究与文学研究统一起来，既要防止文化研究对文学对象和文学经验的销蚀，将文学研究变成文化研究；又要有一种跨学科、跨文化的研究视野，将文学纳入到人类的各种文化和社会活动中，使文学理论发挥它应有的影响与功能。

(《学术研究》2016年第7期)

阐释的意义与价值
——强制阐释论中的文学经验问题

曹成竹*

一、从伽达默尔的体验观谈起

近年来,张江提出的强制阐释论成为文学理论界的一个焦点问题。一方面,这一理论得到了诸多学者的赞同和响应,人们不仅以强制阐释为视角,对当代西方文论及中国文论发展的问题展开批评与反思,同时还注意到从概念的梳理、辨析及知识谱系的研究出发,为强制阐释论的建构与拓展奠定基础;另一方面,也有学者对这一问题发表不同意见,引导理论探讨不断深入。其中,张江与朱立元、王宁、周宪几位学者关于"主观预设"和"前见与立场"等问题的对话尤为引人注意①,因为这些对话从不同角度和深度推进了强制阐释论的发展。在讨论中,张江把强制阐释的主观预设现象进一步区分为"前见"和"立场",并且指出前见是某种由生存和教育语境所养成的知识结构和认知方式,其根本特点是开放性和可变性,是可以随着对于文本的理解而得到改变和修正的;而立场则是一种"主动、自觉的行为表达"和

---

* 作者简介 曹成竹,山东大学文艺美学研究中心副教授。
① 参见《学术研究》2015年第4期、《学术月刊》2015年第5期相关文章。

"清醒意识的选择",它在实践层面上高于前见,是不可改变的,不但不会被文本经验所修正,还会因自身的存在而强制阐释文本。① 这一区分能够引导我们对阐释行为的前提要素进行自觉辨识和反思,因此是有益的也是必要的。然而,这一观点并未得到另外几位学者的赞同。朱立元指出,前见与立场在语义上并没有根本的区别②,周宪也认为,明确地区分出前见和立场并非易事,而且文学研究中的前见和立场往往都是不可或缺的。③

的确,在具体的批评过程中,我们很难意识到自身的前见与立场的差异,它们往往是融合在一起的,而且又是不可避免的。伽达默尔在谈论前见问题时,并未特别强调区分出立场。他认为对于有效的阐释而言,前见必须处于阐释者的自觉意识之中,以便能够保持对文本的倾听态度。而至于前见是否能被改变,则在于"体验"(erlebnis 或 erfahrung)这一概念。在伽达默尔看来,体验既是一种前见,同时又是能够修正前见的关键所在:

> 凡是能被称之为体验的东西,都是在回忆中建立起来的。我们用这个词意指这样一种意义内涵,这种意义内涵是某个经验对于具有体验的人可作为永存的内涵所具有的。这就是关于意识所具有的意向性体验和目的论结构的论述所确认的东西。但是在另一方面,体验概念中也存在生命和概念的对立。体验具有一种摆脱其意义的一切意向的显著的直接性。所有被经历的东西都是自我经历物,而且一同组成该经历物的意义,即所有被经历的东西都属于这个自我的统一体,因而包含了一种不可调换、不可替代的与这个生命整体的关联。④

在这里,体验明显具有两重性:第一重源于体验主体,也就是阐释者事先具

---

① 张江:《前见与立场》,《学术月刊》2015 年第 5 期。
② 朱立元:《也说前见和立场》,《学术月刊》2015 年第 5 期。
③ 周宪:《文学的对话性与文学研究的对话性》,《学术月刊》2015 年第 5 期。
④ 〔德〕汉斯-格奥尔格·伽达默尔著,洪汉鼎译:《真理与方法》,上海译文出版社 1999 年版,第 85—86 页。

有的意向性和目的论的认识结构；第二重则源于"自我经历物"引发的体验本身，也就是体验过程中摆脱主体自我意识的可能。体验如同阐释过程中联系阐释者与阐释对象的桥梁，它已然存在于阐释者身上，但在经历了阐释对象和过程之后，却又不知将抵达何方。体验的特点在于"先在"与"异在"之间的对话交流，这里的"异在"指区别于体验者先在经验和意向的体验过程所传达的独特经验。对于理想的阐释行为而言，体验的确定性恰恰在于其不确定性，一种以生动活泼的方式勾连两种立场的自我超越与意义整合。

  伽达默尔特别指出，体验的过程是经验性的，但机制却是历史性的。人在世界中接触作品，又在作品中与世界接触，因此这种体验所产生的意义整合就绝对不是一个"我们刹那间陶醉于其中的陌生的宇宙"，而是能够更加清楚地理解我们自己的途径。所以对于艺术体验问题的合理立足点，并不是仅仅企求体验的直接性和瞬间性，还应当明白体验"与人类的历史性实在相适应"。[①] 伽达默尔这种对体验的理解，在一定程度上继承了施莱尔马赫、狄尔泰、胡塞尔等人的体验观，并且以柏格森的生命哲学为旨归。不同点在于，伽达默尔的体验观又是在批判康德的基础上的一种推进，最终与他的艺术体验论和历史阐释学结合起来，从而形成了在阐释中洞见真理的方法论。康德把审美趣味作为一种绝对自由，并认为给这一自由立法的是人的主体性精神。这种艺术天才论确定了人作为先验主体的体验的绝对自由性，而没有看到其历史性和具体性。伽达默尔不仅把体验洞见真理的特权赋予了艺术的审美体验，还把这一过程从先验的绝对主体归还给历史化的相对主体，从而为阐释者的现实根基——体验的前见以及这种前见在艺术体验中的消融与重构开辟了道路，阐释者正是在这种牵绊与自由的张力中通达自身的此在。

  此外需要强调的是，伽达默尔的体验观并未抛开对作品本身的重视，而是将其纳入到了对体验过程的强调之中。因此有学者认为，伽达默尔的阐释

[①] 〔德〕汉斯-格奥尔格·伽达默尔著，洪汉鼎译：《真理与方法》，上海译文出版社1999年版，第124页。

理论容易陷入相对主义和怀疑主义，例如赫施的《解释的有效性》就旨在重建以作者原意和作品文本为核心的科学阐释论。但我们也应该看到，伽达默尔是在反拨经典阐释学过度重视还原阐释对象的基础上展开论述的，因此这种重心的挪移可以理解。而这并不意味着他的阐释理论脱离了阐释对象，其艺术体验的生发本身便包含了对阐释对象的尊重，如果没有被充分吸纳入作品的世界之中，体验是无法由先在经验变为独立于主体之外的"自我经历物"的。美国学者霍埃便批驳了赫施对伽达默尔的误解，看到经验虽然是主观的和历史的，但仍是以文本为基础的正当解释。①

　　对于强制阐释论而言，伽达默尔体验观的启发主要有三点。第一，体验具有矛盾性，既是阐释者的已有经验，又是交流中以作品为本源的新鲜经验；既是稳定的、前置的，又是变动的、可超越的。第二，体验的充分发生，是阐释合理性的有效保证。第三，充分的体验只是合理阐释的必要条件，必须认识到体验的历史化生成，因此阐释不仅是对文本的理解，还包含对体验的理解。以体验为基础，前文提到的几位学者关于前见和立场的分歧，便可能被化解——前见和立场是可以区分的，前见可能被改变，而立场则应当被悬搁，然而这些应该是文本体验的结果，而不是其前提。文本体验的充分发生以及阐释者对其个人体验的间离和超越相结合，是抵制强制阐释的有效途径。

　　再进一步说，对于合理的文学阐释而言，对文学经验的尊重和对立场与前见的检视，虽然如同一枚硬币的两面，但如果必须确定一方的优先权，无疑应该是文学经验。对于立场与前见的检视是为了更好地通达文学经验，而只有以文学经验本身为核心，才可能实现对前见与立场的检视甚至超越。为了绕出这个循环，我们可以这样说：对文学经验的尊重是合理的阐释理应具有的唯一立场。这一论断不仅应作为文学阐释与批评的出发点，也是我们反思西方文论经验得失的着眼点。从总体上看，西方文学理论的发展，因为形而上世界观和理性思维方式的影响，理论和立场的前置性是显而易见的。这

---

① 参见〔美〕D. C. 霍埃著，兰金仁译：《批评的循环》，辽宁人民出版社1987年版。

种倾向在逻各斯中心主义占主导的时代问题并不突出，但随着西方历史的现代化进程，文学及其他艺术表达经验的诉求更为迫切，文学艺术与社会现实和理性观念的关系也更为紧张，西方文论的理论倾向与文艺经验相脱节的问题也就愈发明显了。

二、经验的价值：当代西方文论的转捩点

伽达默尔的"体验"对应的英文释义为 experience，也就是经验。英国马克思主义文学批评家雷蒙德·威廉斯在《关键词》一书中曾对"经验"一词进行过分析。① 它有两重含义：第一是"从过去的实践里所累积的知识"，也就是侧重经验与教训，包含思考、反省与分析之意，即习得之先见；第二是一种可以与理性和知识区隔开来的特别的意识，侧重完整的、活跃的意识，而这种意识代表着没有争议的真实性与直觉性，也就是切身的体验。可见经验概念本身是矛盾的，既是某种既有的前结构，又是自足自律的新意识。"经验"的两重性与伽达默尔的"体验"是一致的，无论是转译上还是内涵上我们都可以将它们视作同一个概念。

特别值得注意的是，经验与体验这对概念的现代意涵的确立，有着相同的宏观历史背景。威廉斯提到经验一词在英语语境中的第二重含义，也就是强调完整的、真实的意识以及整个人的存有（being）的含义，是构成西方现代文化发展运动的重要部分，因为文化的一个现代普遍用法是指"音乐、文学、绘画与雕刻、戏剧与电影"等"关于知性的作品与活动，尤其是艺术方面的"。② 进一步而言，随着19世纪以来西方现代美学和艺术的自觉，经验所代表的重要意义和真理性才逐渐具有了一种排外的性质。伽达默尔在

---

① 参见〔英〕雷蒙德·威廉斯著，刘建基译：《关键词：文化与社会的词汇》，生活·读书·新知三联书店2005年版，第167—171页。
② 〔英〕雷蒙德·威廉斯著，刘建基译：《关键词：文化与社会的词汇》，生活·读书·新知三联书店2005年版，第106页。

《真理与方法》里，同样追溯了体验一词的概念史，他发现体验这个词在德文中直到19世纪70年代才成为了与经历相区别的常用词，而最早将体验独特的现代意义固定下来的是传记文学。在他看来，由经历变为体验需要以两方面的意义为依据："一方面是直接性，这种直接性先于所有解释、处理或传达而存在，并且只是为解释提供线索、为创作提供素材；另一方面是由直接性中获得的收获，即直接性留存下来的结果。"① 我们可以这样理解，体验与经历的不同在于，虽然两者同样都是直接的，但体验又是有意义的或迫近真理的。伽达默尔指出，19世纪艺术家和诗人传记的作用，是强调从他们的生活出发去理解其作品。传记的功绩正在于传递了体验的两方面的意义，并将之作为一种创造性的关系加以认识。简言之，传记文学中的体验，意味着从具体的经历中理解艺术家和诗人创作的真理性和独特性。伽达默尔同威廉斯一样，也进一步指出了体验一词确立现代意义的历史语境："施莱尔马赫为反对启蒙运动的冷漠的理性主义而援引富有生命气息的情感，谢林为反对社会机械论而呼吁审美自由，黑格尔用生命（后期是用精神）反抗'实证性'，这一切都是对现代工业社会抗议的先声，这种抗议在本世纪初就使体验和经历这两个词发展成为几乎具有宗教色彩的神圣语词。"② 很明显，经验与体验这对概念现代含义的确立，依赖于西方现代美学和艺术的自律及人本主义精神的觉醒这一大的历史背景。或者说经验与体验现代含义的确立，本身便是现代西方文学艺术经验化、非理性化强烈诉求的表征，传达着18世纪末浪漫主义运动以来与西方现代世界观保持张力关系的审美现代性体验。诚如伊格尔顿所言："像宗教一样，文学主要依靠情感和经验发挥作用，因而它非常宜于完成宗教留下的意识形态任务。的确，在我们这个时代，文学实际上已经等于分析思考和概念探究的对立物：当科学家、哲学家和政治理

---

① 〔德〕汉斯-格奥尔格·伽达默尔著，洪汉鼎译：《真理与方法》，上海译文出版社1999年版，第78页。
② 〔德〕汉斯-格奥尔格·伽达默尔著，洪汉鼎译：《真理与方法》，上海译文出版社1999年版，第81页。

论家担负着这些枯燥乏味的论辩性事务时,文学研究者却占据了更可贵的感情和经验领域。"①

我们再来考察一下西方文论的历史发展状况。受哲学传统影响,自古希腊以来,西方文论便侧重将文学作品视为客体对象,对其进行理性的分析思考。例如亚里士多德《诗学》中的摹仿说和悲剧理论,重点探讨的是作品与摹仿物之间的关系,而对于主体自身的经验,虽然有著名的净化说,却也并未做出深入阐发,而是立足于其道德教化的社会效果。20世纪以来,在科学主义和实证主义思潮影响下,社会学、语言学、心理学、精神分析学、符号学、人类学等成果被吸纳进西方文论之中,更强化了这一传统。应该说,西方文论的理性传统有其优势,把文艺作品作为分析思考的对象,对其做出逻辑的思辨和科学的解释,的确能够在一定程度上拨开文艺这片神秘领域的迷雾,使其在人类意识和社会生活中发挥更为明确的作用。但文艺发生作用的方式首先是经验的和情感的,这种经验和情感又要转换为特殊的艺术语言并传递给欣赏者,其内在原则并不是理性分析所能够准确言明的。如果不是从文学作品的经验本身出发,而是过度强调理论,先验地、机械地运用理论方法去分析解读作品,的确容易造成应用上的方凿圆枘和结论上的削足适履。

然而西方文论的另一个传统也不容我们忽视,这就是柏拉图的"理式观"(又译作理念、原型、相)所确立的经验传统。在柏拉图看来,对理式的认识并不是通过感官来实现的,而是通过经验来领悟,使其呈现在内部知觉面前。在讨论理式问题时,柏拉图反复使用的神话形象和隐喻修辞都表明,"在对获取有关世界基本性质的知识的探索追求中,诗的想象力和宗教想象力同任何纯粹的逻辑方法——更不用说经验主义方法了——一样有用"。②这种经验传统超越一般的感官经验,却又区别于思辨的逻辑理性,可视作经验的一种深层表现。它强调个人体验的神圣性与真理性,即在个人

---

① 〔英〕特雷·伊格尔顿著,伍晓明译:《二十世纪西方文学理论》,陕西师范大学出版社1987年版,第29页。
② 〔美〕理查德·塔纳斯著,吴象婴等译:《西方思想史》,上海社会科学院出版社2011年版,第14页。

的体验和顿悟中发现宇宙的神圣实在。这一传统在后来的新柏拉图主义以及中世纪的神学美学中，都得到了继承与发扬。自文艺复兴以来，古希腊的理性传统被重新激活并随着社会历史发展而演变为一种科学的、主客对立的现代世界观，这一世界观最终成为占据支配地位的启蒙法则，经验传统在宗教、艺术创作和文论中受到了抑制。此时值得注意的新变化，是美学作为感性学的自觉及这一学科的发展与经验传统的密切关系。美学学科起源于鲍姆嘉通并成熟于康德，但在德国古典主义之前，维柯的《新科学》以及英国特有的经验主义哲学实际上已经为美学做出了足够的铺垫，为人类经验的合理性和重要性进行了辩护。此后，德国古典美学标志着美学思辨传统的大成，也宣告了这一传统在言说审美方面的断裂与矛盾。现代美学发端以来，一个显著特征便是由思辨转为感性，由形而上转为形而下。尼采对酒神精神的呼唤、柏格森的生命美学、克罗齐对艺术直觉的肯定、杜威的艺术经验论，都可视为对自柏拉图以来的经验传统的延续。这种经验传统无疑更贴近人类存在本身，更贴近人的情感和经验世界，因此对西方现代文学艺术发展感性脉动的理解更加切中肯綮。然而，经验式的美学和文论却也容易陷入非理性崇拜的误区，忽视文艺活动的历史性和社会价值，继而走入孤芳自赏的精英主义藩篱之中。

现代西方文学艺术的发展既是经验的产物，又是社会生活和历史的产物，因此在感性与理性的交叉维度上确定文学经验的中心与边界问题，实际上构成了当代西方文论发展的关键转捩点。伽达默尔的《真理与方法》出版于1960年，正值西方过渡到后现代社会的开端。此后的西方文论开始了新一轮的"向外转"，福柯、德里达、利奥塔、拉康、阿尔都塞、罗兰·巴特、波伏娃、布尔迪厄、赛义德、葛兰西等理论家相继登上舞台，并引发了文学与文化研究新的"问题形式"。[①] 这些理论家的文论精彩深刻，令人折服，他们的理论也经常被人们所借用。然而需要我们深思的是：第一，后现代理论家中的大多数并不是严格意义上的文学理论家，尽管如卡勒所言，理论是

---

① 参见段吉方：《论20世纪英国文化研究中的"葛兰西转向"》，《文学评论》2014年第2期。

"跨学科的"和"自反性的",并且是对常识的批判①,但这并不意味着来自文学之外的理论理所当然地占据文学理论批评的支配地位,文学经验作为沟通文本、读者与作者的桥梁依然是阐释的直接发源;第二,后现代理论家的理论,例如解构主义、女性主义或生态批评等,都有其兴起的历史背景,也有其适用的具体特殊的文艺对象,因此其理论的有效性是有限的,如果超越了经验的边界而广泛地挪用理论,阐释其语境之外的文学文本,则很容易导致阐释的强制性和虚假性;第三,20世纪60年代之后专业意义上的西方文学理论,开始转向了神话原型批评、互文性理论、读者反应批评、接受美学和文化研究。这些理论虽然也强调文学研究的向外转,却仍然忠实于文学文本和文学经验。②对于这些文论的新转向而言,关键问题在于如何处理文学经验,以确保不陷入经验或文本的形而上学。这些反思,启示我们对于当代西方文论的考察应当以文学经验问题为核心,以20世纪60年代为分界或参照点。

三、文学经验与当代西方文论发展之问题

韦勒克将20世纪西方汹涌发展的理论批评划分为六大主潮,即马克思主义批评、精神分析批评、语言学与风格批评、一种新的有机形式主义、以文化人类学与荣格学说为基础的神话批评、由存在主义或类似世界观激发的哲学批评。③这一划分,大致合理地勾勒出了西方文论截至20世纪60年代之前的发展态势。以此划分为参照(但会延伸到韦勒克所未言及的60年代以后),以文学经验为视角,我们可以将当代西方文论的主要问题归纳为以下几个方面。

---

① 参见〔美〕乔纳森·卡勒著,李平译:《文学理论入门》,译林出版社2008年版。
② 英国的文化研究在起源时,受英国经验主义和精英主义传统的影响,威廉斯、霍加特、汤普森等人的论著都十分强调文学经验的重要性与核心地位,特别是威廉斯的代表作《文化与社会》《漫长的革命》《乡村与城市》等,均鲜明地体现了这一原则。只是文化研究在后来的发展扩散中,被形形色色的后现代理论所吸引,逐渐偏离了这一原则。
③ 参见〔美〕韦勒克著,丁泓、余徵译:《批评的诸种概念》,四川文艺出版社1988年版,第327—328页。

第一，将理论置于文学经验之前。这方面的代表是精神分析批评与马克思主义批评。对于精神分析理论，韦勒克提到弗洛伊德本人对文学并无多大兴趣，而且也承认精神分析并不能解决艺术问题，然而他的追随者运用精神分析方法系统地解释文学，其结果是既为现代批评家提供了工具，也导致保守的弗洛伊德派文学批评"通常沉溺于对性象征的不厌其烦的探求中，经常曲解作品的意义，破坏了艺术的完整性"①。对于弗洛伊德及其追随者的理论之弊，张江在《当代西方文论若干问题辨识》一文中有详细的举证②，这里不再赘述。对于马克思主义批评，韦勒克认为，以梅林和普列汉诺夫为代表的早期理论家都承认艺术的独立性，并将该批评作为研究文学作品的社会决定因素的客观科学。然而后来马克思主义批评在苏联成为教条的理论，限制了其健康发展。这一批评潮流在苏联以外也产生了广泛影响，例如英国马克思主义批评家考德威尔的代表作《幻想与现实》。韦勒克将《幻想与现实》描述为马克思主义、人类学与心理分析三者"奇妙的混合"，实际上恰说明了其浓郁的理论前置色彩。雷蒙德·威廉斯也曾指出，《幻象与现实》将15世纪以来的现代诗歌称为"资本主义的诗"，将20世纪的西方文学称为"颓废的文学"，因为它们赖以产生的社会制度是"颓废的"（decadent），这一断言显然欠妥。它把利用了颓废因素的流行艺术及大众文化，与感知并且对抗资本主义现实和精神世界的严肃艺术混为一谈。可以说，"将过去300年英国人的生活、思想、想象简单地说成是'资产阶级'的，将现在的英国文化描述为'濒临死亡'（dying），这些都是用牺牲现实来成全公式"③。这里威廉斯对考德威尔的批评，代表着马克思主义文论家对于以前置的理论或立场简单笼统地对待文学经验的一种反拨，也印证了早期马克思主义批评容易存在的问题。

第二，将文学经验隔离于文本之外。这方面的代表是语言学批评和形式

---

① 〔美〕韦勒克著，丁泓、余徵译：《批评的诸种概念》，四川文艺出版社1988年版，第331页。
② 参见张江：《当代西方文论若干问题辨识——兼及中国文论重建》，《中国社会科学》2014年第5期。
③ 〔英〕雷蒙德·威廉斯著，吴松江、张文定译：《文化与社会》，北京大学出版社1991年版，第358页。

主义文论。这两派文学批评深受20世纪实证主义思潮和语言学转向的影响，力图为文学研究划定专属的学科疆界。虽然其批评路径各不相同，但无一例外地主张聚焦于文学语言形式，因此我们可以将其统称为"形式主义和语言学批评"。此派批评在语言分析和文本解读方面鞭辟入里，为西方文论注入了科学精严且富于可操作性的方法，并从本体意义上肯定了文学语言的核心地位。但其问题不仅在于所能够选择的阐释对象比较狭窄（伊格尔顿便指出其方法仅适用于诗歌，且在诗歌中也需要进一步筛选），而且更在于这种以文本语言为唯一对象的客观研究方式，将文本作为解剖台或显微镜下的静止物，将文学经验隔离在文本之外，因此既不能从情感经验上融入文本并与之对话，也拒绝从社会现实层面理解这些文本特征的由来及意义。早在20世纪20年代，托洛茨基就对俄国形式主义做出过批评："从巨大的历史范围内来考察，新的艺术形式总是作为对新要求的反应而产生的。……形式分析的手法是必要的，但也是远远不够的。……让艺术脱离生活，宣称艺术是独立自在的技艺的做法，会使艺术空虚，死亡。采取这种做法的需要本身，正是思想衰败的无误的症状。"① 后来伊格尔顿也尖锐地指出："新批评运动本来是作为技术主义社会的人文主义补充或替代物开始其生涯的，但它却在自己的方法中重复了这种技术主义。"② 应该说，形式主义和语言学批评的最大问题，正在于其极端的技术化思维及文本崇拜情结，排挤了文学经验的鲜活性和实践性，文学阐释与批评成为封闭的、机械无趣的、只有专家学者才能破译的语言迷宫。

第三，将文学经验先验化。对于神话原型批评和存在主义批评，韦勒克的看法是"如果追随神话学和存在主义，我们就会重新回到把艺术与哲学、艺术与真视为同一的立场。在热衷于对诗人的态度、情感、观念、哲学进行研究的时候，艺术作品作为一个美学整体就被割裂或忽略了"③。的确，神话

---

① 〔苏联〕托洛茨基著，刘文飞等译：《文学与革命》，外国文学出版社1992年版，第168页。
② 〔英〕特雷·伊格尔顿著，伍晓明译：《二十世纪西方文学理论》，陕西师范大学出版社1987年版，第55页。
③ 〔美〕韦勒克著，丁泓、余徵译：《批评的诸种概念》，四川文艺出版社1988年版，第346页。

原型批评和存在主义所强调的与其说是某种固定的理论分析方法，倒不如说是文学经验本身。只不过是将文学经验固定和简化为了一种先在的神话原型、集体无意识或自身存在的无蔽，用这种先验的经验去解释作品，不仅容易导致对作品文本的偏离，还压缩了文学经验的丰富多样性。此外，20 世纪 60 年代以后西方文论的主要动向是转向文学的阅读与接受，将文学经验作为文学研究的重心，走出了形式主义和语言学批评的藩篱。然而读者批评和接受美学同样容易将经验理想化、先验化，缺少对经验本身的反思批判意识。乔纳森·卡勒在《论解构》中指出了经验研究的弊端——如果经验不是强制性的、模式化的先验阅读方式，那么只有不确定、不稳定的经验才是理想的阅读经验。但这样一来经验也就更加无法言说了："事实证明比较容易确定文本中有些什么，实在不容易说'读者'或'某一位读者'的经验中有些什么：'经验'一分为二且被延宕了，既是我们身后有待复原的东西，又是我们面前需待出产的东西。"卡勒的批评揭示了读者经验理论的不足，也便于我们理解当代西方文论的新发展。（1）或者回归文本，确定其相对固定的、稳定的意义，以此为基础讨论经验的合法性问题。赫施关于意义和意味的区分，以及韦恩·布斯的文本修辞学研究、詹姆逊的寓言批评都可视作此方面的代表。（2）或者对经验本身的前在结构进行反思。卡林内斯库的《重新阅读》（*Rereading*，1993）表明，阅读始终是一种"双重阅读"，既包含细读作品时的瞬间体验和愉悦感，也包含重新建构和整理意义的理性反思。换言之，对于读者而言，任何初次阅读都可能是一种"阅读症候"下的重读，阅读立场的隐蔽性及稳定性比阅读中的自由经验更容易发挥作用。如同詹姆逊所言："我们从未能真正直接面对一个文本，一个保持着自身内在新鲜性的文本；取而代之的是，文本在来到我们面前时'总是已经被读过'了。"[①] 在此意义上，与其停留于"自在的经验"或"自足的文本"，倒

---

① Fredric Jameson, *The Political Unconscious*, Ithaca and New York: Cornell University Press, 1981, p. 9.

不如反思托尼·本尼特所谓的"阅读型构"（reading formation）问题。① 因此，读者反应批评和接受美学的发展转变显示了经验研究的困境：经验的绝对过程化和理想化往往是一地碎片或者空中楼阁，文本语言和文本的视界经验以及对阅读主体的具体实证研究更是不可或缺的。

通过追溯我们发现，评析当代西方文论的发展及其问题的关键，在于能否以文学经验为核心，以及如何以文学经验为核心。保持文学经验的鲜活性、回归这一经验的文本基础及其生发与交流的历史语境，既是伽达默尔的体验观给予我们的启示，也可作为以20世纪60年代为转捩点的当代西方文论发展得失的参照。以文学经验为视角，反思当代西方文论的发展及问题，能够帮助我们反拨西方文论的强制阐释之弊，并为当代中国文学理论与批评的健康发展提供有益的启发。桑塔格的《反对阐释》可视为西方理论界自觉反思的标志，她反对的是"唯一的一种阐释，即那种通过把世界纳入既定的意义系统，从而一方面导致意义的影子世界日益膨胀，另一方面却导致真实世界日益贫瘠的阐释行为"。② 的确，西方文论的理论化倾向，不仅压迫了丰富的文学经验和人们的感受力，还传递着理论之外的深层价值观念，这种"将世界纳入既定意义"的阐释模式不仅困扰着西方世界，更深深影响着我们对西方文论的接受与运用。今天中国学界的批判反思以强制阐释论为口号，而新的起点或落脚点，则应当是对中国文学民族审美经验的重新发掘与深刻解说。

（《学术研究》2016年第7期）

---

① 阅读型构，即阅读过程中激活情感、生产意义的先在结构。本尼特认为，在经典文学中，既有的学院式批评话语已然构成了大部分读者阅读型构的主要决定因素，在很大程度上影响着大众对文学经典的理解。但是在其他的大众阅读和大量通俗小说中，学院式的影响则微乎其微，取而代之的则是一系列更为复杂的机制，如电影评论、明星访谈、广告宣传等等。详见曹成竹：《从"情感结构"到"阅读型构"：英国马克思主义文论的文化转向》，《云南社会科学》2015年第3期。
② 〔美〕苏珊·桑塔格著，程巍译：《反对阐释》，上海译文出版社2003年版，第7页。

文学批评的阐释伦理

熊海洋　周计武*

2014年《文学评论》第6期上发表了张江《强制阐释论》一文。随后，这篇文章成为文学理论界谈论的焦点。对于强制阐释，张江如此定义："强制阐释是指，背离文本话语，消解文学指征，以前在立场和模式，对文本和文学作符合论者主观意图和结论的阐释。"然后，他又指出强制阐释的四个基本特征，即场外征用、主观预设、非逻辑证明、混乱的认识途径。[①]显然，前两个特征是强制阐释的最重要特征，也成为讨论的热点。这两个特征并不局限于西方文论和批评领域，也涉及中国当代文学批评领域。文学阐释的语境不同，文学批评的路径与方法也会不同。因此，在谈论强制阐释的时候，需要回到文学理论与批评所置身其中的文化语境。只有如此，我们才能历史地看待这个问题，而不是在纯粹逻辑的层面上自我循环，从而避免将这个概念无限地推到古今中外。强制阐释虽然隶属于由来已久的阐释难题的家族之中，但是它却有着自己独有的特点。这个独有的特点根植于晚近的文学艺术的实践之中，只有充分地展开这个实践，才能充分地理解强制阐释，也才能找到强制阐释的解决之道。然而，这种历史化的要求，并非接着要伴随一个

---

* 作者简介　熊海洋，南京大学艺术研究院博士生；周计武，南京大学艺术研究院副教授。
① 张江：《强制阐释论》，《文学评论》2014年第6期。

合理化。相反，我们认为在历史化基础上的文学批评应把理解的周详和批判的精准相结合。

一、历史语境中的强制阐释

在谈论强制阐释的时候，有论者就敏锐地指出，强制阐释并非是一种新的现象。相反，在西方的哲学思维中似乎就有着强制阐释的冲动："主体独立于对象并设定对象，这一单向的设定决定了主体对对象的理解与阐释。这使得二元论的主体阐释，在设立何者为对象时便成了一种强制性选择。"[①] 因此，赫施对作者"含义"的强调，桑塔格以"艺术色情学"反对"艺术阐释学"，艾柯对"过度阐释"的谈论，萨义德在"理论的旅行"中对"批评意识"的强调，乃至布鲁姆对各种"憎恨学派"的批评，都被迅速地梳理成一条强制阐释的路径。宏观地看，这些理论家所提出的问题都或多或少涉及强制阐释，但是，将这些理论放回各自所置身其中的文化语境来看，似乎又与强制阐释有所不同。

例如赫施，当他谈论"解释的有效性"的时候，正是英美新批评风行整个北美大陆，在文学批评界占据主导地位之时。英美新批评的理论家们继承了 T. S. 艾略特的"非个人化"理论，发展出"意图谬误说"，对作者意图论、传记式文学批评方法大张挞伐，并将作者完全放逐出解释的园地，归诸于文学的外部研究。对此，赫施认为，正是这种否定作者在决定文本含义的决定性地位的论调，导致了"没有任何一个评判解释之正确性的合适的原则的存在"。[②] 这样，整个理解都陷入了"混乱的民主"的状态之中。为此，赫施区分了含义（sinn）和意义（bedeutung）。他认为含义是一种意识现象，一种意向性客体，就是作者的意图，而"意义永远是含义与某事物的关系，而从不会是某事物之中的含义，意义始终含有着构成某人词义与不构成某

---

① 高楠：《理论的批判机制与西方理论强制阐释的病源性探视》，《文学评论》2015 年第 3 期。
② 〔美〕赫施著，王才勇译：《解释的有效性》，生活·读书·新知三联书店 1991 年版，第 12 页。

人词义之事物间的某种关系,尽管这种关系与作者本身或与他的对象又有些相关"。① 这样,意义的多样性就有了一种确定性的根基,即"含义"。不过,英美新批评在排除作者意图论的背后,有着一套语义自律论作为自己的基础。赫施反驳道:"'含义'是一件意识的事,而不是一些语词的事……在人的意识之外不存有任何一种意义世界。"② 可见,无论是英美新批评,还是赫施,他们讨论的主题还是文学含义的解释问题,还是围绕着文学这个中心的。更为吊诡的是,赫施指责的语义自律论,似乎与张江所追求的文学的"具体特征和审美价值"颇为接近。

可见,张江的强制阐释论在西方近来的阐释难题的序列中应该有着自己独有的所指。从张江所举出的强制阐释例子中,例如生态批评、女性主义批评等等,不难看出,他所指的应该是晚近,尤其是文化研究——卡勒所谓的"理论"的实践③——兴起之后的西方文论领域的情况。20世纪60年代大概是西方文学理论的一个分水岭。之前已经出现的各种理论由指向文学转而指向了文化政治领域。在这种文化政治的实践中,进而发展出了形形色色被称为"理论"的东西,如意识形态论、精神分析学、批判理论、后殖民主义、女性主义批评、生态主义批评、文化符号学等等。即批评的聚焦之处发生了转移。这种转移表现在批评的对象上,就是有无审美形式的问题。这种区别在阿多诺与马尔库塞身上表现得非常明显。在阿多诺那里还存在着艺术审美形式的维度,可是到了马尔库塞那里,艺术形式作为一种与"文明"不同的"文化",只能在"灵魂"④领域得以藏身,对于外在的文明是一种否定,但"灵魂正是以这种否定性质,才在今天,成为资产阶级理想的忠贞不渝的捍卫者。灵魂使屈从具有尊严"⑤,因此,这种文化说到底有着某种肯定

---

① 〔美〕赫施著,王才勇译:《解释的有效性》,生活·读书·新知三联书店1991年版,第74—75页。
② 〔美〕赫施著,王才勇译:《解释的有效性》,生活·读书·新知三联书店1991年版,第12页。
③ 参见〔美〕卡勒著,李平译:《当代学术入门:文学理论》,辽宁教育出版社1998年版,第45页。
④ 马尔库塞这里的"灵魂"其实相当于近代德国思想中"文明"与"文化"这一范畴中的"文化"。
⑤ 〔美〕赫伯特·马尔库塞著,李小兵译:《审美之维》,广西师范大学出版社2001年版,第19页。

的性质。基于这种认识，他主张"艺术通过让物化了的世界讲话、唱歌甚至起舞，来同物化作斗争"。① 这恰恰就是20世纪60年代各种艺术实践的共同逻辑。这种文学艺术实践的变化，冲击了自律的艺术体制，从而也冲击了审美形式本身。随着艺术自律体制的破坏，艺术与日常生活的界限消失了。在这种文化语境中，理论才伸展向艺术领域。因为这种艺术刻意强调它就是日常生活中的"物"，因此文学研究才走向了文化研究。

如果严格地区分开文学研究与文化研究的话，那么，在文化研究领域似乎并不存在强制阐释的问题。文化研究的诸种对象——吸血鬼迷信、流行音乐、商业电影、威士忌、购物中心——显然没有什么审美形式，只是一些"物"而已。它们不是精神对象化的产品，只是一些技艺与物质质料的编织。拿张江的话来说，这些文化研究的对象本身并没有什么"文学指征"。因此，处理这些对象并不涉及强制阐释问题。强制阐释出现的关键就在于，这一套文化研究的批评模式被生硬地挪用到它力所不及之处：审美形式。例如，有论者已经指出的肖瓦尔特用女性主义的观点来研究《哈姆雷特》就是一个最典型的例子。除了颠倒主次人物，在细节上强作附会之外，肖瓦尔特的批评也丝毫没有注意到《哈姆雷特》全剧所独有的精神深度和审美形式。其实，这种从一个独特的视角来评论文学作品做法看似非常新颖，却常常绕过了审美形式的羁绊，轻松地抵达了自己的结论。这种绕道的批评操作就是强制阐释的一个重要的表现形式。尽管目前文学理论所借鉴的很多理论资源都是来自场外的，如我们所熟悉的马克思主义、现象学、精神分析和结构主义无一不是来自其他学科的理论，但是，不能因此就说它们都是强制阐释，只有当这种理论执着于文化研究的批评模式而无法与文学的审美形式对话的时候，才会出现强制阐释。强制阐释既不能归罪于理论本身，也不能无限扩张到别的文化语境之中，它只是一种在当今文化语境下的对理论进行错误运用的批评或阐释现象而已。

---

① 〔美〕赫伯特·马尔库塞著，李小兵译：《审美之维》，广西师范大学出版社2001年版，第237页。

二、强制阐释的中国之旅

尽管强制阐释论主要是针对晚近的西方文论,但是很多论者都已经意识到这种情况并不局限于晚近的西方,也是中国文论和批评领域普遍存在的现象。自 20 世纪 80 年代以来,我国在大量引进西方文论的同时也出现了强制阐释,而且在某些情况下,比西方表现得更为严重、更为复杂。西方的文化理论在研究流行音乐、商业电影、同性恋等领域的时候,并不涉及审美形式问题,因而也不会出现强制阐释问题。但是,这些理论一旦输入中国,问题就变得复杂起来。在我们的文学作品研究领域,用女性主义的方法研究《红楼梦》的例子不胜枚举,用精神分析解读唐代诗歌的例子也不罕见。所有这些都和西方的某些批评一样,是用文化理论来生硬地处理有着审美形式的文学作品。我们很难想象《红楼梦》里邢夫人和王夫人与女性意识有什么关联,这种女性意识又与整个作品的精神内涵和审美品质有什么关联。此外,在没有审美形式的大众文化领域,我们的情况也比较复杂,这既见诸于这种大众文化本身,也见诸于我们独特的问题意识上。我们如何在中国制造的大众文化上保持清醒的判断力,如何理解这种大众文化所置身其中的文化语境,以及这种语境所提出的问题?因为中国的文化产品还不单纯是什么意识形态强加的、商品拜物教的逻辑下的产物,更不单纯是工人阶级自己的、持不同意见的、具有颠覆性的文化。正是这种复杂的情形,才使得这些外来的文化理论与我们的大众文化之间的连接,如果不是一种强制阐释,至少也带有某种隐喻的色彩。而文化理论与中国的大众文化之间隐喻的连接机制一旦开动,就会沿着"四体演进"的逻辑推进:"这样就形成了从隐喻开始,符号文本两层意义关系逐步分解的过程,四个修辞格互相都是否定关系:隐喻(异之同)→提喻(分之合)→转喻(同之异)→反讽(合之分)。"[1] 到最

---

[1] 赵毅衡:《符号学:原理与推演》,南京大学出版社 2011 年版,第 218 页。

后，理论与现实由合到分，各自封闭在自己的领域自说自话，甚至二者之间会形成一种反讽关系。

展开来看，中国文学与文化批评领域的强制阐释，其实更多地源于我们对理论缺乏相应的批评意识，也源于我们缺乏理论应有的现实感。缺乏批评意识，让我们对外来的理论所置身其中的文化语境缺少必要的洞察，因而从一开始就将这种理论当作一种仿佛超历史的逻辑，而无法向中国的现实开放；缺乏现实感，让我们对自己的问题没有回应甚至感知能力，因而从一开始我们的现实就是黑暗沉默的，而无法面对理论提出自己的诉求。这两种情况相互作用还会产生这样一种情况：问题不是从现实中提出的，而是从理论中生产的。这样，真正的问题就被伪问题遮蔽了。关于这一点，我们只需想一想来自美国的族群理论、酷儿理论在中国的旅行现状就足够了。因此，强制阐释旅行到中国的文化语境中就变成了一种双重形态：既缺乏对理论本身的批评意识，也缺乏理论应有的现实感。前者让理论变得封闭和专横，后者让这种封闭和专横的理论绝缘于现实的问题，从而最终失去理论应有的实践品格，让理论由活着的思想变成了死亡的装饰。

如果说中国的文化研究存在着自己独有的问题，可以另当别论，那么西方和中国文学研究似乎面临着共同的困难：如何积极地吸收文化理论的资源，以与文学的审美形式对话。强制阐释的处理方式无疑是让人失望的。这也就提醒我们需要寻找一条综合文化理论与审美形式的道路。但是，这种综合又是困难重重的。因为，文化理论与审美形式有着不同的哲学根源。前者根源于哲学社会学的思路，从制度层面以在外的眼光打量文学的功能，属于文学的外部研究；后者则根源于哲学人类学的思路，从人心的层面以在内的眼光研究文学的特性，属于文学的内部研究。综合二者，也就意味着要找到一种由人心到制度，由形式到社会，由属性到功能的中介。强制阐释的问题就是功能绕过属性，社会遮蔽形式，制度罔顾人心。因此，文学中形式与社会的因素如何统一起来，才是解决强制阐释的关键。而这种统一显然需要一个中介环节，而且这个环节在文本的形式领域有其根基。尽管有论者已经指出目前西方文论已经以一种很强劲的势头走向一种综合性、总体性批评的道路①。遗憾的是，目前并不能清晰地看到这种综合性的、总体性的研究是如何解决上述问题的。但是，这种解决问题的方向无疑是开放的，有积极的建设性意义。

三、本体阐释、有用性与张力论

国内学者对强制阐释主要有三种看法。第一种看法，是张江自己提出的。他在一次接受采访中表示，针对强制阐释，他主张走向一种"本体阐释"："'本体阐释'是以文本为核心的文学阐释，是让文学理论回归文学的阐释。'本体阐释'以文本的自在性为依据。原始文本具有自在性，是以精神形态自在的独立本体，是阐释的对象。"②这里的本体阐释，其实要求的就是承认文本作为一种自在的意义结构，是一种独立本体。这种本体阐释很容易让人想起兰瑟姆（John Growe Ransom）的本体论批评。但是，张江认为，本体阐释与英美新批评派的本体论并不是一回事。本体阐释并没有将文本封闭起来，并没有抛弃作者和效应这两个层面，只不过后二者必须以文本为核心，必须建立在文本之上。这种综合向来都是一个诱人的难题。因为文本内的意义结构与文本外的社会政治之间到底是一种什么关系，二者到底通过什么方式连接起来，以及如何将这种关系落实到文本之中，都还是一个亟需讨论的问题。回顾百年来的西方文论，可以看出，大多数时候这种综合与其说是一种现实的批评操作，不如说是一种善良的希望。

第二种看法认为，强制阐释论暗含着文化民族主义的内容，与20世纪90年代的"失语症"，以及政治上的文化自信等论调有着某种内在的精神联

---

① 参见陈定家：《文本意图与阐释限度——兼论"强制阐释"的文化症候和逻辑缺失》，《文艺争鸣》2015年第3期。
② 张江、毛莉：《当代文论重建路径：由"强制阐释"到"本体阐释"——访中国社科院副院长张江教授》，《中国社会科学报》2014年6月16日，第4版。

系。不论这种理解的根据是否坚实,至少强制阐释论的确揭示了当代西方文论领域所存在的诸多问题。深受西方文论影响的中国文学研究,自然也不能自外于这些问题。只是,对这种问题的反应,容易走入极端而变成一种文化民族主义。这种文化民族主义,存在着将自己的问题转嫁到解决这些问题的方法之上的危险。惮于想象中的文化民族主义,这种观点认为西方文论的"理论成色与认识论基础"才是问题的要害所在。① 所谓"理论成色",主要还是着眼于有用性,即这种理论的有效性和阐释力。不难看出这种有用性与由来已久的"拿来主义"之间的紧密关联,因此,这种看法有助于破除理论拜物教倾向,也凸显了理论的现实感。但这种现实感与文本的审美特性之间的关系在"拿来主义"那里并不明确,因此,强调"拿来",强调"理论成色",其实也有着一个潜在的危险,即过于突出有用,而忽略了文本自身的特殊性。

第三种看法认为:"文学乃是一个博大精深的世界,它包含形式特征和审美价值,但却不止于形式特征和审美价值。文学是文学,但不止于文学。"② 在当今的文化语境中,我们无法自闭于审美形式或文本本位,因为我们不能无视半个世纪以来各种社会历史理论对文学研究的贡献。即便回到学理层次,以文本为本位的英美新批评,也没有完全排斥社会历史方法的研究成果,而在必要的时候要撕掉形式的"紧身衣"。③ 基于这种对文学的理解,这种观点认为我们需要在这两种方法之间保持"必要的张力"。④ 这样,关于文学的两个维度的统一性就第一次得到了真正的谈论。我们可以称之为"张力论"。张力论强调,阐释其实是两个主体之间的精神对话。"强制阐释乃是研究者对文本的单向支配和曲解,缺乏来自文本的特殊性对研究者的前置立

---

① 昌切:《强制阐释与当代西方文论的要害》,《文艺争鸣》2015 年第 4 期。
② 周宪:《场外理论的场内合法性》,《探索与争鸣》2015 年第 1 期。
③ 赵毅衡:《重访新批评》,百花文艺出版社 2009 年版,第 91 页。
④ 周宪:《场外理论的场内合法性》,《探索与争鸣》2015 年第 1 期。

场的修正和改变"①,避免强制阐释的方法就在于在保持自己的价值立场的同时,能与阐释对象保持一种积极的对话关系。张力结构在这里就表现为一个主体间的关系,因此这种观点也就从阐释伦理的高度找到了解决强制阐释的有效途径。与这种阐释伦理的发明相适应,这种观点接着回到西方文论的历史语境中重新审视强制阐释。它认为强制阐释的对象其实是60年代以后逐渐兴起的被称为"理论"的东西。这样,一系列对子随之浮现:"审美理想主义"与"政治实用主义","本质论"与"建构论","作品本身"与"理论本身","向心"与"离心"。面对这种不同范式间的对峙,论者援引黑格尔的思想提出了一种综合:"当我们今天反思文学理论的当代发展,关注文学理论的创新和重建问题时,决不是简单地回归传统的文学性研究范式,也不是不加批判地跟随建构论的范式,而应该站在更高的水平上反观两种理论范式各自的长处和局限。文学研究作为人文学科的重要组成部分,就像一个各种力所构成的'场',这些力相互作用错综纠结,最终形成一个协商性的张力结构。"②这样,这种观点就首先在逻辑上,接着在历史上对强制阐释论进行了具体的理解,并进一步夯实了其解决的方案。这种"对话"和"张力",其实将整个问题转移到了文本的结构与阐释伦理这两个紧密相关的问题上了。

四、形式、伦理与社会

如何看待一个文学文本,也是这场强制阐释讨论的中心议题之一。大多数论者都认为文学文本是整个社会生活的反映,不仅仅有审美的价值,而且还有别的功能和价值。同时,他们也都承认文学文本审美特征的优先和核心地位。但是在一个文学文本中,这些以审美为核心的价值系统究竟是如何分

---

① 周宪:《前置结论的反思》,《学术研究》2015年第4期。
② 周宪:《也说"强制阐释"——一个延伸性的回应,并答张江先生》,《文艺研究》2015年第1期。

布的呢？审美价值源于文本的形式层次，而别的价值，如认识价值、文献价值、娱乐价值都应该属于文学作品的质料层次。形式具有整一、封闭和有机的特征，是文学文本的灵魂。那么，什么是形式呢？笔者认为卡西尔的说法是颇有启发性的。他继承康德的论断，认为"这三个层次：即是说，物理存在之层次，对象表现之层次和位格表达之层次，乃决定了'作品'之为'作品'"①。这三个层次简单说来就是物质技巧、形式和精神。这里的形式其实就是指作品这种精神对象化的产品的外观。它既不是纯然的精神，也不是具体的技巧，而是一种既活在人心中又外观化到感性质料上的有秩序的表象。这种形式既是感性的又是高度精神的，因此，在文学理论上有着不同的名字："形象""想象""表象"，等等。

那么，这种审美形式与社会、政治理论之间又是什么关系呢？康德认为，"美是德性—善的象征"②，席勒则从人的内心的表象的存在状态角度推进了这一命题。美的形式与道德之间的隐秘的关联在黑格尔那里有了更直接的表述："美是理念的感性显现。"③谓"感性显现"即是感性的"假象"（schein）。因此，到了黑格尔那里，艺术的形式与道德的密切关联被清晰地揭示了出来：精神在实践领域获得定性（determinacy）就是伦理道德，在艺术领域获得定性就是美的形式。也可以说，形式与德性之间其实是同一条树根长出的不同的枝条。这种关系让道德价值区别于其他的价值，而与审美价值在根本上产生了关联。如果说其他的价值与形式之间还是一种无机的关系，那么，道德价值与形式之间却是一种有机的联系。可以用一个例子说明其他价值、道德价值与形式的关联。例如，在研究《红楼梦》中的民俗学因素时，这些因素的载体都是这部作品中的质料部分，这些因素肯定与这部伟大作品的审美形式没有多大关联；但是，研究这部作品的审美形式的时候，就自然会涉及这种审美形式所暗示、所趋向的道德内容，一种黑格尔所

---

① 〔德〕卡西尔著，关子尹译：《人文科学的逻辑》，上海译文出版社2004年版，第71页。
② 〔德〕康德著，邓晓芒译，杨祖陶校：《判断力批判》，人民出版社2002年版，第200页。
③ 〔德〕黑格尔著，朱光潜译：《美学》第1卷，商务印书馆1996年版，第142页。

说的"取消一切特殊性而得到一个渺茫的无限——东方的崇高境界"①。也就是说，别的价值并不是形式的有机部分，而道德却与形式紧紧地绑缚在一起。在某种程度上，这种道德精神还直接参与了作品审美形式的构成，提升了这些形式的价值品格。因此，同样是杜甫的诗，同样是描写花鸟虫鱼，"感时花溅泪，恨别鸟惊心"与"穿花蛱蝶深深见，点水蜻蜓款款飞"的格调就有一定的差别。可见，尽管文学本身是一个很复杂的现象，是一个"审美，但又不止于审美"的现象，但是这些不同的特性之间的关系并不是平行的。认识、娱乐、史料等价值并不参与审美价值的生成，并不是形式的不可或缺的部分，只是文学作品的无机的价值或特性；而道德价值却与审美价值有着某种有机的关联，康德将之理解为"暗示""象征"，黑格尔将之理解为"假象"。真正与文学文本的审美形式有关系的其实就是道德德性。因此，文学文本的结构至此也才明确起来，即审美形式以及与它有着有机联系的道德德性。

到此为止，我们似乎还没有接触到理论所津津乐道的社会、政治、文化层面。但是，只要我们回顾一下实践哲学，就可以轻易地看到二者之间的密切关联。在古希腊的哲学规划中，政治学不过是一门比较高级的实践哲学。②柏拉图谈论城邦的政体时，就明确地指出这些政体所依赖的道德德性。这个见解一直持续到黑格尔那里，从道德过渡到伦理，再由伦理的精神推出家庭、市民社会和国家。③可以说，这种思路几乎是所有建设性的思想家的共识。因此，不存在没有德性基础的政治、社会和文化。很难想象，一个号称"社会""文化政治"的理论，居然丝毫不涉及道德德性。④在笔者看来，对这种道德德性的忽略，既让这种文化理论侵入到文学这种高度精神化的产品中，做了强制阐释，从而败坏了我们对美的感觉，也让这种所谓的批判在毫

---

① 〔德〕黑格尔著，贺麟、王太庆等译：《哲学史讲演录》第 1 卷，商务印书馆 2013 年版，第 128 页。
② 参见〔古希腊〕亚里士多德著，廖申白译注：《尼各马可伦理学》，商务印书馆 2013 年版，第 6 页。
③ 参见〔德〕黑格尔著，范扬、张企泰译：《法哲学原理》，商务印书馆 2014 年版，第 173 页。
④ 当然，这些理论也有其类似道德的概念，即"意识形态"。但是，其意识形态理论"不过是一种伪装成诊断的又一组病症而已"。参见〔美〕阿拉斯戴尔·麦金太尔著，宋继杰译：《追寻美德：道德理论研究》，译林出版社 2011 年版，第 138 页。

无建设性之外，变得千篇一律，浅薄乏味。因此，重新凸显文学的审美形式与社会政治之间的一个过渡环节，或它们共同的基础——道德德性——对我们理解强制阐释问题或许很有必要。从这个观点看来，强制阐释其实就是各种社会政治理论，绕过审美形式，直接去处理文学文本，结果只能落实到文本的质料和技巧领域。这样，无法从文本的审美形式那里领悟到真正的和普遍的道德精神，以与自己的德性基础对话，最终这种社会政治批评就忽略掉了自己的善的根基，而沦为一种对诸种差异——理性与生命，文明与文化，普遍性与意识形态，男性与女性，文化与自然，白人与有色人种，等等——的指认和站队。可见，强制阐释论所揭示出来的理论的问题主要集中在这两个方面：在对象上，绕过文本的审美形式；在主体上，忽略了自身的善的根基。

要解决强制阐释这种文学批评理论的顽症，就需要从上述两方面入手。关于前者，多数论者基本都得出了相当积极的答案："对话"。对话只能发生在两个精神主体之间，具有某种人与人之间的实践关系。正如亚里士多德所言："友爱与公正相关于同样的题材，并存于同样一些人之间。……他们在何种范围内共同活动，就在何种范围内存在着友爱，也就在何种范围内存在公正问题。"[①] 换言之，我们需要正义和友爱地对待一个有着审美形式的文本。所谓正义地对待一个文学文本，就是以正确的方式去与之对话，用审美的方法来对待审美的形式。用各种社会政治理论去强行征用文学文本，其实是一种施加于文本的暴力，是一种绕开物质技巧的主人——审美形式——进行巧取豪夺的"盗窃"，是一种最典型的不正义。而友爱同样是一个非常重要的议题。在梳理清楚与文学的审美形式之间的正义的秩序之后，就能够真正地理解文本。在此基础上，阐释主体与文学文本的审美形式之间产生相互的修正：审美形式既能以想象扩大道德的基础，也同时暗示、象征着某种道德精神，因此，就会促使阐释主体及其所持的社会政治立场趋向于善；另一方

---

① 〔古希腊〕亚里士多德著，廖申白译注：《尼各马可伦理学》，商务印书馆2013年版，第238页。

面，阐释主体的道德心也时时在测量着审美形式的精神深度，对其提出种种善良的期待。所以，当一个人友爱地对待一个文学文本时，他就希望这个文本能够好，他也因此得到了一种善，一种快乐。正是在这个意义上，亚里士多德才说"爱着朋友的人就是在爱着自身的善"①。友爱地对待一个文本并不是一项冒昧的请求，相反，在某种程度上，这是古代圣贤的共识。孟子在论述"尚友"时就有这么一段话："孟子谓万章曰：'一乡之善士，斯友一乡之善士；一国之善士，斯友一国之善士；天下之善士，斯友天下之善士。以友天下之善士为未足，又尚论古之人。颂其诗，读其书，不知其人，可乎？是以论其世也，是尚友也。'"②可见，在孟子那里，就已经注意到与"诗""书"中的精神主体友爱地相处。而这种精神主体与审美形式可以说是一而二，二而一的。正义和友爱地与审美形式互动对话，反过来，也可以说与文本中精神主体的意识进行对话。因此，日内瓦学派的乔治·布莱才说"一切批评都首先是，从根本上也是意识批评"③。面对拥有审美形式的文学文本，正义与友爱始终是与之"共同生活"的一项伦理律令。

正义和友爱地对待文学文本，还有另一个层次的要求。这个层次其实是以前一个层次——与文学文本的审美形式保持一种积极的对话关系——为基础的。这种对话并非目的本身，也并非是一个封闭的圆圈中的游戏。对话自身还附带着某种功能，这种功能让文学走出精致的自恋，从而具有某种社会介入的维度。但是，这种社会介入并不像各类文化理论那样，站在文学之外，对文学文本做某种征用。因为，这种介入在文学的审美形式上有其根基，甚至可以说，介入是这种审美形式的必然的逻辑结果。文学文本的审美形式是以一种象征、暗示方式趋向于道德德性的精神，而这种道德德性的精神就是各种社会政治理论的根基，因此，文学的审美形式自身所暗示、象征的道德德性一直在修正和充实着各种社会政治理论。在这种意义上，阐释者

---

① 〔古希腊〕亚里士多德著，廖申白译注：《尼各马可伦理学》，商务印书馆2013年版，第238页。
② 杨伯峻：《孟子译注·万章下》，中华书局2005年版，第251页。
③ 〔比〕乔治·布莱著，郭宏安译：《批评意识》，百花洲文艺出版社1997年版，第287页。

与阐释对象之间的对话的确是一个相互修正和相互调节的过程，或者说，不是社会政治理论应该征用文学，相反，它们应该向文学学习，倾听文学审美形式暗示的道德精神。当然，只有能够以正义与友爱的原则对待文本，尊重文本审美形式的有机整一性，才能真正地领悟到它所暗示、象征的道德精神。反过来，阐释者的社会政治立场也并非机械地由这种普遍的道德精神所修改，它也会反过来审视文学形式。健康的文学阐释，就会使二者处于一种对话和互动的状态之中。

强制阐释这种现象由以产生的根源在于文学阐释伦理的颠覆。具体说来，就是不能以正义的方式对待文学文本的审美形式，也不能以友爱的方式与之对话；随之而来的就是，无法领悟这种文学审美形式所暗示、象征的道德德性。这样，对文学的阐释就只能堕落为一种强制阐释，对文学的理解就只能在功利与唯美之间摇摆。与之针锋相对，我们需要复兴古典哲学给予我们的伟大的教导，重新提出、审视和思考文学批评的阐释伦理问题。只有理顺与文学文本的实践联系，才能期待文学文本的功能从根基开始就是正义的。而这种由审美形式到社会功能的推导，并不意味着社会功能是被动的。相反，这种社会功能是随着文化语境的变迁而不断流动变化的，但是审美形式及其暗示、象征的道德精神却具有某种超越性。这种变与不变，现实与超越，正是文学文本的张力结构的哲学基础，也是二者之间进行对话的前提。

（《学术研究》2016年第8期）

强制阐释与过度诠释

毕素珍*

"强制阐释"是张江基于多年潜心研究，重新审视当代西方文论，概括和提炼其基本特征和根本缺陷，于 2014 年 6 月 16 日接受《中国社会科学报》访谈时首次正式提出的概念。"强制阐释是指，背离文本话语，消解文学指征，以前在立场和模式，对文本和文学作符合论者主观意图和结论的阐释。"[①] 其基本特征有四：场外征用，主观预设，非逻辑证明，混乱的认识路径。强制阐释从根本上抹杀了文学阐释的本体特征，强制裁定文本的意义和价值，强行阐释或重构文本，做出符合论者目的的结论，背离了文本的原意，导致文学理论和批评对文学自身的偏离。强制阐释理论的提出，旨在对当代西方文论的正当性提出有力质疑，展开有效的辨识和批判，为当代文论的建构和发展提供一个新的视角。

"过度诠释"是意大利著名学者昂贝多·艾柯 1990 年在剑桥大学主持丹纳讲座的演讲中，针对文本解读中出现的种种问题，尤其是解读中的相对主义和多元主义造成的过分越界及读者诠释权力的过分夸大提出的一个概念。对于何为过度诠释，艾柯并没有做出明确的界定，而是提出"我们可以借用

---

* 作者简介 毕素珍，中华女子学院外语系讲师、中国社会科学院研究生院博士研究生。
① 张江：《强制阐释论》，《文学评论》2014 年第 6 期。

波普尔的证伪原则来说明这一点：如果没有什么规则可以帮助我们断定哪些诠释是'好'的诠释，至少还有某个规则可以帮助我们断定什么诠释是'不好'的诠释"①。艾柯尝试着在理论上把某些诠释界定为过度的诠释，探求对诠释的范围进行必要限制的路径。

在文学阐释活动中，表面看来，强制阐释和过度诠释都是对文学作品的不当解读，二者似乎大同小异，相差无几，然而事实上，通过分析即可发现二者存在本质差异。本文拟就强制阐释的定义及四个基本特征所涉及的阐释与实践的关系、与文本话语的关系，强制阐释是否具有文学指征与文学价值，以及阐释的动机、性质和目的对二者进行比较，旨在厘清二者之间的本质差异。

一、阐释与实践的关系

按照马克思主义哲学中关于存在与意识相互关系的理论，文学活动是一种人的主体对于客体的认识和反映。"不是意识决定生活，而是生活决定意识。"②毛泽东说："作为观念形态的文艺作品，都是一定的社会生活在人类头脑中的反映的产物。……人民生活中本来存在着文学艺术原料的矿藏……它们是一切文学艺术的取之不尽、用之不竭的唯一的源泉。"③文学归根结底来源于生活，是对客观世界和现实生活的反映，文学理论是从文学活动的实践中总结、提炼出来的，由此造就了文学理论应当具有的实践性品格。此外，实践是检验真理的标准，文学理论的实践性品格，还在于它必须经得起文学活动实践的检验。

"西方文论的生成和展开，不是从实践到理论，而是从理论到实践，不是通过实践总结概括理论，而是用理论阉割、碎化实践，这是'强制阐释'

---

① 〔意〕艾柯等著，王宇根译：《诠释与过度诠释》，生活·读书·新知三联书店1997年版，第54页。
② 《马克思恩格斯选集》第1卷，人民出版社1995年版，第73页。
③ 《毛泽东选集》第3卷，人民出版社1991年版，第860页。

的认识论根源。"① 强制阐释不是从实践出发，从文本的具体分析出发，而是从既定理论出发，从主观结论出发，直接从文学以外其他学科截取和征用现成理论阐释文学文本，解释文学经验。为了能够达到主观目的，论者不惜违背作品解读的基本原则，从作品的片言只语里、边边角角中，通过精挑细选，拼接剪裁，甚至无中生有，对文学作品做出符合主观意图的阐释，并将之推广为普遍的文学规则，颠倒了认识和实践的关系。理论的来源不是文学实践，在许多情况下，文学文本只是这些理论阐述自身的例证，研究对象也偏离了文学本身。"主观预设是强制阐释的核心因素和方法。……主观预设的批评，是从现成理论出发的批评，前定模式，前定结论，文本以至文学的实践沦为证明理论的材料，批评变成对文本和文学作符合理论目的的注脚。"② 这种从理论到实践，甚至是从理论到理论的批评方法，脱离文学实践与经验，违反文学理论生成的本来过程，无法做出有文学效能的解读，提出科学的审美标准，无益于文学理论生成和丰富的方向，更无法指导文学的创作和生产。不同的文学批评，都会对具体的文学作品进行褒贬是非、抑扬臧否的分析和评价，体现了文学批评的倾向性，这也就是为什么各种各样的红学家会在一部《红楼梦》中看到不同内容的原因。文学阐释有倾向、有立场是正常的，然而问题的关键在于，立场、路径、结论等只有产生于无立场的合理解读之中和之后才是合理的，文本与结论、理论与实践的关系绝不可倒置。只有这样，文本经过阅读、鉴赏、批评，才能变成有血有肉的活的生命体，才能变成审美对象。与强制阐释从理论到实践的反序认识路径不同，过度诠释是从文本出发，从文学活动实践出发，不预设批评的立场、模式、路径，在与文本的对话中逐渐得出结论，从认识路径上说，遵循的是一种由实践到理论的正序认识路径。

简而言之，强制阐释脱离文学实践，颠倒了理论与实践的关系，以前在

---

① 张江、毛莉：《当代文论重建路径：由"强制阐释"到"本体阐释"——访中国社科院副院长张江教授》，《中国社会科学报》2014年6月16日，第4版。

② 张江：《强制阐释论》，《文学评论》2014年第6期。

立场和模式对文本做符合阐释者主观意图的阐释，从现成理论出发，从主观结论出发，是一种反序认识路径。而过度诠释以文学实践为基础，从对文本的具体分析出发，不预设立场，通过分析得出结论，尽管在分析之路走得过远，遵循的依然是一种正序认识路径。

二、阐释与文本话语的关系

伊瑟尔认为："文学作品有两极，我们可以称之为艺术极和审美极。艺术极是作者写出来的文本，而审美极则是读者对文本的实现。"[①] 在文学创造和接受过程中，文本始终处于中心地位。文学作品是一个复杂的结构，文学丰富内涵和感染力的存在，使得文学阐释可以各式各样，因人而异，但这并不意味着对文本可以随心所欲，任意解读，"一定存在着某种对诠释进行限定的标准"[②]。阐释的界限——文本——就在那里，对作品的阐述和引申可以走到任何地方，但文本最终会将其拉回来。在文学解读过程中，我们应该尊重作品的先在制约性。面对同一文本，见仁见智的解读之所以可以被认识和理解，就是因为我们是在阅读同一文本的基础上进行阐述交流。无论是对前人发现的深化、推进和修正，还是提出全新的见解，有一点必须遵守的，就是不能离开文本话语。在尊重文本的基础上，阐释者把对作品的感受、体验、理解、判断一并结合起来对作品进行解析，力图达到"博学之，审问之，慎思之，明辨之"的程度，才有可能实现对文本的正确阐释，千古一理，概莫能外。

文学创造是一种个体性很强的精神活动，文学作品是一种非常具体的个别存在，因此文学批评的对象也常常是具体的作品和作家的个体性创造。艾

---

① 转引自郭宏安、章国锋、王逢振：《二十世纪西方文论研究》，中国社会科学出版社1997年版，第329页。
② 〔意〕艾柯等著，王宇根译：《诠释与过度诠释》，生活·读书·新知三联书店1997年版，第42页。

柯"文本意图"的提出，使我们仿佛听到了胡塞尔"回到事物本身"的一种回响，文本意图要求回到文学文本自身，考察其语义策略和文本意图。因此无论是高屋建瓴还是微观注视，文学阐释都要求对作品进行梳理、选择、集中以及概括。文学阐释与文学作品密切相关，决不能疏离作品，任何诠释必须是立足于文本及文本意图，文本意义产生于作者、文本和读者的互动过程中。而强制阐释听从最不受节制的主观意图的唆使，将一部文学作品任意玩弄于股掌之间，随意摆布，是一种主观预设的批评，具体表现为前置立场、前置模式和前置结论。阐释者在批评之前就已经预设明确的立场，根据立场选定标准和批评文本，其目的不在阐述文本，而是为表达和证明立场。阐释者在介入文本之前，就已选好批评理论的模板和式样，并用它来强制框定文本，根本无视文本自在含义的表达。阐释者的批评结论同样产生于文本解读之前，批评的目的也是为了证明其前置结论的正确性。这种阐释看似和文本相关，但在实质上已无关联了。强制阐释这种从现成理论出发，远离、无视甚至背离文本含义，依据主观需要解读文本，剪裁文本，选择文本的做法，必然会使论者不把注意力放在文本上，在阐释过程中缺乏诚意，把主观意志凌驾于作品与作者之上，背离了文本话语，使文本沦为主观需要的奴隶。这种强制性在实践上彻底违背文学阐释的基本原则，丧失了阐释的合法性。

过度诠释是阐释者自觉或不自觉地对文学作品进行穿凿附会的认知和评价，曲解了文本话语，违背了文本的连贯性及原初意义生成系统，阐释者在文本中所发现的东西不是文本所要表达的东西。阐释者由于过度好奇，过度自负、自信，将一些偶然的东西视为至关重要的东西，呈现一种过度倾向。这同读者反应理论和解构理论过分推崇读者的能动作用、任意诠释和游戏文本的主张相关。以罗塞蒂对但丁的解读为例，罗塞蒂试图在但丁的文本和共济会—罗塞克卢的象征符号之间寻找某种相似性，结果没有发现多少相似性，把某种相似当作本质的相似，从而在过度诠释的路上越走越远。过度诠释研究作品的构成因素、运行机制及其相互关系，其研究焦点放在文化、道德和心理等方面，而非重点关注文本的审美和结构等因素，尽管如此，它仍然是基于文本题材、形象、语言、结构、风格等作品构成中问题的解读，其出发点和归宿都是文学文本，它曲解了文本，却未背离文本，其阐释虽不合理，却也合法，虽与作者的创作本意有所抵牾，但不排除作品本身客观上显示了其阐释的内涵的可能性，正如我国古代文论所言，"无寄托则指事类情，仁者见仁，智者见智"①，"作者之用心未必然，而读者之用心何必不然"②。历史对各种文学解读的大浪淘沙，终将证实某些过度诠释是否具有一定的合理意义。

三、强制阐释是否具有文学指征与文学价值

各个学科都有不同的特定研究对象、理论和方法，可以相互影响、彼此渗透，但其研究理论和方法并不具有普适性，跨学科的运用需要依据特定的研究对象进行相应的变通和调适。而强制阐释通过对概念的堆砌搬弄、理论的生吞活剥，直接从其他学科截取和征用现成理论，脱离文本和文学本身，消解文学指征，对文本做非文学的阐释，无法给出具有文学价值的理论探讨。红学大师俞平伯逝世前对自己毕生研究的红楼梦只说了一句，"《红楼梦》说到天边还不是一部小说"，其中所包含的就是对《红楼梦》研究中某些消解文学指征缺乏文学价值的强制阐释行为的拒绝。

强制阐释挪用、转用或借用种种文学场外的理论，如传统人文科学特别是哲学理论、政治、社会、文化理论以及自然科学领域的理论和方法对文学作品进行阐释，生搬硬套，盲目移植，使阐释背离了文学的特质。强制阐释运用话语置换、硬性镶嵌、词语贴附以及溯及既往这四种策略，把非文学的理论转化成文学的理论对文本进行阐释。这样的做法，或将文本的原生话语

---

① （清）周济：《介存斋论词杂著》，顾学颉校点：《介存斋论词杂著·复堂词话·蒿庵论词》，人民文学出版社1959年版，第4页。
② （清）谭献：《复堂词录序》，顾学颉校点：《介存斋论词杂著·复堂词话·蒿庵论词》，人民文学出版社1959年版，第19页。

锁定于场外理论的话语框架之内，或打碎分割文本，镶嵌到场外理论的模式之中，或将场外术语注入文本，使作品获取疏离文本的意义，或以后生场外理论来检视前生的历史文本，并不能恰当地解释文本，对文学、对理论，有百害而无一利，不具备任何文学意义或价值。

　　文本可能存在多种诠释的可能，过度诠释问题产生的关键在于它越过了合理诠释的连贯性标准、简洁经济标准、互文性标准、相似性标准等内部标准和外部标准，导致文本的意义发生增殖，造成过度诠释。虽然对文本的诠释超出了文本意图的界限和范围，但过度诠释是对文本内容进行诠释，就文本所未曾说出的东西提出问题，依然是对文本做文学场内的阐释，因而还是可能有文学价值的。例如，从严谨规范的学术立场来看，于丹对《论语》的解读多有断章取义和过度诠释之嫌，但并不对其解释的有效性构成障碍，这是因为她的解读是基于文本的解读，具备明显的文学指征与文学价值。卡勒认为，过度诠释"将其思维的触角伸向尽可能远的地方"，"有可能揭示出那些温和而稳健的诠释所无法注意到或无法揭示出来的意义内容"。[①]一些过度诠释的目的是力图将作品文本与叙事、修辞、意识形态等一般机制联系起来，目的不是去重建文本意义，而更多地想去探讨作品文本赖以起作用的机制或者结构以及文学、叙事、修辞语言、主题等更一般性的问题。这种试图去理解文学文本运行机制的努力是一种合理的学术追求。有些诠释走得太远，诠释得太多，在解读中实现意义的增殖，是不正常、不合适的。而有些则可能产生新的发现，发现新的意义，或更为有趣的见解，至少对文本阅读和诠释现象产生某种警醒和导引的作用。对文本的合理阐释只能根据一个读者群或一个文化体系约定俗成的整体回应来判断，而群体共识的形成是一个需要不断得到修正的长期过程。借助文化达尔文主义，在历史选择和文化发展过程中，不排除有些文学解读的新内涵、文本意义的新发掘产生于这种"偏激的深刻"。在文学解释活动中，这种现象是客观存在的，对文学作品价

---

① 〔意〕艾柯等著，王宇根译：《诠释与过度诠释》，生活·读书·新知三联书店1997年版，第136页。

值的实现也是有一定意义的。古今中外，一些文学作品正是通过这种解读方式，实现了对于人类社会的意义。

四、阐释的动机、性质和目的

文学作品鼓励诠释上的自由，阐释者的积极作用就是对文本意图进行推测和寻觅。这种推测和诠释，不是一个无奇不有自由联想的过程，而是必须服从文本自身的指导，文本的存在使诠释有所归依和限制。"你可以从文本中推出它没有明确写出来的东西……但你不能让文本说出与它本来说的相反的东西。"[①] "阅读文学作品是一种培养忠实和尊敬的练习历程，我们心中必须受到某种深刻敬意的感动，被我以前说过的'文本意图'所生出的敬意所感动。"[②] 文本的开放性和意义的无限性绝非毫无限制的无限性，它针对的仅仅是文本语境中的无限性。无论是强制阐释还是过度诠释，阐释者都没有处理好阐释者的权利和文本语境要求之间的辩证关系，都过分强调阐释者的权利，阐释行为都发生了越界，不过，同是越界，同为非正当阐释，二者的动机、性质和目的却大相径庭。

文学作品一旦完成，就具有了相对独立性，作为社会文本有了属于自己的命运和意义。文本的结构方式本身就包含了两种解读的可能性："批评思维能够与它的处理的模糊现实建立一种令人赞叹的默契关系；而在另外一种情况中，它会导致最全面的分裂。"[③] 强制阐释显然属于后者，阐释与文本、与文学在本质上彻底分裂。强制阐释是对理论做符合主观目的的滥用，征用文学领域以外其他学科的理论强制移植于文论场内，生拉硬扯解释文本，"为达到想象的理论目标，批评者无视常识，僭越规则"，把文本捶打成符合

---

① 〔意〕安贝托·艾柯著，俞冰夏译：《悠游小说林》，生活·读书·新知三联书店 2005 年版，第 97 页。
② 〔意〕安伯托·艾可著，翁得明译：《艾可谈文学》，台湾皇冠文化出版有限公司 2008 年版，第 11 页。
③ 〔比〕乔治·布莱著，郭宏安译：《批评意识》，广西师范大学出版社 2002 年版，第 249 页。

自己目的的形状,"所得结论失去逻辑依据"①,是对文学作品的损伤和粗暴践踏。文学阐释活动本应是一个阐释者与文本互动的双向回流过程,其目的是阐述、挖掘、探索文本含义。文学阐释的要素如立场、路径、结论等只有产生于无立场的合理解读之中和之后才是合理的,而强制阐释有既定的理论标准,并用这个标准来衡量、选择、剪裁文本,是脱离文本内容和含义而存在的主观意向的表达。诠释者无视由文本的连贯性、上下文语境及结构的稳固性所决定的文本的自主性、持久性和整体性,意欲把从作品局部得到印证的结论上升为对整个文本的阐释以及对理论的论证,甚至力图将其他阐释主体对作品的理解和阐释也包括在其阐释和理论之中,这种阐释实质上已与文本丧失关联。对于文学作品来说,这样的阐释没有任何有效性,只会带来阐释的混乱,其根本目的不是为了解释文本,而是论证主观结论,进而证实其所持理论的正确性和普适性。

过度诠释则是对文本的误读,诠释者以对一些偶然巧合重要性的过高估计或倒果为因的思维方式,以过于丰富的想象与联想对文本的诠释理解过了度,其诠释不符合文本的连贯性整体原则,对文本某一部分的诠释不能为同一文本的其他部分所证实。过度诠释问题的产生与西方神秘主义密切相关,神秘主义者认为诠释的使命就是去搜寻作品一字一句后面隐藏的神秘意义和未曾言说的内涵,以及或许并不存在的终极答案。此外,代码理论的系统结构使人们对文本的各种预设和推论成为可能,而有效的文本理解一般来自于对相关系统结构的有效控制和运用,不好的诠释或过度诠释则往往是错误地运用系统结构所致。过度诠释问题也与误读理论的倡导有关。过度诠释行为的动力表明,其出发点是源于阐释者解析作品本身的善良愿望,其目的是为了实现对文学作品更加完整深入细致的多元理解。比如鲁迅塑造阿Q形象的本意是画出麻木沉默的国民灵魂,让世人清醒头脑,但也曾有人怀疑作者在泄私愤,是在借阿Q影射自己或另外的某个人,以至于鲁迅如此慨叹:"我

---

① 张江:《强制阐释论》,《文学评论》2014年第6期。

只能悲愤，自恨不能使人看得我不至于如此下劣。"[1]诸如此类的解读，是脱离作品实际的，是对作品的误读，但也在某种程度上体现了阐释者对作品含义挖掘的努力和愿望。

总之，过度诠释与强制阐释二者之间巨大的本质差异在于，过度诠释是对文学作品合法而不合理的解读，而强制阐释则是对文学作品既不合理又不合法的解读。过度诠释远离了文学作品，强制阐释背离了文学作品。不同于一般文学鉴赏的接受层次，对于批评家来说，文学阐释是对作品的理性检测和衡定，它要求阐释者在感受、理解作品的基础上做出尽可能恰当的客观评价，更具科学研究意味，更着眼于实现包括作品审美价值、文学自身发展价值等在内的广泛的社会价值。就此而言，强制阐释和过度诠释皆非对文学作品的正当阐释。作为文学活动的一个重要组成部分，一种动力性、引导性和建设性因素，文学阐释既推动文学创造，影响文学思想和文学理论的发展，又推动文学的传播与接受，具有深刻的作用和广泛的影响。从这个意义上说，过度诠释尚在文学场内言说，尚有一定的意义可言，而强制阐释根本抹杀了文学理论及批评的本体特征，除了带来文学批评和文学理论的混乱，对文学活动不会产生丝毫贡献与意义。

（《学术研究》2016 年第 8 期）

---

[1] 鲁迅：《〈阿Q正传〉的成因》，《鲁迅全集》第 3 卷，人民文学出版社 2005 年版，第 397 页。

论强制阐释的预设维度与征用疆界

韩 伟[*]

强制阐释的主要特征是主观预设和场外征用，前者用张江的话说就是"论者主观意向在前，前置明确立场，无视文本原生含义，强制裁定文本意义和价值"[①]，事实上，除了理论与文本之间存在主观预设之外，尚存在理论与理论、理论与现实之间的多重预设维度。总观中国的文学理论建设，这方面的主观预设似乎较之从理论到文本的主观预设更普遍一些。对于场外征用，我们亦应辩证地看待，确定合理的征用疆界和征用标准将是避免理论形而上学的必要手段。下面围绕预设维度、征用疆界以及可能存在的问题做一梳理。

一、理论预设之话语导向维度

理论之间主观预设的第一个维度是话语导向维度。就中国文学的理论土壤来讲，文学与话语、理论与话语似乎一直都保持着某种联系，只不过在某些时段会以潜在的方式存在，某些时段则会以显性的方式展示而已。对于话

---

[*] **作者简介** 韩伟，哈尔滨师范大学文学院副教授。
[①] 张江：《强制阐释论》，《文学评论》2014年第6期。

语，在中国古代集中体现为政治导向因素，当代更倾向于某种主流的文化导向或文化潮流。因此，我们在讨论主观预设的时候理应对这种由外在内化为主体认知的预设维度予以关注。

中国古人在理论内部也经常进行这种先入为主的预设。不妨以对中国文学理论发展有重要奠基意义的第一篇专论文章《诗大序》为例，对其作者目前虽然众说纷纭，但基本上认为是经过汉人整理而成。在笔者看来，这种整理严格意义上应该说是"杂缀"，汉人是在先秦文献的基础上人为地对众多材料进行裁剪，最终组合成一篇符合自己主观意愿以及时代要求的理论文字，以此来保持与时代文艺政策的高度一致。《诗大序》带有鲜明的因袭先秦乐论的痕迹，其远祖当为先秦乐论。比如《诗大序》言"诗者，志之所之也。在心为志，发言为诗。情动于中而形于言，言之不足故嗟叹之，嗟叹之不同故永歌之，永歌之不足，不知手之舞之，足之蹈之也"，这段文字的源头可追溯到《乐记·乐施》篇。另一段较明显的例证是"情发于声，声成文谓之音。治世之音安以乐，其政和；乱世之音怨以怒，其政乖；亡国之音哀以思，其民困。故正得失，动天地，感鬼神，莫近乎诗"，这段文字见于《乐记·乐本》篇。除此之外，《诗大序》言："故诗有六义焉：一曰风，二曰赋，三曰比，四曰兴，五曰雅，六曰颂。"在《周礼·春官·大师》中存在与之相类的记载："教六诗，曰风，曰赋，曰比，曰兴，曰雅，曰颂。以六德为之本，以六律为之音。"此处所讲的"六诗"即是《毛诗序》所言之"六义"，虽然两者的称呼不尽相同，但所指内容是完全一致的，甚至顺序都并未调整。大师在周代属于重要乐官，归大司乐统领，主管音律校订、典礼音乐的指挥，并协助大司乐进行音乐方面的教育，统领瞽矇，因此"六诗"很有可能就是大师的基本传授技艺。《诗大序》除了在文字层面体现出明显的因袭、拼接痕迹之外，在义理层面也同样如此。比如其"谲谏"观的提出，《毛诗序》称之为"主文而谲谏"，在"谲谏"前用"主文"加以限定，"文"此处当有文饰、修饰的含义，《毛传》言："主文，主与乐之宫商相应也。谲谏，咏歌依违，不直谏。"孔颖达疏："其作诗也，本心主意，使合于宫商相应之文，播之于乐，而依违谲谏，不直言君之过失。"①就是说劝谏君主除了在主题层面要委婉含蓄之外，同时也要兼顾形式层面的可接受性，配合音乐将主题以歌咏之，会起到更好的效果。

那么，《诗大序》搬用先秦乐论的目的是什么呢？这当与汉代的文化环境有关，汉代的帝王对政治与文艺的关系异常重视，为统一今文经学和古文经学而召开的石渠阁会议和白虎观会议，都是在皇帝的授意甚至亲自参与下召开的，学术的政治化是汉代学术的总体特征。《诗大序》对先秦乐论进行裁剪，最终是要将风、雅、颂从政治层面进行重新定义，并将"诗言志"与"经夫妇，成孝敬，厚人伦，美教化，移风俗"的文学价值论相嫁接。事实上，这种在理论层面以政治为出发点的主观预设在汉代以后一直未曾中断过。甚至，这一类型的强制阐释在当下的理论界也普遍存在着。耶鲁批评学派的哈罗德·布鲁姆坦言："在现今世界上的大学里文学教学已被政治化了：我们不再有大学，只有政治正确的庙堂。……西方经典已被各种诸如此类的十字军运动所代替，如后殖民主义、多元文化主义、族裔研究，以及各种关于性倾向的奇谈怪论。"②无论中国还是西方，当下的理论界几乎被各种各样所谓的"后"理论裹挟着，而这些后现代理论用周宪的话说实际上可以总称为"政治实用主义"，即"把文学作为文化政治的理论阐释素材……坚信文本的意义是在话语活动中经由阐释而产生的"③，这也就是伊格尔顿所指出的一切文学都具有政治倾向性的题中应有之义。文学成了文化政治的阐释素材，而理论又何尝不是呢？文化政治潜在地规约着理论可达到的区域，这种先入为主的立场构成了一种潜在的预设维度，在重视文本为理论服务的强制阐释之外，我们亦应对理论为立场服务的深层主观预设加以反思。

---

① （清）阮元校刻：《十三经注疏》，上海古籍出版社1997年版，第271页。
② 〔美〕哈罗德·布鲁姆著，江宁康译：《西方正典：伟大作家和不朽作品》中文版序言，译林出版社2005年版，第2页。
③ 周宪：《也说"强制阐释"——一个延伸性的回应，并答张江先生》，《文艺研究》2015年第1期。

二、理论预设之体系建构维度

理论预设的第二个维度是体系建构维度。体系建构维度相较于话语导向维度更具学理性，这种主观预设与单纯以阐释某个单一理论为目的预设不同，它更接近一种宏观的体系性搬用。从这个意义上说，整个当代的文学理论、美学理论，小到具体理论的运用、具体思潮的推行，大到整个学科合法性的建构都带有这种影子。以作为大学中文系学生必修课的"文学理论"为例，对文学理论具有重要奠基意义的教材是童庆炳的版本体系，其所呈现的问题域、范畴系统、言说方式都潜移默化地构成了 20 世纪 80 年代以后研究者的集体无意识。童庆炳据以构筑其教材体系的框架来自 M. H. 艾布拉姆斯的文学活动四要素说，其早期版本中引入的再现说、表现说、客观说、实用说等文学观念也成了后来文学理论的关注对象。除此之外，韦勒克和沃伦的《文学理论》也对新时期的教材体系甚至研究方式产生了不容忽视的影响，这一点在童庆炳的教材体系中亦有十分明显的体现。因此，可以说当下我们据以安身立命的整个知识体系，某种程度上都带有理论层面主观预设的痕迹。只不过，对其优劣得失，我们不能单纯按照张江所说的"文本为理论服务"的主观预设的含义去理解，这需要以辩证思维去抽丝剥茧。

另一个需要重点申说的话题是中国美学学科的建构。美学是德国学者鲍姆加登在 18 世纪后期主张建立的一门以理性的方式研究感性的学问，对于这门学问，日本学者以"美学"二字翻译之，20 世纪初中国留日学生又将这个词从日本引入国内，自此这一新兴学科才在中国理论界正式落户。任何一门学科的形成、发展都不是一蹴而就的，这一学科在西方已经有了较为完备的学科建制，但面对中国崭新的文化环境，则必须寻找其能够赖以扎根的文化土壤，因此对中国本土资源的重新反思和审视便是其必须选择的途径。在经历过 20 世纪 50—60 年代的美学大讨论，以及 80 年代的方法论热潮之后，中国美学的学科体系逐渐形成。这里有必要谈一谈 80 年代美学热中与方法论热潮并行的另一种趋势,即对中国古典资源的再发掘。"中国古典美学"或"中国美学",这一概念或学科成立的前提是,先有西方美学的输入,然后研究者才致力于重新挖掘本土的艺术资源,从而彰显美学的民族特色,所以某种意义上,中国美学实际上也是对西方美学的再度阐释。古典美学研究是美学学科在中国学科化的结果,研究者为了增强学科意识而自觉地寻找中国古典资源,这种尝试在80年代之前就已经开始了。朱光潜在1961年发表于《文艺报》上的《整理我们的美学遗产,应该做些什么》一文中说:"认为美学是一种新科学,我们自己仿佛还没有,必须由外国搬过来的看法是不正确的。……认为我们自己没有美学未免是'数典忘祖'了。"① 另一位美学大家宗白华亦与朱光潜类似,他从中国艺术的总体角度出发,认为"中国古代的文论、画论、乐论里,有丰富的美学思想资料,一些文人笔记和艺人的心得,虽则片言只语,也偶然可以发现精深的美学见解"②。进入80年代以后,众多美学研究者如李泽厚、刘纲纪、叶朗、于民、敏泽、皮朝纲等人都试图将这一问题推向更为纵深的层面,即不再追问美学是西方的还是中国的这个已经形成共识的问题,而是在美学的基本框架下,努力探索中国美学的特殊性。为了使这一学科获得充分的合法性,此时开始广泛地撰写中国美学史,李泽厚和刘纲纪的《中国美学史》(1984—1987)、叶朗的《中国美学史大纲》(1985)、敏泽的《中国美学思想史》(1987—1989)等在后来颇具影响的美学史专著都是这一时期的产物,这些早期的美学史著作一定程度上构成了90年代以后同类写作的基本范型,也为美学的学科化做出了重要贡献。与此同时,王国维、宗白华被重新发现,人们将二人的思想以"美学思想"视之,进而以对二人的研究为中介,开始逐步探索古典美学的资源以及合理的研究方法。这一类型的主观预设也是需要我们辩证看待的。中国文论、中国美学虽然在体系建构维度表现出明显的预设痕迹,但可贵的是其体系内部有非常顽强的自身生长性,比如中国美学实际上将西方的哲学美学逐

---

① 朱光潜:《整理我们的美学遗产,应该做些什么》,《文艺报》1961年7月第7期。
② 宗白华:《宗白华全集》第4卷,安徽教育出版社1994年版,第775页。

渐转化成了艺术美学，这是需要肯定的。

三、理论预设之虚拟现实维度

理论层面的第三种主观预设维度是对现实问题的关注，只不过这种现实是一种人为建构起来的虚拟现实，因此权称之为"虚拟现实维度"，即为了某种主张或某种理论的合理性存在，而将现实情况进行人为的选择、渲染，进而在这一层面上做到理论与实践的统一。笔者想到几年前由文化研究热而产生的一种副产品——都市文化研究。对于这一多少带有人为建构的研究热潮来讲，其理论资源无疑带有鲜明的舶来品特征，笔者在一篇文章中曾对当时的理论来源进行了梳理，总体上包括三种：传统马克思主义理论、城市社会学理论、后现代空间理论。① 今天看来，以本雅明、詹姆逊等人为代表的后现代理论是有其合理性的，但是其他两种来源则有一定的问题，征引经典马克思主义理论实际上属于过度诠释层面，而借鉴城市社会学理论则属于强制阐释的范畴了。因为当代城市社会学理论的主要建构者是德国的西美尔和美国芝加哥学派的代表性的人物帕克（R. Park）、路易斯·沃斯（Louis Wirth）。西美尔对城市文化心理的分析集中在货币这一范畴上，现代社会人与人之间赤裸裸的金钱关系已经打破了前现代社会田园牧歌式的生存状态，代之而来的是人与人之间的尔虞我诈，其巨著《货币哲学》的整个目的就是通过分析货币这一（后）现代社会最普遍的交往媒介，"以表现最表层的、最实际的、最偶然的现象与存在最理想的潜力之间的关联，表现个体生命与历史的最深刻的潮流之间的关联"②。在《货币哲学》中，西美尔具体分析了货币经济中分工、交换、生产、消费机制如何影响现代拜金人格的形成，正是因为城市已经被这种非人化的关系所统治，所以现代都市人便产生消极逃

---

① 韩伟：《国内都市文化研究潜存的三种模式及其理论构建》，《社会科学》2009年第6期。
② 〔德〕西美尔著，陈戎女译：《货币哲学》，华夏出版社2002年版，第3页。

避的心理状态，顺应、倦怠和逃避成了都市人生活的主要方式。受其影响，芝加哥学派在理论上也相当关注人的生存状态问题，广泛运用实证主义方法，同时以一种整体性的眼光来看待城市。以帕克和沃斯这对师徒为代表，基本上都主张"城市是一个有机体，它是生态、经济和文化三种基本过程的综合产物，是文明人类的自然生息地"①，他们致力于使现代社会的结构失衡性、涣散性得到弥合，重新恢复由于社会不断运动而造成的结构性失调，进而达到一种新的平衡以便维持人与自然、社会的正常关系。

西美尔、帕克和沃斯的理论在社会学层面是深刻的，但将之运用到文学研究领域则有强制阐释的嫌疑。当时中国的都市文化以及以之为载体的都市文学还处于相对初级的阶段，国内都市文化研究的对象较多是以北京、上海等大城市为主的个案研究，因此在都市以及都市文化发展极不平衡的现实条件下，在现代与后现代景观并存的大背景下，理论的引入便带有某种一厢情愿的性质。当时研究者常用的方式往往将北京、上海等大城市主观地看成是全国的普遍性模板，从而使理论的言说有据可依。虚拟化的现实成了理论进行驰骋的训练场，为理论虚拟注释性的文本与为理论虚拟现实是大同小异的，只不过虚拟现实是文学疆界扩容后的极端表现，也是伴随近年来文化研究热潮而产生的副产品，甚至较之虚拟文本，这种行为在当下更具普遍性。

除此之外，近年来对超文本理论的建构以及对现实的虚拟也存在同样的情况。在西方，广义层面的超文本文学萌芽于19世纪末，20世纪60年代在美国形成创作高潮，当时的经典之作有纳博科夫的《微暗的火》、品钦的《V》、巴塞尔姆的《白雪公主》、巴思的《迷失在开心馆》等。所谓"超文本"，纳尔逊在《文学机器》一书中这样定义："非连续性著述，即分叉的、允许读者做出选择、最好在交互屏幕上阅读的文本。"② 目前，被国内学术界

---

① 〔美〕帕克著，宋俊岭等译：《城市社会学——芝加哥学派城市研究文集》，华夏出版社1987年版，第6页。
② Quoted from George P. Landow, *Hypertext 2.0: the Convergence of Contemporary Critical Theory and Technology*, Baltimore: Johns Hopkins University Press, 1997. p.3.

广泛征引的超文本文学作品包括乔伊斯的《下午：一个故事》、莫尔斯洛普的《维克托花园》以及台湾"歧路花园"网站相继推出的《烟花告别》《西雅图漂流》等小说和诗作，这些作品的共同特点是解构了传统的阅读模式，伴随不同的链接可以生成若干种故事情节，或者实现了文字与图像、视频的结合。从这个意义上说，超文本文学最大程度地打破了时间因素对于文学的固有束缚，将空间因素引入文学领域。不妨以"歧路花园"网站苏默默《抹黑李白》组诗中的《诗·尸》为例，全诗仅四句："漂泊的诗／一具不安的尸／漂泊的尸／一句不安的诗"。全诗仅是将"诗"与"尸"两个关键词互换，将李白的诗意（失意）人生表达得恰到好处。另外作者将全诗的最后一句的六个字设计成红、绿、蓝、白、粉六种颜色，而且在频繁地上下跳动，这种设计更加深了读者对于"漂泊"与"不安"的实际体验，更有利于读者理解略带悲情化的李白。这种带有实验性质的文学创新是值得肯定的，但事实上，就大陆目前的文学现状而言，超文本在本土尚未形成自觉。这样，国内的学者对所谓超文本理论的建构便带有鲜明的虚拟特点，即将超文本文学视为一种普遍的文学现象，从而构筑所谓的研究性理论。这种研究模式就其本质而言着眼点并非是现实或研究对象本身，被虚拟出来的现实仅仅是理论的注脚而已。"为现实"与"为理论"便成了正常阐释与强制阐释最为明显的差异所在。

四、征用的疆界

强制阐释论中与主观预设相关的另一个概念是场外征用。按照张江的理解，这种强制地将其他领域的理论嫁接到文学领域的现象是当下文学理论界的普遍现象，这也导致理论与实践的脱节。下面要讨论的问题是，对场外征用的摒弃是否意味着文学研究最终要走向自我封闭的死胡同呢？若不是这样，那么在文学研究中征用的疆界到底是什么呢？笔者认为，征用疆界的确立是使文学研究避免故步自封、并充满活力地向前发展的关键。中国古人就有"征用"理论的做法，事实上很多现在大家熟知的古代文论的概念、术语，其肇始点都并非文学领域。比如"韵"是从秦汉间音乐领域产生的概念，之后在魏晋乐论中才逐渐上升到美学领域，继而才波及到人物品评（如《世说新语》"风韵"）、画论（《古画品录》"气韵"）、文论（《文心雕龙·声律》"韵气"）等领域，最终成为一种具有普适性的美学范畴。与之相关的另一个概念"味"也同样如此，其最早的源头当是老庄哲学，到了魏晋时期则变成了一个普适性的美学范畴，朱自清曾经这样写道："魏、晋以来，老、庄之学大盛，特别是庄学，士大夫对于生活和艺术的欣赏与批评也在长足的发展。清谈家也就是雅人要求的正是那'妙'。后来又加上佛教哲学，更强调了那'虚无'的风气。于是乎众妙层出不穷。"[①] 到了唐代，"妙"首先被运用到书法和绘画理论中，并成了划分作品优劣的重要标准。正是由于"韵"与"味"在美学史上的长期积淀，到了司空图这里才产生了著名的"韵味说"，并将之推广到文学批评之中，用于对文学意境的体认。

确定可征用的问题域，这其实也就是如何自我认知的问题。就文学尤其是中国文学而言，其属于艺术领域，因此音乐、舞蹈、建筑、雕塑等方面的理论都是我们可以借鉴的对象，但若将纯粹社会学、伦理学甚至是自然科学的东西引入，恐怕就走得太远了。20世纪80年代以来，中国文学理论界各种理论浪潮频繁登场，但多是各领风骚三五年，其根本原因在于研究者往往为理论而理论、为标新立异而理论。今天之所以有关于强制阐释的反思，就在于这些所谓的思潮退却之后，还是要回到真正的研究对象这里。对于理论的场外征用问题，张江曾以专文对之进行解释和论辩，在讨论中为了充分阐释场外理论的范围和有效性，他又进一步提到了"场外理论的文学化"问题，认为在文学研究中适当地引入场外理论是必要的，只是要充分注意这些理论的边界，在他看来，"其一，理论的应用指向文学并归属于文学。其二，

---

① 朱自清：《朱自清古典文学论文集》（上册），上海古籍出版社1981年版，第131页。

理论的成果落脚于文学并为文学服务。其三，理论的方式是文学的方式"①。这些认识固然不错，但在我看来仍然有些不够准确，就中国文学理论而言，笔者认为用场外理论的人文性来取代文学化似乎要更准确一些，所谓人文性是与工具性相对立存在的概念，较之后者它更加强调理论的艺术性、人本性和无功利性。以人文性取代文学化绝不是无意义的文字游戏，因为衡量理论有效性的途径应该是能否与文学实践相结合，能否最大限度地接近文学的本性，化用王国维的术语便是"隔"与"不隔"的区别，前者属于一种没有文学指向的征用，比如硬性地将自然科学方法引入，或者以先在立场进行的文本贴合，后者则是一种自然合理的征用，比如借鉴一些艺术学、音乐学甚至哲学、美学的理论深化对作品的认知。不妨以马克思《巴黎手稿》和卢卡奇的《历史与阶级意识》为例，前者对全面异化的分析以及后者对社会物化状态的探索，某种意义上都是以人作为最终的关注主题的，这就与同是人学的文学存在天然的同质性，因此它们的理论适用于文学批评领域，便是"不隔"。

不仅对西方理论的征用如此，中国古代这种现象似乎更为明显。中国艺术的特性使得中国古代的艺术理论往往是胶合在一起的，乐论中包含文论，哲学中涉及文学，等等。笔者认为，人文性与文学化的另一个区别在于，人文性的所指范围较之文学化更宽泛一些，哲学、艺术、历史、美学等与文学具有相通性的观点、理论都可以成为文学理论征用的对象，而文学化似乎有将文学研究重新象牙塔化的嫌疑。这些领域的观点并不一定非要如张江所言具备文学化的特征，只要存在契合点（即"不隔"），哪怕是有限有效的，不妨拿来，拓宽我们的研究视野。这里笔者赞成周宪的观点："就强制阐释而言，问题的核心好像不是种种理论的'出身'，而是在于其阐释文学的相关性和有效性。"②而张江所说的"场外理论的文学化"，其理论预设是可以理

---

① 张江：《场外理论的文学化问题》，《探索与争鸣》2015年第1期。
② 周宪：《文学理论的来源与用法——关于"场外征用"概念的一个讨论》，《清华大学学报（哲学社会科学版）》2015年第2期。

解的,即是说只有这些理论为真实的实践服务而不是相反,才承认这种征用是有效的,合理的,而实际情况往往是,我们如何判定某种具体的理论征用是自为的还是他为的呢?当面对形形色色的场外征用理论的时候,如何对理论的真正目的和实践效果进行判定?我们是更看重理论的文学潜能,还是更介意它们偶尔被强制阐释?我想,张江的初衷是好的,其观点也是非常具有现实性的,只不过还要就强制阐释、场外征用等问题做具体分析。在承认强制阐释的大背景下,如何将其波及的范围科学地圈定出来,才是问题的关键,因此我们应该逐步展开对当下文学研究领域中具体理论、具体流派的客观分析。唯其如此,才会使有关强制阐释的讨论落到实处,避免以抽象的方法论做指导(事实上这也会导致理论先行的新的强制阐释),并对真正的文学理论、文学批评提供警醒和借鉴。

五、中国文论重建

讨论强制阐释以及与之相关的预设维度、征用疆界,最终目的是在探索中国文论的重建问题。此次对强制阐释的讨论与十多年前对"失语症"以及古代文论现代转化的讨论是不同的,古代文论的现代转化已经倡导多年,事实证明结果不尽如人意,而强制阐释的逻辑起点是基于一直以来中国的文学理论建设、文学批评实践往往将西方理论搬来,进行带有自恋性质的理论言说,或者脱离文学实践经验,或者单纯进行理论演绎,文本充当了理论建构的注脚之事实,从而呼吁合理的场内阐释、场内征用,避免牵强。新世纪之前对"失语症"问题的讨论,某种程度上也的确抓住了当时理论界的共性现象。笔者认为其对现象的描述是有一定道理的,但其所采取的方法则有些极端,完全建立在民粹主义之上的掩耳盗铃只能起到适得其反的效果,从"失语症"的提出到现在已经接近20年的时间了,事实证明单纯而绝对地否定西方有价值的理论形态是极端的,这也就注定了这种尝试仅是一种理论愿景,而绝难变成现实。真正要将口号、观点落实到实处,关键是要拿出真正具有现代性和生长性的古典理论或概念进行真正的文学批评。此次强制阐释问题的提出，也应如此，在适当的理论层面的探讨之后，真正地进行场外理论和场内理论的鉴别，甚至在此基础上试图寻找到可行的鉴别标准，这些恐怕是未来我们应努力的方向。唯其如此，才能使这一讨论不至中途夭折。

我们既没必要完全臣服于外来文论，也没必要极端地抬高本土的古代资源，前者往往会产生过度诠释甚至强制阐释，最终使理论变成凌空蹈虚脱离文学实践的概念演绎，变成为理论而理论；一味强调后者也容易使阐释变得僵化，脱离实践而无实用价值。总观近年来的文学理论建设，表面上风光无限、异彩纷呈，甚至弄得很"高大上"，追求与国际接轨，实际则是带有理论和批评上双重不自信，理论上自说自话，批评上削足适履，将批评实践与文学理论弄成了不相干的两回事，且乐此不疲。笔者认为，改变这种状况可以从以下两个方面着手：首先，分析中国古典文论中是否还有阐释当下问题的潜能，其中包括具体概念、创作思想以及创作方法，并做具体分析；其次，对百年来西方理论的征用，进行个案梳理，期望通过以史为鉴的方式发现一些判定甚至避免强制阐释的规则或标准。

（《学术研究》2016年第9期）

强制阐释论的文学性诉求

江 飞*

一、强制阐释论的文学性诉求

任何理论的提出都是历史的产物，也是现实的回声，强制阐释论也不例外。强制阐释论的萌芽最早可追溯到张江 2012 年的一篇文章《当代西方文论：问题与局限》，他在这篇文章的开篇就表明了后来之所以提出强制阐释论的历史和现实语境，即新时期以来的三十余年对当代西方文论的引进和推介，虽然推动了中国文艺理论的发展，但又使得中国众多的理论家、批评家唯西方话语和批判标准马首是瞻，丧失了对中国文艺的话语权，危害了中国文艺理论的建设。因此，必须辨析和批判当代西方文论的问题和局限，为建构当代中国文论话语体系、夺回对中国文艺的话语权铺平道路。作者最初将西方文论的问题和局限归因于其诞生的语境，按其所言，"总体上讲，当代西方文论是当代资本主义政治、经济、文化孕育而出的产物。这一特殊的生成语境，决定了当代西方文论带有鲜明的资本主义文化特色，也决定了它自身无可避免的问题和无法超越的局限"，并由此指出其具体问题和局限在于"向内转"走向、自我中心主义、非理性主义、形式崇拜、反教化论、精英

---

* **作者简介** 江飞，安庆师范大学文学院副教授。

主义取向等六个方面。①如果说这还是初期阶段的理论摸索的话,那么两年后作者则有意淡化其生成语境(资本主义出身)而全力聚焦于对象本身,即聚焦于文学之为文学、文学理论之为文学理论的特殊性——文学性,深入思考"当代西方文论的根本缺陷到底是什么,如何概括和提炼能够代表其核心缺陷的逻辑支点",强制阐释论由此应运而生。

这里的"文学性"(literariness)既是对俄国形式主义文论核心概念——文学性的借用,也是对强制阐释论本身理论观点的把握。从某种意义上讲,与其说强制阐释论是解释学理论链条上的一个新节点,不如说是文学本体理论链条上的一个新节点。众所周知,文学性是俄国形式主义文论的理论旗帜,也是此后捷克布拉格学派、英美新批评、法国结构主义批评等形式主义学派的共同追求。罗曼·雅各布森当年(1919)提出这一概念,是为了强调文学科学应该确立自己的研究对象(即"文学性"),而不应该是其他学科(哲学、政治学、历史学、心理学等)任意践踏的"无主之地",文学性问题的提出既诉诸文学研究学科化的追求,也反映了文学研究科学化的理想。在经历近一个世纪之后,在截然不同的"理论之后"重建文学理论的历史语境与重建中国文论话语体系的现实语境中,强制阐释论再次表达了相近的文学研究学科化和科学化的追求。回归文学本身,回归文学文本,强调文学特性,强调文学理论和批评的本体意义,简言之,确立文本的文学性和文学理论的文学性(相对于"理论性"),正是其文学性诉求的主要表现。在《强制阐释论》《关于"强制阐释"的概念解说》等文章中,张江反复重申了强制阐释的定义并做了详细解释:

> 我给出的定义是:背离文本话语,消解文学指征,以前在立场和模式,对文本和文学作符合论者主观意图和结论的阐释。……所谓"背离文本话语"是指:阐释者对文本的阐释离开了文本,对文本作文本以外的

---

① 张江:《当代西方文论:问题和局限》,《文艺研究》2012年第10期。

话语发挥。这些话语可以离开文本独立存在，无须依赖文本而发生。文本只是借口和脚注，是阐释者阐释其理论和学说的工具。所谓"消解文学指征"是指：阐释者对文本和文学作非文学的阐释。这些阐释是哲学的、历史的、社会的，以及实际上并不包含文学的文化阐释，它们没有多少文学意义，不能给出具有文学价值的理论研讨，把文学文本释作政治、历史、社会的文本。所谓"前在立场和模式"是指：在文本阐释之前，阐释者已经确定了立场，并以这个立场为准则，考量和衡定文本。……至于"对文本和文学作符合论者主观意图和结论的阐释"，诗歌目的论的企图，意即论者的阐释不是为了揭示文本的本来含意或意义，而是为了论证阐释者的主观意图和结论。很明显，这个意图和结论也是前在的。①

这段话是强制阐释论的核心要义，由此不难看出这样几层意思：（一）文本是阐释的文本，阐释是文本的阐释，阐释者的整个阐释活动应以文本为中心，文本是第一位的；（二）文学的阐释是聚焦于文本并揭示其文学性的阐释，哲学的、历史的、社会的等文化阐释是摒弃文学性的非文学阐释，只提供场外理论的意义和价值，不能提供文学意义和文学价值，此为场外征用之弊；（三）阐释者以前置立场为准则，以前定模式为模板，剪裁文本，导致文本沦为阐释者前在意图和前在结论的证明材料，文本的本来含义或意义被悬置或被破坏，此为主观预设之病。一言以蔽之，文本的文学性（或"文学的文本"）成为判定场外理论的阐释是强制阐释还是非强制阐释的一个重要标准。当然，这里所强调的文本的文学性，并非俄国形式主义或英美新批评所钟情的文本的文学性。在后者看来，"诗歌不过是旨在表达的话语"②，或"诗歌作为一种话语的根本特征是本体性的"③，文本的文学

---

① 张江：《关于强制阐释论的概念界说——致朱立元、王宁、周宪教授》，《文艺研究》2015 年第 1 期。
② Roman Jakobson, "Modern Russian Poetry", *Major Soviet Writers: essays in criticism*, eds., Edward J. Brown, New York: Oxford University Press, 1973, p.62.
③〔美〕约翰·克罗·兰色姆著，王腊宝、张哲译：《新批评》，江苏教育出版社 2006 年版，第 192 页。

性实质上也就是文本的语言形式特性（如形式主义的"陌生化"，新批评的"张力""隐喻""含混"等）；而在前者看来，"文学是人类思想、情感、心理的曲折表达。文学更强调人的主观创造能力，而人的主观特性不可能用统一的方式预测和规定"①，"文学创作是作家独立的主观精神活动。作家的思想和情感支配文本，以在场的身份活动于文本之中"②。也就是说，文学具有自身的特性和价值，而作家创造的、用语言表达人类思想、情感、心理的文本正是文学实践活动的核心要素与重要环节，文学性除语言性之外至少还包含主观创造性、表情性、思想性和审美性等，这是与主张"艺术作为手法"的俄国形式主义或主张"意图谬误"和"感受谬误"的新批评截然不同的。

如果说《强制阐释论》只是从反面对场外理论进入文论场内的三种方式（"挪用""转用"和"借用"）进行揭示和批评的话，那么从《场外理论的文学化问题》开始则转从正面阐述场外理论如何才能变身为场内理论，从而使作者的文学理论观清晰地浮出水面。

首先，作者显然不是质疑场外理论的价值，也不是反对场外理论在文学场内的应用，而是追问场外理论在文学场内的应用如何实现正当性或有效性，或者说是"批评理论与批评对象的粘度问题，也即理论与文本的适合性问题"③。如其所言，"正当的场外理论的应用，或者说有效应用，必须立足一个正确的前提，这就是场外理论的文学化。否则，场外理论不能归化为场内的文学理论，很难给文学及理论的发展以更多的、积极的意义"④。作者并不是否认中国文学场外的西方文论的价值，而是"在充分肯定当代西方文论对中国文艺理论产生积极影响的同时，有必要对当代西方文论本身进行辨析，考察其应用于中国文艺实践的有效性"⑤。

---

① 张江：《强制阐释论》，《文学评论》2014年第6期。
② 张江：《当代西方文论若干问题辨识——兼及中国文论重建》，《中国社会科学》2014年第5期。
③ 张江：《强制阐释论的主观预设问题》，《学术研究》2015年第4期。
④ 张江：《场外理论的文学化问题》，《探索与争鸣》2015年第1期。
⑤ 《当代中国文艺理论与批评话语体系建设：关于"强制阐释的主观预设问题"的通信》"编者按"，《学术研究》2015年第4期。

其次，作者颁给场外理论一张十分珍贵的"入场券"，即文学化，同时又在这张券上写下了三条严格的"入场须知"："其一，理论的应用指向文学并归属文学；其二，理论的成果落脚于文学并为文学服务；其三，理论的方式是文学的方式。"① 不难看出，所谓文学化就是以文学作为理论的出发点和落脚点，化"批评的理论"为"文学的理论"，变"理论的文学化"为"文学的理论化"。从这个意义上说，作者心目中的"非强制阐释"应当是回归文学的阐释，即"本体阐释"②；或者说文学理论应当是回归文学即以文学为本体的理论，是"文学的"理论，而不是文学的"理论"。如其所言，"文学理论的基本对象是文学，不是一般的社会生活现象的理论研究，也不是形而上的一般思维和认识方法。文学理论的重点应该聚焦于文学规律、文学方法的具体阐释上，聚焦于对文本的具体的认知和分析上，离开文本和文学的理论不在文学理论的定义之内"③。概言之，文学理论区别于其他理论的特殊性正在于文学性而非理论性，以理论性遮蔽甚至取代文学性正是强制阐释所理解的"文学理论"。

最后，作者并非否定（也无法否定）文学理论作为一种理论形态的必然性，而是认为这种理论应落脚于文学文本的阐释，这种理论的具体化（某种程度上也就是理论的文本化）正是文学理论的独特方式，即"文学的"理论方式。由此也可以说，文本的文学性（或"文学的文本"）与理论的文学性（或"文学的理论"）密不可分，是文学理论历史生成和独立存在的充分必要条件，缺一不可。正如周宪在答复张江的信中所指出的："您关于文学特性的看法是一贯的，虽然您并没有聚焦'文学性'概念，但基本理解是围绕着'文学性'观念运作的。您强烈主张文学的特性就在文学文本中，因此文学理论必须专注于文本。这两个规定是判别场外理论阐释文学是否强制的理据。"④

---

① 张江：《场外理论的文学化问题》，《探索与争鸣》2015 年第 1 期。
② 张江、毛莉：《当代文论重建路径：由"强制阐释"到"本体阐释"——访中国社会科学院副院长张江教授》，《中国社会科学报》2014 年 6 月 16 日，第 4 版。
③ 张江：《场外理论的文学化问题》，《探索与争鸣》2015 年第 1 期。
④ 周宪：《场外理论的场内合法性》，《探索与争鸣》2015 年第 1 期。

二、强制阐释论的价值和意义

正是依据文本的文学性和文学理论的文学性标准，张江一方面对解释学文论（海德格尔、伽达默尔）、解构主义文论（德里达）、地理学文论（迈克·克朗）、幽灵批评、混沌理论批评、弗洛伊德精神分析学批评、女性主义批评、生态主义批评等20世纪西方主流文论和批评进行了尖锐批判，认为这些征用场外理论的阐释使"文学的特性被消解，文本的阐释无关于文学"，"已经不是文学的阐释"[1]，这样的理论自然也就不是文学的理论了；另一方面，又对坚持文本细读、探求文学性的俄国形式主义、英美新批评、结构主义的必要性与合理性有所肯定，尤其肯定了弗莱的结构主义神话原型批评理论在场外理论文学化上是"比较成功的一种"，肯定了解构主义思想家希利斯·米勒的文学理论实践"既有很强的理论性，也有很强的文学性"，认为"他把解构的思想和理论具体化了，实现了场外理论的文学化"，而且认为他对理论的"理论性"的警惕与批评值得我们严肃对待[2]，并由此引发二人关于"文学文本是否有确定的主题和意义""普遍意义的批评方法"等问题的一系列通信和辩论。正是在与中外学者持续深入的论辩中，强制阐释论的具体观点进一步明晰，并展现出独特价值和意义。

第一，为文本圈定文学边界，为本体阐释确立文本核心，建构起作者—文本—读者三位一体、内部研究与外部研究辩证统一的文学理论与批评体系，不仅对揭示和规避当代西方文论以泛文本性取代文学性、以阐释者为中心的谬误具有重要的启示价值，而且对正确理解文学意义的生成具有重要的学理意义。

就当代西方文本理论的发展史来看，文本概念实际上经历了由具化到泛

---

[1] 张江：《强制阐释论》，《文学评论》2014年第6期。
[2] 张江：《场外理论的文学化问题》，《探索与争鸣》2015年第1期。

化、由指向文学到指向文化的转变。如果说被俄国形式主义所聚焦、英美新批评所发展、结构主义批评所深挖的文本是作为语言客体的文学文本的话,那么它在后结构主义时代则因为客观性、静态性、自足性、封闭性而成为亟待攻破的"语言的牢笼",此后,无论是内部爆破(如巴尔特的"从作品到文本",克里斯蒂娃之的"互文",德里达之"踪迹""延异",等等),还是外部进攻(如巴尔特的"作者死亡,读者诞生"),无论是被互文化而开始解构的漂流,还是被意识形态化而落入话语(如福柯)的圈套,殊途同归的目标都在于摧毁有中心的、深层结构的、意义确定的"小文本",而代之以无中心的、破碎的、意义不确定的"大文本"。这种大不是有限的大,而是"文本之外,一无所有"(德里达语)的无穷大,一条短信,一则微博,一部电影,一支舞蹈,一张照片(图片),一份菜单,一个手势,一个梦,乃至于整个社会、历史等人类一切文化都被视为文本。文本的泛化使文学文本成为大文本中微不足道的一个,文学文本和非文学文本的界限愈发模糊,文学理论变为文本理论,泛文本性问题取代文学性问题,关注社会、政治、历史、性别、阶级等内容的文化研究一定程度上取代了关注审美价值的文学研究,其结果正是张江所质疑的各种主义的泛文化的非文学阐释或非文学理论的泛滥,"既不关注文本,又不关注审美,而只热心于一般的社会批判,热心于非文学的思想建构,热心于黑格尔意义上的纯精神运动",以及产生了诸如"一切都是文学性的"(卡勒)[①]、"文学行将消亡"(米勒)[②]等各种论调。

  文本是强制阐释论中最核心的一个范畴。以文本专指文学文本,并强调文本的文学性,不仅表明对西方后现代语境下暗自解构文学性的文本观不以为然,更表明力求为文本确立文学边界的信念,这种重建文学性的文本观对于终结上述"文学终结论"或"文学性蔓延说"无疑具有四两拨千斤之效;同时,有意突出具体存在的文本,亦即突出文学存在的具体性,从而表明文

[①] 〔美〕乔纳森·卡勒:《文学性》,马克·昂热诺等著,史忠义等译:《问题与观点:20世纪文学理论综论》,百花文艺出版社2000年版,第29页。

[②] 〔美〕希利斯·米勒著,秦立彦译:《文学死了吗》,广西师范大学出版社2007年版,第18页。

学阐释应该是对具体文学、具体文本的具体阐释，而非将文学抽象化或用理论制造理论，如其所言，"如果说文学是审美，是独具创造性的意义表达，那么具体对文学的意义就重于抽象。更确切地说，没有抽象的文学，只有具体的文本。离开具体的文本，离开对具体文学的具体分析，就没有文学的存在"[①]，这是对文本之所以在本体阐释中居核心地位的理论预设。

针对以阐释者为中心的强制阐释，张江提出了以文本为核心的文学阐释即本体阐释的建设性思想。本体阐释的路径在于：以文本的自在性为依据，以确立文本的客观质地为前提，按照由文本向外出发与回归文本（双向矢量）的路线进行阐释。这种以文本为出发点和落脚点、合乎马克思主义自律与他律辩证法的合理阐释，"在回归文学的同时又将其放入社会历史的实践中，把文艺的自律与他律属性统一于当代中国文论话语的重建中"[②]。而本体阐释的内容在于：阐释文本自身确切含义即原生话语（核心阐释），阐释原生话语的来源即由作者和文本背景而产生的次生话语（本源阐释），以及阐释文本在传播和接受过程中产生的衍生话语（效应阐释）。这三重阐释形成了以核心阐释为中心的辐射和反射关系，以原生话语为中心的层层包蕴关系，由此而形成了一个内部阐释与外部阐释辩证统一的同心圆结构。这一结构既是以文本为核心、以文本与作者和文本与读者的双重关系为推演、由内向外辐射的有机结构与路线图，也是文学意义（从原生意义到次生意义再到衍生意义）生成的有机结构和路线图。

第二，以实践论为基点，从理论生成的角度强调文学实践和经验作为文学理论生产依据的重要价值，从理论成长的角度强调批评实践的重要作用，提出理论与批评、理论与文学的辩证法，这不仅对于批判强制阐释混乱的认识路径、纠正中国当下学院派文学研究理论脱离实践之弊具有重要的启示价值，而且对于真正建设以实践性为品格、以民族性为特色的中国文学理论具

---

① 张江：《强制阐释论》，《文学评论》2014年第6期。
② 韩清玉：《马克思主义文学批评视域中自律与他律的辩证法》，《文学评论》2015年第6期。

有重要的指导意义。

　　实践是强制阐释论的另一个高频词。在张江看来，"理论可以自我生长，依据逻辑推衍生长理论，但其生成依据一定是实践，并为实践所检验。……实践的品格高于理论的品格。理论来源于实践，任何理论、任何立场都从实践出发"①。区分理论生长与理论生成是必要的，前者意味着理论衍生理论，而后者则意味着理论源自实践，实践是源头，是第一位的，没有实践也就没有理论，正如没有生成也就无所谓生长。具体到文学理论来说，实践又包含了三层意思。其一，就文学理论的生成而言，文学实践是文学理论的生成依据。"文学理论的生产必须依据文学的实践和经验，离开文学的实践和经验，就没有文学的理论。"②这是合乎认识规律，也是合乎马克思主义唯物辩证哲学的正序认识路径。而强制阐释则反其道而行之，如其所言，"西方文论的生成和展开，不是从实践到理论，而是从理论到实践，不是通过实践总结概括理论，而是用理论阉割、碎化实践，这是'强制阐释'的认识论根源"③。这种混乱的认识路径（反序认识路径）颠倒了实践与理论的前后关系，是强制阐释所存在的最根本、最要害的问题。其二，就文学理论的生成过程而言，把握文学实践是合理借鉴场外理论的前提和基础。在场外理论的文学化过程中，阐释者必须立足于文学实践并以从中获得的文学性认知来实现对场外理论研究方法和思路的化用，最终形成以场外理论为支持的文学理论体系和批评方法。其三，就文学理论的成长而言，文学理论必须与批评实践相结合。这是有的放矢之论，中国当下学院派文学研究存在着理论脱离实践的不良倾向，"理论的生存和动作与具体的文本阐释和批评严重脱节，其理论生长和延伸，完全立足于理论，立足于概念、范畴的创造和逻辑的演进，与文

---

① 张江：《前见与立场》，《学术月刊》2015年第5期。
② 张江：《前见与立场》，《学术月刊》2015年第5期。
③ 张江、毛莉：《当代文论重建路径：由"强制阐释"到"本体阐释"——访中国社会科学院副院长张江教授》，《中国社会科学报》2014年6月16日，第4版。

学实践及其文本的阐释相间隔和分离"①。文学理论要生长必须扎根于活生生的文学实践,从具体的文本阐释和批评中汲取内生动力和新鲜养料,总结出新的具有普遍性和有效性的"文学的"理论。只有理论与批评相结合,才能真正使理论成为批评的理论,使批评成为理论的批评:这正是理论与批评、理论与文学的辩证法。总之,文学实践是文学理论最原始的出发点,贯穿在文学理论建设全过程中,坚持从文学实践中来到文学实践中去,是衡定文学理论有无正当性和有效性的重要尺度。

三、强制阐释论有待解决的问题

第一,有没有纯粹的"文学的文本"或纯粹的"文学的理论"?张江高度重视文本的文学意义和理论意义,同时又对西方文论中的文本中心主义抱有足够警惕,这无疑是辩证的、合理的。但是,文学文本一旦产生,便因为集合了具体社会历史语境中的作者、读者和世界的意向投射而具有了多元丰富的反射指向,指向社会、历史、政治、性别、阶级等等各种纷杂的内容,是"交织着多层意义和关系的一个极其复杂的组合体"②。从这个意义上说,文学文本不可能是纯粹的"文学的文本",而是"多元共生的文本",这也就为场外其他学科理论的进入预留了通道。如果没有纯粹的"文学的文本",那么,纯粹的"文学的理论"又如何可能?如果借鉴场外理论阐释文学文本是合理的,那么,聚焦于政治、意识形态、伦理道德等而不聚焦于文学性是否也对文学理论的生成有所裨益?如果说"'文学性'总是随着文学观念的改变而改变,这也正是'文学性'的复杂性所在"③,那么,当我们以文学为本体建构文学理论时,其复杂性和变动性应如何考量?这似乎就涉及周宪提

---

① 张江:《场外理论的文学化问题》,《探索与争鸣》2015年第1期。
② 〔美〕勒内·韦勒克、奥斯汀·沃伦著,刘象愚等译:《文学理论》(修订版),江苏教育出版社2005年版,第18页。
③ 童庆炳:《维纳斯的腰带:创作美学》,中国人民大学出版社2009年版,第384页。

出的对文学理论研究的界定问题①，以及张江究竟是在何种意义上使用"文学场"概念等问题。

第二，如何理解"本体阐释"之"本体"？张江似乎将文本、作家与读者同视为阐释之本体，显然，这里的本体并非西方形而上学哲学意义上的本体概念。这不由地让我想起李泽厚创造的"情本体"来。李泽厚有意规避形而上学的哲学之弊，对西哲的本体概念做了解构式的重新界定，赋予情本体以特殊的本体性。在他看来，"所谓'本体'不是 Kant 所说与现象界相区别的 noumenon，而只是'本根'、'根本'、'最后实在'的意思。所谓'情本体'，是以'情'为人生的最终实在、根本"②。可见，所谓"情本体"之"本体"并非传统形而上学意义上的本体，或者说情本体就是无本体，其形而上就在形而下之中。那么，"本体阐释"之"本体"是否也是如此？

第三，如何理解文学理论与创作实践之间的关系？张江十分强调文学理论应该建立在文学实践的基础之上，也强调要把文学理论与批评实践相结合，但并未阐明文学理论与创作实践之间的关系。就文学理论的生成路径来看，批评实践和创作实践是文学理论的两个主要来源，文学理论主要就是对以文本为中心的批评实践和创作实践之经验的规律总结和理论概括，在中外传统或现代文化语境中，理论家与批评家、作家身份合一的例子也是屡见不鲜。如果说文学理论介入批评实践是必要的，那么，文学理论介入创作实践同样是必要的。文学理论与文学创作、文学批评之间围绕文本这一核心而建立的三边互动关系是使文学理论和文学活动永葆生机活力的根本，这正如高建平所言，"文学理论不是处于文学活动之外，它本身就是文学活动的一个组成部分"③。那么，究竟应如何理解文学理论与创作实践的关系？

第四，病症揭示能否替代病因探寻？医生以治病救人为目的，仅仅揭示其病症还远远不够，只有探明了真正病因，才能理解其为何会有如此病症，

---

① 周宪：《场外理论的场内合法性》，《探索与争鸣》2015 年第 1 期。
② 李泽厚：《关于情本体》，《实用理性与乐感文化》，生活·读书·新知三联书店 2008 年版，第 54 页。
③ 高建平：《从当下实践出发建立文学研究的中国话语》，《中国社会科学》2015 年第 4 期。

也才能对症下药,以至药到病除。毋庸置疑,作为一个支点性概念,"强制阐释"确实能够比较集中地概括当代西方文论的病症之所在,有利于我们从普遍征候上对其进行总体认知和探究,也有利于消解其在国内的强势地位以及对它的盲目崇拜。但是,造成强制阐释的病因究竟是什么,似乎还没有被真正揭示。高楠批判性地揭示了作为病源的西方理论的思想传统(重观念轻实践、二元论思维、追求封闭体系)和实用主义哲学①,李春青则认为原因在于"追问真相的恒久冲动"以及"解构的冲动"②,对此问题做了初步探讨,但有没有探察到根本病因,能不能以"了解之同情"的态度看待中西文化背景的深度差异,能不能摒弃对立意识而建立中与西、场内与场外、文学学科与跨学科等之间的张力关系?这些都是强制阐释论有待解决的问题。

(《学术研究》2016 年第 9 期)

---

① 高楠:《理论的批判机制与西方理论强制阐释的病源性探视》,《文学评论》2015 年第 3 期。
② 李春青:《"强制阐释"与理论的"有效合理性"》,《文学评论》2015 年第 3 期。

20世纪西方文论阐释中国问题的三种范式

曾 军*

近年来，对西方文论的批判性反思再度成为中国学者日益自觉的理论意识。20世纪90年代，中国文论界曾一度致力于中国古代文论的现代转换，试图创建中西文论融合于一体的文论话语体系，并呼吁关注本土经验、聚焦中国问题。近年来，围绕强制阐释论所展开的讨论则致力于批判性反思西方文论的知识生产的根本局限，通过中西文论的比较研究确立当代中国文论克服和超越西方文论、创新当代中国文论话语体系的路径与方法。[①] 反思和批判西方文论的直接动因在于，在改革开放逐步深化的过程中，西方文论的大量涌入及其持续而深刻的影响成为困扰当代中国文论话语建设的重要问题。西方文论对中国的影响主要从两个方面表现出来。其一是通过中国学者的译介和转化，内化为中国文论自己的话语表达方式，进而形成了具有西方学术视野和问题意识的文论话语。我们经常说的"文论失语""学术殖民"和"文化安全"问题一般都是在这个意义上讲的。其二是西方学者通过与中国问题的接触、观察和思考，直接发表对中国问题的看法，展开对中国文学和

---

* 作者简介　曾军，上海大学文学院教授。
① 虽然《强制阐释论》发表于2014年，但这一研究却可以追溯到2011年张江主持的全国哲学社会科学基金重大委托项目"当代西方文论批判性研究"，此外可延伸至他2015年主持的全国哲学社会科学基金重大委托项目"中国特色社会主义文学理论话语体系建设"。

艺术问题的思考。这方面的学术研究以往一般在比较文学和比较文化研究领域的"形象学"以及国际传播领域的"中国形象建构"等领域展开。如果说前者主要是在中国文论话语体系内部展开的对西方文论的反思的话，那么，后者则是在西方文论话语体系的内部展开对西方文论的批判。

一、思考西方文论与中国问题的两种视角

在正式展开相关问题讨论之前，有必要强调一个基本判断：20世纪西方文论对中国问题的理解和阐释对于中西方文论而言具有完全不同的意义。

对西方文论而言，中国问题是作为外部的、可供选择的他者而存在的。但中国问题是如何成为西方学者所关心的问题的，这完全取决于西方学者自己的知识视野和问题意识。因此，我们有必要首先对20世纪西方文论的性质及其基本问题意识有一个把握。20世纪西方文论并非一个自明的界限清晰的客体，而是一个不断被指认、被建构的知识领域，并与整个西方学术思想保持着极为紧密的关系。[①] 如果说有何特殊之处的话，那么，反思现代性或审美现代性可算其重要的识别标志。20世纪有别于其他世纪的重要标志就是两次世界大战。在战争阴影笼罩下，人文思想界对现代性的怀疑、批判、否定和反思便成为一以贯之的主题。我们不能简单将20世纪西方文论等同于西方发达资本主义主流意识形态的表征，而应该看到，它们还是既深处其中又不断在进行内部反对的批判性力量。因此，探讨20世纪西方文论对中国问题的理解和阐释便具有了双重反思的特点：其一，西方文论作为整个西方知识体系中的组成部分，它对中国问题的处理在相当大程度上反映了西方知识界处理中国问题的基本研究范型，可以成为我们展开对20世纪西方知识生产批判性反思的对象；其二，20世纪西方文论自身也具有对整个西方知识体系的内在反思和批判的特点，中国问题恰恰能够成为他山之石，

---

① 曾军：《20世纪西方文论知识的中国建构》，《南京社会科学》2016年第5期。

成为20世纪西方文论主动选择、积极引进，并用以克服、超越同时也是更新西方知识体系的内在动力。

但是对于中国学者而言，西方文论对中国问题的理解和阐释绝对不止于他山之石或知识生产那么简单，而是至少包含着三个层面的复杂情感结构。其一是近代中国沦为半殖民地半封建社会的屈辱历史带给中国学者的精神创伤。西学新潮的涌入在相当长时间内曾经伴随着坚船利炮的入侵，这就使得我们在接受西方人文思想和学术的影响时始终存在因西强中弱的巨大压力而带来的传统—现代的断裂式焦虑。其二是20世纪的中国学术思想在接受了马克思主义作为指导，尤其是建立了以共产主义、社会主义作为奋斗目标的新中国之后，基于意识形态对立而形成的"东西观念"也同构到了"中西关系"的思考之中。在20世纪五六十年代，我们曾以俄为师，对英美德法等发达资本主义国家的文学理论视为资产阶级文艺思想展开批判，这事实上是将西方文论简单等同于西方主流学术思想。其三是在全球化浪潮和中华民族复兴的双重背景下，形成了具有强大悖论和张力的情感态度：一方面意识到全球化趋势下共同问题的存在，但另一方面又高度警惕全球化即西方化，尤其是美国化的陷阱；一方面意识到改革开放以来随着中国综合国力的提升，中国在世界中的位置越来越重要，从某种意义上说，中国问题已经成为世界问题不可或缺的组成部分，但另一方面，我们也在警惕中国问题"中国性"的消失，进而强调聚焦本土和回归传统。正因为如此，面对20世纪西方文论对中国问题的理解和阐释，中国学者关心的问题是：面对西学新潮的涌入，当代中国文论如何规避全球化风险和地方性陷阱的双重困境？如何处理20世纪西方文论自身的多元性及相对于中国而言的异质性问题？中国学者如何通过还原、质疑甚至批判20世纪西方文论对中国问题的误读和变形，参与对这些被西方文论阐释过的中国问题的还原、纠偏以及新意义的生成，并反过来深化自己对中国问题的理解和研究？中国思想如何才能真正地走出西方知识的框架？中国学者如何调动中国经验，提出文论中新的中国问题，并逆向影响西方文论的参与和关注？等等。

鉴于中西文论对"西方文论与中国问题"理解的巨大差异，我们有必要从认识论的角度重新审视西方文论是如何理解和阐释中国问题的。因为如果从纯粹的知识论的角度，我们会以我们所理解的本真性的中国问题作为尺度，来衡量西方文论对中国问题的误读和误释；而从认识论的角度，我们则能够从中西关系中对之进行动态把握，一方面兼顾知识论的客观性和真实性尺度，另一方面重点关注认识主体的知识背景和认知需要。只有这样，才能既获得一个相对客观和尽可能全面的对于所要研究的问题和对象的把握，又能尽量避免前见的预设和情感的左右。从大的认识论背景来看，20世纪西方文论对中国问题的理解和阐释是与20世纪的中西方关系密不可分的。整个20世纪，中西方关系经历了从殖民主义到后殖民主义的发展变化，目前正在试图走出后殖民主义，推进以世界主义为代表的新的中西方关系的可能性。在西方的先发内生性现代化与中国的后发外生性现代化之间的巨大落差中，西方文论对中国问题的认识确实是带有基于强势地位的文化优越性状态的，但同时，出于对西方文化自身反思的需要，西方文论学者也会主动选择异质性的文化因素作为自我批判和反思的参照。因此，我们有必要通过知识背景、问题意识、对象选择以及工具方法等西方文论知识生产过程的梳理来建立20世纪西方文论阐释中国问题的几种研究范式。

二、作为"异国情调"的中国问题

西方的殖民主义历史是从15世纪末期开始的。随着地理大发现、航海技术的发展，欧洲的商业和贸易中心逐渐从地中海转向大西洋，以葡萄牙、西班牙、荷兰、法国、英国等为代表的西方国家，开始了其全球的殖民扩张活动。到了19世纪中期，欧洲国家征服新殖民地的活动基本停止，取而代之的是向海外殖民地移民。直到20世纪的"一战"和"二战"，西方发达资本主义国家基本完成了对亚、非、拉的势力范围的划分和殖民统治的建立。从文化上看，殖民主义的目标是非常清晰的，即如马克思所说的，"英国在印度要完成双重的使命：一个是破坏的使命，即消灭旧的亚洲式的社会；另一个是重建的使命，即在亚洲为西方式的社会奠定物质基础"①。殖民主义的统治目标需要相应的学术思想为之服务。人类学便是在这一背景下诞生的。马林诺夫斯基的功能学派适应了英国殖民统治的需要，从而获得了英国政府的支持；同样，本尼迪克特的《菊与刀》也是为了让美国政府更好地理解日本文化和日本国民性格，完成美国对日本的战后统治。

在殖民主义的语境中，"异国情调"（exotisme）成为18世纪以来欧洲流行的词汇，并逐渐发展出一种西方看待和处理非西方文化的研究范式，我们可以将之命名为异国情调研究范式。异国情调，意谓一种对于异域文明、异国风光、异族风情的惊艳、欣赏和想象。这种审美追求伴随着西方殖民主义的扩张而发展成为殖民文学的重要特点，也成为以人类学为代表的西方人文学术在对待非西方的异域文化时的研究范式。伴随着西方发达资本主义国家对非洲、亚洲、美洲等国家和地区的军事、政治和经济手段的占领和奴役，异国情调也在文学艺术和价值观念上逐步被建构起来。原始的、野蛮的、未开化的殖民地形象坚定了西方推销民主、自由、平等、博爱价值体系的信心，并形成西方现代／东方传统、西方先进／东方落后等等二元对立思维。这些基本的态度和观念渗透在西方人文学术的方方面面。我们不能说，身处殖民主义时期的20世纪西方文论思想家都具有殖民主义的思想倾向，但是在殖民主义时期被不断强化的异国情调研究范式却如影随形地发生着影响，而且随着殖民主义时期的结束，异国情调研究范式也并未彻底消失，而是继续发挥着它的作用。因此，我们不能简单将异国情调与殖民主义画等号，这是我们在研究时特别需要注意甄别的。

具体而言，作为"异国情调"的中国问题研究具有如下几个显著特点。

第一，基于陌生的文化震惊。不少文论家在正式接触中国文化之前，对中国文化的了解是基本陌生的。他们大多只是通过器物（如世博会上的中

---

① 《马克思恩格斯选集》第1卷，人民出版社2012年版，第857页。

国展品、日常生活中来自中国的奢侈品等)、二手文献(汉学家对中国经典的翻译和介绍)以及与旅居西方的华人的交往等来感知中国。本雅明在为其《拱廊计划》所做的准备中,不乏大量涉及中国因素的笔记。在他从海量而驳杂的书籍文献中所做的摘抄中,涵盖了中国的书画、文学、娱乐、器物、生活方式等方方面面的素材。通过这些貌似零星的、关联度不大的材料,本雅明建构了属于自己的对于中国的认知。① 如果要概括本雅明通过这些二手文献来理解和阐释中国问题的方式的话,下面这段摘抄是具有代表性的。在《拱廊计划》中,本雅明摘抄了朱利叶斯·莱辛的《这半个世纪的世博会》(*Das halbe Jahrhundert der Weltausstellungen*)中对 1862 年伦敦世博会盛况的描写,其中写道:"本届世博会还有一些值得注意的成果……最大的惊奇……来自中国。直到现在为止,欧洲还没有见过中国艺术,除了……在市场上出售的普通瓷器。但是现在,中英战争已经发生……作为惩罚,圆明园已被夷为平地。"② 首先是对中国器物文化的震惊和艳羡,认为"最大的惊奇……来自中国";其次是坦诚西方对中国的无知,认为除了普通瓷器,"直到现在为止,欧洲还没有见过中国艺术";再次是殖民主义的立场,将火烧圆明园视为中英战争中对中国的惩罚。因此,只有部分学者,如瑞恰兹、燕卜荪等曾一度长期生活和工作在中国,才可能获得对中国历史文化和社会现实的真切感受,并真正克服和超越异国情调研究范式,形成新的研究特点。

　　第二,基于偏见的刻板印象。"刻板印象"(stereotype)意指"常以高度简单化和概括化的符号对特殊群体与人群所做的社会分类,或隐或显地体现着一系列关乎其行为、个性及历史的价值、判断与假定"。③ 这个概念的首创者是新闻评论家李普曼(Warlt Lippmann)。他在《公众舆论》中尖锐地指

---

① 参见曾军:《拱廊"星丛"中的中国》,《中国图书评论》2015 年第 5 期。
② Benjamin Walter, *The arcades project*, translated by Howard Eiland and Kevin McLaughlin, Harvard University Press, 2000, p.187.
③ 〔美〕约翰·费斯克等编,李彬译注:《关键概念:传播与文化研究辞典》,新华出版社 2004 年版,第 273 页。

出:"多数情况下我们并不是先理解后定义,而是先定义后理解。置身于庞杂喧闹的外部世界,我们一眼就能认出早已为我们定义好的自己的文化,而我们也倾向于按照我们的文化所给定的、我们所熟悉的方式去理解。"①因此,刻板印象揭示的其实是人类文化行为方式中某种深藏于文化无意识的心理机制,它在人类的日常生活、社会交往、信息传播等方方面面都有体现。在中西文化交流过程中,这种刻板印象的认识机制同样存在,尤其是在与异质文化交流碰撞的初期,表现得尤为明显。从心理机制来看,刻板印象的形成与认识主体对认识对象的首次接触、陌生隔膜有着紧密关系。正因为首次接触,认识主体便会调动自己此前所形成的对认识对象的前见或者与认识对象相似的对象的印象,通过想象的方式来填补认识空缺。因此,当西方文论家初次接触中国问题时带着刻板印象进行思考,出现各种误读等等是必然而且是正常的。

我们重点要关心的是,西方文论在对中国问题的阐释中,是否存在基于偏见的刻板印象。②从这个角度来看,既有的西方世界形成的中国形象成为20世纪西方文论中中国问题的"文化无意识"。如对中国形成的东方专制主义、亚细亚生产方式等概括,贯穿在许多学者的思想之中。卡夫卡的《中国长城建造时》就是一则以长城建造作为寓言来想象东方专制主义体系运作的小说,这部小说先后被本雅明、德勒兹、斯皮瓦克等人反复评论;魏特夫的《东方专制主义》更是流传甚广。但这一切都是建立在从古希腊到孟德斯鸠以来西方形成的对于中国的刻板印象基础之上的。苏珊·桑塔格的《中国旅行计划》以蒙太奇的手法,将各种有关中国的印象、想象、影像的碎片拼接在一起,非常形象地传达出西方学者面对中国时的心态。值得注意的是,

---

① 〔美〕李普曼著,阎克文、江红译:《公众舆论》,上海人民出版社2006年版,第63页。
② "偏见"和"刻板印象"是不同性质和不同程度的认识。刻板印象是对认识过程中出现的不可避免的片面性和前理解特征的中性化的描述,而偏见则是强调在这些片面认识中带有强烈的主观情感和价值判断,尤其是负面评价。在李普曼《公众舆论》的中译本中,"stereotype"一词被翻译成了"成见",明显强化了这种负面情感和价值取向,因此并不准确。参见〔美〕李普曼著,阎克文、江红译:《公众舆论》,上海人民出版社2006年版。

刻板印象会随着对异质文化的深入接触而逐步得到修正。因此,"中国之行"往往成为纠正刻板印象的分水岭。1974年,《原样》杂志代表团来到中国,参观了处于"批林批孔"时期的"文革"中国。回国之后,无论是索莱尔斯,还是罗兰·巴特,抑或克里斯蒂娃,对中国的印象和认识都发生了不同程度的巨大变化。由此,他们动身之前和中国行之后所写的有关中国问题的文字,成为我们进一步分析西方文论家的心路历程和学术思想的重要文本。

第三,基于差异的发现东方。"异"在异国情调的范式中是最为显著的特征,也是西方学者在中国问题的发现中最容易也是最主动的选择。异是研究的起点,以之为基础形成了两个层次的研究。其一是停留在异的表面和异的识别,通过发现东方之异,进而增强对自我文化优越性的肯定性判断。其二是将异作为自反性思考的起点,发现东方之异恰恰暴露或弥补了自我文化的不足,从而获得修正、发展和完善自我文化的动力和方向。在基于异国情调的发现东方模式中,更多的属于第一个层次的异。在《文学、通俗文化与社会》一书中,洛文塔尔分析了通俗文学中的异国情调现象。在他看来,"感觉和情绪上的细微差别为那些缺乏想象力的角色和情景增添了吸引力,这些角色和情景支配了这个时代的通俗作品。异国情调则提供了另一种方法"。洛文塔尔将那些经由远东和英国的贸易所带来的对于英国社会生活的影响称之为"最为狂热的时尚",它们包括"音乐、布料、服饰风格、家具、建筑、园艺和绘画",这里既有唾手可得的黄金,还有被美化了的"东方智慧",似乎为了满足大众对于新奇性和多样性的贪得无厌就只能求助于中国时尚。①

三、成为"东方主义"的中国问题

后殖民主义是20世纪70年代兴起的学术思潮,作为西方学术内部的反

---

① 〔德〕利奥·洛文塔尔著,甘锋译:《文学、通俗文化和社会》,中国人民大学出版社2012年版,第120—122页。

对派，具有强烈的政治性和文化批判色彩。后殖民主义的总体思想倾向是强调文化差异，依仗福柯的话语权力理论，批判欧洲中心主义的主导性叙述，试图运用复杂的语言和修辞策略来解构诸如文明/野蛮、理性/非理性、先进/落后等一系列的二元对立，试图"再现东方"，改变"东方是非理性的、堕落的、幼稚的、不同的；因为西方是理性的、道德的、'正常的'"（萨义德）的宰制性的叙述架构。他们强调民族国家的地方性及其抵抗性，关注于对少数族裔在移民、离散及全球化过程中的文化身份认同问题的探讨。因此，后殖民主义的东方主义研究范式成为西方知识界内在的反思性力量。正如德里克所说，"欧美人眼中的亚洲形象是如何逐渐成为亚洲人自己眼中的亚洲形象的一部分的"①，后殖民主义为第三世界文化带来了批判性的眼光，用以抵抗和批判西方世界。

值得注意的是，正是在后殖民主义的东方主义范式中，出现了将中国作为主要研究对象的西方文论家。严格来讲，比较有影响的20世纪西方文论家绝大多数只是在不同程度上接触和关心过中国，并没有将中国作为其最主要的研究对象，更没有成为"中国问题研究专家"的意愿。因此，这就不难理解，为什么只有等后殖民主义文化理论出现之后，才会有德里克、洪美恩等以作为第三世界的中国为研究对象的研究了。后殖民主义理论家彼此之间的差异是非常之大的。萨义德作为巴勒斯坦人，霍米·巴巴作为印度裔学者，相继在第一世界主流学术中发声；而查特吉尽管有美国的受教育经历，但其主要的学术活动仍在印度本国内进行。以中国作为主要研究对象的后殖民主义理论家德里克出生于土耳其，但接受的是美式教育，其对中国革命和历史的兴趣完全来自于20世纪60年代风云际变的文化浪潮的影响。洪美恩则是一个出生在印度尼西亚，不会讲中文，但有一些华人血统的学者，她的《论不说汉语》正是出于这种边缘、离散的族裔文化认同的思考。因此，虽

---

① 〔美〕阿里夫·德里克著，王宁等译：《后革命氛围》，中国社会科学出版社1999年版，第281—282页。

然同是后殖民主义的理论家,德里克以"外国人"的立场来研究中国,而洪美恩则以"杂种人"(文化混杂)的立场来消解"中国性"。20世纪80年代之后,詹明信多次来到中国,不仅到中国讲学著书,而且还广收门徒,在向中国传播西方文论的同时,也将中国经验作为阐释对象,发展出"第三世界国家的民族寓言"这一后殖民主义理论,并深刻地影响了中国的后殖民文艺批评。

具体而言,成为"东方主义"的中国问题研究范式具有如下几个特点。

第一,基于本土文化的再现东方。这主要由一批具有第三世界文化身份的学者,在第一世界主流学术话语中展开对西方中心的批判。正如萨义德所说的,"东方几乎是被欧洲人凭空创造出来的地方,自古以来就代表着罗曼司、异国情调、美丽的风景、难忘的回忆、非凡的经历",因此,所谓"东方学"并非东方的真实状况的研究,而是"一种根据东方在欧洲西方经验中的位置而处理、协调东方的方式"。"东方学作为一种话语方式在文化甚至意识形态的层面对此组成部分进行表述和表达,其在学术机制、词汇、意象、正统信念甚至殖民体制和殖民风格等方面都有着深厚的基础。"因此,萨义德的东方学就不再是"殖民主义式的基于异国情调式的发现东方",而是将这一殖民主义式的发现东方的模式命名为"东方学",并"将东方学视为西方用以控制、重建和君临东方的一种方式"予以尖锐地批判。① 那么,萨义德批判西方东方学的立足点是什么?一方面,萨义德坦言,这一研究与自己童年时期两个英国殖民地所获得的"东方人"意识有关,另一方面,又与其在美国所接受的西方式教育密不可分。因此,萨义德对西方东方学的批判不是纯粹来自非西方世界的外在性批判,也不是纯粹来自西方世界内部的自反性批判,萨义德东方学的本质其实是具有外在性的异质性因素的内在性批判。从其学术思想理路来说,仍属西方学术内部。还有一点特别重要,萨义

---

① 〔美〕爱德华·W. 萨义德著,王宇根译:《东方学》,生活·读书·新知三联书店1999年版,第1—4页。

德的东方学并非真正包括中国,中国在萨义德那里被推到远东的位置。因此,简单套用萨义德的"东西"到中国与欧美的"中西"之上,也存在区域性的混淆与错位问题。从这个意义上说,当中国学者借鉴后殖民主义理论展开研究时,不得不面临理论立场上的错位:当我们占据后殖民主义立场对西方的东方主义展开批判时,也就意味着自己已经不自觉地进入到了西方学术思想内部,就已经"被殖民"了。

第二,基于文化抵抗的地方主义。二元对立是殖民主义到后殖民主义共享的思维方式,只不过后殖民主义是对殖民主义二元对立结构的一次颠倒。如詹姆斯·克利福德所说的,"如果像赛义德说的那样,东方主义有一个结构,那么这个结构往往把人的连续存在二分为我们—他们的对立,使分出来的'他者'本质化"[1]。即如萨义德自己所说,"东方学是一种思维方式,在大部分时间里,'the Orient'(东方)是与'the Occident'(西方)相对而言的,东方学的思维方式即以二者之间的这一本体论和认识论意义上的区分为基础"[2]。相对于西方而言,东方属于典型的"地方性知识",而非西方式的"普适性的、全球化的、世界性的"知识,因此,东方处于"他者"位置,与"落后、神秘、野蛮、有待征服"等属性有关。一旦萨义德站在东方这一位置来反思西方的东方学,即自觉进入了用地方性对抗全球性、用特殊性对抗普遍性、用差异性对抗共同性、用东方性对抗西方性的思维框架。这也就是为什么真正的非西方的如印度、中国以及马来西亚等地的"东方知识分子"在接受了萨义德的后殖民理论之后,能够很容易地将之转化为外部的、现实的、具有实践性的抵抗性理论的原因。

第三,形成了几套具有可复制性的研究套路。严格来说,处于后殖民氛围中的西方文论对中国问题的阐释并不完全一致。因为不同的理论家的个

---

[1] 〔美〕詹姆斯·克利福德:《论东方主义》,罗钢、刘象愚主编:《后殖民主义文化理论》,中国社会科学出版社1999年版,第24页。

[2] 〔美〕爱德华·W. 萨义德著,王宇根译:《东方学》,生活·读书·新知三联书店1999年版,第3—4页。

人经历、学术背景以及问题意识的差异,到目前为止至少形成了三种比较有影响的研究套路。它们分别是詹明信的"第三世界民族寓言"理论,洪美恩的辨析文化身份认同悖论的"混杂性"与"论不说汉语",以及以德里克的"后革命氛围"为代表的左翼后殖民的文化失望论。其中最具代表性的,也是影响最大的当属詹明信的"第三世界民族寓言"理论。① 詹明信对这一理论有几个非常重要的限定。其一,詹明信讨论的问题是"世界文学中的第三世界文学"问题,认为"任何世界文学的概念都必须特别注重第三世界文学"。但这个"第三世界文学"并非一个总体理论,而是一个临时性的命名,"旨在建议研究的具体观点和向受第一世界文化的价值观和偏见影响的人们转达那些明显被忽略了的文学的利害关系和价值"。他甚至非常决然地说,"所有第三世界的文化都不能被看作是人类学所称的独立或自主的文化",而是一种"同第一世界文化帝国主义进行的生死搏斗之中"的文化。其二,作为单个的"第三世界文学文本",作家的个性和人物的命运都与其民族国家的特点形成一种讽喻性的政治关联。即如詹明信所说的,"关于个人命运的故事包含着第三世界的大众文化和社会受到冲击的寓言","阿Q是寓言式的中国本身"。其三,第三世界的作家具有鲜明的政治性。"在第三世界的情况下,知识分子永远是政治知识分子。"上述三个方面,是已经被中国学界广为接受的"第三世界民族寓言"的基本要义,也提供了一整套可复制可推广的批评程序。但是,有一点我们往往忽视了,那就是詹明信本人作为第一

---

① 值得特别注意的是,"民族寓言"的原文是"national allegory",而非"national fable"。"fable"更多强调的是具有文体意义的言此意彼的寓言故事,而"allegory"的涵义更侧重于具有修辞学意义的某种"讽喻性的"意义结构。因此,"allegory"虽然在很多时候也可译为"寓言",但在意义上应该强调是具有讽喻性的寓意,而不是纯粹的寓言故事。如被征引最广的那句话:"所有第三世界的本文均带有寓言性和特殊性:我们应该把这些文本当做民族寓言来阅读",原文是"All third-world texts are necessarily, I want to argue, allegorical, and in a very specific way: they are to be read as what I will call *national allegories*"。见 Fredric Jameson, Third-world Literature in the Era of Multinational Capitalism, *Social Text*, No. 15(Autumn, 1986), pp. 65-88。因此,也有学者主张说,准确的译法应该是"民族讽喻"。相关讨论参见姚新勇:《"第三世界文学":"寓言"抑或"讽喻"——杰姆逊"第三世界文学理论"的中国错译及其影响》,《南方文坛》2013年第6期。

世界知识分子的位置及其理论立场。詹明信不会简单站在第三世界知识分子的立场上来攻击和批判第一世界。如他自己所言，鉴于"第三世界知识分子都是政治知识分子"，而我们第一世界中"'知识分子'一词已经丧失了其意义"，那么，"我们的基本政治任务之一就是不停地提醒美国公众，别的民族情况十分不同于美国"。"我们自以为世界主宰的美国人正处在与奴隶主相同的位置上。我们所形成的上层奴隶主的观点是我们认识上的残缺，是把所观物缩减到分裂的主体活动的一堆幻象。"① 很显然，詹明信所强调的"第三世界民族寓言"正是试图破除西方的东方主义，让西方知识界意识到以前所形成的对于东方的刻板印象其实是有残缺的认识和碎片化的幻象。

四、谋求"多元共生"的中国问题

从 20 世纪西方文论对中国问题的阐释来看，尽管 20 世纪东西方关系整体处于从殖民主义到后殖民主义的历史时期，中国也曾身处半殖民地半封建社会的泥潭，并经历了从旧民主主义革命到新民主主义革命再到社会主义革命和建设的阶段，从救亡图存到中华民族的伟大复兴，国际政治秩序的调整始终都未曾真正跳出第一世界/第三世界、资本主义/社会主义、全球化/地方性、全球主义/民族主义的二元思维的陷阱。但是在人文学术中，在文论、美学思想的发展中，我们却可以清晰地看到对此的不懈批判和不断超越。殖民主义的特点是通过异国情调的发现建立自身的文化优越感；后殖民主义则通过东方主义批判西方对东方的想象和建构，着力探讨文化混杂状态中的身份认同问题。但在 20 世纪西方文论中并非所有的研究都能简单套用在殖民主义或后殖民主义这两项帽子上的。

20 世纪之初，已经在中国游历多年的谢阁兰重新阐释"异域情调"论，并赋予其"多异美学"的全新理解。"divers"作为形容词时意为"多样、差

---

① 〔美〕詹明信著，张旭东编，陈清侨等译：《晚期资本主义的文化逻辑：詹明信批评理论文选》，生活·读书·新知三联书店 1997 年版，第 521—545 页。

别、不同",但谢阁兰将之大写,并名词化为"Divers"——"我用'Divers'一词称呼迄今为止所有被唤作异域的、异常的、意外的、令人惊异的、神秘的、爱恋的、超人的、英雄的乃至神圣的,总之所有的'他性';也就是说,让上述每一词中含有的本质的'Divers'得到彰显"。由此,他将异域情调论发展成为多异美学,超越了以前的殖民主义阶段,转而成为对殖民主义的批判和反思:"我对世界'多异'的感受力以及从中得到的美的享受令我恨所有那些试图消减'多异'的人(无论是思想上还是形式上),或者用令人生厌的论述拒绝这种美的人。"[①] 很显然,谢阁兰的多异美学与早期殖民主义的基于表现上的差异和文化震惊的发现东方是不太一样的。同样,东方主义范式在其理论发展过程中,也在不断强化被凝视的第三世界文化的主体地位,不断破除西方文化内部的"一"的幻象,逐步确立了多元主义的学术立场。进入20世纪末尤其是21世纪以来,世界多样性、文化多样化、和而不同、多元共生的立场和态度获得了进一步的发展。虽然文化多元主义背后仍有着全球主义("全球化即西方化即美国化")的文化逻辑,但它毕竟放弃了公然的西方文化优越感和对第三世界、弱势文化的好奇和轻蔑,并摆出了平等对话的姿态,从而也为作为第三世界的正在寻求民族复兴的中国文化提供了谋求多元共生的机会和可能。

近年来,在西方人文学术领域多元共生的研究范式获得了明显的发展。如"共通体"(community)研究,指一种当下正在发生的、悬置当前的强弱结构的新的共同体。它既肯定共同体内在的多样性,又强调各部分之间的有机联系。再比如"世界主义"(cosmopolianism)研究,认为全人类都属于同一精神共同体,注重国家与国家之间、民族与民族之间的包容与共存。"承认不同文化的人群之间的差异、承认未来道路的差异、承认人性的差异、承认目标的差异、承认理性的差异"[②] 成为世界主义的宣言和口号。又

---

① 〔法〕谢阁兰著,黄蓓译:《画&异域情调论》,上海书店出版社2010年版,第248—310页。
② 〔德〕乌尔里希·贝克、埃德加·格兰德著,章国锋译:《世界主义的欧洲:第二次现代性的社会与政治》,华东师范大学出版社2008年版,第15—22页。

比如"全球史"(global history)研究,西方史学已经和正在经历从"普遍史"(universal history)到"世界史"(world history)再到"全球史"的重大演变。全球史冲破了将"强国历史"和国别史如马赛克般拼贴为世界历史的研究模式,按照文明史发展的进程,将世界作为一个有机联系的整体进行分析。近年来颇有影响的刘禾主编的《世界秩序与文明等级:全球史研究的新路径》(生活·读书·新知三联书店2016年版)即是这方面的代表性的著作。"世界文学"的书写也正在被重写,克服此前将本国文学史排除在外的"外国文学"和简单叠加的"国别文学"研究范式。如卡萨诺瓦的《文学世界共和国》所说,"这一文学世界共和国模式与被称作世界化(或'全球化')的平静模式是相反的。就像我们将要讲到的那样,文学的历史(像经济的历史那样)是和文学的斗争史相反的,因为后者是想以文学为资本,通过否认、宣言、强力、特定革命、侵吞、文学运动等方式,最终形成世界文学"①。多元共生是文化多元主义与和而不同思想的有机结合,它反对单一文化主导的文化霸权,在承认文化区隔的同时,把文化理解成不断演变的有机体。各民族文化都非静止不动的死水,更非内在僵化的铁板一块。殖民主义与后殖民主义有一个共同的问题,那就是把西方与东方作为静止的文化范式对立起来,强调一方对另一方的入侵与对抗。而从多元共生的视角来看,西方、东方内部自身就是分化和多元的,更重要的是,不同文化具有不断演变和融合的倾向,持续地受到文化间的对话与交流的影响。

概括而言,西方文论谋求在"多元共生"范式下对中国问题的阐释具有如下几个特点。

第一,中国作为方法。这是弗朗索瓦·于连的中国研究所欲达到的目标。他不满足于做一个成功的汉学家,而是希望"经由中国,从外部反思欧洲",成为一个欧洲的哲学家。于连明确反对异国情调的研究方法。他认为,

---

① 〔法〕卡萨诺瓦著,罗国祥、陈新丽、赵妮译:《文学世界共和国》,北京大学出版社2015年版,第7页。

"因为异国情调只是种族优越感的反面：后者投射原则的普遍性，将其世界观强加给世界其他地方；前者施展差别的魅力"。他为自己确立的方法论是"汉学作为方法"，即不是将中国作为研究对象和理论目标，而是借助中国与自己拉开距离，"用于从外部反思"，并使"它成为一种理论工具（汉学从目标变成了方法）"。为什么会选择中国，是因为"从严格意义上讲，惟一拥有不同于欧洲文明的'异域'，只有中国"。[①]

第二，中国作为资源。在许多西方文论家那里，完整、全面、深刻地认识和了解中国并非其真正的目的，但是从中国传统文化中寻找到西方所没有的"中国思维""中国符号"和"中国艺术"恰恰为创新和发展西方文论提供了重要的理论资源。如汉字之所以成为法国理论密切关注的问题，是因为西方深受语音中心主义的困扰；中国书画中书法得到异乎寻常的重视也说明书法的抽象性、姿势性、符号性满足了西方理论家的阐释欲望；博大精深的中国传统文化中最受关注的恰恰是阴—阳、中庸这类既破除二元对立、又充满饱满意义张力的理论。瑞恰兹对中庸思想的发掘、克里斯蒂娃所受阴—阳思维的启发、海德格尔展开与老庄"道"的对话等等。

第三，中国作为主义。20世纪的西方思想界经历了"红色的三十年代"，到了"六十年代"再度出现了左翼激进思想的热潮。欧美左翼学者的革命理想不仅不断得到强化，而且欧美左翼学者们还从"实践论""矛盾论"中获得哲学灵感，阿尔都塞的"多元决定"论即受这一思想的启发，等等。

谋求多元共生的中国问题的研究范式为20世纪西方文论对中国问题的阐释带来了全新的视角，敞开了重新定位中国问题以及与西方学界展开交流与对话的可能性。然而，由于多元共生思想背景本身所具有的阐释张力及空间，在使用这一研究范式时还需要特别注意一些可能存在的问题：（1）如何规避文化多元主义可能带来的文化相对主义和文化虚无主义；（2）目前对多

[①] 〔法〕弗朗索瓦·于连、狄艾里·马尔塞斯著，张放译：《〈经由中国〉从外部反思欧洲——远西对话》，大象出版社2005年版，第168—200页。

元共生的学术研究还处于生长过程之中，还没有形成一套稳定的知识范型；（3）如何将之确定为新的文化立场和方法，并用以展开对殖民主义和后殖民主义研究范型下的"20世纪西方文论中的中国问题"的批判性反思，还有许多工作要做。由于多元共生的研究范型目前还处于生成阶段，还没有完全清理掉已有的异国情调和东方主义的学术影响，因此，多元共生的研究范式多少还带有理想性的研究范式味道。但是，作为一种学术努力的方向，多元共生正在成为越来越多的学者日渐明晰的学术立场和态度。当代中国文论话语体系的建设既不能仅仅满足于提供给西方学者以异国情调猎奇感的古代美学和思想，也不能停留在对西方文论曲解和误读中国问题的东方主义的批判上，更重要的是在多元共生的文化理想中，在交往对话和思想碰撞中建构当代中国文论话语体系的新形态。

(《学术研究》2016年第10期）

强制阐释论与中国文艺理论建构

杨 杰[*]

强制阐释论的提出不仅是针对西方文论自身的局限性，其实质出发点与目的也是对当代中国的文艺理论建设问题的关切与反思。在西方文论带来的貌似空前的喧嚣、热闹的深层却是自我主体意识的不在场与他者的强势上位，强制阐释论的提出将反思问题的探讨推向深入。我们认为，这不仅是西方文论发展过程中表现出的局限，同时也是西方文论对中国文论构建过程中的无视中国文艺具体现状、背离中国基本国情的强制阐释。我们必须正视这样的一个事实：西方文论所带来的貌似繁荣景象之下并不能有效地推进中国文论自身建设，无论是理论体系还是概念、范畴，几乎没有自己的话语，他者化、异质化的现象严重，自我建构意识淡薄，本土化内容缺失——这些同样是西方文论对中国文论的强制阐释的结果，不能不引起我们的重视和反思。近期提出的强制阐释论无疑再次向我们敲响了警钟，激发我们进一步思考诸如如何以科学的态度与方法审视新时期以来西方文论对我国文艺理论发展的积极推进作用，在西学东渐过程中我国文艺学存在的新教条主义等诸多不足，以及如何科学辨析、准确把握西方文论与马克思主义文论、中国传统文论诸因素在共同构建当代中国文艺理论过程中的辩证关系等问题。这些既

---

[*] 作者简介 杨杰，中国传媒大学艺术研究院教授。

是对新时期这一具有承上启下的里程碑式历史阶段的必要回顾、梳理与反思，同时，更是立足中国当下现实，在充分剖析既往的经验与教训基础上通过综合创新以确立既与时代精神相一致、与中国社会历史状况相吻合，又能够借以应答文艺活动中出现的各种现实问题的中国当代形态的文艺理论体系，并以此作为继往开来健康发展的新起点，这是历史赋予我们理论研究的任务。

一、强制阐释论的提出

自新时期以来，我国的文艺理论获得了长足的发展，其中，马克思主义文艺理论、中国传统诗学与西方文论共同汇集到构建当代形态的中国文艺理论的进程中，做出了各自应有的贡献，值得肯定。尤其是20世纪的80年代中期"解放思想，实事求是"方针的确立，以及"实践是检验真理的唯一标准"的大讨论，扭转了整个中国社会的思想观念，打破了长期禁锢人们思想解放的坚冰，人们以高扬的热情、开放的心态、活跃的思维投身到新时期文艺理论的构建中，一方面反思"文革"极左思想路线对文艺领域造成的巨大负面影响，一方面又如五四时期寻求救国救民的真理一样满怀对新思想、新观念、新知识、新方法的渴望与憧憬，将求知的目光转向西方，以求他山之石来攻中国之玉，"方法论年"与"观念年"的相继到来恰恰是其形象的写照。在西方历时近百年的各种哲学思潮、文艺理论、美学思想一时间纷纷漂洋过海而登上中国的理论舞台，文艺学研究的"百花齐放、百家争鸣"的局面初步形成，这为中国的文艺理论界平添了一道独特的绚烂多姿的风景线。

就文艺理论自身发展的规律而言，一种理论若要生存与发展，必然要具备与时俱进的理论品格，否则一定会被历史无情抛弃。因此，新时期以来的中国文艺理论研究也面临与时俱进的问题。这里所讲的理论的与时俱进的理论品格有两个方面的含义。一是指某种理论的发展必须遵循"分化—综合"的自然辩证法，即由依附状态走向分化而获得独立，从而尽快丰富自身的本质特性；在分化的同时又在不断地实现综合，使自身汲取相关领域发展的新理论、新成果养分以充实、提升自己。二是指理论应该紧扣时代发展的节奏，及时应对与解答现实社会中出现的各种新问题。改革开放的中国是不同于其他任何国家与其他历史时期的，面对日新月异的世界，面对信息化时代，面对地球村的文化密集交流，不仅东西文化在碰撞，古今文化也在交汇，过去已有的观念与理论在现实社会面前表现出从未有过的无奈与乏力，尤其是新世纪以来伴随经济全球化步伐的急剧加快和我国成功加入WTO，西方文化的大量涌入对我国文化构成强有力的挑战，现代信息时代、传媒时代的多元化并置格局的文艺实践也向理论提出新问题。以上两种原因成为新时期西方文论在中国广泛译介的必然选择。

但在肯定西方文论带来的积极作用的同时，我们也不能忽视存在的问题，那就是置中国国情与文艺活动实际于不顾，机械而教条地将西方文论移植到中国而强势取代中国文论的自身建设的倾向，而且这种强制阐释错误的倾向有着愈演愈烈的态势，这与我们所期望倡导的构建21世纪中国的马克思主义文艺理论的伟大目标产生较大偏差，甚至有的呈现出渐行渐远的态势，这不能不使人焦虑：问题究竟出在哪里？

张江经过长期而深入的思考，凸显了方法论意识与问题化意识，针对西方文论提出了强制阐释论的观点。他认为，西方文论之所以在中国广泛传播却并未解决我们文论的建设问题的根本原因在于其自身的弊端——强制阐释。"各种生发于文学场外的理论或科学原理纷纷被调入文学阐释话语中，或以前置的立场裁定文本意义和价值，或以非逻辑论证和反序认识的方式强行阐释经典文本，或以词语贴附和硬性镶嵌的方式重构文本，它们从根本上抹杀了文学理论及批评的本体特征，引导文论偏离了文学。"[①] 一石激起千层浪，此论立即引起国内学界的高度重视，有的学者进一步揭示了西方文论的局限性，有的提出"构建21世纪中国的马克思主义文艺学"的观点，有的

---

① 张江：《强制阐释论》，《文学评论》2014年第6期。

就强制阐释论中某些具体问题进行了深入探讨。总之,尽管强制阐释论从其理论本身而言可能存在这样或那样的需要进一步完善的空间,但是,近年西方文论在中国的传播与运用的状况确实存在问题,无论是给当代中国的文艺创作还是文艺理论研究都留下深深的印记,甚至使我们的思维方式也发生偏移。因此,强制阐释论是一个具有极高理论价值和现实意义的命题,值得引起我们关注与深入思考。

其实,不仅张江意识到问题的严重性,国内许多学者也从不同方面深刻指出了当下中国文论发展中存在的问题,这些问题尽管具体呈现的面貌各异,但其深层的实质却有着惊人的一致性——那就是诸如强制阐释之类的科学方法论的欠缺。这种科学方法论的缺失首先表现为对待西方文论膜拜的态度,这是新教条主义的典型表现,正如有学者一针见血概括的:"新时期文艺思潮中的教条主义,则是以西方现代主义美学和文艺学的条文作为坚持'纯学术'研究立场的最高境界。那种用从西方搬来的'半生不熟甚至连自己也不懂'的概念和方法,在中国文坛上所进行的'术语大爆炸'和'方法大爆炸';那种言必谈欧美,死不谈中国;言必谈西方现代主义,死不谈马克思主义为时髦和骄傲的'理论创新'……均可称此类教条主义的表现形式。"[①] 这个概括不能不说是入木三分。其次,表现为对待西方文论具体接受过程的全盘化倾向。当我们回顾20世纪80年代以来的中国文论的发展历程,不难发现,在某种程度上讲,用亦步亦趋描绘中国文论与西方文论的关系再精确不过了,这里的亦步亦趋不仅是指态度上的教条主义,顶礼膜拜西方一切理论学说,视之为金科玉律,奉之为圭臬,言必称西方,唯西方马首是瞻;还包括方法论方面,在引进、译介和运用中的教条主义倾向,忽视当代中国的实际国情而照搬照抄西方的各种理论学说,并以西方文论强制阐释中国文艺现象,强行置换为中国文艺理论,这种态度与做法又是一种新的教条主义倾向,它与构建21世纪中国的马克思主义文艺理论的宗旨可谓南辕北辙。

[①] 马龙潜:《新时期马克思主义文艺理论中国化进程的回顾和反思》,载李志宏、金永兵主编:《站在新的历史起点上:新时期文学理论研究的回顾与反思》,时代文艺出版社2008年版,第267页。

二、西方文论对中国文论的强制阐释

强制阐释现象在我国当代文论发展历程中由来已久，无论是文艺学的教材编纂还是文艺理论研究与文学创作实践都印记鲜明。早在新中国成立初期，苏联模式文论就以强制阐释姿态全面而深刻地影响到新中国成立初期的文艺学理论建构进程，因此，中国文艺发展更多地呈现为模仿甚至照搬、克隆苏联文艺模式的情形，这种局面直到改革开放的新时期才被逐步打破。

由于中国特定的国情和历史决定了中国革命与苏联在诸多方面的紧密关系，两党的密切合作（更准确地说，是苏联"老大哥"的指引）使其在意识形态方面具有高度的一致性，作为这种革命历程产物的文艺也就具有了极大的相似性。自阿芙乐尔号一声炮响，苏维埃政权始终处于暴风骤雨之中，这就使得苏联文艺在苏共领导下遵循了列宁提出的文学党性原则。列宁的《党的组织和党的出版物》为文艺政治性属性提供了理论依据，他说："写作是也应当成为无产阶级总的事业的一部分，成为……一部巨大的社会民主主义机器的'齿轮和螺丝钉'。写作是也应当成为社会民主党有组织的、有计划的、统一的党的工作的一个组成部分。"[①] 列宁明确提出文艺应为无产阶级事业服务，文艺事业要接受共产党的领导，并在党所依据不同形势变化而制定的文艺政策下有组织地开展活动。拉普文学就是典型代表。它在阶级斗争十分激烈的复杂环境中坚定地站在无产阶级立场上，为革命斗争呐喊，但同时，其不足也是明显的：过于强调政治对文艺的干预性，甚至提出"辩证唯物主义的创作方法"这样简单化地将马克思主义哲学移植到文艺活动中的错误观点，庸俗社会学观念、行政命令干预文艺等缺陷也严重制约了文艺的健康发展。

中国的革命历程与苏联有着极大相似性。历史选择了马克思主义与中

---

① 《列宁全集》第1卷，人民出版社1984年版，第379页。

国实际相结合的毛泽东思想成为中国革命的思想武器，而苏联革命的胜利自然成为中国革命的指航灯和典范，中国文艺活动赖以生存的土壤就注定了文艺具有的苏联模式的特征。自20世纪40年代始一直到"文革"结束的几十年间，受当时历史条件的限制和带有浓厚苏俄印记的马克思主义文艺观的影响，中国文艺以及文艺理论与同时代社会历史发展现实密切相连，文艺完全被纳入了执政党政治路线的贯彻和意识形态的建设中，十七年时期文学理论明显地呈现为文艺为政治服务。一言以蔽之，苏联文艺研究模式的机械移植和照搬照抄深刻地影响到当代中国文艺学的发展。

正是由于苏联文艺模式的种种局限性，使得后来接踵而至的、与之互补的西方文论备受青睐，于是，新时期以来的文艺研究由苏联模式转向了西方文论的研究范式。客观上讲，西方文论对中国当代形态的文艺学的建构具有一定的纠偏意义，但同时又矫枉过正地开启西方文论对中国文论的"强制阐释化"的阶段。

西方文论对中国学界的强制阐释的第一阶段是20世纪70年代末80年代初西方文论的主流思潮的移植模式的开启阶段。西方的形式主义文论、精神分析批评、存在主义文论等理论的进入，推动了我国审美主义思潮的转型与主体性的张扬。以形式主义为代表的西方文论的"向内转"转向带动了我国文论的向内转——否定乃至摒弃了被称作苏联模式的"社会—历史"文艺研究范式，转向了语言、结构、修辞等以文本为研究中心和范围的文艺审美化的研究范式，凸显文艺的审美性特征的重要性。

西方文论的传入正好填补了苏联文艺模式相对单一性局限的空白，如万花筒般展现于中国学者眼前，弥补了当时理论资源的匮乏，用如饥似渴形容当时学者们的接受状态并非夸张，冷静而客观的分析自然是奢望。因为至"文革"结束，当时一元化的思想观念与一元化的文艺政策必然导致文艺理论与文艺创作的一元化，这种单一化的格局严重地束缚了人们的思想观念，将人们的思维与活动视野限制于狭小的空间，扼杀文艺活动主体自身的主观能动性，同时，在一定程度上也背离文艺自身的发展规律。一方面，苏联理论范式造成了文艺创作的模式化、程式化和概念化，文艺变成了图解政策的时代传声筒，工具论倾向较明显，在一定程度上存在忽视文艺自身规律，简单化、机械化、教条主义地僵硬理解、运用马克思主义的弊端，将马克思主义哲学不加中介环节转换地直接移植到文艺学研究中，以至于出现了以马克思主义哲学的一般原理代替文艺学具体的现象；另一方面，与现实社会生活的丰富多彩极不相称，文艺创作与文艺理论呈现单一化特点，在一定程度上突出表现为画地为牢式地固守苏联模式为文艺研究的金科玉律而排斥其他理论存在的合理性；在文艺与社会生活的辩证关系研究中表现出重视客观世界而相对忽视主体能动性的偏颇，强调文艺对现实生活的反映而相对忽视文艺对创作主体情感的表现，凸显文艺的社会政治性维度的意识形态功能而相对忽视文艺的审美娱乐作用，关注对文艺与外部社会之间的关系而相对忽视文艺自身规律的研究，张扬文艺的内容因素的决定性地位而相对淡化艺术形式自身的独立性特征，推崇文艺研究的"社会—历史"方法而贬低甚至排斥其他文艺研究的视角与方法，对于文艺主体在文艺创作实践活动中的审美心理机制问题研究就更是划作唯心主义的禁区而退避三舍，等等，都从不同的方面折射出其局限性。不仅如此，这些思想作为当时理论界观察和处理文艺问题的基本理论视角而进入我们自己编写的文艺理论教科书，进而影响到一代又一代的后继者。

　　西方文论的漂洋过海满足了当时学者们干涸的心田对新思想、新观念、新知识、新方法的渴望与憧憬的需求，一时间，在西方历时近百年的各种哲学思潮、文艺理论、美学思想纷纷登上中国的理论舞台，带来了喧嚣与热闹。而当人们恢复平静后便进入理性的反思，一浪高过一浪的西方文论究竟对中国文论的建设贡献了多少？真正属于中国文论自己的文艺理论体系又是什么？问题的症结在哪里？

　　客观上讲，西方文论的文本化转向有效地弥补了苏联研究范式相对忽视文艺审美性方面的不足，纠正了一直流行于文艺学界的诸如别林斯基对文艺本质界定的偏差，肯定了文艺是"实践—精神"——即以审美的方式对世界的把握的特性,由唯物论层面的反映论深化到文艺的审美反映论。苏联研究方式简单地套用哲学层面的反映论,无法进一步阐释文艺与科学、伦理等对世界的反映方式的本质区别,将美直接套用到"人的本质力量对象化"的结论更是失之简单化。而主体性、形象思维等问题的探讨打破"文革"的研究禁区,苏联研究模式过于强调客观世界对文艺的决定性作用而不敢大胆肯定创作主体的能动性,唯恐陷入唯心主义的阵营,至于文艺创作中的形象思维、直觉等文艺心理学研究领域更是被视作神秘主义、唯心主义而成为真空地带,西方存在主义、精神分析批评等理论又恰好打开了这扇神秘的窗户。于是,这一时期的审美主义开启了一条明线,辅以形象思维与直觉、非理性主义、人道主义与人性论等问题的探讨,以及从二重性格组合论、文学主体论到文体革命论等问题的探索。

  本来以审美关系、审美特征作为文艺研究的逻辑起点是正确的,若是能够结合以往的外部研究的某些真理性成果,是可以、也能够实现文艺研究的突破,使我国的文艺学在更高层次上实现跨越式发展的,但是,也如形式主义文论斩断了文艺与世界、文艺与社会历史的密切联系一样,西方审美主义片面化、绝对化的研究方法的弊端导致文艺成为一个孤立的、自闭的存在体,而且,将文艺的审美性特征无限放大而成为厘定文艺全部本质的唯一规定性,实质上走向了与苏联模式一样弊病的片面化,不过是以一种极端攻击另一种极端罢了。同样,主体性问题研究的推进原本可以弥补苏联模式所忽视的审美活动中的主体以及主体的审美创造过程等重要方面和关键环节,因为文艺对客观世界的审美反映是创作主体通过对自身审美心理的反映为中介得以审美建构的,文艺是审美反映与审美建构的辩证统一。但是,西方文论中的主体性理论又将主体性在文艺活动中的地位和作用过度提升,实质又从文艺的客观论滑向了主体论,同样难以正确而全面地揭示文艺的规律。

  西方文论强势涌入的第二个阶段是1990年前后开始的以西方马克思主义文论为核心的移植阶段。这一时期,西方马克思主义文论关注的诸如新马克思主义文论、艺术生产理论、大众文化与文化工业等一些问题被一一移植到中国；此外，文艺理论的各种转向问题——文化转型、语言学转向，以及接受美学、后现代、后理论时代、后殖民主义、新历史主义等理论，也纷纷成为中国文艺学界的主角而各领风骚三五年。仅就艺术生产理论为例，文艺不仅有意识形态属性，同时，还遵循艺术生产的基本规则，由此构成了对文艺本质规定性的完整界定和阐释。艺术生产理论可以应答在市场经济社会的今天，何为文艺存在与发展的基本规律以及如何借助市场经济的有利方面使文艺获得更好的生存条件和发展空间的问题。然而，在实际的接受和应用过程中我们只是片面地看到了文艺的生产性与市场化的一面，过度地强调文艺的诸如收视率、发行量、票房收入等商业价值与经济效益，并以此作为考量文艺创作水平高低甚至文艺生杀大权的尚方宝剑，与此同时却忽视了文艺是不同于一般物质生产的精神活动的本质，忽视了文艺的意识形态属性等社会功能以及艺术家的历史责任等，文艺的商业化、媚俗化倾向的发生也就不难理解了。这种文艺发展的方向与导向是完全背离社会主义文艺题中应有之义的。

三、当代中国文艺理论建构

回顾新时期以来西方文论的传播、移植与运用的现实状况，评价其是非功过必须纳入到当代中国文艺理论体系建构这一整体框架之内去审视，也就是说，西方文论的引入、传播与应用必须服务于我们构建社会主义文艺理论宗旨。

中国的历史与社会现实决定了当代中国文艺学理论有着区别于西方文论的本质特征。作为社会意识形式的文学是由社会生活所决定，其存在与发展的依据只能从所处时代中探寻，文艺理论是文学活动本质规定性的理论阐释与概括，无法脱离所处历史时期的社会意识形态的统领而独立存在。"正确的理论必须结合具体情况并根据现存条件加以阐明和发挥"①，中国化的马

---

① 《马克思恩格斯全集》第27卷，人民出版社1972年版，第433页。

克思主义为思想主导下的意识形态结构体系规定着文艺理论的本质属性,因此,当代中国的文艺理论体系实质就是在中国现代化的历史进程与马克思主义中国化的过程中,不断建构的一个以其所处历史时代的基本精神为灵魂,以当代形态的马克思主义文艺理论为主导的整体结构形态。①由此我国文艺理论体系的基本属性问题也就不难理清了,那就是以中国精神作为社会主义文艺的灵魂,以中华民族的优秀传统文化作为文艺的精神命脉。

今天,包括文艺、文艺理论在内的文化大发展作为实现中华民族伟大复兴的重要组成部分,其历史意义与现实价值都不容忽视,正如习近平在文艺工作座谈会上所深刻指出的,中华民族的伟大复兴与中华文化的繁荣兴盛紧密相连,密切相关,物质力量与精神力量都是不可或缺的因素,因为文化是任何民族存在与发展的内在驱动力和凝聚力,中华文化既能坚守民族的根本,又能做到不断与时俱进,使中华民族保持了坚定的民族自信,维系了共同的情感和价值信仰。文艺是时代前进的号角,是一个时代风貌的形象化写照,具有思想性、艺术性和观赏性相统一的先进文艺作品能够准确反映中国人的审美追求,蕴含当代中国价值观念,体现中华文化精髓,因此,还是一个时代社会风气引领的强劲力量。②这就是我们现阶段文艺创作与文艺理论发展应有的方向。

由此可见,中国的文艺理论的性质是由我们国家的基本国情的性质所决定,这与西方国家的相关理论有着鲜明的意识形态的差异。面对光怪陆离、异彩纷呈的西方文论的强势涌入,我们的文艺理论界更多地表现为如饥似渴的"拿来",理论主体自我的不在场使主体自身的自我独立判断能力显得缺失,表现在我们的理论著述中则是"陈述沦落为转述,概念翻新至多不过是概念搬运","句型的构造结构,凝固于'根据'、'从'、'按照'等一类介词的前置形式状态,而篇章人称中心,毫不隐瞒地供奉给那些使人头晕

---

① 马龙潜:《新时期马克思主义文艺理论中国化进程的回顾和反思》,载李志宏、金永兵主编:《站在新的历史起点上:新时期文学理论研究的回顾与反思》,时代文艺出版社 2008 年版,第 260 页。
② 习近平:《在文艺工作座谈会上的讲话》,《人民日报》2015 年 10 月 15 日,第 2 版。

目眩的'他',或者'他们'",批评者"所言说的并非其自身言说,不过是某种话语的代言人而已"[①];当运用西方文论阐述问题时,也不同程度地表现为生吞活剥的特点,以西方理论阐释中国本土问题难免常常出现格格不入的两张皮的尴尬境地,如果缺少西方文论的中国化转换环节而代之以盲目地置中国国情于不顾的照搬套用,难免产生南辕北辙的结果。这种状况表明西方文论只是以他者的身份外在于中国文论,它不过是一个纯粹的形而上的空洞理论,面对中国社会现实则暴露出苍白无力。正如许多学者所深刻地意识到的,西方文论赖以产生与存在的西方社会现实与中国有着较大的差异性,其文论研究与中国文艺实践也存在相当的距离,因此,如果奉行所谓的以洋为尊、以洋为美、唯洋是从原则,仅仅邯郸学步式地追随在西方文论的后面亦步亦趋,而忽视中国政治、经济、文化等特定历史的具体规定性的现实社会实际,"去中国化"地照搬照抄西方文论,难免失之偏颇,若是仅仅依靠西方价值与标准作为衡量中国文艺优劣的标尺,必然导致出现言必称西方而丧失我们自己话语的局面。一个没有自己声音的国家和民族同样在世界上难以拥有话语权,当我们大谈西方的"对话—交流"理论时,实际情况却是拿什么去与他者对话、交流?

由此可见,我们在批判苏联模式文艺研究中的教条主义的同时又陷入了以西方文论的移植模式来强制阐释中国文论的新的教条主义之中——由以往的驳斥对西方文论谈虎色变的教条主义滑向言必称西方而不谈中国文论的新的教条主义;由反对过去尊奉一元化理论的教条主义滑向现今的将某种西方理论无限放大、以偏概全、奉为金科玉律的新的教条主义,这必将严重影响和制约文艺研究的科学性。

固然,我们的文艺理论建构应以不断地对包括西方文论与中国传统文论在内的各种不同的思想观点和理论范式进行辩证分析和综合,在对中西方的

---

① 王列生:《批评危机:亟待走出的六种缠绕》,《华中师范大学学报(人文社会科学版)》1996年第4期。

整合互补中建构具有中国特色的当代文论形态,在对以往的文艺理论加以辩证否定中探寻一条与人类历史进程、与时代精神相吻合的中国当代文艺理论一以贯之的思想线索,从而建构一个适应中国当今时代社会特点的能够借以回答各种现实问题的理论。但是,很明显的是我们这里所倡导的方法论的综合创新不能离开历史和时代的具体规定性,不能逃避对中国现实社会文艺实践所提出具体问题的回答的责任,更不能缺少坚实的现实生活根基和失去其时代精神统摄和支撑的综合,而是通过对以往的包括西方文论在内的古今中外文艺理论研究成果进行重新审视、辨析、转换、吸收和借鉴,以从中提炼出能够借以回答所研究问题的理论观点。文艺理论研究的综合创新是对其理论研究途径和方法的重新选择,是通过建设一种新的中国文艺理论当代形态的理论体系框架结构得以实现的。迷恋西方文论并以强制阐释的方式脱离中国社会现实而以此改变中国文论的基本性质,置换其应有的中国元素,则是无助于中国文论话语建构的。

(《学术研究》2016 年第 10 期)

文学场与文学的在场

孙士聪[*]

一、问题的提出

在20世纪文学理论多元发展背景下,主张一种"为文学的文学理论",可谓恰当其时。场外理论若不经转换而径直化身文学场内理论,则必陷文学理论于阐释强制性泥淖,场外征用则"抹杀了文学理论及批评的本体特征"而陷文学理论于理论桎梏。场外理论获致场内合法性的根本途径在于"文学化":理论的应用指向文学并归属于文学,成果落脚并服务于文学,方式是文学的方式。[①]此论与张江同朱立元、周宪、王宁等诸先生的学术对话,打开一个富有思想挑战性、理论生发性的当代论域,并随着更多中青年学者加入讨论而多维展开、愈益深化。

上述命题中,"外"与"内"、"征用"与"适用"之谓,逻辑地预设了文学场范畴的前提性,内在地包含了对该范畴的基本理解,对此,强制阐释论早已明确指出,并予以阐发。然而,当前学界相关讨论却似乎对此并未给予充分注意,表现之一为集中关注场外理论之"征/被征"的理论暴力

---

[*] 作者简介　孙士聪,首都师范大学文学院副教授。
[①] 张江:《强制阐释论》,《文学评论》2014年第6期。

性，而对文学场等相关前提性范畴，却鲜有进一步讨论。个中原因，有范畴本身所指自明的印象性因素，也有理论话语实践所要求的规范性因素，但无论如何，如若前提性范畴逃脱了学理性审视与批判性质疑，自明、自洽地藏身于讨论话语之中，那么，不仅高高举起的审思之矛有可能略过研究对象头顶，而且讨论本身也难免事实上滑入它原本所警惕的泥淖之中：一方面，他者理论的自明性、自洽性，原本从一开始就被揭露为当代理论话语强制性的渊薮，因而被标示为质疑、反思、批判的对象，如今它却可能摇身一变，幻化为批判逻辑行程中的一个环节；而另一方面，范畴不仅仅是理论大厦中原子化砖石，而且更主要直接关乎理论本身，范畴重释缘于实践提问与理论反思，正如理念之于柏拉图诗学、悬置之于胡塞尔现象学、绝对精神之于黑格尔辩证法、此在之于海德格尔存在论、延异之于德里达解构论，在范畴与理论之间做工具性、简单化理解是不可想象的，忽视核心范畴清理的理论建构也将面临沦为无本之木的危险。

对文学场的追问并非张扬其范畴本身之不可言说，更非执拗于维特根斯坦面对不可言说之物而保持沉默的教诲。理论之惊异原本就与追问同义，诚如黑格尔的"问"法所提醒：面对一个对象，则必须追问，它存在吗？若存在，它如何存在？沿此则可以追问：当我们谈及"场外理论""场内"等所谓"文学场"乃至"场"时，如果它无法脱离当代文学理论语境具体性而自在存在，如果它不能不在关于"场"的理论话语场中而呈现，那么，诸种意味的"场"意指什么？进而，场外理论的文学化就理论的方式是文学的方式而言，何以可能？在上述前提性追问中，文学场的在场性问题被凸显出来。

二、文学场家族

综观当前围绕"场外理论的文学化"论题的讨论，无论是关于场外理论及其征用的提问，还是关于文学化解决之道的求解，抑或诸如对阐释有效性、场内外边界等相关问题的剖析，都可发现上述讨论在理论资源上往往涉及或征用布尔迪厄"文学场"论述,而事实上,与布尔迪厄文学场论述相似的理论资源,还包括丹托、迪基以及贝克等关于"艺术界"的思考,它们一起构成文学理论视野中的文学场家族。

文学场问题可以约略上溯至柏拉图。那时诗较之其他技艺并无根本区别,理想国之不容诗人,端在三条罪状:一是诗艺模仿与真理隔了三层,二是内容上亵渎作为善的最终归因的神明,三是激情有碍理想城邦德行规范。这些指控服从于柏拉图理念形而上学基本逻辑,但至后期,柏拉图自己对于理想国能否确证于人间也心存疑虑,而在《法篇》中,艺术接受的快感以及美与善的问题都不同程度上得到重新思考。如果说柏拉图关于诗之技艺的区分是兼具形而上学性与功能性的,那么其后亚里士多德关于创制(poietike)、美感(kosmon)以及美的人工制品等的讨论,尤其是《诗学》关于悲剧的阐发,为之增添了结构性维度,尽管诗依然只是技艺(techne),而非艺术(art)。依哈贝马斯之见,古希腊存在某种尚无规范性的雏形公共领域,其文化机制亦无关乎文艺;至中世纪,神学意识形态笼罩下公共领域的文化机制亦主要是教会,晚至15世纪之后人文主义的兴起,以及其后的市场经济与民主运动等,才共同推动了资产阶级公共领域的形成。

现代文学场范畴与审美现代性的崛起紧密相关,文艺生产、传播、消费构成社会现代化进程中的重要环节,并服从于社会现代性总体架构,但另一方面,文艺的实践主体、文艺惯例与传统、文艺内在机制及其与社会结构的关系等,又在社会现代性进程中建构出相对独立自足的领域,审美现代性与文学公共领域即为其直接成果。1784年康德在关于启蒙的思考中曾提出,理性的使用在个体那里是私人性的,但由于它面对"整个阅读世界的公众"而被视为理性的公共使用,通过这一范畴工具,康德捍卫了"言论自由与学者的公共领域"①;哈贝马斯对于资产阶级公共领域的分析则进一步强调了文

---

① 〔美〕詹姆斯·施密特著,徐向东等译:《启蒙运动与现代性:18世纪与20世纪的对话》,上海人民出版社2005年版,第259—273页。

学公共领域的中介性特质，而文学艺术作为现代性总体话语则代表了公共领域的结构性转型，这里的文学公共领域可以理解为文学场或者艺术界。

文学场在布尔迪厄语境中主要是一个结构性与功能性范畴。就其结构性而言，布尔迪厄文学场存在对立的两极，一极是无经济功利乃至不考虑受众的文学，一极是指向市场经济的文学，前者是自律的，后者是他律的。文学场表现为围绕文学自主性而展开竞争与斗争，资本、权力、习俗为主要动因，其中政治资本、经济资本以及文化资本相互缠绕；就其功能性而言，文学场表现为相互区别的场域逻辑与规则，独立自治，同时又与政治/经济场域紧密联系，服从于他治原则与自治原则的双重等级辖制。① 从布尔迪厄绘制的"权力场和社会空间中的文化生产场"图表② 可以看到，文学场的实质是文学权力场，其中不断上演着你争我夺、激烈冲突的竞赛与斗争。

如果说布尔迪厄文学场分析聚焦于主导权、策略、资源及其后果问题，那么丹托的艺术界范畴则聚焦于主体、实践及其对作品的影响问题③，二者在文学艺术结构性与功能性上各有侧重。丹托通过艺术界（art world）范畴致力于探求艺术之为艺术的根源所在，艺术界被界定为一种艺术理论的"氛围"，一种艺术史的"知识"。④ 艺术之为艺术，并不在它的可见的外在物理属性，而在不可见的属性，即它与处身其中的艺术界的关系。可见，艺术界一是理论的，一是历史的，是理论与历史的综合体，寻常之物由理论来确认其艺术性，而理论本身又非静止不变。在艺术界中，艺术不再是审美的对象而是认识的对象，亦即哲学对于艺术的剥夺。丹托反对将艺术界等同于艺术体制⑤，但这正是他的继承者迪基在20世纪70年代所要做的。迪基将艺术界

---

① 〔法〕皮埃尔·布尔迪厄著，刘晖译：《艺术的法则：文学场的生成与结构》，中央编译出版社2011年版，第95—98页。
② 〔法〕皮埃尔·布尔迪厄著，刘晖译：《艺术的法则：文学场的生成与结构》，中央编译出版社2011年版，第89页。
③ Howard Becker, *Art Worlds*, Berkeley: University of California Press, 2008, pp.384-385.
④ Arthur Danto, The Art World, *The Journal of Philosophy*, 1964(61).
⑤ 参见〔美〕阿瑟·丹托著，陈岸瑛译：《寻常物的嬗变——一种关于艺术的哲学》，江苏人民出版社2012年版，第7—8页。

阐释为一种"艺术体制"，代表这种艺术制度的人们"授予"艺术品具有欣赏对象资格；至80年代艺术体制又被修正为"惯例"，究其实质为整体性的社会文化结构："'艺术界'是整个艺术界系统的整体。一个'艺术界系统'就是一个艺术家将艺术品提交给艺术界公众的构架。"①是艺术体制而非艺术的功能，决定着艺术之为艺术，在此意义上，丹托的艺术界在迪基的艺术体制论中就被斥为传统文学艺术理论的最后剩余。

与丹托单数的艺术界（art world）不同，比格尔的艺术界范畴（art worlds）是复数的，艺术界被阐释为一个艺术特定参与者之间合作、协商的网络系统。②在他看来，文学体制范畴并不意指特定时期的文学实践的总体性，而是特定的实践活动："文学体制在一个完整的社会系统中具有一些特殊的目标；它发展形成了一种审美的符号，起到反对其他文学实践的边界功能；它宣称某种无限的有效性（这就是一种体制，它决定了在特定时期什么才被视为文学）。这种规范的水平正是这里所限定的体制概念的核心。"③文学体制既规定了文学生产的行为模式，也规定了文学接受的行为模式。在其中，艺术活动参与者个体或者群体经常性、程式性合作，并展开艺术品生产。这一依特定共识或惯例而展开的艺术活动的网络或圈子具有以下特征：首先，艺术活动参与者参照既有惯例生产作品，而这些作品也被艺术界所确认；其次，这些艺术惯例相对于艺术参与者而言，既是先在的、既定的，也具有普遍性与规范性；再次，艺术参与者之间的合作、协商既是个体性行为，又具有社会空间性质。在贝克的艺术界范畴中，艺术参与者之间的交互性以及整体结构性得以强调，这与布尔迪厄有所不同。④

哈贝马斯将文学艺术所构成的文学公共领域视为资产阶级公共领域中特殊的组成部分。文学公共领域的特殊性在于，文学不仅在资产阶级公共领域

---

① George Dickie, *The Art Circle*, New York: Haven Publications, 1984, pp. 81-82.
② Howard Becker, *Art Worlds*, Berkeley: University of California Press, 2008, pp. 34-35.
③ 〔德〕彼得·比格尔著，周宪译：《文学体制与现代化》，《国外社会科学》1998年第4期。
④ 参见殷曼楟：《"艺术界"理论建构及其现代意义》，社会科学文献出版社2009年版，第103—148页。

结构图中占据着中介地位,也是资产阶级公共领域的重要催化剂和合法性尺度。就其文化机制而言,资产阶级文学公共领域包括咖啡馆、沙龙和文学团体等,文学自主性地位在文化机制中得以确立。文学公共领域的文化机制不仅确立资产阶级公共领域的合法性,也确立公众文学实践从私人领域进入公共领域的有效途径,公众(个体)通过文学阅读与民主讨论进入到文学共同体中。从另一方面看,在文学公共领域中形成的审美现代性话语不仅代表了公共领域的历史性转变,也发挥着文学启蒙的中介功能。与布尔迪厄文学场强调斗争性不同,也与丹托的艺术界侧重合作性不同,哈贝马斯的文学公共领域则突出协商性与民主性:资产阶级公共领域的个体"要求这一受上层控制的公共领域反对公共权力自身,以便就基本上属于私人,但仍然具有公共性质的商品交换和社会劳动领域中的一般交换规则同公共权力展开讨论"①。

三、家族相似与致思殊途

上述围绕文学场家族的简略梳理挂一漏万,同一范畴在不同阐释框架中原本就不尽相同,更遑论其历史性演变了。然范畴之谓不仅仅关乎对象命名,从希腊语意指事物种类、类目、部属、等级,至现代知识论关乎学科知识与理论范式,范畴标示理性对于对象秩序与内在逻辑的把捉。文学理论范式改造与当代知识生产受到文学研究自身发展逻辑的推动,同时也不断从现代自然科学发展与突破(比如规范场论、量子场论等)中寻求理论助产术,文学格式塔对文学场整体性的思考,文学记忆论对记忆场之象征性、功能性以及实在性的讨论,文学传播论关于文学事件化与在场性的致思等等,即是如此。文学范畴的提出、文学范式转换、文学理论新见往往关联紧密,诚如库恩所言,科学活动的关键端在范式与科学共同体二要素,"范式是科学共

---

① 〔德〕哈贝马斯著,曹卫东等译:《公共领域的结构转型》,学林出版社1999年版,第32页。

同体成员所共享之物，科学共同体则由范式共享者构成"①。抛开人文社会科学与自然科学之间的差异不论，库恩对于范式与共同体的重视以及对二者关系的认识，某种程度上启示了对于文学场问题的思考。

文学场、艺术界、文学公共领域诸论广涉美学、文化研究、文化社会学、艺术理论、文化政治学诸领域，又在文学自律、内在运行机制以及文学存在命运关系等方面具有某种家族相似性。择其要者有三。一是对于文学艺术合法性的辨识。文学艺术及其实践如何从其他存在物与社会实践中区隔出来，关乎文学艺术自身存在的合法性，从柏拉图到布尔迪厄的不同思考标示出从古典到现代的历史行程。二是对于文学实践内在机制的考察。文学艺术世界由其参与者及其具体活动构成，参与者依文学艺术知识或者惯例形成文学艺术共同体，而共同体又在具体文学艺术实践中不断挑战、增补既有知识、范式，并与社会政治、经济实践机制复杂纠缠。内在实践机制的揭示不仅打开文学研究新视域，也带来对文学艺术自律性的重新审视。三是对文学艺术命运的逻辑推论。如果说审美现代性的确立对于文学艺术而言是一个赋魅的过程，那么，立足于20世纪后期当代艺术实践基础之上的艺术界理论则致力于为文学艺术祛魅。文学艺术审美趣味及其神秘光辉与宗教生活的没落有关，更无法摆脱与资本主义生产、市场、消费以及社会机制的紧密关联，哈贝马斯、布尔迪厄、舒斯特曼等都清楚指出这一点，丹托的艺术终结论则径直将文学艺术从历史中抹掉，布尔迪厄则将文学权力与文学意义终结逻辑地联系在一起。毋庸讳言，上述关于文学场家族相似性的讨论抹去了哲学、社会学、文学、艺术理论在进入该问题路径上的巨大差异，而事实上，不同理路不仅决定了不同文学场阐释的基本框架，而且决定了不同框架下文学合法性、文学实践主体、客体、接受等环节的根本面貌，可约略概括入思文学场问题的路径为四：功能性、结构性、先验性、跨学科性。这些路径对于同一范畴有时会交叉存在，但侧重点各有不同。

---

① Thomas Kuhn, *Structure of Scientific Revolutions*, The University of Chicago Press, 1970, p.176.

从社会功能角度审视文学艺术的传统源远流长，且不论柏拉图《理想国》对诗人的评判，即便在已确立合法性的审美现代性世界中，文学艺术也不能不与人及其自由联系一起，对此给予批判性反思的本雅明就曾谈及讲故事人与文学艺术灵韵的消失问题。从方法论的角度说，文学场具有区分与评价的双重功能。区分功能的文学场并不探求文学本质问题，而是在关系网络中比较文学艺术与非文学艺术的相似与差异，这在文学主体那里则是据此结成文学共同体或者从共同体排斥出去，在社会层面则是作为文学公共领域而与政治、经济领域相区分；评价功能的文学场与区分功能实为一体两面，丹托将文学意义的生产从审美实践中剥离开来，而转交至理论阐释，某种不可见的氛围或知识揭示出文学艺术作品的意义。与功能性路径不同，结构性路径致力于揭示文学场内在因素及其相互关系。从其外部结构来说，哈贝马斯将咖啡馆、沙龙以及各种出版机构等都考虑在文学公共领域机制中，这或可称之为社会体制性结构，而在文学场内部，尽管文学场参与者之间互动关系在布尔迪厄那里没有受到适当注意，但围绕文化资本之间的竞争与斗争被充分揭示，这在贝克那里则更多的是协商与合作，迪基则将内在机制运作的程序性原则视为第一要务。要之，文学知识、文学传统、文学观念价值及其生产等等，都必须从文学场内在的结构性运动及其运作机制得以阐释。先验性理路致力于探求文学艺术之为文学艺术的根本归因所在，这一路径与功能性路径类似，都扎根于悠久传统，其基本特征在于以某一特定范畴为原点来解释文学艺术世界，而且这一原点外在于艺术世界，至于这一外在原点的呈现及其历史性，则不在思考范围之内。丹托以艺术理论的"氛围"与艺术史的"知识"氛围来界定艺术界，但对于氛围与知识内在结构、运作机制就缺乏深入阐释。至于跨学科性，文学场范畴本身既可以视为审美现代性的结果，也可以视为对其自身的反动。一方面作为现代知识生产的文学自洽自足，而另一方面审美现代性本身就是现代性总体的组成部分；一方面需要捍卫文学艺术自身合法性，另一方面文学艺术世界也必须打开与哲学、社会学乃至自然科学沟通的大门。事实上，哈贝马斯对于文学公共领域、丹托与迪基对于艺术界的分析，与其说是文学艺术的分析，毋宁说是社会学的分析，所不同的是，前者坚守文学艺术世界合法性，而后者则揭示艺术神秘光辉外衣下的本来面目。

四、布尔迪厄的遗忘

上述讨论并非要深入厘清文学场、艺术界等范畴之间的细微区别，而是意在从家族相似与不同入思理路方面揭示范畴自身的复杂性。由上可见，文学场范畴家族不仅存在词源学与语用学上的明显区别，而且进入文学场问题的路径亦各不相同，并由此逻辑地带来相关文学范式、文学观念的不同，此文学场不同于彼文学场、此艺术界也异于彼艺术界。此外，还需要注意的是，上述所涉范畴乃至范式都不可避免地存在理论有效性限度。比如布尔迪厄的文学场论为审视文学世界提供了一个独特框架，然而其模式单一化、零和化、客观化倾向也不容忽视。在学术话语全球化流动的当代语境中，单一化模式意味着对跨文化视野的遮蔽，即便中国语境中布尔迪厄的文化场话语，本身业已某种程度上经过美国思想市场的调试、简化乃至再包装，早已远非布尔迪厄所设想的那种单一与纯净。而阐释模式的二元对立则带来零和问题，贯穿场域主导线索的竞争与斗争，无论是在社会结构中还是精神与文化结构中，都被视为零和博弈，这导致布尔迪厄在揭示文学场的历史性与生成性的同时，遗忘了文学场的实践性与具体性，忘记了实践从来都是感性的具体的实践，即便竞争与斗争着的学者个体或团体之间，也难免相互交往、相互影响。此外，布尔迪厄强调文学研究无不在特定的文学场中展开，没有文学研究者能够摆脱文学场斗争性结构的缠缚，同时却赋予自己一种独立于文学场之外的文学社会学、文学政治学的特权，以精英主义知识分子而置身于他所讨论的文学场域之上俯瞰众生，这就使其不能不面临滑向虚幻客观主义的危险。质言之，单一文化模式遗忘了全球化语境中的跨文化可能性，文化斗争性遗忘了文学及其研究者的具体性与交往性而流于简单化抽象，客观主义立场遗忘了理论的有效性限度。

原本致力于超越文学研究内部/外部对立、结构/历史对立、反思性/客观性对立的文学场，何以却造成了上述诸种遗忘？作为对于对前此以及同代的诸文学理论的批判，以及作为对文学社会学诸理论的借鉴吸收，自是规制布尔迪厄文学场论基本形态的重要因素，除此之外，西方特定理论传统无疑也在其中发挥了重要作用。传统西方哲学就其本体论而言基本可以归结同一性哲学，它预设并且致力于追求某种永恒的、绝对的先在性以作为一切存在的根本性基石，至其认识论则通过对于客体的设置而从种种外在性扭转到唯一的主体性。如果黑格尔可以视为哲学的完成，那么，克尔凯郭尔、马克思等则可谓开启对于思辨主体哲学的批判之门，对于他者、客体、差异的重新打捞是诸多20世纪理论家的学术使命，这在阿多诺那里表现为对非同一性的祈望以及对于客体优先性的坚持，在本雅明那里是对目的论线性历史哲学的批判，在福柯那里则是知识内在权力的考古性发掘等等。就布尔迪厄而言，当文学场被上升为某种总体性框架时，对于观念应然性的念念不忘事实上就显而易见了。文学自律性与他律性问题在颠倒的经济体系中得以呈现：一方面是文学场与外部世界一般原则的断裂，艺术价值与经济价值相互龃龉；另一方面是文学的文学生产与经济的文学生产在权力体系中相互对立，文学合法性的尺度变得愈益可疑。在文学场框架下文学权力与话语表征的视角主义理论策略[①]，赋予文学合法性、文学艺术灭亡论、文学政治、文学社会诸问题呈现以新面目的途径，但这并不意味着可以将视角主义膨胀为理论总体性野心。

揭示文学场范畴的诸种遗忘并非着意扯住阿喀琉斯之踵，而是提醒警惕理论范畴的先在性，警惕认识论上的某种自我客体化陷阱。追究知识体系本身的生成性、历史性，破掉其先验真理性、普适性魔咒，也要反思这一反思过程本身的认识论迷雾，将认识自身问题化；认识文学场对它与文学实践之前适当反思距离的要求，也警惕它对于文学经验、文本实证研究的本能排

---

① 参见朱国华：《文学与权力：文学合法性的批判性考察》，北京大学出版社2014年版，第9—12页。

斥；拓展跨学科的研究视野，也留心方法论对于对象呈现的有效性限度。以此为基础观察当前围绕场外理论的文学化问题的讨论，可以看到区别于布尔迪厄文学场的不同之处。首先，就话语语境而言，关于文学场的批判性反思是在有意识的跨文化语境中展开的，是全球化视野下的居于本土自我意识基础上的思想对话，这就与单一法国文化模式的狭隘性与结构性斗争导向迥然不同。其次，就研究范式而言，如果说布尔迪厄更多地倾向于知识社会学与文化政治学理论范式的分析，那么，关于文学场的讨论则显然圈定于文学研究之研究；前者是倾向于抽象的理论思考，后者则指向具体话语实践。再次，就理论指向而言，围绕文学场的讨论既指向某种精英主义的话语霸权，也指向对于研究对象的客观主义搁置，这与布尔迪厄自诩的客观主义不同。

对此的检视还可以从文学场范畴所立足的文学与社会学关系来做进一步讨论。在20世纪的人文社会科学研究中，权力无论在宏观层面还是在微观层面，都被已视为一个基本的范畴。从权力角度切入文学场范畴并进而推展到对于文学世界的审视，即在"能够引起或规定与利益最无关的矛盾世界的逻辑"中"面对面"地、并按其本来面目来审视文学[①]，文学权力与政治权力、经济权力一起构成了理解文学实践主体、文学传播与接受以及文学自身合法性的文学社会研究的核心命题之一。在布尔迪厄关于艺术自律性法则的考察中，文学场的结构及其生成在文学权力的逻辑链条中展开社会学视野：就文学研究方法而言，文学现代性的追求将权力严格拒斥于文学世界之外，文学社会性存在却又无法清除权力因素，这就在某种程度上赋予文学理论中的社会—文学研究视野或研究方法以合法性；就跨学科研究而言，文学的社会学研究致力于探讨文学与社会的历史联系并与文学保持适当的反思距离[②]，同时又坚持将这一研究建立在文学经验基础之上，这就与社会学的文学研究以及社会研究中的文学相区别。事实上，文学场及其权力因素涉及文学

---

① 〔法〕皮埃尔·布尔迪厄著，刘晖译：《艺术的法则：文学场的生成与结构》，中央编译出版社2011年版，第5页。

② 参见方维规：《文学社会学》，北京师范大学出版社2011年版，第13—26页。

与社会学之间极为复杂的关系,在理论观念上则可归结为更为棘手的美学—历史问题,这原本为文学所擅,却也是文论所难。

五、在场性与反思性

如果可以用阿伦特评价本雅明所言的"海底骊珠"来描述理论建构对于范畴阐释的重视,那么,珠子所在的海底必将是任何探寻所不敢轻视之地。回到当下围绕场外理论与场外征用问题的讨论,可以发现当代文学理论对于文学研究的理解存在某种"文化研究主义"现象,这某种程度上构成恐惧或青睐场外理论的根源。所谓文化研究主义,意指在文化研究兴起这一大背景下,文学理论对于文学研究的态度或立场:一方面,意欲坚守文学研究某种纯正的审美趣味,却又往往面临深陷文学文本符码之中而无以抽身;另一方面又力图借助文化研究的解神秘化方式切入文学文本的权力层面,却又常常陷入"阅读的非逻辑"[①]之中。恐惧场外理论的文化研究主义往往诉诸于对于文学场边界坚固性的强调,而青睐场外理论的文化研究主义则坚持文学场边界迁移性的理解。文学理论中文化研究主义现象的实质可以归结为上文所及的美学—历史问题,这里将其缩小为文学理论对文学研究中文学的在场性的认识问题。

事实上,场外理论与场外理论的文学化命题,已经在某种程度上前提性地暗示出关于文学研究的一个基本认识,即文学研究是一种在场的经验,同时也具有场外的反思。问题的根本在于在当下文学研究中如何处理二者之间的关系。任何未经反思而运行的范畴,已隐藏了某种观念或理论的暴力性、强制性;而脱离经验而独行的反思,也将在文学场的历史性与生成性背后不愿抛弃某种先在性。就此而言,文学场可以说是一种文学事件。优秀的文学作品从来都不是非仅仅具有在场性、经验性,而是同时具有反思性趋向,否

---

① 〔美〕希利斯·米勒著,秦立彦译:《文学死了吗》,广西师范大学出版社2007年版,第180页。

则，我们就无法比较沈从文的《边城》与曹雪芹的《红楼梦》的高下区别。"边城世界"与"大观园"的审美性自不待言，它们作为文学经典为文学研究确证合法性，而就反思性而言，则可以说《红楼梦》不仅在大观园之内，也在大观园之外。对于文学研究而言，经验性与反思性也是相反相成的：说其相反，是因为不论是文学理论研究还是文学批评，理性的反思与审美的经验之间存在某种程度的对立；说其相成，乃是因为二者无限趋近，却未必最终重合。无反思性的在场流于浪漫主义的想象，无经验性的反思则流于理性主义的说教。

从文学研究的在场性与反思性出发，可以对有待文学化的场外理论问题做进一步的思考。周宪区分场外理论为三：纯粹讨论文学性的文学理论；完全与文学无关的理论；通过文学性进入文学场之外的理论。[①]这一区分是深刻的，其不足在于没有将文学理论与理论区分为不同层面来谈，因而将"文学理论的文学化"所指理解为第一种，即纯粹讨论文学性问题，这并不准确。如果从文学研究的在场性与反思性视野出发，有待审视和文学化的理论大体可以区分为三种：一是局限于经验性/审美性的文学理论，基本可以概括为文学审美研究；二是限于反思性的场外文学理论，基本可以概括为文化研究、文学社会学、文学政治学研究；三是将反思性与在场性辩证结合的文学研究。张江曾就美国学者詹姆逊的中国古典小说《鸰鸰》研究做出分析："杰姆逊用其模式进行的分析可谓过度阐释，而更深层的，是其用其恒定的思维模式作了过度阐释。套用科学主义的恒定模式解析文本，其牵强和浅薄由此可见一斑。"[②]这一判断准确深刻。如果从上述文学研究的在场性和反思性来看，则可以进一步说，詹姆逊与其说是对中国古典小说进行文学研究，不如更为准确地说，《鸰鸰》研究实属于文化研究，甚至可以进一步将其归结为文化理论研究。就此而言，詹姆逊所套用的不仅仅是科学主义的恒定模

---

① 周宪：《场外理论的场内合法性》，《探索与争鸣》2015年第1期。
② 张江：《当代西方文论若干问题辨识——兼及中国文论重建》，《中国社会科学》2014年第5期。

式，而且还是文化研究的文学研究模式，或者是文化政治学研究模式。由此来看，大约詹姆逊的中国古典小说研究，的确提供了一个场外理论进行文学研究的典型案例，其典型性就在于，一方面，它将文学的反思性进行了无限的延伸，以至于从文学研究的视野中彻底消失了；另一方面，又将文化理论直接挪用进了文学研究，而且等同于了文学研究。

综上所述，场外理论与场外征用作为问题而被提出，这既非源自某种偶然，也非隐喻潘多拉魔盒，而是扎根于当下文论研究具体性中，关于文学场的思考本身批判性地指向了当前文学研究与文学理论研究的某种征候。随着批判性质疑与反思的深入，文学理论有必要重新回到文学、哲学与社会学的跨学科视野，并检视那些看起来常识性、自明性的范畴与范式，从而将学理性审视扎根于夯实的地基之上，避免自说自话的话语喧嚣遮蔽了真问题、真反思，而文学理论研究亦大可敞开怀抱，或者抉心自食。

(《学术研究》2016年第11期）

解释即生成

——强制阐释论的生存论指向

何光顺[*]

何谓强制阐释？近年来，张江提出"强制阐释"的概念，批评西方文学理论界"脱离文学实践，用其他学科的现成理论阐释文学文本、解释文学经验""套用科学主义的恒定模式阐释具体文本"[①]，并批评"许多中国学者生吞活剥地把当代西方文艺理论搬到中国来，用西方理论强制地阐释中国的经验和中国的实践"[②]。按张江的定义，"强制阐释是指，背离文本话语，消解文学指征，以前在立场和模式，对文本和文学作符合论者主观意图和结论的阐释"[③]。这种强制阐释的学术方法的要害主要有三：一是前置立场，二是前置模式，三是前置结论。[④] 即批评者不是阐释文学文本，而是要表达和证明立场；提出一个普适的模式，用预先选取的确定模板和式样框定文本，文学抽象为公式；证明自己前置预设的结论，而并不认真分析文本。

张江提出的问题实际上涉及批评家是否应当忠实于文本以及某种超出文

---

[*] **作者简介** 何光顺，广东外语外贸大学外国文学文化研究中心、中国语言文化学院教授。
[①] 张江：《当代西方文论若干问题辨识——兼及中国文论重建》，《中国社会科学》2014年第5期。
[②] 张江等：《关于"强制阐释论"的对话》，《南方文坛》2016年第1期。
[③] 张江：《强制阐释论》，《文学评论》2014年第6期。
[④] 张江：《强制阐释的主观预设问题》，《学术研究》2015年第4期。

本的独立性和创造性的问题。他尖锐批评那种理论家不依据文本的过度场外征用与自说自话，无疑是有意义的。但这种批评也隐含着批评者要符合文本原意的古典"符合论"的文学观，这就可能导致这种符合如何可能的问题，以及很大程度上扼杀批评者超越于原文本的能动性和创造性的问题。这几个问题同样被很多学者关注和质疑。如朱立元就认为，按照阐释学的观点，任何立场都是前置的，批评家不可能无社会性无历史性无价值预设地进入文学批评。① 王宁则更着重指出理论家进行自由创造的权利，他们的兴趣并不在于对文学作品做出恰当解释，而就是以文学作品来证明理论预设的有效性和正确性。② 周宪也认为，前置立场和前置模式都有其合理性，关键只是在于如何避免前置结论。③

然而，在笔者看来，当前学者有关强制阐释论的探讨都忽略了一个重要问题，那就是强制阐释的强制指向到底指向何处？实际上，我们争论的重心不应该在强制，而应该在阐释得以生成的基础和指向。任何有价值的理论或思想都隐含着对作者、接受者和解释者的生存论或存在论的思考，即阐释是一种显现存在本身或生命本身的创造性活动。只有这种显现生命的创造性活动本身才构成了理论批评的价值所在。张江对强制阐释的批评先在地隐含着批评者要符合文学文本或作者原意的符合论思想，这固然有助于读者理解文本，然而，这样的阅读却不能增加文本以外的任何积极的创造性成果，并且遮蔽了解释者异于原作者的独立生存阐释活动。下面便将对解释者或理论家的理论维度的生存论基础及其自洽性做出辩护。

一、存在即感知：阐释学的生存论基础

张江始终强调读者意图（批评意图）和作者意图（文本意图）的区分，

---

① 朱立元：《关于主观预设问题的再思考》，《学术研究》2015年第4期。
② 王宁：《文学批评的预设和理论视角》，《学术研究》2015年第4期。
③ 周宪：《前置结论的反思》，《学术研究》2015年第4期。

认为"文本的自在含义,也就是所谓倾向性,还是由文本自身规定的,而不是由读者和他们的意图所规定","对批评意图与文本及作者意图相区分,不要把批评意图强加于文本及作者,是批评伦理的基本要求"。他进而指出专业批评者的任务只是在普通读者无法确当理解文本的复杂含义的时候,"能够给文学创作以有效指导,并能够广泛引领阅读"①,于是,理论家和批评家并不独立产生思想,只是提升和总结文本制造者的经验,跟着作家和文本前行,成为作家创造技艺的总结者和传播者,从而把这经验传给后人。

在张江的这个批评中,批评家和理论家完全沦为作家和文本的附庸。而事实上,无论文学作品,还是文学理论,都是个人化的生命感知体验及其独立运用理性的创造性活动的结晶。故而这种创造,就不再是所谓的阐释(读者意图/批评意图)要符合原意(文本意图/作者意图)的问题,而是理论家和文学家都必须各自从其解释者和创作者的生存体验出发,并以合适的创作或理论来解答个体生命的焦虑和困惑的问题。显然,生命存在的感知体验,才是文学创作和文学理论的逻辑起点和现实基础。这样,从文学理论家或思想家的角度来说,某部文学作品或众多的文学作品,实际上不过是因为暗合或唤起了理论家的某种生命体验,并从而为其理论阐释或理论体系的建构服务而已。从文学理论自洽于生命存在本身来说,张江所批评的强制阐释的很多弊端,即"没有对具体文本的深入考察和分析,没有对文本内容的确当识认"②的悬空而谈论文学,固然是极其不可取的,然而他却忽略了一个问题,那就是在同样深入考察和分析文本时,理论家完全可能有着远高于作家及其文本的识见和对社会历史的更深刻理解,从而运用自己的批评尺度来批评或超越作家的创作意图,以此建构自己的批评意图。所谓的强制阐释恰好就是理论追求自我圆满的难以避免的内在冲动和实践维度,文学批评的尺度往往并不在文学本身之内,而是理论家根据自己对社会历史和个体生命的体

---

① 张江:《批评的伦理》,《求是学刊》2015年第5期。
② 张江:《前置结论与前置立场》,《北京师范大学学报(社会科学版)》2015年第4期。

验和理解所形成的一套对于文学文本进行批评的有效法则。

于是，当我们转换视角，就不难发现，理论家的强制阐释并不全是离谱和无效的，他植根于自我生命实践的批评尺度和意图预设，就是理论和思想的自足圆满和逻辑自洽的追求，就是生命自我建构所必得经历的过程，就是合理的借题发挥和重新创造，并从而具有其积极和肯定的含义。理论家征用诸多文学现象、个案和文本以实现理论的自我运演，就不再是指向研究对象的，而是指向其本身所处的生活世界与生存体验。文学理论并不围绕具体的文学文本旋转，文学创作也往往不以文学理论为指导，很多文学作者并不是先读了文学理论才进行文学创作，同样，文学理论家也大多不是因为读了某些文学文本才有了理论的发现。理论家的人生体验和生活观察并不是劣于或次于文学家的，理论家仅仅是为建构其理论而借用了文学文本。二者的区别或仅仅在于，有人擅长创作，有人喜欢理论。而这也就是韦勒克所指出的："倘若没有文学，世界就会贫乏到难以想象的地步，反之，文学也需要批评所提供的理解，筛汰和评判。"[①] 韦勒克指出了文学和批评两者各自的独立性和依赖性，如果没有独立于文学之外的批评，就谈不上对文学的真正筛汰和评判。

因此，只要试图进行文学的解读或理论的建构，就必然会有强制的指向，但这种强制指向的合法性基础却必须围绕着"人"来展开。张江在其系列文章中恰好忽略了"人"这个问题，他只看到了理论家对于作家文本意图的追随。他虽然提出了"理论一定是有实践依据的"[②]，但他说的实践却只是批评者植根于某个具体文本自身的阅读实践，而忽略了批评者超出这个具体文本之外的更丰富的阅读及其真实的生活实践，忽略了只有人才是文学创作和文学理论的真正主题。人的主题，就是以自身为起点，就隐藏在"认识你自己"的古老箴言中。我从哪里来，我向何处去，我为什么活着，就是文学

[①] 〔美〕韦勒克著，杨自伍译：《近代文学批评史》第5卷，上海译文出版社2009年版，第15页。
[②] 张江：《前置结论与前置立场》，《北京师范大学学报（社会科学版）》2015年第4期。

的永恒的"人学"主题,而文学理论不过将这"人学"主题作了更趋向哲学化的聚焦性的阐释。从个体的经验感受和生活观察开始,这自己和个体就首先是主观的,一个好的文学创作者或文学理论家,就在于围绕自己的视、听、嗅、触、感等来构建自己的感知域[①],如果他是从自己的感知域着手进行创作,那么,他的文学作品和文学理论就是有效的和较好的,如果远离了这感知域,他的文学创作或文学理论就是无效的。比如,如果他仅仅用古典的语言来进行创作,就缺乏了属于时代和个体生活的语言;如果他仅仅用西方的理论来解释中国的文学文本,就缺少了他从自己的民族和自己的社会所体验和观察到的某种思考和洞见。

显然,阐释本身蕴含着强制的必然维度,既然如此,那么,张江提出的强制阐释论是否还有意义?这就涉及上文所说,强制内在于阐释,这种内在于阐释的强制指向是为我的,即预设了我和我们的存在,这就要利用那些区别于我们的普遍的"他者"资源来为我和我们的存在服务,并提供好的借鉴。在各民族思想的碰撞融合中,如果他民族的思想能经过格义、训释、消化,而后转化为自己民族和自己思想的资源,那么,这种强制阐释就实现了自我生存土壤的扩张和自己民族思想资源的拓展。然而,如果当民族或思想的"自我"完全被其他民族思想的"他者"所俘虏时,我们创造的土壤就丧失了。我们就仅仅沦为他种思想和理论的注脚,这种强制阐释,就导致了自己民族和自我思想的消亡,这个民族也就沦为无法为世界做出创造性贡献的民族,这个人的脑袋也就成为他人思想的跑马场。从这个角度说,张江特意提出阐释的强制维度,实际就是要否定一个民族或个体被他种思想所俘虏而丧失其独立性的弊端,而这无疑是有其意义的。

[①] 感知域,是以作家和理论家围绕其生命体验而展开,并从而实现其文学创作理论创造,此处有必要单独予以强调,即只有感知域的生命体验才是理论家理论创造的源泉,理论家并不是围绕着文学家的原创作品的附属性存在。

二、阐释即体验：阐释学的前见和主观预设

当我们理解了，强制阐释论的重点实际上是要批判那种丧失"自我"与某种"民族品格""时代精神"的坏的强制阐释时，我们也就不难看到，张江所提倡的"非强制"的阐释实际上仍旧蕴含了某种他未曾察觉到的"历史前见"和"主观预设"，即在他看来，我们不应当用西方理论来阐释中国的具体化的文学创作和生命体验，而应当是指向我们民族性和个体化的属于我和我们的视、听、嗅、触、感的感知域的建构与理论化的思考。只是张江预设的这种历史前见，他将其指向了以文学作品为中心，而忽略了这实际上是以理论家的生活体验与生命感受为中心，是去存在的过程化的生命展开。于是，我们所应当提倡的阐释就既不是以我们的文学文本削足适履地去适应西方的某种所谓先进理论，也不是要让我们的文学理论家只是回到某部文学作品的原意，而应当是以中西方的经典文学文本和相关理论构建我们的理论域①，这种理论域又是围绕我们的感知域来展开。而这种感知域或理论域，就是我曾经论述过的缘起的、条件的、具体的、杂语的"缘域"。这种缘域是非疆域的，是有限无边的。有中心，但中心不断移动；有限制，但边界模糊而变化，是涵摄了感知域、理论域和文学场等诸概念的一个中国文学的独特命题。②

我们必须清楚，理论家/思想家和作家/诗人是差异极大而都极具原创性的"作者"，而非仅为叙述者/注释者。中国学术界或理论界的衰落非自今日始，而是远自清代乾嘉学派的考据学风占统治地位以后就衰落了。乾嘉

---

① 理论域，是理论家根据其感知域而创造出的具有一定独立性的理论的场域，当然又会和其他条件相互激发，互为生成，而化解这疆域的藩篱；同样，文学家根据其感知域也会创造出具有一定独立性的文学的场域，这就是布迪厄所说的文学场，这文学场同样和其他条件激发生成，而化解其藩篱。

② 参见何光顺：《文学的缘域——兼论文学的自性与他性》，《暨南学报（哲学社会科学版）》2013年第11期。

学派学风的形成是清朝政权全面控制思想学术领域的结果，在其时的学者们无法实现对属于时代和个体的真切生命感受和社会批判进行独立写作时，便只有将精力转向对既往成果的清理和总结工作，于是，"以考据为特征的乾嘉汉学风靡一时，与此相关的文字、音韵、训诂、辑佚、目录、版本等各门学科也迅速发展并取得了可观的成就"①。梁启超就将清代学术思想囊括无遗地称之为考证学，并认为考证学派"发源于顺康之交，直至光宣，而流风余韵虽替未沫，直可谓与前清朝运相终始"②。在18世纪的乾嘉考据学风的盛行中，17世纪明清鼎革之际以黄宗羲、顾炎武、王夫之为代表的理学思想家的影响便渐至趋于沉没。此后虽有19世纪和20世纪以来受到西方思想冲击而起的思想启蒙运动，然而，那种迫于政治压力以及乾嘉学风影响的中国学术却始终无法产生原创性的思想家和理论家，这无疑是近现代中国思想史的一大遗憾。因此，在21世纪的中国，要真正实现思想的原创，激发文学理论的创造力，就不是提倡理论家/思想家去考据和索解文学作品和作家的原始意图，而真正迫切的任务，在于理论家们必须面对我们当代社会政治与经济文化生活中的一切问题，做出自己的思考与解答。当代中国的人文学者或理论家，更当借用那些反映近一两个世纪以来的思想和社会风貌变迁的文学作品，以方便他去观察历史性的民族和社会生活，并进而以理论的方式做出高度概括和总结。于是，一个作者的写作或单个的文本就远远不能满足理论家/思想家为人类精神世界寻找答案的内在冲动，他必得寻找到其他资料，如宗教作品、历史作品、哲学作品、音乐作品、美术作品，如此等等，这一切都让文学理论的自我成长最终会走出文学，超越具体的属于文学家个人化表达的文学文本，进入一个"我思"的世界，进入一个理论家的"我行"的实践，而这就是理论家的主观化投射和体验。

因此，从这个角度来说，张江有两个极为准确的判断：一是认为西方

---

① 王俊义：《清代学术探研录》，中国社会科学出版社2002年版，第22页。
② 梁启超：《清代学术概论》，《梁启超论清学史二种》，复旦大学出版社1985年版，第55页。

理论本身就是一种强制阐释的方式,西方理论家大量地进行非文学的场外挪用、场外借用、场外转用、语词置换;二是中国学者在借用西方文学理论时,对中国文学文本进行予取予求的强制阐释,我们的文本、历史、文学成了西方理论的注脚。① 这两个判断所折射的问题应当说是很多学者都认识到的,然而,张江对这两种强制阐释的方式所持的批评和否定态度,却是让人不敢完全苟同的。笔者认为,西方理论的强制阐释方式本身,正好体现了西方理论家或思想家们的原创性精神,因为他们大多能从古希腊、中世纪、东方、拉美、非洲的任何资源迂回以进入西方的当下生活,去发现西方世界所需要弥补和建构的某种精神世界,并从而生长出一棵属于自己的理论生命之树,其他的一切资源不过是成为欧洲思想和欧洲理论的营养。不过,笔者也赞同张江对中国学者的批评,就是中国学者借用西方文学理论强制阐释中国文学文本的行为,并没有以西方文学或西方理论作为我们的资源与营养,以创造出属于我们的理论生命之树,我们的一切文学文本只是成了西方思想的注脚,这个批评确实是切中肯綮并极具现实意义的。

三、视域融合:阐释学立场前置的合理限度

张江所说的"前置立场"实际上就是伽达默尔所说的"前理解"。在伽达默尔看来,任何理解和解释都依赖于理解者和解释者的前理解,解释从来就不存在无前提的把握,前理解或前见是历史赋予理解者或解释者的生产性的积极因素,它为理解者或解释者提供了特殊的"视域"(horizont)。视域就是看视的区域,它包括了从某个立足点出发所看到的一切。理解者和解释者的视域不是封闭和孤立的,它是理解在时间中进行交流的场所。理解者和解释者的任务就是扩大自己的视域,使它与其他视域相交融,这就是伽达默

---

① 张江:《强制阐释论》,《文学评论》2014年第6期。

尔所谓的"视域融合"(horizontver-schmelzung)。① 因此，理论家所研究的文本就不再是客观的对象，而是历史和现在、客体和主体、自我和他者构成的无限的统一体，而这就是伽达默尔所说的"效果历史"，是一种关系，故理解按其本性乃是一种效果历史事件。美国文论家赫施则提出文本有含义与意义之分："作品对作者来说的意义（bedeutung）会发生很大变化，而作品的含义（sinn）却相反地根本不会变。"② 张江希望回到文学文本的原意的解读，很可能就是摒弃了解释者和历史文本之间所应当生发出来的那种事件性和关系性的联系，也可能忽略了作品对于作者来说的意义的变化，这可能导致解释者的主体性和能动性的丧失，造成解释者仅仅沦为历史文本的被动的跟随者。

对于阐释学的视域融合思想和文学批评所内含的立场前置的合理性，王宁、朱立元等几位学者已有探讨，笔者这里仅从中西方思想史的角度说明立场前置或视域融合的必然性。从西方思想史的发展来看，思想的萌芽，就几乎是从前置立场或特定视域开始的。前苏格拉底的自然哲学学派预设了世界有一个本源的前置立场，这实现了对于古希腊神话着重感官世界的突破，从而展开了对于世界的"一"与"多"、"变"与"不变"的理论思辨，可以说，属于理论的思想正是在抛弃接近文学的神话和史诗中，开始了自己独立的成长。自然哲学家们有关世界有一个本源的前置立场是一致的，只是在这个本源到底是什么以及这个本源与世界的关系是什么的问题上，他们才产生分歧。随后，智者学派虽然质疑了这种对世界本源的追问，但同样有一个前置立场，那就是权力和利益，属于个人的感官化的欲望，成为衡量世界的尺度。在批判智者学派中，苏格拉底、柏拉图同样预设了一个前置立场，那就是正义和智慧是最好的，而正义和智慧都是属于神的，神是最好的，只是正义、智慧、美是什么，以及我们如何去接近神的方式上，苏格拉底和柏拉图

---

① 〔德〕汉斯-格奥尔格·加达默尔著，洪汉鼎译：《真理与方法》"译者序言"，上海译文出版社2004年版，第7—8页。
② 〔美〕赫施著，王才勇译：《解释的有效性》，生活·读书·新知三联书店1991年版，第16页。

进行了更深入的思考。而亚里士多德的不动的推动者和初始因，以及新柏拉图学派的神，都为中世纪基督教神学不可置辩的神的绝对至善的前置立场奠定了思辨的基础。从圣奥古斯丁以后延续一千年的中世纪神学，也同样是在神的绝对至善等诸多前置立场中展开其神学体系的建构的。

从中国思想史的发展来看，同样离不开前置立场的预设。先秦儒家有仁义之道，道家有自然之道的前置立场，两汉经学有预设王道的前置立场，魏晋玄学是以自然之道的前置立场去解释儒家，佛学是以缘起观的前置立场去解释世界，宋明理学是以理气论二分的前置立场去解释生命。近代以来，强制阐释的前置立场预设，同样是普遍的。比如以浪漫主义、现实主义、爱国主义、民族主义、马克思主义、人道主义、女权主义强制阐释中国文学文本，其他还有人性论、语言论、存在论、结构论等各种预设前置立场的强制阐释。这种近现代向西方大量征用和借鉴理论的强制阐释，实际上是一种文化不自信的表现，导致了学者所说的中国理论界的失语症，只有大量运用西方理论，好像才显得时髦和有学问，中国的文学文本成为西方理论的脚料和注释。无疑，在此种对强行征用西方理论的强制阐释的批判方面，张江为纠正当下唯西方马首是瞻的西化论学风打了一针清醒剂。

在文学理论批评中，要判断一个前置立场的好坏，就需要进入历史中，看其是强贴标签还是在解决民族的或个体生命的问题。比如魏晋玄学理论家，以道家自然无为思想强制阐释孔子，就是为世族政治张目的具有"虚君主义"倾向的玄学政治实践，是有意义的。① 又如佛教传入中国，将老子、庄子都强制阐释为略通佛祖之意又未达到佛祖境界的贤人，这对士人摆脱生命困境也是有帮助的。因此，不受现实政治或宗教权力干预，而出于理论家针对当下问题的自由创造的为着个体、生命和民族说话的强制阐释就是好的。然而，如果当问题生存语境已经消失，还在运用既成理论来强制阐释，就是无效或坏的阐释。比如在"文革"时期，样板戏只是生硬地套用马克思

---

① 参见何光顺：《玄响寻踪——魏晋玄言诗研究》，暨南大学出版社 2011 年版。

主义的阶级斗争理论，进行简单的切割，将英雄塑造成高大全的形象，脱离了真实生活，就桎梏了文学艺术的创造。又比如游国恩主编的《中国文学史》，完全根据欧洲民族所经历的历史发展阶段把中国古代社会划分为原始社会、奴隶社会、封建社会并据此批评中国文学，就缺少了对于中国文学史的深入考察，未发现中国的西周春秋实际是封建社会而非奴隶社会，秦汉到明清实际是皇权专制社会而非封建社会。

因此，如果我们要探讨前置立场的合理性及其限度的话，那么，文学理论家的自由和独立就是其首要的内在条件，而政治与宗教权力放弃对理论家或思想家的干扰，则是前置立场的有效性和合理性的重要的外部条件。文学理论与批评的前置立场，不是阉割了文学，而是丰富了文学，因为一个伟大的文本，或一个文本序列，往往会涉及多重问题，每次探讨都只有从理论家所熟悉的知识背景出发，这知识背景会生成他的前置立场，这个前置立场会生成他阅读文本和系列文本的一个视角，并构成其阐释的主线，而这也将有助于该文本中的某个主题的凸显，有助于理论家的个体生命与文本内在生命的呼应和契合。

四、民族话语建构：以当前中国民族国家建设为例

张江关于强制阐释的否定性批评，实际上根源于中国学人寻求民族自我身份认同和构建民族理论话语的迫切愿望以及这种愿望难以实现的内在焦虑。① 这正如曹顺庆指出的，长期以来，中国现当代文艺理论基本上是借用西方的一整套话语，中国传统文论基本上被遗弃，而参与现代文学大厦建构的，是五光十色的西方文论；新中国成立后，又一头扑在俄苏文论的怀

---

① 民族话语建构，或许是当前中国学术所应当承担的一种国家使命，当此民族复兴之际，如果缺乏一种与其经济、政治和军事实力相符合的文化理论或民族话语建构，那么，所谓的民族复兴就难免流于物质主义的，是只有身体而没有灵魂的。张江作为中国社会科学领域的重要学者，他在后来为自己思想辩护中提出了民族话语建构问题，这便已经体现出他本人的强制阐释论的立场预设了。

中；自新时期（1980年）以来，各种各样的新老西方文论纷纷涌入，在中国文坛大显身手，又令饥不择食的中国当代文坛"消化不良"。①90年代以后，当商业浪潮席卷华夏这片古老的土地时，学者们更是为中国文论话语的"失语"状态而焦虑。正是在此种情况下，张江提出："中国文论建设的基点，一是抛弃对外来理论的过分倚重，重归中国文学实践；二是坚持民族化方向，回到中国语境，充分吸纳中国传统文论遗产。"②因此，民族化文论的建构，是张江最关注的核心问题所在，也体现了他作为一位中国人文学者所具有的使命感和责任感。

因此，我们可以说，张江的强制阐释论与其说是批评西方理论的偏弊，不如说是为着解决中国文论的问题。这正如前面所论说的，立场前置、主观预设实际上是隐藏在阐释实践和阐释理论中的合理的强制指向，这种强制指向不仅存在于西方文学理论的话语中，同时也存在于张江所期望实现的民族话语的建构中。这种民族话语建构其实就是我所称道而张江讳言的政治立场和意识形态立场，就是他为着解决中华文化共同体凝聚问题所构想出的合乎逻辑与情理的立场前置与主观预设。这种民族话语，既可以体现为国家层面的社会主义核心价值观，也可以体现为民间层面的儒家思潮、民族主义思潮等。这些各有侧重的思潮都是围绕着民族话语的建构而展开，就是先预设了"民族本位"的前置立场以及以某种主义为最优化的民族话语的主观想象。

某种程度上说，理论并不是无国界的，而永远是带着独特的民族记忆和个体生命的体验，并为着某种在场感而说话的。这也是张江指出的，"文学不能'虚无'历史"，"文学'虚无'历史，否定了历史和现实的连续性"。③这里的历史就是每一个个体生命所应当储存着的民族记忆。遍观世界各国的文学理论，就不难发现这种烙印在文论话语中的民族印记。如海德格尔的存在哲学就是围绕着德意志民族的此在生命体验来论说的，萨义德的东方学是

---

① 曹顺庆：《文论失语与文化病态》，《文艺争鸣》1996年第2期。
② 张江：《当代西方文论若干问题辨识——兼及中国文论重建》，《中国社会科学》2014年第5期。
③ 张江：《文学不能"虚无"历史》，《文学评论》2014年第2期。

为着伊斯兰等东方文化说话的，女权主义理论是为着女性的权利展开的，民族主义则是为着某个民族的自我利益来进行身份建构的。因此，如果仅仅从理论家应该具有相对于文学家的独立性来说，强制阐释是必然的，张江对于强制阐释的批评可能禁锢了理论应当有的独立性。但是如果从当前中国民族话语的建构和民族国家的建设来说，张江对中国文论强制套用西方理论的批评，应当说又是及时的。长期以来，中国不仅是文论话语呈现出一种"失语"状态，而且在民族国家的身份建构方面呈现出"民族虚无主义"或"文化虚无主义"的空前危机。正是从理论的民族性立场出发，张江指出了西方文论所生长的西方文化语境与中国文化语境所具有的三个方面的严重错位，那就是语言差异、伦理差异和审美差异。① 因此，张江的强制阐释论思想既可以看作是一个学者的思考，同时也可以看作是一个民族主义者渴望建设中国民族国家认同的理论自觉。此种学术思考和民族身份自觉是具有重大意义的。这种民族话语的建构，是我们在破除西方理论中心主义、破除中国文学批评界唯苏俄或西方马首是瞻的偏弊以后，当接着思考的紧要问题。这个问题就将不再是局限于文学的，而应当同时是政治的、伦理的、宗教的，这种立场前置的强制阐释指向，也是植根于中国理论家的当下生存体验和生活实践的。如果从中国的一切话语都当融合成为一个认同中国民族国家的统一体的角度来说，无疑，一个崭新的任务就摆在了当代中国学者的面前。

(《学术研究》2016年第11期)

---

① 参见张江：《当代西方文论若干问题辨识——兼及中国文论重建》，《中国社会科学》2014年第5期。

阐释的超越与回归
—— 强制阐释论与中国当代文本阐释批评的理论拓展

段吉方*

强制阐释与当代西方文论的有效性辨识问题是近年来中国当代文学理论界集中讨论的问题，也是影响中国当代文学批评理论发展与建构的一个重要的"理论事件"。"强制阐释论"从2014年在中国当代文论界提出，2015年得到了较为集中的讨论研究，至今相关的理论观念仍然在发展。前见、阐释域、阐释边界、作者意图、场外征用、主观预设、理论中心论等问题的探讨得到了深化，学界反响热烈。在中国当代文论中，强制阐释论的研究已经明显起到了反思西方文论的理论支点作用，它的理论价值不但在于对当代西方文论的知识论论域和实践过程提供了阐释分析的批评框架，更重要的是，对中国当代文论中的文本阐释研究具有积极的推动作用。在以往的研究中，中国当代文论中的文本阐释问题更多是在西方阐释学的理论视域下进行的，尚缺乏充分的本土化理论，更缺乏超越西方阐释学理论路径的有效的理论方式，这方面，强制阐释论研究在当代理论发展态势下将文本阐释的问题从西方阐释学及其当代西方文论中剥离开来，将西方文论的反思问题从一种批判性观念上升为文本阐释的理论建构，试图在当代西方文论反思中重返文本阐

---

* **作者简介** 段吉方，华南师范大学文学院教授。

释学的理论与方法，从而为中国当代文学理论批评中的文本阐释问题提供了有益的启发。在深化与推进当下的强制阐释论研究中，中国当代文论中的文本阐释研究需要解决的仍然是西方阐释学理论的有效转化与借鉴的问题。超越对西方阐释学的知识论层面上的理论路径依赖，在具体阐释实践中找到文本阐释的问题性策略，是中国当代文论中的文本阐释研究需要进一步强化和解决的问题。

一、强制阐释论的提出与文本阐释问题

强制阐释论是中国当代文学理论研究界提出的问题。2014年，中国社会科学院张江教授提出了当代西方文论中的强制阐释问题，并以强制阐释论描述分析当代西方文论的理论缺陷与特征，进而在当代中国文论研究中掀起了西方文论批判反思的理论热潮。张江在提出他的强制阐释论观点的时候强调，他的目的是以当代西方文论中的强制阐释问题为线索，"辨识历史，把握实证，寻求共识，为当代文论的建构与发展提供一个新的视角"[①]。两年多的时间过去了，强制阐释论的研究引发了有关当代西方文论的热烈讨论，并就当代西方文论中的文本阐释问题展开了深入的理论探究，可以说，已经在辨识历史、把握实证方面取得了重要的理论成果。当然，在这个过程中，很多学者也对强制阐释论研究提出了不同的意见，指出了强制阐释论的提法及理论研究中的不足之处，但从整体上而言，强制阐释论在当代文论研究中还是起到了较为积极的理论推动作用。这方面的理论争鸣文章已经很多，其中，关注强制阐释论、讨论强制阐释论以及批评强制阐释论的一个重要的理论焦点就是强制阐释论与当代西方文论中的文本阐释问题。关注文本，试图回到文本，努力从文本出发破除当代西方文论的阐释弊端以及有效建构一种当代的文本阐释观念，是强制阐释论研究中凸显出来的重要问题，也是对西

---

① 张江：《强制阐释论》，《文学评论》2014年第6期。

方文论中的文本阐释有较为明显的理论呼应的内容。

西方阐释学的理论传统较为漫长，理论研究视域广阔，思想交叉跨越明显。这些因素构成了西方阐释学理论复杂的思想内涵，也是阐释学的理论观念能够不断跨越学科限制走向理论的开放性的重要原因。在阐释学理论的发展过程中，文本问题曾是理论的核心，在著名的西方阐释学理论发展的"三阶段"即施莱尔马赫、狄尔泰以及伽达默尔的理论发展中，文本阐释不断从阐释学的理论元问题中凸显出来，特别是在施莱尔马赫的理论中，有的研究者直接地说："施莱尔马赫关注的是文本。"① 施莱尔马赫的普遍解释学观念是解释学理论从经典解释学到哲学解释学的重要中介，普遍解释学的观念就是从文本出发的。施莱尔马赫强调阐释的目的是对作者文本意义的了解，为了达到这一目标，就需要必要的方法和技巧。施莱尔马赫将这些技巧和方法的研究上升为一种普遍性的原则，从而将解释学推进到了一个普遍性理论的阶段，实现了普遍解释学的理论发展。由于施莱尔马赫的倡导，阐释学中的文本观念占有一定的位置，正是由于文本的权威性，解释学不仅仅是一种理解和阐释特定研究对象和内容的理论，而是从普遍性的角度理解一个对象的思想的艺术，这个普遍性的角度不排除作者的意图，施莱尔马赫进而把这种理解的艺术概括为"直觉的方法"（divinatory method），"所有的人都具有共同的结构，即每一个人都包含他人的因素，一个人可以通过自我的理解达到他人的理解"。② 施莱尔马赫的解释学理论原则后来得到了伽达默尔的纠正。在《真理与方法》中，伽达默尔曾申明："诠释学的问题从其历史起源开始就超出了现代科学方法论所设置的界限。理解文本和解释文本不仅是科学深为关切的事情，而且也显然属于人类的整个经验世界。诠释学现象本来就不是一个方法论问题，它并不涉及那种使文本像所有其他经验那样承受科学探究的理解方法，而且一般来说，它根本就不是为了构造一种能满足科学方法

---

① 〔美〕帕特里夏·奥坦伯德·约翰逊著，何卫平译：《伽达默尔》，中华书局2003年版，第14页。
② 〔美〕帕特里夏·奥坦伯德·约翰逊著，何卫平译：《伽达默尔》，中华书局2003年版，第14页。

论理想的确切知识。"[①] 伽达默尔对解释学这一理论主旨的深化和发展，改变了解释学理论的发展方向，开启了哲学解释学的理论迈进过程，也极大地扭转了施莱尔马赫解释学中对"文本"地位的坚持。伽达默尔提出，哲学解释学的目的不是建立一门关于理解的技艺学，"艺术家作为解释者，并不比普通的接受者有更大的权威性。就他反思他自己的作品而言，他就是他自己的读者。他作为反思者所具有的看法并不具有权威性。解释的唯一标准就是他的作品的意蕴（sinngehalt），即作品所'意指'的东西"[②]。文本的问题在施莱尔马赫和伽达默尔之间产生了理论上的分歧，但就阐释学理论而言，这种分歧不是理论的抵牾，而是更深层次的合流。按伽达默尔的理解，首先，解释不是从文本出发的，解释是历史的过程，施莱尔马赫从文本出发的解释学把文本放置到一部文学作品的整体关系中，在逻辑中会产生解释的循环；其次，文本的中心性会破坏理解的真理性和历史性，施莱尔马赫把文本的解释看作是一种对原来产品的再生产，这是把文本视为脱离它的认识内容的一种阐释，这其实是一种"文本阐释学"，即"根据语言的标准范例对于任何语言性事物的理解"[③]。在伽达默尔的理论中，文本的概念受到了影响。但并非文本在解释学中不重要了，而是文本解释的不同倾向在起作用。从哲学的层面而言，伽达默尔的解释学理论对文本其实是提出了一种修正式的理解，在他看来，施莱尔马赫的贡献是值得肯定的，但对文本阐释的方向需要完善，在这样的意义上，伽达默尔对文本的修正不但没有对解释造成障碍，反而是一种重要的理论补充。

强制阐释论对西方阐释学理论中的文本观念有明显的理论呼应，强制阐释论首先是从当代西方文论中的文本阐释问题出发的。张江提出，当代西

---

① 〔德〕汉斯-格奥尔格·加达默尔著，洪汉鼎译：《真理与方法》上卷，上海译文出版社2004年版，第17页。
② 〔德〕汉斯-格奥尔格·加达默尔著，洪汉鼎译：《真理与方法》上卷，上海译文出版社2004年版，第250页。
③ 〔德〕汉斯-格奥尔格·加达默尔著，洪汉鼎译：《真理与方法》上卷，上海译文出版社2004年版，第255页。

方文论"构建理论以预定的概念、范畴为起点,在文学场内作形而上的纠缠,从理论到理论,以理论证明理论。开展批评从既定的理论切入,用理论切割文本,在文本中找到合意的理论材料,反向证实前在的理论。在局部与全局的关系上,用局部经验代替全局,用混沌臆想代替具体分析。获取正确认识的路径不是从实践到理论,而是从理论到实践,不是通过实践总结概括理论,而是用理论阉割、碎化实践"①。所谓实证与共识的研究正是从文本出发的,文本阐释的问题仍然是阐释和强制阐释的认识论根源问题。在这个认识论根源上,张江提出,当代西方文论的主要局限有:"脱离文学实践,用其他学科的现成理论阐释文学文本、解释文学经验,并将之推广为普遍的文学规则;出于对以往理论和方法的批判乃至颠覆,将具有合理因素的观点推延至极端;套用科学主义的恒定模式阐释具体文本。"②这是强制阐释论的一个重要的理论指向,那就是对西方文论的反思其根本要义是找到重建中国文论的路径。张江认为:"当代西方文论生长于西方文化土壤,与中国文化之间存在着语言差异、伦理差异和审美差异,这决定了其理论运用的有限性。中国文论建设的基点,一是抛弃对外来理论的过分倚重,重归中国文学实践;二是坚持民族化方向,回到中国语境,充分吸纳中国传统文论遗产;三是认识、处理好外部研究与内部研究的关系问题,建构二者辩证统一的研究范式。"③可以说,这两个方面的理论设想最终都落实到了文本阐释的焦点上,这也正是强制阐释论有效呼应当代西方文论的文本阐释观念进而提出中国当代文论构想的地方。在现代阐释学的理论发展中,如何有效地理解文本原意及其"真理呈现"的问题一直是一个研究重点,强制阐释论将研究落实到文本阐释的问题上,既是在深化这个理论重点,同时又对文本阐释的具体问题提出了自己的见解,正因为着眼于此,才获得了一种理论探讨的可能性。在当代文论研究的视野内,反思当代西方文论的方式和方法有很多,也曾引起

---

① 张江:《强制阐释论》,《文学评论》2014年第6期。
② 张江:《当代西方文论若干问题辨识——兼及中国文论重建》,《中国社会科学》2014年第5期。
③ 张江:《当代西方文论若干问题辨识——兼及中国文论重建》,《中国社会科学》2014年第5期。

当代学者的普遍关注,但中国当代文论中的强制阐释研究的理论目标和定位很明确,首先是对西方文论的反思,其次是中国当代文论的构建,反思与构建的过程都是努力从文本阐释出发廓清中西文论的阐释间隔问题。无论是当代西方文论中的文本阐释观念,还是强制阐释论中的具体问题,有了立足文本从文本出发的理论观念,反思批判与理论建构才有了方向与目标,这也是中国当代文论中的强制阐释研究具有学理提升价值的内容。

二、主观预设、前见与视域融合

主观预设是强制阐释论研究中所提出的理论问题。张江在《强制阐释论》一文中提出,所谓主观预设是指"批评者的主观意向在前,预定明确立场,强制裁定文本的意义和价值。主观预设的批评,是从现成理论出发的批评,前定模式,前定结论,文本以至文学的实践沦为证明理论的材料,批评变成对文本和文学作符合理论目的的注脚"[①]。在文本阐释的过程中,主观预设是否存在?主观预设的批评是否导致强制阐释?这些问题值得进一步深究。张江的看法是,主观预设的批评导致了文学批评阐释中的前置立场、前置模式和前置结论。当代西方文论及其批评实践之所以会出现这种主观预设的批评,原因有二:其一是当代西方文论的场外征用使然,其二是理论过度膨胀的结果——"各种理论思潮此消彼长,令人目不暇接。与之相应,在理论和文本的天平之上,理论的分量越来越重,人们对理论的热情、对理论的期待和重视程度越来越高,相反,文本反倒成了配角,不但丧失了理论诞生源头的地位,在功能上也沦落为理论的佐证和注脚。"[②] 主观预设的问题还是围绕着文本阐释展开,其问题的根本在于文本解释的主观性、文本及其意义阐释的有效性。这个问题在当代西方文论的文本阐释中也有所提及,那就

---

① 张江:《强制阐释论》,《文学评论》2014 年第 6 期。
② 张江:《强制阐释的主观预设问题》,《学术研究》2015 年第 4 期。

是解释学理论中的"前见"问题。西方解释学理论的代表人物伽达默尔认为,任何理解或解释都是现在与过去的对话,面对一个文本,一方面我们针对文本发问,聆听它们,另一方面,我们不可能凭空地理解和判断事物,而必须以前人传授给我们的知识为前提,这样就意味着我们有一种从过去所接受的用以对事物做出理解和判断的"传统"和"前判断"。这个"前判断"构成了解释学文本阐释的理论前提,也是文本阐释的当下理解的基础,它为文本阐释预先规定了方向,而今天的理解又会成为明天的"传统"和"前见",因此,"前见"是保证解释行为不断延续的条件。

　　伽达默尔对文本阐释的"前见"的理解有合理之处,但弊病在于"前见"能否完全说明阐释中的主观问题及其文本阐释意义的旁落,或者说文本"真理性"呈现的确定性问题,这一点伽达默尔是语焉不详的。在后来的理论推进中,伽达默尔解决前见问题的方法论原则是提出并申明解释过程中的"视域融合"①。所谓视域融合,是说每个人的理解都必须受到传统和"前见"的制约,这意味着解释者总是在特定的时间和历史条件下,即处在某种"阐释景况"之中理解文本的。"阐释景况"决定了理解的范围是有限的,是有一定的"视域"的。伽达默尔认为,文本阐释的视域是不断形成,不断发展,也不断扩展的,永远不会固定下来。理解者和他所理解的对象(文本)都有各自的视域。"理解者的视域"是他从传统和前见中接受知识和经验所形成的前判断,是一种对意义和真理的预先期待;"文本的视域"是作品置身于历史之中,是文本在与历史"对话"中形成的一种现存的连续性,包括不同历史时期人们对文本所做的一系列阐释。在伽达默尔的理解中,正是由于文本阐释中的视域融合,理解者和文本之间有了可以沟通的中介,文本阐释的过程最终就是视域融合的结果。

　　伽达默尔的"视域融合"概念及其理论分析向来在当代西方文论的文

---

① 视域(horizont),最初是由胡塞尔和尼采引进哲学的,指的是思维受其有限的规定性制约的方式以及不断扩展的规律。在伽达默尔那里,视域标志着人从他已有的经验和知识出发所能达到的理解范围。

本阐释中具有重要的地位。按照伽达默尔的理论，视域融合的出现不但有效解决了解释的"前见"或说"前判断"带来的文本阐释的障碍，而且更主要是防止了解释的主观性的出现。因为视域融合是发生在读者与文本对话过程中的，有了基于文本解释的对话性，文本阐释的历时性和共时性开始融为一体，主体和客体，自我和他者的界限被打破了，文本阐释的过程不断被新的阐释视域所置换和发展。伽达默尔的这个理论观念的确为现代文本阐释研究提供了新的角度，代表着文本阐释思维的重大变革，其重要的理论表征是强调文本阐释的历史性和发展性，解决了传统"赫尔墨斯之学"凝固的文本阐释概念。但是，伽达默尔的观点也不是完全无懈可击，一个明显的理论难题是视域融合的问题仍然是在语言的层面发生的，伽达默尔提出："在理解中发生的视域交融乃是语言的真正成就。"[①] 语言问题构成了"前理解"的基础，也表征着理解的本质，更是文本阐释意义之源。既然语言构成了视域融合的基础，那么，文本阐释的意义问题在语言中究竟是如何呈现出来的？在语言中发生的视域融合要不要主观性，如何避免主观的发生？这个问题恰恰是阐释学理论中较为模糊的地方。强制阐释论提出的主观预设问题在学理的层面上正是由此而发。对此，周宪的看法是："作为人文学科组成部分的文学理论，前置立场不但无法消除，而且在某种程度上说是相当重要的。我始终认为，文学研究不同于其他知识系统的一个突出特点，就在于文学研究者总是持有鲜明的价值立场，这一立场当然是前置的，或者更严密地说，文学研究者的价值立场甚至意识形态立场一定是先在的。我们很难想象在没有前置立场的情况下发表自己的文学见解。"[②] 朱立元也肯定强制阐释论中的主观预设问题的反思，他认为张江强制阐释论中的主观预设的说法没有完全否定西方解释学理论，而是有所推进，他进而补充："这个观点是西方阐释学史上一个重大突破和推进，它既揭示了人的认识、理解、阐释的与生俱来的历史性

---

① 〔德〕汉斯-格奥尔格·加达默尔著，洪汉鼎译：《真理与方法》上卷，上海译文出版社2004年版，第490页。
② 周宪：《前置结论的反思》，《学术研究》2015年第4期。

和有限性，也肯定了理解、阐释的主体性、生产性和创造性，有效地克服了古典阐释学的纯客观主义局限。""'主观预设'的特征，更准确、更击中强制阐释的要害。"①

与伽达默尔的"前见"与"视域融合"概念相比，强制阐释论提出的主观预设问题不是否定"前见"的存在，而是在肯定文本阐释中的主观性与前理解普遍存在的情况下，思考如何避免主观预设的问题。当然，张江并没有就如何解决主观预设的问题提出理论解决的进一步方案，但正是借主观预设的问题更深刻地思考了文本阐释的有效性及其文本阐释的确定性问题。在这方面，强制阐释论的主观预设研究既与西方阐释学的相关理论有一定的重合之处，但又不完全在同一个理论发展方向上。而就文本阐释的确定性以及在文本阐释的主观性普遍存在的情况下，如何进行有效的文本阐释这个问题上，又有着理论主张的一致性。强制阐释论提出的主观预设问题没有推进到伽达默尔所提出的"视域融合"这个理论层面，但在后来的研究中，特别是在意图在不在场，作者能不能死等问题的研究中，张江又回到了如何避免阐释的主观预设的问题逻辑上，其理论着眼点仍然是在文本阐释学的基本立场上，可以说，这也是张江对文本阐释的主观预设与"前见""视域融合"问题的一次有益的理论尝试。

三、场外征用与解释的循环

解释学作为一种哲学理论是如何应用到文学批评的，这主要由两个方面的因素决定。首先，解释学的理论起点和动因是关于文本的阐释。阐释学发展的早期阶段，在作为"赫尔墨斯之学"的阐释学理论的草创中，关于《圣经》和《荷马史诗》的"寓意阐释"最早是从《圣经》和《荷马史诗》的文本（text）出发的，阐释学理论发展的重要阶段"施莱尔马赫时期"，强调

---

① 朱立元：《关于主观预设问题的再思考》，《学术研究》2015年第4期。

阐释的文字、意义与精神的合一，确立的是以文本为阐释的核心位置，文本阐释的问题成了经典阐释学理论的重要组成部分。从狄尔泰开始的现代阐释学，经过海德格尔、伽达默尔的哲学阐释学的理论发展，文本阐释的核心要义逐渐被历史阐释的哲学方法所代替，"历史即文本""理解即此在""阐释即本体"，在这个理论发展的过程中，文本并没有完全缺席，而是文本阐释的观念被充分哲学化、历史化和本体化了，文本仍然是作为一个重要的研究对象被提出来，文本的阐释也有了融入批评实践的可能。其次，在哲学解释学向现代批评实践跃进的过程中，艺术的本体阐释起到了重要的作用。提出并深入探究这个问题的仍然是伽达默尔。伽达默尔提出，在解释学消除"前理解"和抵达文本"真理性"的过程中，艺术起到了重要的作用，"艺术的万神庙并非一种把自身呈现给纯粹审美意识的无时间的现时性，而是历史地实现自身的人类精神的集体业绩"①，这就需要阐释，也就是所谓的"审美区分"，区分那种认识论和趣味论意义上的审美概念，艺术的真理性问题也由此进入了阐释学的理论视域之内。在伽达默尔看来，艺术经验的"主体"，不是经验艺术者的主体性，"而是艺术作品本身"②，所以对艺术进行阐释就成了现代解释学的一项基本的工作。伽达默尔考察了作为本体论阐释入门的游戏，指出了游戏的存在方式及其对艺术本体阐释的意义。就像艺术的存在方式不能由艺术者的主体性来代替一样，"游戏的真正主体（这最明显地表现在那些只有单个游戏者的经验中）并不是游戏者，而是游戏本身"。③ 在这个过程中，伽达默尔通过游戏的本体阐释，提出了阐释学中的文本与解释者、创作者与接受者的关系，并将阐释学中的文本阐释问题引入批评实践，才有了文本阐释学的理论发展。

---

① 〔德〕汉斯-格奥尔格·加达默尔著，洪汉鼎译：《真理与方法》上卷，上海译文出版社2004年版，第126—127页。
② 〔德〕汉斯-格奥尔格·加达默尔著，洪汉鼎译：《真理与方法》上卷，上海译文出版社2004年版，第133页。
③ 〔德〕汉斯-格奥尔格·加达默尔著，洪汉鼎译：《真理与方法》上卷，上海译文出版社2004年版，第138页。

伽达默尔对艺术经验阐释的理论推动对解释学有重要的价值，伽达默尔的研究者，美国学者帕特里夏·奥坦伯德·约翰逊认为，伽达默尔对艺术经验的阐释有效克服了哲学中的主客二分的思想，"有助于人们克服异化，而理解艺术可以使人更好地理解和认识他们是谁"[①]。强制阐释论中的"场外征用"问题与伽达默尔提出的从哲学意义上的文本阐释应用到批评实践的过程有较为深入的理论联系，但理论方向与重心是不同的。所谓场外征用，在张江看来，是当代西方文论诸多流派的通病，"许多'学派'和'主义'都立足于此，他们依据文学场外征用理论，对文本和文学做了非文本和非文学的强制阐释"[②]。他提出，从20世纪初开始，除了形式主义及新批评理论以外，其他重要流派和学说，基本上都是借助于其他学科的理论和方法构建自己体系的。按伽达默尔的理解，场外征用似乎是合理的。王宁也从跨学科的角度谈场外征用的问题，认为比较文学的跨学科研究提出场外征用是可能的，但对于文学理论研究的场外征用，他认为："一方面说明文学批评自身的理论匮乏，它无法像以往那样从自身的创作和批评实践中提炼抽象出理论，因而不得不借助于非文学的教义来武装批评家和研究者。另一方面则说明，非文学的理论话语的力量如此强大以至于它受到文学批评家和研究者的热情拥抱和创造性运用。"[③]场外征用不仅仅是面对当代西方文论的强制阐释所提出的问题，回到伽达默尔的阐释学，伽达默尔对文本阐释问题的理解也存在对场外征用的探讨，只不过，伽达默尔没有明确提出，他们共同指向的是文本阐释批评的"现实着陆"问题。伽达默尔倡导的文本阐释和艺术本体阐释是从哲学层面着眼的，强制阐释论中的场外征用是从方法论批判立论，但二者目的是一致的，在理论层面上都体现出了如何有效解决文本学阐释的理论路径问题。强制阐释论提出的"场外征用"的"场"既是整体意义上的文学场，

---

① 〔美〕帕特里夏·奥坦伯德·约翰逊著，何卫平译：《伽达默尔》，中华书局2003年版，第21页。
② 张江：《关于场外征用的概念解释》，《清华大学学报（哲学社会科学版）》2015年第2期。
③ 王宁：《场外征用与文学的跨学科研究再识》，《清华大学学报（哲学社会科学版）》2015年第2期。

也是狭义上的文本的场，说白了，就是文本批评如何有效回到文本意义的真理性的问题，这恰恰是伽达默尔所强调的。只不过，与西方阐释学的文本阐释理论路径不同的是，强制阐释论中的场外征用是以一种理论质疑的方式提出并从批评生成的角度考虑文本阐释的有效性。除此之外，强制阐释论中的场外征用还有另一个层次的意义指涉，那就是它超越了简单层面上的中西文论的矛盾立场与阐释间隔问题，更多地在文学批评实践层面上将当代西方文论中的解释的循环问题引向深入。

"解释的循环"问题的提出与克服是当代西方阐释学理论传统的重要阶段，也是阐释学理论发展过程中的一次重要的理论洗礼。所谓"解释的循环"是指阐释过程中的文本整体与词句的关系的循环，即对一个文本的理解往往是从个别词句开始和完成的，但这种个别词句的意义阐释又必须依托文本的整体意义来完成，这样，文本的整体意义和文本中个别词句的意义阐释之间就构成了一个不断循环的过程。在阐释的过程中，这种循环阐释的现象经常发生。强制阐释论中提出的场外征用问题也有这个特征，场外征用的发生，其根本上是阐释过程中所谓的"场外"和"场内"的循环论证造成的。每一个自觉不自觉应用场外理论的批评者都暗含了对一个文本整体意义的文学性理解的合法性，这就必须通过"场内"的文学性词句的理解来完成对"场外"理论的阐释。"场外"和"场内"同样是一个互为前提、互为因果的循环论证过程。在具体的文本阐释中，之所以有阐释的循环发生，主要是文本原意的呈现和批评阐释的过程是有距离的，既有历史距离，也有时间距离，所以伽达默尔说"'阅读'是与本文的统一相适应的"[①]。强制阐释论与伽达默尔的阐释学理论的着眼点和理论方向有重合之处，也在这个层面上有所展现。在解释学理论中，不解决阐释的循环就难以抵达文本意义的"真理性"，而忽视文学理论研究中的场外征用问题就会导致文本阐释中文学性意

[①] 〔德〕汉斯-格奥尔格·加达默尔著，洪汉鼎译：《真理与方法》上卷，上海译文出版社2004年版，第212页。

义的偏颇。在文学理论研究中，不排除有些场外征用是合理的，乃至是成功的，对文学理论的意义建构起到重要的作用，就像解释学的解释的循环有时也是一种重要的批评活动一样。对某些文学作品而言，文本阐释过程中的阐释的循环有时难以完全避免，但是，文本阐释中，如果不有效解决阐释的循环和场外征用的问题，就难以达到真正客观的阐释效果，在这方面，场外征用和解释的循环问题都是一种阐释的缺憾。西方阐释学理论对阐释循环问题的理论解决是一个里程碑式的理论迈进，起到重要作用的是狄尔泰，方案是在胡塞尔现象学的"回到事物本身"观念上对施莱尔马赫的自然实证主义倾向予以纠正，建立一种以人的历史发展过程为核心的解释学，同时也是一种精神科学，强调阐释是理解的艺术，这样就可以做到不完全依靠文字的记载去理解作者的本意。但我们可以看到，这个过程就像克服场外征用一样是艰难的，克服了解释的循环就解决了文本阐释的合理性及其限度的问题，避免了场外征用，就对文本阐释的哲学方法和理论批评在文本分析中的"有效着陆"有明显的促进，虽然理论探究的过程和结果是有理论难度的，但仍然为解决文学理论的现实危机问题提出了问题和方案，所以理论的勇气和效应仍然值得肯定。

四、阐释的超越与回归：强制阐释与文本阐释学中的中国问题

在西方阐释学理论发展过程中，关于文本阐释的研究曾在不同理论阶段起过重要作用。在阐释学批评中，文本阐释是一种"呈现""隐逸"和"再度意义化"的过程，并以此进入学理化和哲学化的建构之中。哲学阐释学和本体阐释学实现了阐释学从认识到方法再到本体的转折和变化，但无论阐释学理论朝着什么方向发展，其意义建构与发展真正落地生根仍然离不开若隐若现的文本阐释。就文本阐释的问题而言，西方阐释学理论，特别是伽达默尔的阐释学非常强调文本阐释中的对话性，认为理解与阐释在根本上是阐释者与世界的一种对话，这种对话决定了文本阐释的行为与过程具有一定历

史性，因此不存在超越时间和历史的纯粹客观的解释。中国当代文论中的强制阐释研究与西方文论中的阐释学理论具有不同的理论形态和主张，但很多具体的理论观点，如主观预设、场外理论、作者意图等，与西方文论中的文本阐释观念又有一定的理论暗合之处，正是由于这种理论的暗合之处，二者之间才更容易产生一定的理论碰撞，这也是中国当代文论中的强制阐释研究极易与西方文论中的阐释学理论发生联系的地方。但从根本上，中国当代文论中的强制阐释研究还是与西方文论中的阐释学理论具有不同的理论取向和价值倾向。这个取向更多地还是以强制阐释研究或者说以当代西方文论中的强制阐释现象作为理论研究的突破口，来反思西方文论的理论旅行及其产生的具体影响，从而对中国当代文学理论批评的建构与发展提出有针对性的意见。

中国当代文论中的强制阐释研究不是对西方文论中的解释学理论的"接着说"，而是从中国当代文论研究的现实问题出发，对中国当代文学理论研究的一种根源性理论探讨，因而具有鲜明的问题意识。这种问题意识是基于中国当代文论研究的现实境况而提出的，也是在当代西方文论发展的历史转折时期做出的理论判断。张江提出：

> 从 20 世纪初叶开始，西方文艺理论步入一个新的混沌震荡时期。这个时期的开端，在哲学上，实际上由此前的尼采开启。"上帝死了"这个惊世骇俗的口号，彻底颠覆了人类的理性膜拜，推动了 20 世纪西方文论的根本转向。一百多年过去，文艺理论的成长路径蜿蜒曲折，混沌交错，模糊了几千年人们对文学和艺术的基本认识，撕裂了上一个时期的理论稳定和共识，消解了曾经相对统一的规范和基本认同的方法，各种新的观点、学派、思潮生起且混杂，各种对立、分歧、论争尖锐且充满生气。就目前西方文论的发展状况看，这是一个前所未有的剧烈震荡期，它的发展趋势和进一步的走向尚未清晰。但是，种种迹象表明，当代西方文论正面临并开始一个重要的转折。这个转折的基本方向是，

向一个新的系统整合阶段迈进，即上文所定义的新的理论规范逐步成型，大量的新概念、新范畴、新定律，组合熔炼为新的体系，学科以至理论建设进入稳定共识的更高阶段。①

这种判断是恰当的，同时也是及时的。当代西方文论的发展确实正经历某种转折，但无论怎么转，作为一种知识形态的文论研究仍然离不开具体的问题性和批评研究的有效性，当代中国文论更不应该在西方文论的转折中更加亦步亦趋地紧跟他们的步伐，强制阐释论在这方面具有深刻的警醒作用。中国当代文论不能紧跟西方文论的步伐，就必须要立足于我们自身的理论研究和问题，在破除对西方文论的理论路径依赖之后，强制阐释论研究对中国当代文论提出了明显的理论建构的诉求，这一点也是强制阐释论能够引起诸多关注的原因。

就强制阐释论所涉及的文本阐释问题而言，中国当代文论中的文本阐释在很多层面上也是依赖西方理论、范畴与话语的。这个状况由来已久。西方阐释学理论路径一个明显的特征是哲学化和美学化，这种过于哲学化和美学化的文本阐释不一定对中国当代文论中具体的文学问题研究奏效，过于哲学化和美学化的文本阐释在某种程度上正是在理论与实践的关系上走向了理论主义的误区。在这方面，强制阐释论对中国当代文本阐释学的建构方向与目的问题进行了深入的理论剖析，其切入点是文学理论与文学批评的关系问题。张江提出：

> 理论和实践的关系可以从两个视角来把握。一是现实性视角。从这个视角看，实践明显高于理论，因为它有改造客观世界的特殊品格。二是普遍性视角。从这个视角看，有人会以为，只有理论才有这个特性，而实践没有，因此，理论高于实践，不仅可以指导而且可以阉割实践，

---

① 张江：《当代西方文论若干问题辨识——兼及中国文论重建》，《中国社会科学》2014年第5期。

如同一些当代文论用理论阉割文本一样。这是错误的。实践同样具有普遍性品格。因为现实中的实践含有共同的规律,只要具备了大体相同的条件,就可能得到大体相同的结果。这恰恰是普遍性的含义。①

这种理论探讨对中国当代文学理论批评研究与理论建构具有明显的积极意义。就当代文论建设而言,由于历史的和现实的复杂原因,中国当代文本阐释学的理论建构在系统性、实践性和批评的可操作性方面都有欠缺,特别是20世纪80年代随着西方文学理论发展与中国旅行,中国学界普遍认识到了那种具有自身理论语境特征和问题意识的理论批评建设的重要性,但这种批评建设不能完全是向西方学界的理论传统寻求阐释框架,理论资源的有效借鉴不能变成完全意义上的理论路径依赖,特别是中国当代文论的理论发展与建构,更应该从自身的问题中把握理论发展的方向,充分观照中国当代文本阐释的理论方法。在这方面,强制阐释论不失为一种重要的理论批评个案,它所揭示的当代文论研究的文本阐释学的批评实践与理论拓展的问题,正是中国当代文论理论批评发展与建构重要的理论参照。目前,中国当代文论中的强制阐释研究已经引起了国内外学者的充分关注,它对中国当代文本阐释中的西方文论的理论路径依赖提出了尖锐的批评,对中西文论不同理论传统和语境特征做出了深入的辨析,并对文论研究中的理论与实践的关系等问题做出了深度阐释,在西方文论的整体反思与中国当代文论建设的理论探讨中迈出了坚实的步伐,引发的理论争鸣及其理论建构的效应也是积极而明显的,同时也需要我们进一步做出认真总结和深入探究。

(《学术研究》2016年第12期)

---

① 张江:《强制阐释论》,《文学评论》2014年第6期。

强制阐释的多重层面及其含义

赵炎秋[*]

张江提出"强制阐释"概念之后，在得到大多数学者的理解、赞同和阐发的同时，也受到了一定的质疑与商榷。其中之一就是有些学者认为，强制阐释自古就有，中外皆然，有人的地方就有强制阐释。比如秦王朝时期赵高的"指鹿为马"，家庭生活中的"公说公有理，婆说婆有理"，等等。因此，以强制阐释来概括20世纪西方文论的基本特征和根本缺陷，缺乏针对性和说服力。笔者以为，这种观点看似客观，其实存在问题。关键在于它没有区分广义的强制阐释和狭义的强制阐释，没有注意强制阐释的不同层面。

一、政治层面的强制阐释

广义的强制阐释，指的是违反被阐释对象的意愿或客观实际，对其做出符合阐释者的意愿、观点和利益的解释。广义的强制阐释涉及的范围很广，在人类生活的各个层面都可以看到它的踪影。而最引人注目、人们生活中接触最多的则是政治、日常生活和学术三个层面的强制阐释。

政治层面的强制阐释，国人最熟悉的一个例子，可能就是秦二世时的宰相赵高的"指鹿为马"了。《史记》记载：

---

[*] 作者简介　赵炎秋，湖南师范大学文学院教授。

> 赵高欲为乱，恐群臣不听，乃先设验，持鹿献于二世，曰："马也。"二世笑曰："丞相误邪？谓鹿为马。"问左右，左右或默，或言马以阿顺赵高，或言鹿。高因阴中诸言鹿者以法。后群臣皆畏高。①

显然，赵高的指鹿为马，其目的并不是要考查秦二世和朝中诸臣的常识和判断力，而是要考验秦二世的执政与决断能力，考查朝中诸臣的政治立场和倾向，弄清自己潜在的敌人，以为自己的"为乱"也即乘机夺取秦王朝的最高权力做好准备。

政治层面的强制阐释有以下几个特点。

其一，以实力为支撑。按照福柯的说法，话语与权力有着千丝万缕的联系，话语的背后有着权力的支撑。政治上的话语权就更是如此，谁掌握着实力，谁的实力更大，谁也就具有话语权或更大的话语权。鲁迅曾经批评借助官方的权威进行的所谓文学批评："从指挥刀下骂出去，从裁判席上骂下去，从官营的报上骂开去，真是伟哉一世之雄，妙在被骂者不敢开口。"② 那些"官方批评家"之所以能"伟哉一世之雄"，关键还在于他们的背后有指挥刀、有裁判席、有官营的支持，对被批评造成一种政治的高压，使其不敢或不能开口。

其二，以阐释者的意志为阐释的依据和标准。政治层面的强制阐释，其目的一般是统一思想、组织队伍。因此在阐释的过程中，其考虑的因素只能是阐释者的利益与意志，而不会考虑别的因素。赵高指鹿为马时，是否知道这不是马呢？无疑是知道的。不仅如此，他还知道秦二世和朝臣们也都知道这不是马，甚至知道秦二世和朝臣们也都知道他知道这是鹿而不是马。但他仍然坚持指鹿为马，其目的就是要找出与他离心离德的人，清除其夺取秦王朝最高权力的潜在障碍，对错等其他的因素实际上都不在他的考虑之列。

其三，常常伴随利益甚至肉体的威胁与惩罚。政治层面的强制阐释，其

---

① （汉）司马迁：《史记·秦始皇本纪》，中华书局1959年版，第273页。
② 鲁迅：《而已集》，《鲁迅全集》第3卷，人民文学出版社1981年版，第407页。

目的是要统一思想，组织队伍，让被阐释者服从阐释者的意志。因而它所依赖的，不可能是说服，而是压服，其手段则是对被阐释者利益甚至肉体的威胁与惩罚。赵高指鹿为马，秦二世糊涂，满朝的大臣为何不敢抗争？原因无非是秦二世已经大权旁落。大臣们知道，不附和赵高，可能会有杀身之祸。因而或者沉默、或者说是马以讨好赵高，只有少数大臣敢于不畏权势，坚持说真话，然而最后都被赵高找机会一一收拾，从此"群臣皆畏高"，秦二世的命运也就此确定。从这个角度看，秦二世也很可能是故意糊涂，因为他如果不"糊涂"，他与赵高之间的矛盾可能就会当场爆发，而他又没有必胜的把握，因此只好借助群臣的力量来抵抗赵高。然而群臣也并不糊涂，既然皇帝本人都不愿与赵高正面冲突，他们又怎么会拿自己和一家老小的身家性命开玩笑，硬着头皮顶撞赵高呢？

政治领域总是倾向于一元，因此政治层面的强制阐释有其一定的合理性。但是按照马克思主义的观点，政治是经济的集中体现。现代社会，经济利益是多元的，因此政治也必然是多元的。政治层面的强制阐释虽然有实力为后盾，但正义与道义的力量也不可小觑。因此，当代政治层面的强制阐释往往也要借助正义与道义的力量，或披上正义与道义的外衣，寻找一定的伪装，赵高指鹿为马那样赤裸裸的强权行径很难行得通了。这给强制阐释的判定带来了复杂性。但政治层面的强制阐释也并非毫无限制。因为阐释者虽然处于权力的高位，但其阐释也要受到各种因素的制约，要在各种力量中寻找一种平衡，而且还要受到其主观因素的影响。而其主观因素的形成，也离不开社会与文化的基础。因此，即使是一言九鼎的皇帝，也要遵循一定的阐释规范，如中国古代儒家思想对统治者的影响与制约。因此，政治层面强制阐释的"随心所欲"不应从绝对的角度，而应从相对的角度去理解。

二、日常生活层面的强制阐释

日常生活层面的强制阐释，大家比较熟悉的大概就是所谓的"公说公有理,婆说婆有理"了。之所以出现这样的情况,是因为阐释的双方处在平等的位置上,任何一方都没有绝对的权威;另一方面,任何一方都只考虑自己的想法,只考虑自己的意志和目的,只按照自己的思路来理解问题、做出解释,不愿意考虑对方的想法与理由。这样,自然就容易出现强制阐释的现象。

不过,日常生活层面的强制阐释也不都是像"公说公有理,婆说婆有理"那样是双方的。也常出现单方面的强制阐释。我们看《红楼梦》中的一个例子:

> 薛蟠见宝钗说的话句句有理,难以驳正,比母亲的话反难回答,因此便要设法拿话堵回他去,就无人敢拦自己的话了;也因正在气头上,未曾想话之轻重,便说道:"好妹妹,你不用和我闹,我早知道你的心了。从先妈和我说,你这金要拣有玉的才可正配,你留了心,见宝玉有那劳什骨子,你自然如今行动护着他。"话未说了,把个宝钗气怔了,拉着薛姨妈哭道:"妈妈你听,哥哥说的是什么话!"薛蟠见妹妹哭了,便知自己冒撞了,便赌气走到自己房里安歇不提。①

宝钗虽然对宝玉有意,但在宝玉挨打这件事上,她批评薛蟠,的确只是怕此事与薛蟠有关,没有牵涉自己的私情或个人好恶。但薛蟠为了堵她的嘴,故意将她的动机说成是为了维护宝玉,而维护宝玉的目的则是想日后嫁给他。其实,这样的阐释是否有理薛蟠自己也不一定有把握,至少是没有事实根据。但他为了实现自己的意志,达到自己的目的,仍不管不顾地说了出来。这就是强制阐释。

日常生活层面的强制阐释有以下几个特点。

其一,阐释者没有绝对的权威。在政治生活中,人们处于一定的等级、秩序之中,地位在上的相对而言具有更多的话语权,因而也具有更多的阐释

---

① (清)曹雪芹:《红楼梦》,人民文学出版社1996年版,第459页。

权。而在日常生活中，人们相互之间处于平等或者松散的关系之中，相互之间的话语权基本上也是平等的，阐释者没有可以运用的强大实力让被阐释者接受他的阐释。他的强制阐释实际上缺乏强制性，被阐释者完全可以不接受，甚至进行反阐释。因此，在日常生活的强制阐释中，容易出现"公说公有理，婆说婆有理"的现象。如薛蟠，他对宝钗批评动机的阐释，不仅没被宝钗接受，反而遭到宝钗和他妈妈的批评，最后只得赔礼、认错，换得一家和睦。

其二，阐释者要受到多重制约。政治层面的强制阐释由于阐释者掌控着相对甚至绝对的权力，所受的硬性制约较少，有的甚至没有。史载，贞观十一年，太宗第三子，吴王李恪因打猎毁坏了老百姓的田苗，遭到御史柳范的奏弹。太宗说权万纪负责服侍李恪，却不能阻止他打猎，应处以死刑。柳范反驳说，房玄龄负责服侍您，也同样不能阻止您打猎呀，只惩罚权万纪一个人不合适吧？太宗大怒，拂衣而入。影响唐太宗做出是否惩罚权万纪甚至柳范的决定的，主要他自己的主观因素。同样的情形，如果另换一个君王，柳范恐怕就没有那么幸运了。而日常生活层面的强制阐释，阐释者受到的制约则比较多。首先，他要受到法律或规则的制约，政治层面的阐释者由于掌握着权力，可以突破甚至修改和制定法律或规则，因此，他的阐释可以不考虑法律或规则。法王路易十四的名言"朕即国家"，就是最好的例子。他既然就代表国家，那么他的任何阐释包括强制阐释自然也就代表国家的意志，不受任何法律的制约了。日常层面的阐释者缺乏这种权力，因此他的阐释要受到法律或规则的制约。其次，日常层面的阐释者还要受到社会意识、道德、习惯等制约，使之无法进行随意的阐释。再次，由于日常层面的阐释者与被阐释者的地位是平等的，阐释者对于被阐释者没有政治意义上的制约手段，因此，阐释者在阐释时就不得不考虑被阐释者的反应，无法过分地随心所欲。

其三，日常生活层面的强制阐释缺乏有效的约束力。日常层面的强制阐释受到的多重制约并不能阻止日常生活层面的阐释者按照自己的意志或者利益进行强制阐释，但是由于缺乏有效的权力和手段，阐释者往往无法将自己的强制阐释贯彻到实践的层面，这样日常层面的强制阐释往往成为一种单向性的强制阐释,被阐释对象往往不予接受甚至进行反阐释。这样,日常层面的强制阐释往往出现两种情况,一种情况是相互矛盾的多重阐释现象,不同的阐释者对于同一对象出现不同的阐释,但都不符合客观实际,不考虑对方的理由,只按自己的意志和利益行事。另一种情况是缺乏阐释的效力,强制阐释的阐释者缺乏执行的手段与权力,强制阐释有时便不免跌落成为一种口头游戏甚至一种意淫。

自然,日常生活层面的强制阐释没有绝对的权威,并不意味某些阐释者不会因为某种原因具有相对的优势。凡是有人的地方就会产生人与人之间的关系,在这种关系中,总有人会因为某种原因而处于相对强势的地位,因而具有更多的阐释权。只是这种权力要受到其他权力的制约,不大可能像赵高的"指鹿为马"那样随心所欲。狄更斯小说《奥立弗·忒斯特》中,班布尔先生结婚之后,试图强迫夫人服从他的意志,但是班布尔太太针锋相对,一哭二揍,反而使班布尔先生处于了下风,家中的话语权从此归太太所有。处于强势地位的班布尔太太从此获得了随意阐释的权力。不过她的阐释仍然要受到多重限制,如当时社会对女性的规范,班布尔的官方地位等。

日常生活中,遭遇强制阐释总是令人不快的,但又无法避免。萨特认为,他人即是地狱。因为每个人都有自己的主体性,他只可能从自己的主体性出发来理解其他的主体和客观世界。因此,每个个体都试图用自己的主体来包涵或取代别的主体,因而,人与人之间的冲突不可避免。我们无法消除个体的主体性,也就无法消除人与人之间不可沟通的一面,再加上个人(或群体)的意志与利益等因素,日常生活层面的强制阐释实际上也是不可避免的。

三、学术层面的强制阐释

学术层面的强制阐释,并不是现代才出现的现象,其实也是古已有之。杜甫的《古柏行》有诗句云:"霜皮溜雨四十围,黛色参天二千尺。"宋人沈括在他的《梦溪笔谈》中指出:"四十围乃径七尺,无乃太细长乎?……此亦文章之病也。"沈括认为，四十围的树直径只有七尺。七尺直径的树却有二千尺高，自然是太细长了。稍晚一点的胡仔在《苕溪渔隐丛话》中对沈括的批评进行了反驳："古制以围三径一，四十围即百二十尺，即径四十尺矣，安得云七尺也？若以人两手大指相合为一围，则是一小尺，即径一丈三尺三寸，又安得云七尺也？ 武侯庙柏，当从古制为定，则径四十尺，其长二千尺宜矣，岂得以太细长讥之乎？ 老杜号为诗史，何肯妄为。"两位批评家看似引经据典，态度严谨，实际上都是把文学作品当成了科学研究的对象，完全没有考虑到文学的特殊性。这实际上就是一种强制阐释。现代学者中，胡适也是喜用强制阐释的学者之一。他的名言"大胆假设，小心求证"，其实就包涵了强制阐释的因素。有学者认为："对于胡适而言，所谓'大胆的假设'，实际上就是根据自己先在的立场，推测出一个结论，然后想办法用事实材料加以论证。尽管按照他自己的说法，在从事研究时可以用事实材料对自己假设中存在的错误进行修正，从而保证最终结论的客观性。而实际上，这一点却很少做到，因为他对许多学术结论的假设，是基于他的一些根本信仰，而不是客观的学术观察。"[①] 此种说法是有道理的。不过应该补充的是，胡适的"小心求证"基本上还是在他的"大胆假设"的学科范围内，虽然是"主题先行"，但还不算"胡搅蛮缠"。

学术层面的强制阐释有如下几个特点。

其一，以理服人。如果说政治层面的强制阐释是以力服人，日常生活层面的强制阐释是以势服人，那么学术层面的强制阐释就是以理服人。真正的学术争论，争论中的双方是平等的，哪怕一方是资深教授，一方是才入学的学生，或者，一方是单位的主要领导，一方是单位的普通员工，二者之间在学术上也应该是平等的。另一方面，当今的学术活动，往往超出了实体机构的权力范围，如一位中国学者和一位美国学者之间的学术争论，一个学校的学者与另一个学校学者之间的学术争论，以及互联网上的学术争论等，往往

---

① 泓峻：《论胡适学术研究中的强制阐释问题》，《学术研究》2016 年第 3 期。

都是一定的权力所无法规范的。在这种情况下，任何阐释都必须以理服人，强制阐释甚至更是如此。因为它既是强制，要使人接受，就更得在学理上做文章。首先，学术层面的强制阐释一般都要借助一种理论资源，形成某种理论框架，以强调自己的理论性。其次，学术层面的强制阐释比较重视选择具体的论据，以形成科学客观的印象。再次，学术层面的强制阐释重视逻辑，在论述的过程中尽量不出现明显的逻辑漏洞。如关于杜甫《古柏行》的笔墨官司。争论的双方都引入了数学作为自己论证的理论依据，并且严格地按照相关的逻辑进行推演，从而得出"无乃太细长"或"其长二千尺宜矣"的结论。在二者的论证框架之内，很难找出其论证的破绽。自然，强制阐释之所以为强制阐释，总有它不够科学、客观的地方。如《古柏行》这一学术公案，它的破绽就在于将文学之外的科学理论强行纳入文学的讨论之中，忽视了文学的特点。因此，学术层面的强制阐释虽然是以理服人，但这个"理"总是不可避免地存在一定的问题。因此，这种"理"也就更多地表现在形式上。

其二，先入为主。学术层面强制阐释的结论往往不是从对研究对象的分析中归纳、引申出来，而是从某个思想源得到启发，形成一定的观点，再寻找相关对象进行分析，得出与自己的观点相符或相近的结论，因此是一种先入为主的阐释模式。胡适的"大胆假设，小心求证"就是一个很好的例子。既是大胆假设，也就说明这种假设不是来自对材料的分析，而是来自主观的思想。而小心求证则是观点出来后，再寻找材料来加以证明。然而原始材料是复杂多样的，当带着一定的观点去"求证"时，也就难免不出现视而不见、有意取舍、以偏概全、以浅驭深、以末代本的现象，这样强制阐释也就难以避免。如郭沫若对杜甫《茅屋为秋风所破歌》的分析。他先是抓住"三重茅"作文章，说一重约有四五寸厚，三重便有一尺多厚。这样的茅屋是冬暖夏凉的，有时比住瓦房还要讲究。然后抓住"寒士"作文章，认为"寒士"无非是那些还没有功名富贵的或者虽有功名而无富贵的读书人。因此他的"安得广厦千万间，大庇天下寒士俱欢颜"关心的并不是普通人民，而是属于统治阶级阵营的知识分子。再然后抓住一些称呼作文章。穷人的孩子被称为"盗贼",而他自己的孩子则是"娇儿"。最后得出结论,杜甫不过是地主阶级的知识分子,他的《茅屋为秋风所破歌》并没有人们赞扬的那种对普通下层民众的关心,他的关心仍局限于统治阶级的范围。这种阐释无疑是很勉强的。在研究方法上是阶级分析法的无节制的使用,在研究目的上是为了抑杜扬李。主题先行,以偏概全,以末代本,先入为主各种弊病都得到了比较全面的展现。但另一方面,你也不能说他毫无根据。只是他把这些根据从诗歌的整体环境中抽象出来,按照自己的观点,做了比较勉强的解释。

其三,以外释内。这里的外,指的是文学之外,内,指的是文学内部。学术层面的强制阐释,其观点往往不是来自研究对象本身,而是来自文学之外的某些理论与思想源,或者来自它们的启示,而在研究方法上,也常常借助文学之外的某种理论或方法,因此,虽然它的研究对象是文学,但它的研究的起点与终点其实都在文学之外,文学只是为其观点服务的材料。这在女性主义文学研究中比较典型。女性主义研究者们研究的基本出发点即:我们生活的社会是父权制社会,我们的历史是父权制社会的历史;在父权制社会里,女性在各个方面都受到男性的压迫,女性要获得解放,必须要消解这种压迫,发出自己的声音。女性主义者解读任何一个文本,都试图从中挖掘出这方面的内容,尽管这种挖掘有时并不符合文本的实际。

学术层面的强制阐释并不局限于文学领域,而且也是古已有之。我国古代名著《庄子》中就有不少强制阐释的成分,如:

> 庄子与惠子游于濠梁之上。庄子曰:"鲦鱼出游从容,是鱼乐也。"惠子曰:"子非鱼,安知鱼之乐?"庄子曰:"子非我,安知我不知鱼之乐?"惠子曰:"我非子,固不知子矣,子固非鱼也,子不知鱼之乐,全矣。"庄子曰:"请循其本。子曰'汝安知鱼乐'云者,既已知吾知之而问我,我知之濠上也。"[①]

[①] 《庄子·秋水》,转引自张耿光译注:《庄子全译》,贵州人民出版社1991年版,第300页。

从逻辑上看，庄子非鱼，的确不应知道鱼是否乐，但他通过变换话题等方法，坚持自己知道鱼之乐，从某种意义上说，也是一种强制阐释。从文学领域看，学术层面的强制解释由于没有切合文学作品的实际，对于理解文学作品存在一定的消极的作用，因此应该避免。但从思想的层面来看，强制阐释也并非一无是处。至少，它带来了一种新的视野，一种新的思想与方法。将文学作为论证某种观点的材料，虽然肢解了作为生命体的文学，但也有可能产生新的思想与启示。从某种意义上说，学术层面的强制阐释实际上也是复杂的，难以完全避免的。

四、强制阐释与误读

学术层面的强制阐释与误读之间有着一定的相似点和千丝万缕的联系，要准确把握强制阐释，有必要对二者之间的关系进行辨析。

广义的误读也即布鲁姆提出的"影响即误读"，"一切阅读都是误读"。布鲁姆认为阅读是一种异延行为，文本的意义是在阅读过程中通过能指之间无止境的意义转换、播撒、异延而不断产生和消失的，所以寻找文本原始意义的阅读根本不存在、也不可能存在。阅读在某种意义上就是协作。因此，他认为，"阅读，如我在标题里所暗示的，是一种异延的、几乎不可能的行为，如果更强调一下的话，那么，阅读总是一种误读"[1]。但这一命题对"误读"的界定不够明晰，在谈"误读"的同时，存在着将其泛化或消解的倾向。误读实际上是避免不了的，且有其积极意义。保罗·德曼认为："我们对作品的理解实际上构成了误读的历史，任何一位后来的批评家都可以根据作品来证明前辈批评家对作品的误读，而正是这样不断的误读，批评家对作品的洞见才会不断地产生。"[2] 这一观点是值得重视的。沈从文对于尼采就有

---

[1] 〔美〕布鲁姆著，朱立元、陈克明译：《误读图示》，天津人民出版社2008年版，第56页。
[2] 〔美〕保罗·德曼：《盲视与洞见》，转引自朱立元：《现代西方美学史》，上海文艺出版社1996年版，第964页。

很多误读，但正是这些误读，使沈从文更好地发挥了尼采思想中的积极因素，避免了其思想中一些消极因素。①

狭义的"误读"是相对于"正读"而言的。所谓"正读"，指的是符合文本实际和文本所由产生的社会与文化阐释体系的实际的对于文本的解读，不符合这种解读的就是误读。因此误读表现在两个方面，一是对文本本身的错误理解，一是运用不同的社会、文化阐释体系去解读文本。但严格地说，对文本本身的错误理解主要还是一个没读懂的问题。由于读者的个人经历、学识水平、理解能力、鉴赏水平和审美能力等方面的差异，即使运用同一社会文化阐释体系去解读文本，也可能对文本的语言或者意义不能明了，从而出现对文本片面、肤浅甚至错误的理解。严格地说，这种误读还不能算是"误读"，至少不是典型的"误读"。典型的误读是由于读者所依据的阐释体系与作者创作时所处的阐释体系不同所产生的误读。如赵树理的小说《小二黑结婚》。小说女主人公小芹的母亲三仙姑，徐娘半老仍卖弄风情，与男人打情骂俏。作者对其是持讽刺态度的，这也符合作者所处的时代、地域和文化。但一些美国青年却从不同的文化和阐释体系，对三仙姑持肯定态度，认为她个性解放，敢于反封建。这种由于不同的社会文化阐释体系而产生的误读是典型的误读，也是狭义的误读。

然而，也正是在这一点上，误读与学术层面的强制阐释发生了密切的联系。二者之间至少有三个共同点。其一，二者都需要依据某种社会文化阐释体系。无论误读还是学术层面的强制阐释，都不是一种印象式的阅读。它们总是要以某种社会文化阐释体系为依据，对文学作品进行阐释，并从这种阐释中得出自己的结论。其二，二者都是一种外部的阅读和阐释。所谓外部的阅读和阐释，是指二者都不是从文本本身出发，而是从外在的观念出发，不是将作品看作一个有机的整体，根据其内在形象与逻辑分析得出结论，而是将作品作为材料，依据一定的阐释体系，生产出符合自己观点的结论。强

---

① 黄怀军：《化用与背离：沈从文对尼采的处置》，《中国文学研究》2016年第3期。

制阐释是如此，误读实际上也是如此。三仙姑的老来俏，在赵树理创作时的中国文化中是被否定的，而且作者在描写的过程中，也使用了许多贬低性的词语和描写。但部分美国青年无视作品的这些规定性，从美国个性解放的思想出发，对其进行了肯定性解读。这种解读恰好是与小说对三仙姑的描写相反的。其三，二者得出的结论都与作品原初的意义有一定的甚至很大的偏差。所谓原初的意义，是指运用符合作品产生时的社会文化语境的阐释体系，从作品文本出发进行阐释所得出的意义。强制阐释由于其阐释的依据、方法、途径以及先定的观念等，其阐释的结果不可能与作品原初的意义一致。而误读之所以是误读，当然也是因为其阅读的结果与作品的原初意义有偏差，其原因仍是由于其阐释的依据、方法、途径等与作品产生时的社会文化语境有较大的出入。

不过，误读与强制阐释毕竟是两种不同的阐释方式与阐释实践，二者之间的差别也是十分明显的。这种差别可以从三个方面探讨。其一，误读往往是不自觉的，而强制阐释是自觉的。误读者并非有意地去误读作品，其主观意图往往是想对文本做出正确的解释。但由于所处的社会文化背景不同，所依据的阐释体系不同，因而阅读的结果与作品的原初意义有较大的偏差。如果阅读者知道文本的意思，但是为了迎合某种需要或者想达到某种主观的目的而故意"读出"其他的意思，那就不是误读而是"曲读"了。而强制阐释对于其所依据的文化观念、阐释体系以及阐释立场等都有十分自觉的意识，甚至对于阐释的结论也有比较明确的预期。其二，误读所依据的社会文化阐释体系往往与作品产生时的社会文化阐释体系是同质的，而强制阐释则不一定同质。这里的所谓同质是指阐释体系的内涵虽然不同，但基本上处于相同的范围之内。如部分美国青年对三仙姑的老年风流持肯定态度，其依据的阐释体系是个性解放的思想。它虽与作者创作时所依据的女性应稳重、贞节的中国传统女性规范完全相反，但仍在同一个范围内，都是对人的行为、规范的观点与看法，是同质的。因而他们的解读虽然与小说对三仙姑的具体描绘有较大的出入，但仍在人物品评的范围之内。而强制阐释所依据的社会文化阐释体系与作品产生时的社会文化阐释体系则不一定同质，或者说往往是不同质的。按照张江的论述，强制阐释所依据的理论往往是场外征用的，这也就意味这些理论很可能与作品产生时所处的社会文化语境有较大的差别，与作品原初意义所依据的阐释体系不在同一范围。其三，误读对于阐释对象的各种规定性基本是重视的，而强制阐释则往往忽视阐释对象的种种规定性。误读的目的是正确解读文学作品，因而对文学作品的规定性取尊重的态度，只是由于运用的阐释体系不同，因而阐释的结果与作品的原初意义不同。而强制阐释的目的是得出自己预设的结论，或者与自己预设的方向相同的结论。因此，当遇到作品的实际与自己的结论相左的情况，往往不是修改自己的结论，而是选取作品中于自己结论有利的材料，对与自己的结论不利的材料，则往往弃之不顾。不是把作品作为自己结论产生的依据，而是将其作为自己结论产生的材料。

在实际的批评实践中，误读与强制阐释之间的关系是错综复杂的，甚至难分难解地交织在一起。但大致地将它们区分开来还是可能的，也是必要的。仍以三仙姑为例。根据作品产生时的社会文化语境，将其阐释为一个受到作者讽刺的不大正经、不大遵守传统女性规范的中间人物，应该是符合小说的原始意义的，可以说是正读。运用20世纪西方个性解放的思想将其阐释为一个敢于反抗封建道德的先驱性人物，可以说是误读。明明知道三仙姑这一形象的原初意义，但出于某种目的，非要将她说成是妇女解放的先锋，这是曲读。如果有意识地运用某种理论，设置某种前提，把三仙姑解读为一个反抗男权社会规范，争取妇女解放的斗士，将其树立为当代女性学习的榜样，应该就是强制阐释了。

五、小结

学术层面的强制阐释也即狭义的强制阐释只是广义的强制阐释中的一个层面。我们应该将它与其他层面的强制阐释区分开来。不能以其他层面强制阐释的存在来印证学术层面强制阐释的合法性与合理性,更不能以学术层面强制阐释所可能具有的积极因素来否认它的消极作用。反过来,我们也不能以其他层面强制阐释的消极因素来否定学术层面强制阐释的合法性与合理性,更不能以学术层面强制阐释所可能具有的消极作用来否定它的积极因素。只有这样,我们才能对强制阐释有一个正确的把握与认识。

张江所批评的强制阐释是属于学术层面的,而且有特定的对象。张江认为:"强制阐释是指,背离文本话语,消解文学指征,以前在立场和模式,对文本和文学作符合论者主观意图和结论的阐释。其基本特征有四:第一,场外征用。广泛征用文学领域之外的其他学科理论,将之强制移植文论场内,抹杀文学理论及批评的本体特征,导引文论偏离文学。第二,主观预设。论者主观意向在前,前置明确立场,无视文本原生含义,强制裁定文本意义和价值。第三,非逻辑证明。在具体批评过程中,一些论证和推理违背基本逻辑规则,有的甚至是逻辑谬误,所得结论失去依据。第四,混乱的认识路径。理论构建和批评不是从实践出发,从文本的具体分析出发,而是从既定理论出发,从主观结论出发,颠倒了认识和实践的关系。"[①] 应该说,这些分析是实事求是的,符合当代西方文论的实际,是站得住脚的。尽管我们不能因此否定西方文论的积极意义,否定西方文论在中国当代文论建设中的积极作用,但认识与把握其缺陷与不足,对我们更好地理解与借鉴西方文论,建设中国当代文论,有着积极的作用。

(《学术研究》2016 年第 12 期)

[①] 张江:《强制阐释论》,《文学评论》2014 年第 6 期。

后　记

　　2014年，中国社会科学院张江教授在《文学评论》第6期发表《强制阐释论》，对当代西方文论的理论缺陷进行全面反思，系统地提出了强制阐释论的理论观点。《强制阐释论》是近三十年来中国当代文学理论研究对当代西方文论最彻底、最全面的理论反思与批判，不仅对中国当代文学理论如何恰当地把握当代西方文论范式具有积极的理论意义，而且对构建中国当代文学理论话语具有重要的理论价值。张江教授的文章发表后，在当代文学理论研究领域产生了重要的学术反响，引发了热烈的讨论，强制阐释论的理论论争也成为当下中国文学理论研究中最引人注目的"理论事件"。在诸多理论讨论中，我们认为张江教授提出的强制阐释论仍然有丰富的理论探讨空间，强制阐释论所包含的理论范式意义、批评实践价值与当代理论启示仍然有待深入研究，强制阐释论的理论观点仍然有做进一步具体研究的必要。鉴于此，《学术研究》杂志社于2015年8月13—14日召开了"'强制阐释论'与中国当代文论建设"学术研讨会，围绕张江教授的强制阐释论进行了认真的讨论。会后，我们决定在《学术研究》开设强制阐释论研究专栏，继续组织相关研究和讨论，把强制阐释论研究进一步深入下去。

　　本书所收录的24篇论文，就是这一专栏优秀成果的结集。在展开讨论、开设专栏和结集出版的过程中，始终得到张江教授的悉心指导，华南师范大学段吉方教授也做了大量工作，在此我们表示衷心感谢！同时，也感谢商务印书馆周小薇编辑，正是她认真负责的编校，使本书能够顺利出版。